MINGCUNZHI　　NONGLIAN

农联村志

张家港市名村志系列丛书

《农联村志》编纂委员会 编

广陵书社

图书在版编目（ＣＩＰ）数据

农联村志 / 《农联村志》编纂委员会编. —— 扬州 ：广陵书社，2019.07
　（张家港市名村志系列丛书）
　ISBN 978-7-5554-1116-1

Ⅰ．①农… Ⅱ．①农… Ⅲ．①村史－张家港 Ⅳ．①K295.35

中国版本图书馆CIP数据核字(2018)第264385号

书　　　名	农联村志
编　　　者	《农联村志》编纂委员会
责任编辑	顾寅森

出版发行　广陵书社
　　　　　扬州市维扬路 349 号　　　　邮编　225009
　　　　　(0514) 85228081(总编办)　　85228088(发行部)
　　　　　http://www.yzglpub.com　 E—mail:yzglss@163.com

印　　刷　无锡市海得印务有限公司
装　　订　无锡市西新印刷有限公司

开　　本　787 毫米 × 1092 毫米　1/16
印　　张　25
字　　数　510 千字
版　　次　2019 年 7 月第 1 版第 1 次印刷
标准书号　ISBN 978-7-5554-1116-1
定　　价　228.00 元

《农联村志》编纂委员会

主　　任　赵建军

副 主 任　钱文伟　吴国建

委　　员　季利本　黄　平　周　超　唐　静

《农联村志》编纂人员

主　　审　赵建军

主　　编　季利本

副 主 编　杭祖林

编　　辑　季利本　杭祖林　何子龙

电子编务　季立英　何永贤　陈所平

摄　　影　何永贤

顾　　问　戴玉兴

《农联村志》审定单位

杨舍镇人民政府

中共张家港市委党史地方志办公室

《农联村志》主要资料员

（按姓氏笔画为序）

王妙定	匡全林	朱荣贵	朱荣铨	匡建平
刘培元	刘瑞芳	张桂兴	陈士明	陈正东
李正球	陈亚娟	沈新菊	吴燕兰	季　瑛
季雪芹	季耀龙	耿云娣	钱永希	钱仲达
钱关祥	钱国华	徐和英	倪荣林	钱炳秋
景菊芬	缪生龙			

2015年农联村在杨舍镇的位置图

2015年农联村行政区域图

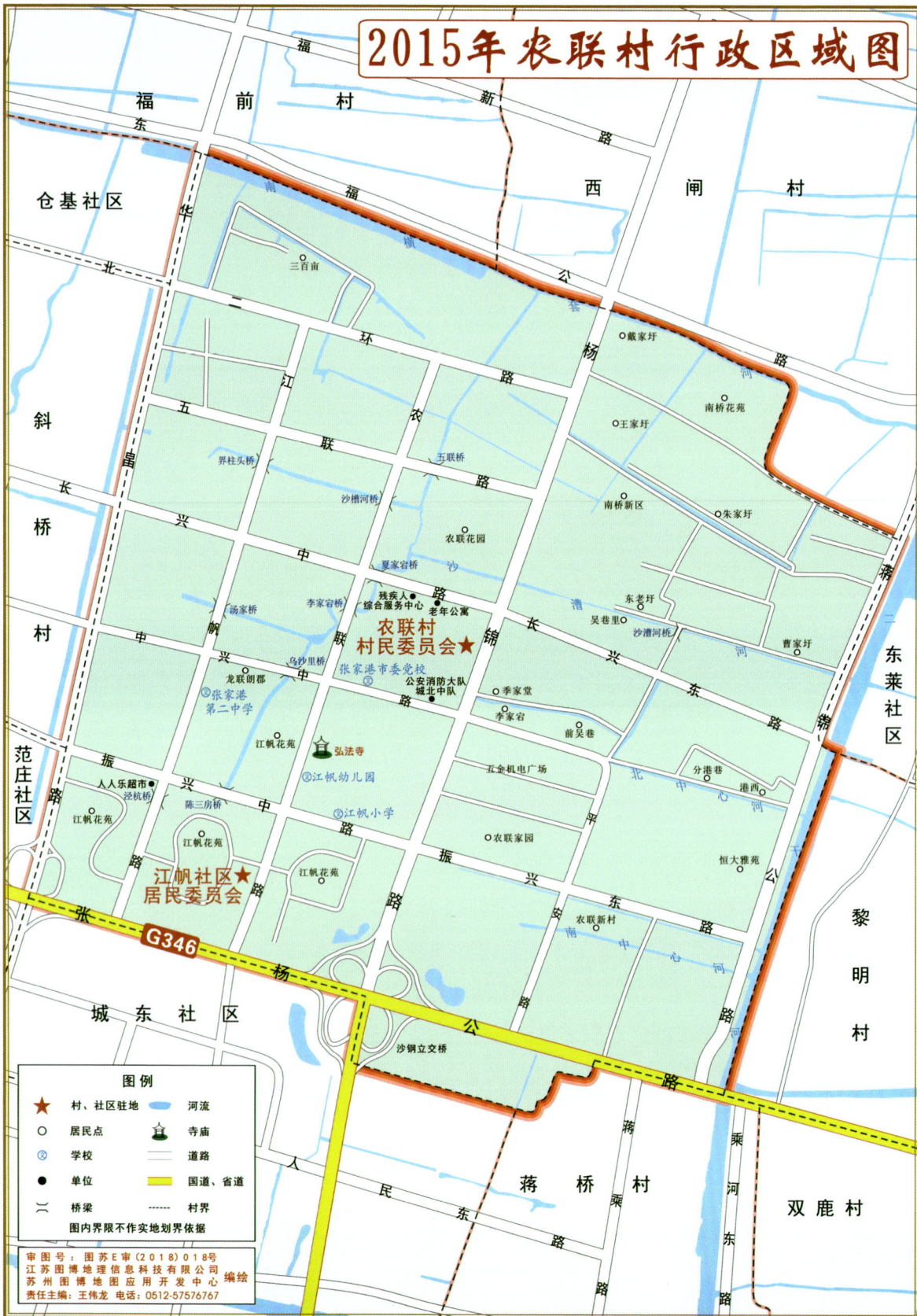

仓基社区

福东

前村

新

西闸村

华北路

南横

福公套

斜长桥村

五联

环江路

农联路

杨河路

三百亩

界柱头桥

沙槽河桥

五联桥

戴家圩

南桥花苑

王家圩

农联花园

夏家宕桥

南桥新区

朱家圩

范庄社区

帆兴中路

汤家桥

李家宕桥

乌沙里桥

龙联朗郡

② 张家港第二中学

残疾人 ●
综合服务中心

农联村
村民委员会 ★

张家港市委党校
⊗

公安消防大队
城北中队 ●

老年公寓

沙漕路

长漕河

东老圩

吴巷里

沙漕河桥

曹家圩

东莱社区

季家堂

李家宕

前吴巷

江帆花苑

弘法寺

② 江帆幼儿园

五金机电广场

分港巷

港西

北中心河

恒大雅苑

黎明村

人人乐超市 ●

泾杭桥

陈三房桥

② 江帆小学

江帆花苑

江帆花苑

江帆花苑

振兴中路

农联家园

锦兴东路

农联新村

南中心河

G346

张杨公路

城东社区

沙钢立交桥

人民东路

蒋桥村

乘河

双鹿村

图例

★	村、社区驻地	≈	河流
○	居民点	🏛	寺庙
⊗	学校	—	道路
●	单位	▬	国道、省道
⌣	桥梁	-----	村界

图内界限不作实地划界依据

审图号：图苏E审（2018）018号
江苏图博地理信息科技有限公司
苏州图博地图应用开发中心 编绘
责任主编：王伟龙 电话：0512-57576767

党委换届选举大会（摄于 2016 年）

七一大党课（摄于 2016 年）

党员冬训（摄于 2017 年）

党员组织生活会（摄于 2017 年）

党员爱国主义教育（摄于 2016 年）

党员乘全国首列高铁到北京参加特殊党课（摄于 2011 年）

全体党员在圆明园遗址齐唱《国际歌》（摄于 2011 年）

预备党员在七届二中全会会址内入党宣誓（摄于 2011 年）

全体党员在西柏坡五大书记雕像群前重温入党誓词（摄于 2011 年）

农联家园党支部党小组学习会（摄于 2016 年）

村委换届选举大会(摄于 2016 年)

村民代表大会(摄于 2015 年)

两委班子扩大会议（摄于2017年）

村民理事会会议（摄于2016年）

2008 年 8 月 31 日,张家港市农联爱心基金会成立(摄于 2008 年)

关爱老年人工作会议(摄于 2016 年)

65 周岁以上老人喜领老年福利（摄于 2017 年）

奖励优秀学子，帮扶困难学生（摄于 2016 年）

"科教强村"奖学金获得者（摄于 2016 年）

富民股份合作社社员领红利（摄于 2013 年）

20 世纪 50 年代民宅（摄于 1958 年）

20 世纪 90 年代民居（摄于 2017 年）

农联家园（摄于 2016 年）

江帆花苑（摄于 2016 年）

公用自行车（摄于 2014 年）

农联好人公园
（摄于 2017 年）

河道绿化（摄于 2017 年）

杨锦公路(摄于 2018 年)

华昌路(摄于 2016 年)

中兴路（摄于 2018 年）

南桥东排涝站（摄于 2017 年）

南桥水涝圩排涝站(摄于 2017 年)

二干河(摄于 2017 年)

南横套河（摄于 2017 年）

朱家圩前河（摄于 2017 年）

企业家座谈会(摄于 1992 年)

张家港市委书记秦振华视察江帆集团(摄于 1993 年)

签订生产责任制合同（摄于 1995 年）

江帆集团东区车间设备调试（摄于 1992 年）

江帆工业园区（摄于 2013 年）

华宇毛纺车间
（摄于 2016 年）

港城针织
（摄于 2012 年）

江帆民营经济技术开发区（摄于 2016 年）

村级标准型厂房（摄于 2016 年）

新农联置业发展有限公司首个楼盘隆重开盘(摄于2013年)

恒大房产(摄于2018年)

翡翠公馆（摄于 2018 年）

两委班子商讨村级经济转型发展（摄于 2017 年）

成立投资公司走金融发展道路（摄于 2017 年）

村级投资公司签约中日合资项目（摄于 2018 年）

大棚生菜

大棚小青菜

大棚种植（摄于 2016 年）

青草巷农副产品批发市场（摄于 2009 年）

五金机电广场（摄于 2015 年）

农联金街(摄于 2016 年)

朗郡房产项目(摄于 2017 年)

东风标致 4S 店(摄于 2017 年)

通城马自达 4S 店(摄于 2017 年)

农联好人主题公园开园仪式（摄于 2017 年）

农联农耕文化馆
（摄于 2017 年）

农联村史馆
（摄于 2018 年）

"学习雷锋　争当先锋"行业志愿
集市服务活动（摄于 2017 年）

文明诚信经营示范街创建启动仪式（摄于 2017 年）

文明标兵家庭、党员文明示范家庭评比（摄于 2016 年）

文明家庭书写家风家训（摄于 2016 年）

道德讲堂（摄于 2016 年）

端午诗词吟诵（摄于 2017 年）

"好婆媳"颁奖晚会（摄于 2016 年）

"回首历史、瞻望未来"青少年知识竞赛（摄于 2015 年）

"关爱老人、从我做起"走进泗港敬老院活动（摄于 2016 年）

农联小学（摄于 1984 年）

张家港市二中北校区（摄于 2017 年）

红蕾学校（摄于 2016 年）

江帆幼儿园（摄于 2017 年）

江帆小学（摄于 2017 年）

农联村老年人功夫扇队（摄于 2006 年）

"六一"儿童节活动（摄于 2009 年）

拔河比赛（摄于2012年）

乒乓球比赛（摄于2009年）

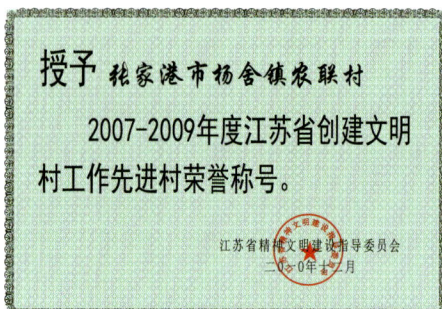

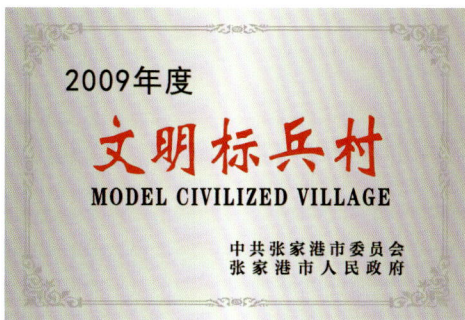

序 一

袁建华

农联村,地处张家港经济技术开发区(杨舍镇)东北郊。自古以来,我们的祖祖辈辈在这块土地上繁衍生息。他们历尽艰辛,开垦荒地,造就村落。数百年来,经过一代又一代农联人的努力,随着时代的进步和经济的发展,时至今天,昔日的破旧土房,变成了眼前巍峨的楼房;往日弯曲狭窄的土路,变成了宽阔平坦的柏油路;以往荒凉贫瘠的穷乡僻壤,现在是车水马龙、高楼林立,一派繁荣景象。面对沧桑巨变,我们既为之振奋,又不能忘记前人艰苦创业的精神。因为没有前人的创造和贡献,就没有我们今天的兴旺发达。我们编修《农联村志》的目的之一,就是要让子孙后代了解农联的历史。

编史修志,是中华民族的优良传统。志书是中华民族光辉灿烂文化的组成部分。村志编纂过程中,我们请来许多老党员、老干部及了解农联历史的村民,挖掘出大量宝贵资料。在杨舍镇史志办的全力帮助下,成功编纂成《农联村志》。在此,我谨代表农联村党委向所有为《农联村志》的编纂作出贡献的各界人士表示衷心的感谢!

农联人民具有抵御外来入侵之敌的爱国主义精神和反封建、反压迫、反剥削的革命斗争光荣传统。明嘉靖三十二年(1553),戚继光与农联人同筑青墩,共同抗击入侵之倭寇。抗日战争至抗美援朝期间,农联境内一批又一批优秀青年农民,舍家为国、舍己为人,投身到抗日战争、解放战争、抗美援朝战争中,涌现了曹俊保、季士真、顾炳龙、钱锦标、钱彩成等革命先烈和前辈。先人之功,前贤之德,成为代代农联人锲而不舍、昂首前行的不竭动力。

伴随着改革开放的浩瀚春潮,农联人大力弘扬"团结拼搏、负重奋进、自加压力、敢于争先"的张家港精神,以建设"实力农联、美丽农联、和谐农联"为目标,聚力创新、聚焦富民,奏响科学发展最强音,唱响百姓生活幸福歌。农联村蜕变成为全国文明村,国家优秀小康村,江苏省社会主义新农村建设先进村、文明村,苏州市村级经济发展标兵村、先锋村……如今的农联村环境优美、乡风文明、生活富裕,焕发出科学发展的无限生机与活力,成为"强富美高"新农村建设的一面旗帜。

回想昨天,展望明天,确实值得我们"厚今",但也不能"薄古"。《农联村志》的编写成功,是全村政治生活、文化领域中的一件大事。这部志书图文并茂地介绍了农联村数百年来的变迁与发展,是一部反映农联村经济社会发展的"百科全书"。其内容丰富,资料翔实,时代气息浓郁,地方特色鲜明,行文严谨规范,语言简练畅达,融资料性、知识性、趣味性于一体,具有历史价值、教育价值和人文价值。《农联村志》展现了一幅幅生动的农联图景,给我们留下了记住乡愁、面对未来求发展的精神样本,留下了社会转型期的背景参照,架起了一道穿越历史、走向未来的桥梁。

怀古以励志,掩卷当奋发。我们新一代农联人,将满怀对未来的自信与豪情,大力实施乡村振兴战略,推进"两聚一高"新实践,为建设"产业兴旺、生态宜居、乡风文明、治理有效、生活富裕"的现代化美丽农联再续新篇章!

是为序。

(作者为全国劳动模范、中共农联村委员会书记)

序 二

吴忠良

《农联村志》付梓之时，农联村的乡亲嘱我为志作序，我备感荣幸。然恐自己才疏学浅，难当此任。但每每念及孕育我人生和梦想的故乡，满是眷恋和深情，遂欣然从命。

人情重怀土，游子思故乡。我是农联村土生土长的原住民。20世纪60年代，随着一声国防号令，我走进了共和国蓝色军营。从军在外五十载，农联村无时无刻不让我魂牵梦绕，其进步和发展始终让我备感兴奋。细数大变、可圈可点者有四。一曰经济强。建国初期，村民们翻身得解放，通过短暂的互助组和合作化，大家的积极性高涨，人们的生活得到改善。但由于灾害等因素，生活上依然贫困，生产方式十分落后。村干部和广大村民日出而作，日落而息，年复一年地在有限的土地上辛勤耕作，增肥改土，提高复种指数，棉粮产量屡屡在全乡榜上有名，但依然是"高产穷村"。70年代初，一些有经济头脑的村民敢创敢为，觉得死守几块耕地致富艰难，于是办起了电热圈、五金、砖瓦等作坊式小厂，一边种好田，守住"一亩二分地"，一边打政策的"擦边球"，发展商品经济，为后来村办企业的蓬勃发展开启了先河。1978年11月党的十一届三中全会，拨乱反正，正本清源，开创了中国改革开放发展的新纪元。农联村也与全国多地一样迎来发展新活力，抢抓发展新机遇。于是，实行家庭联产承包责任制，一批村办企业应运而生。进入90年代特别是本世纪以来，随着城镇化进程加速，村领导审时度势，把握先机，利用农联村区位优势，实施以工兴农，设经济开发区，引进外资和民营企业，鼓励发展有农联村特色的"房东经济"，农联村发展不断增添加速器,驶入中国农村发展快车道,村级经济实力显著增强。二曰村民富。20世纪60年代,我国资源贫乏,生产力水平低下,农联村也在低层次贫困线上徘徊。那时谁家有辆自行车,谁戴上手表,着实让人羡慕不已。然而,到了80年代末,解决了温饱问题,村民大都盖起了两层砖瓦小楼,汽车也开始进入寻常百姓家。近十年以来,农联村先后建立了江帆小区和农联家园,区内电、水、路、气、电讯等现代化设施一应俱全,并且物业管理费全由村里承担,村民过上市民生活,俨然是亦工亦农、似城似乡的现代化社会主义新农村。三曰环境美。短短几十年,农联村全部由泥泞路换成宽阔水泥路,一排排、一座座住宅和别墅群鳞次栉比,让城里人羡慕不已。村内有花园,村旁有公园。整个农联村,河水清澈,村舍整洁,道路平整,树木成荫。现在的农联村村美房美道路美,远看更像广袤大地上的一幅美丽图卷。四曰文明程度高。富裕起来的农联村,尊老爱幼,互帮互助,邻里和睦。自2002年起,设立"科教强村"奖学金,对考取好的初中、高中及大学本科一类、硕士研究生、博士研究生的优秀学子给予奖励;2004年起,开始资助贫困学子,在农联村,绝不会让一个贫困学生因家庭相对困难而上不起学;2004年起,对65岁以上老人发放老年福利费从每人每年100元增加到现在8000元;全村3297人参加新型合作医疗,覆盖率达100%。成立了全市首家村级爱心基金会,除救助本村贫困户外,还积极支援国家建设。如2008年和2014年汶川、玉树地震,为支援灾区重建,全村党员共捐款将近12万元。2016年起,实施高中学费全额补助制度、大病救助制度和民生两险补充救助制度;2018年起,实施幼儿园保育管理费全额补助制度;2019年起,设立"生育金"和"见义勇为"奖。村里对残疾人、现役军人、退役军人、伤残军人及参战、抗美援朝复退军人、三属等人员发放了慰问金。村里还办起了市首家农村居家养老服务中心、婚庆喜宴场所和遗体告别中心——孝恩堂,基本实现了福利全覆盖,真正解决了老百姓最关心、最直接、最现实的利益问题,达到了幼有所学、壮有所为、病有所医、老有所养。

强富美高,是江苏省现代化建设的目标。农联村党委一班人风正心齐、率先垂范、负重奋进、敢于担当,全体村民艰苦奋斗,撸起袖子加油干,为农联村插上了腾飞的翅膀。近年来,村相继获得"江苏文明村""全国文明村"等荣誉称号。2015年,村党委书记赵建军被评为全国劳动模范。可以说,农联村是我省强富美高农村建设的新典范。如此殊荣,可谓实至名归。这是全村人的荣耀,它将载入农联村发展史册。

盛世修志,志载盛世。《农联村志》内容丰富,体例编排科学,类目设置合理,资料翔实可靠,行文规范流畅,做到了略古详今、图文并茂、雅俗共赏,体现了较高的编纂水准。它凝聚了农联村党委以及一批编纂者的无数心血。观史思治,修谱谋远。本村志融思想性、资料性、知识性为一体,还原了农联村的人文历史风貌,记载了村民们生生不息、谋求发展的奋斗足迹。以史为镜,可以知兴替。村志的问世,相信一定能够发挥"存史、资政、育人"等重要作用,必将成为留给后人的一份宝贵的精神财富。在正式出版之际,我衷心祝愿家乡的父老乡亲,在习近平新时代中国特色社会主义思想指引下,不忘初心,砥砺前行,迈进新时代,开启新征程,续写新篇章,为建设更加美好的农联家园贡献智慧和力量。

是为序!

（作者为南京海军指挥学院原政治部副主任、正师级退休干部,大校军衔）

凡 例

一、本志以马列主义、毛泽东思想、邓小平理论、"三个代表"重要思想、科学发展观、习近平新时代中国特色社会主义思想为指导,坚持辩证唯物主义和历史唯物主义的观点、立场和方法,贯彻"实事求是"的原则,力求全面、系统、客观地记述时限内农联村的发展历程和变化情况,反映时代特点和地方特色,为存史、资政、育人服务。

二、本志记述上限尽力追溯,下限止于2015年末。大事记、正文链接内容及卷首图片延至2017年末。

三、本志记述的地域范围作以下界定:2003年11月三村合并前,地域的记述范围以农联、乌沙、南桥三村区域为准,记述口径称"境内"或"全境";2003年11月三村合并后,地域的记述范围以2015年农联村行政区域为准,记述口径称"农联村"或"全村"。为记述方便,在记述过程中涉及原农联、乌沙、南桥三个村名时,一般情况使用原村名,少数地方分别称其为"南区""西区""北区"。

四、本志志首为编纂人员名录、序、凡例、图片、概述、大事记;主体设13编,按自然、经济、政治、文化、社会等依次排列;志尾为志余、编纂始末。全志以编、章、节、目的结构形式横向排列、纵向记述,只记事实,不作评论;以志为主,适当列表、插图。

五、本志人物编设人物传记、人物简介和人物名录,主要收录农联籍及在农联工作时间较长,并有较大贡献的客籍人物等各类地方名人。其中,人物传记遵循"生不列传"原则,记述革命烈士、学校创始人、正科级以上干部、省名中医及其他已故人物,以卒年为序;人物简介记载行政副处级以上干部、获得省条线以上荣誉的先进人物、正高级职称以上知识分子及在地方上贡献突出、影响较大的在世人物,以生年为序;人物名录收录张家港市级以上先进人物、行政副科级以上干部、军界副营级以上干部、中级职称以上知识分子。其中,除先进人物以获得荣誉先后为序外,其余以生年为序。志中所述人物、事迹均限已知部分。

六、本志采用公元纪年,中华民国成立前以朝代年号括注公元纪年,中华民国成立起一律采用公元纪年。

七、本志对各个历史时期的地名、党派、社团、政府机构、各类职务,均采用当时的称呼。各种组织机构、会议、文件及专用名词等第一次出现时用全称。凡可以简称者在第一次出现时括注简称,其后用简称。凡未用全称的"省""市"均分别指"江苏省""张家港市";凡称"党"又未注明何种党派的,均指中国共产党。本志所述"解放前、后"的界限,以1949年4月22日张家港市全境解放为准。

八、本志文字标点、数字数据、计量单位等,均按国家规定的规范要求书写。有关统计数据,以《张家港统计年鉴》为准,未及部分采用业务主管部门提供的数据。在记载数据中称"以上""以下""以内"者均含本数。

九、本志资料取自文献、档案、史志及口碑材料,经反复鉴定核实后入志,除特殊情况外,一般不注明出处。

目　录

第三编　农村建设

第四编　交通　水利

第五编　农　业

第六编　工　业

第七编　商贸服务业

第八编　党政　社团

第九编　治安　军事

志 余

概　述

　　农联村位于杨舍镇域中东部,中心位置地理坐标为北纬 31°51′、东经 120°32′。村域东依二干河,与东莱集镇和徐丰、黎明村隔河相望,南至张杨公路南侧、傍蒋桥以西的野塘岸、南塘、西南湾、野坝头、北水渠等自然村,与乘航片区的蒋桥村和城区城东社区东区为邻,西靠界泾河,与范庄社区、斜桥村东区和仓基社区交界,北枕南横套,总面积 6.02 平方千米。村委会驻杨锦公路 9 号(杨锦公路西侧)、城北消防中队北侧,西南距杨舍镇政府约 10 千米。境内地势平坦,河道纵横,公路成网,水陆交通十分便捷。二干河、流漕港、乌沙港、东中心河、界泾河纵贯南北,南中心河、北中心河、沙漕河与南横套横亘东西,北通长江;东西向的张杨公路、振兴路、中兴路、长兴路、北二环路与南北向的蒋锦公路、杨锦公路、农联路、江帆路、华昌路纵横交错,既构成村内公路网络,又连通 204、346 国道和沿江高速公路。全境气候温和,四季分明,光照充足,雨量丰富,宜农宜牧,可林可渔。

　　2015 年,全村辖 1 个社区居民委员会、51 个村民小组、16 个自然村和蒋桥集镇。有户籍 1860 户,户籍人口 5746 人,另有外来暂住人口 10881 人。

　　境内自然资源丰富,物产富饶。盛产稻、棉、麦、油菜籽、大豆等。内河盛产鱼、虾、蟹、鳖等水产品。农家普遍饲养猪、羊、鸡、鸭、鹅等家畜家禽。

　　农联历史悠久。相传西汉高祖十二年(前 195),吴王刘濞为开发经济,开凿盐铁塘。该塘西起谷渎港,沿着岗身(天然堤)向东经过境内,贯通新庄港(今二干河,下同)。东汉永建四年(129),以会稽郡浙江以西之地建吴郡,境内属吴郡吴县。西晋太康二年(281)设立暨阳县后,境内属暨阳县。东晋咸康七年(341),在南沙乡设立南沙县后,境内属南沙县。南北朝梁大同六年(540),于南沙之地置常熟县,境内属常熟县。1913 年 10 月,江苏省政府颁行市、乡制,境内属常熟县新庄乡。

　　1949 年 4 月 22 日,全境解放,仍隶属常熟县。1949 年 10 月—1950 年 2 月,调整区、乡设置,乡以下建行政村、组。全境分属常熟县沙洲区东莱乡第二、三、四、五、六、七、八村。1958 年 9 月,以乡建社,政社合一,建常熟县东莱人民公社后,境内南区、西区、北区分别称东莱人民公社农联大队、乌沙大队和五联大队。1962 年 1 月建立沙洲县后,全境改属沙洲县。1983年8月,政社分设,撤社建乡后,境内南区、西区、北区分别改称农联村、乌沙村、南桥村。生产小队也随之更名为村民小组。1986年12月,撤沙洲县,建立张家港市,全境改属张家港市。2003年3月,撤销东莱镇、设立东莱街道办事处(2004年2月更名为东莱办事处)后,全境划归杨舍镇,隶属杨舍镇东莱街道办事处。11月,乌沙、南桥村并入农联村。

农联人民具有抵御外来入侵之敌的爱国主义和反封建、反压迫、反剥削的革命斗争光荣传统。抗日战争至抗美援朝战争期间,境内一批又一批青年农民,舍家为国、舍己为人,投身到抗日战争、解放战争、抗美援朝战争中去,涌现了曹俊保、季士真、顾炳龙、钱锦标等革命先辈,为后人树立了学习的榜样。

农联全境地势平坦,无山多水。河港纵横,格田成方;宜农宜牧,鱼跃稻香。然而,自古以来,境内人民在“天赐千年福,地生万年粮”旧思想束缚下,95%以上的村民从事农业生产,而且种植结构单一,品种老化,技术落后,产量甚低,生活水平徘徊不前。中华人民共和国成立后,境内人民在中国共产党和人民政府领导下,同舟共济,奋力拼搏,生活水平逐步提高。1950年,实行土地改革。1953年,农联人走上合作化道路。从互助组先后发展到初级农业生产合作社和高级农业生产合作社,农作物产量稳步提高,社会主义的优越性得到充分体现。

1958年开始的“大跃进”和人民公社化运动,使建立不久的高级农业生产合作社在数天之内全部合并成“一大二公”的人民公社。境内积极响应上级号召,以“十分指标,十二分措施,二十四分干劲”,实现“三麦赶水稻,水稻翻一番”的目标。当时盛行的高指标、瞎指挥等“五风”,使刚建立的社会主义生产关系受到严重破坏,加上自然灾害,造成1960年至1962年连续3年国民经济暂时困难,社员连温饱也不能维持。1961年,全境社员年人均分配收入在60元上下。

1962年开始,在党的“调整、巩固、充实、提高”八字方针指引下,实行“三级所有,队为基础”的制度。把发展农业生产放在首位,压缩社办工业和其他社会事业,全境农业出现蓬勃生机。

1966年以后,由于“文化大革命”的开展,“左”倾错误又重新抬头。在“以阶级斗争为纲”错误路线影响下,把农村社会主义经济限制为单一的集体经济,单一的粮、棉、油、猪生产,将境内3324个劳动力(其中,南区1806个、北区822个、西区696个)束缚在人均不足1亩的集体耕地上,全境年人均分配收入徘徊在60元—70元之间。

1978年中共十一届三中全会以后,在探索调整农村生产关系方面作出了不懈努力。1980—1982年,境内大刀阔斧改革农业生产体制,三年跨了三大步,即从大组联产承包到小组联产专业承包,最后发展为农户家庭联产承包责任制。这一改革,极大地调动了农民的劳动积极性,农作物产量逐年提高,农村经济出现了崭新面貌。1983—1985年,全境从农业战线上转移出85%的富裕劳动力,投放到工业、商业、交通运输、建筑和服务业中去。1987年,全境农业总产值259.36万元,比1978年增长2.38倍。2007年,全村粮食总产

1001 吨,油菜籽总产 13 吨。全年上市生猪 2400 头,有各类种养殖专业户 18 户。全村实现多种经营收入 3697 万元,纯收入 2002 万元。2007 年以后,由于城乡一体化建设的快速推进,全村绝大部分土地被征用。至 2015 年,全村已无耕地。

农联地理位置优越,自然资源丰富,具备发展工业的优越条件。1963 年 3 月至 1980 年,境内先后创办了砖瓦厂、综合厂、织带厂等队办企业。主要产品有砖瓦、塑料、电热圈、花边织带、丝绸被面等。1989 年,全境工业形成纺织、针织、化工、服装、印染、皮件、机械和五金工具等 8 大支柱产业,产品 100 多种。拥有电加热光亮照式退火炉、液化石油气(天然气) 强对流光亮罩式退火炉等一批省优、部优产品。其中 30 多种产品远销美国、日本、英国等 50 多个国家和地区。

村办企业的发展,使全村经济结构发生深刻变化,农业比重逐年下降。2006 年全村社会生产总产值中,农业占的比重由 1987 年的 45.3% 下降到 0.053%。是年,全村完成工业技改投入近亿元,新办企业 13 家,工业销售收入 10.5 亿元,实现利税总额 7106 万元,经济总量位居杨舍镇第一位。2010 年,全村完成工业技改投入 2.37 亿元,工业销售收入 24.8亿元,总资产 2.1 亿元,实现利税总额 1.46 亿元,村可用财力 1500 多万元,分别比 2005 年增长 3.18 倍、3.39 倍、2.58 倍。年人均纯收入 17386 元。

2015 年,农联村党委围绕"十二五"制定订三年规划"3555"(3 年实现工业销售收入50 亿元,村可用资金 5000 万元,65 周岁以上老年人过节费每人每年 5000 元)总目标,"全力以赴促转型"初见成效。工业销售收入 23 亿元,利税 1.5 亿元。

境内商业已有近百年历史。早在民国年间,商品交换就很平凡。随着杨鹿公路的通车、二干河的再次拓浚,境内与大中城市的商业往来逐渐增多。大米、土布、棉花、蚕豆、玉米、蛳螺等农副产品在上海、苏州、无锡等市场均有一定影响。20 世纪 60 年代初,境内蒋桥有2 家商店,经营酱油、火油、火柴、食盐等生活日用品。60 年代中期,东莱、乘航两个公社在蒋桥创办供销社门市部、合作商店、饭店、旅馆、客运汽车停靠点等,逐步形成蒋桥集镇。70年代,蒋桥集镇成为东西、南北水陆交通枢纽,商业网点随之得到发展。经营门类有茶、药品、实用杂货、棉布百货、餐饮小吃、烟酒副食、鲜咸鱼肉、木材竹器等。改革开放后,新增足疗店、按摩店、茶座、舞厅、溜冰场、棋牌室、麻将馆等服务行业。1995 年 6 月,境内建办占地面积 11.5 公顷、营业面积 10 万平方米、固定摊位 1000 余个的张家港市青草巷农副产品批发市场。该市场是集农副产品加工、运输、贮藏、销售于一体的规模型综合交易市场,是连接城乡、辐射苏锡常地区的农副产品营销中心和集散中心。2006 年,农联村利用市青草巷农副产品批发市场和 2005 年 12 月 18 日开业的张家港五金机电广场等第三产业区现有格局,建设规划商业市场预留区、村庄保留区和废品回收集中区。2008 年,全村形成蒋桥地区、市青草巷农副产品批发市场、五金机电广场及其北侧、农民街、江帆路南侧沿线、东莱大桥西首等具有一定规模的商业网点。2014 年起,农联村积极招商,与恒大、世贸、碧桂园等国内知名房地产商洽谈,成功引进恒大房地产开发商,签订了框架合作协议,并在此基础上成立张家港盛建置业有限公司。至2015年4月,"农联新镇"商业网点初具雏形。

农联教育事业蓬勃发展。境内教育事业起步较早。清光绪三十三年(1907),钱仲英、钱志英在境内蒋桥新庄港西岸创办崇德初等小学堂(又称崇德书院)。1912年,乌沙里乡贤缪召予借村内永宁庵创办永宁初级小学,并任第一任校长。1958年2月,建办农联小学。2002年2月,建办农联幼儿园。2005年5月,为解决外来职工子女入学问题,建办红蕾学校。2010年以后,因城乡一体化建设的需要,境内相继新建了江帆幼儿园、江帆小学和张家港市第二中学北校区。2015年,全村共有1所中学(市第二中学北校区)、2所小学和1所幼儿园。

农联历史文化底蕴比较深厚。从明朝开始,境内就建有青墩、烟墩(烽火台),用以防御和抗击外来之敌。并建有青墩庙、弘法寺、景家庙等庙宇,每年的庙会热闹非凡。庙会期间,地方上还要专门邀请戏班子演出滩簧(今称锡剧)等剧目。

境内很早就有以武术为主的民间体育活动,以防身健体、保家安民。明朝就有习武乡民配合官兵抗倭御敌。清代,民间武术活动较为盛行。解放后,境内群众体育活动有球类、棋类、拔河等项目。20世纪50年代中期,农民组建了境内历史上第一支"农联"篮球队。1959年,境内西区农民成立"五一"篮球队。60—90年代,农联篮球队活跃在东莱乃至全市(县)大地上,取得较好的成绩。90年代中后期,工厂内部和厂与厂之间,经常进行篮球友谊赛。同时还有乒乓球、象棋等比赛项目。1988年,境内三个村均创办村文化活动中心和老年活动室。农联村委新大楼建成后,设置了阅览室、党员活动中心、农耕文化馆、棋牌室、健身房、乒乓球室等。2002—2015年,广场舞、打拳、舞剑和老年体操等全民健身活动蓬勃开展。

农联广播电视发展迅速。1965年5月东莱公社广播放大站建立后,境内居民逐步接通有线广播。80年代,电视机开始进入境内村民家庭。90年代,家庭电视机得到普及。1993年,开通有线电视。1995年,全境有线电视入户率85%。2015年,全村数字电视入户率97%以上(含外地暂住人口)。

农联卫生事业健康发展。解放前,境内农民缺医少药,环境卫生很差,流行多种疾病。解放后,全民开展爱国卫生运动,全境环境卫生面貌大有改观。1969年8月,实行合作医疗制度,全境三个大队均设有卫生室,社员看病能报销。1997年11月,农联村投入20万元资金重建建筑面积150平方米的村卫生室。2000年后,村卫生室更名为村卫生服务站。2002年,农联村和南桥村均获"江苏省卫生村"荣誉称号。2004年6月,西区、北区卫生服务站相继并入农联村社区卫生服务站。2008年7月,社区卫生服务站迁至村委新办公大楼,面积318.58平方米。有社区医生4人。2015年,全村有两个社区卫生服务站,有社区医生5人、病床12张、输液椅9张。

随着村集体经济的发展,全村村民生活水平迅速提高。2015年,农联村集体经济总收入5506万元,村可用财力4531万元,村民人均纯收入39000元。村民人均居住面积72.8平方米。全村51个村民小组,组组通公路,户户通水泥路。全村有家庭电话696部、手机3765台(其中互联网手机1918台)、电脑1220台、小轿车1608辆。新型农村合作医疗保险覆盖率100%。

农联村在以经济建设为中心的同时,始终坚持抓好精神文明建设,大力弘扬张家港精神,全力营造文明和谐的社会环境。把实现群众利益、满足群众要求作为精神文明建设的出发点和落脚点,走出一条具有农联特色的精神文明建设之路。20世纪80年代初,全境广泛开展"五讲四美三热爱"活动。90年代初,着力于卫生创建和环境整治。90年代后期开始,开展文明村、文明单位、文明行业等一系列创建活动,以及文明新风户、五星文明家庭的评选,构筑和谐农联村。2004年,全村评出"文明新风户"1775户,占总户数的97%。2007年评出"四星级文明家庭"1787户,占总户数的96%。

2003年至2015年,农联村先后获"江苏省文明村""江苏省创建文明村工作示范村""苏州市文明村""苏州市建设健康城市先进村""苏州市新农村建设示范村""苏州市建设健康城市示范村""苏州市村级经济发展标兵村""苏州市文明村标兵"等荣誉称号;2012年,农联村党委获"苏州市争先创优·科学发展争一流先进基层党组织"荣誉称号。

勤劳、智慧、勇敢、锐意进取的农联人民在中共农联村委员会和农联村村民委员会的正确领导下,取得了经济建设和精神文明建设的辉煌业绩,并将继续高举中国特色社会主义理论伟大旗帜,认真贯彻落实中共十八大、十九大精神,发扬"团结拼搏、负重奋进、自加压力、敢于争先"的张家港精神,为农联村实现全国文明村的目标而努力奋斗!

大 事 记

汉

西汉高祖十二年(前195),相传吴王刘濞为开发经济,开凿盐铁塘,西起今杨舍镇谷渎港,沿岗身(天然堤)向东经过境内今殷家堂、北水渠、野塘岸、蒋桥集镇进入新庄港(1978年改称"二干河"。下同),向东与吴淞江相接。

清

乾隆二十年(1755),境内民众参与修筑海塘(海坝)。该塘自境内今泾头上自然村西侧界泾河起,向东经青草巷,过鹿苑、西阳、福山至太仓挡脚铺。

道光三年(1823),境内暴雨大水,受灾严重。

咸丰六年(1856),秋,大旱。境内部分河底干裂,新庄港断航。

同治十一年(1872),境内开挖二干河。

光绪三年(1877),农历5月,境内大风拔树,大批蝗虫入境,农作物受灾严重。

光绪八年(1882),境内飞蝗满天,野草、竹叶、树叶等被吃尽。

光绪十五年(1889)冬,严寒,境内最低气温零下12.5℃。

光绪三十四年(1908),钱钟英、钱志英在境内蒋桥新庄港西岸创办崇德初等小学堂(又称"崇德书院")。

宣统三年(1911),境内连日暴雨,飓风潮溢,饥民闹荒。

中华民国

1912 年

境内乌沙里乡贤缪召予利用永宁庵开设永宁初等小学,并任第一任校长。

1916 年

10 月,常熟县行署奉省(令)严禁妇女缠足。

1917 年

境内蝗灾严重,为历史所未有。

1919 年

5 月,境内师生纷纷走上街头游行、张贴标语,宣传抵制日货,要求严惩卖国贼。

1926 年

7 月 31 日,气温高达 40.5℃,境内吴巷里、杭家堂两个自然村发生严重瘟疫(霍乱),短短几天内,景俊梵等 22 人丧生。

1928 年

7 月 16 日,大批蝗虫飞入境内,遮天蔽日,所过之处,禾苗食尽。境内于是日奉常熟县府令合力捕捉。富户雇用贫民抬着猛将菩萨,求神拜佛,驱除蝗虫;一般平民百姓则举家而出,人工捕捉。

1934 年

夏,境内连续 98 天无雨,河流断水、断航,秋熟歉收。

1936 年

强台风过境,最大风力 8 级以上,连续 5 天 5 夜普降大雨,境内棉田受灾严重。

1937 年

12 月,王家湾村民钱宗伯被日军怀疑是新四军,在家门口被日军毒打致残。

1939 年

11 月,王四房桥村民赵满保等人,在鹿苑打死 3 名日军。日军强迫蒋桥村民钱保生带路捉拿赵满保未果,被日军枪杀于王四房桥附近。同时,日军放火烧毁王四房桥民房数十间。

是年,境内霍乱病流行。

1940 年

5 月,德善圩村民朱金保在北涧太平桥被日军刺伤后落水身亡。

9 月,乌沙里、港湾里村民王胜根、唐保和、钱忠林等在蒋桥西侧遭日军枪击致重伤。

1941 年

境内开展"反清乡"斗争。

1944 年

2 月,水涝圩村民顾金才被日军毒打致死。

9 月,王家圩村民王士云被迫为日军带路搜捕游击队员季福生未果,被日军杀害于三家村附近的棉田中。

1945 年

境内强化保甲制,实行联保连坐。

1947 年

境内麻疹病流行。

1948 年

境内群众积极参加抗丁、抗粮、抗捐"三抗"斗争。

1949 年

4 月 22 日,中国人民解放军胜利渡江,境内群众参与集会,庆祝解放。

5 月,境内禁止使用金圆券。

是月,境内开展剿匪斗争。

7 月 24 日,6 号强台风过境,伴长江大潮,境内北部地区土地受淹,房屋受损倒塌,人民政府及时组织抢险救灾,安抚群众。

7—8 月,境内农户献粮支援解放全中国。

中华人民共和国

1949 年

10 月 1 日,境内群众举行游行,热烈庆祝中华人民共和国成立。

12 月,废除保甲制,全境建立第二、三、四、五、六、七、八等 7 个行政村,各自成立农民协会。

1950 年

10 月,境内 15 名青年农民积极响应党中央关于抗美援朝的号召,参加中国人民志愿军。其中,二、三、四、五村 7 人,六村 1 人,七、八村 7 人。

11 月,境内开展镇压反革命运动。

冬,境内开展土地改革运动。

1951 年

3 月,东莱供销合作社成立。境内各村农会发动农民入股,每股 1 元。

9 月,境内群众参加东莱乡召开的颁发土地证大会。

1952 年

春,境内开始建立常年性和临时性互助组。

春,全民普种牛痘。

9 月,应群众要求,蒋桥小学开设初中补习班。

10 月,常熟、江阴两县人民政府先后颁布公告,宣布"一贯道"等 10 多种会道门为反动组织,依法全部取缔,境内积极响应。

冬,境内开办冬学、夜校,推广祁建华"速成识字法",开展识字扫盲运动。

1953 年

春,境内贯彻《中华人民共和国婚姻法》。

7 月,全国第一次人口普查工作开始,历时 11 个月。境内派员参与。

11 月,根据国务院命令,境内粮食实行统购统销,对粮食实行计划收购和计划供应。

1954 年

春,境内农民到联珠沙参加围垦合作头圩工程。

4月,境内淘汰原有本地棉花品种,全面推广棉花良种——岱字棉。

9月,棉花实行统购统销,棉布实行凭证供应。境内每人每年发给布票2米。

10月,境内建立农村信用合作社。

冬,境内成立17个初级农业生产合作社(以下简称"初级社"),其中南区11个、西区1个、北区5个。

1955 年

春,境内粮食、油料实行"三定",即定产量、定统购、定统销。

1956 年

3月,境内农民参加围垦合作三圩、共青圩工程,至5月结束。

10月,境内第二、三、四、五村分别合并建立农联高级农业生产合作社(以下简称"高级社")和"五一"高级社;第六村建立永宁高级社;第七、八村建立五联高级社。

12月,农联高级社与"五一"高级社合并成立党支部,永宁高级社和五联高级社单独成立党支部。曹协议任农联、"五一"两个高级社联合党支部书记,李凤根任永宁高级社党支部书记,王士南任五联高级社党支部书记。

1957 年

1月,境内抽调民工参与六干河开挖工程。

秋,东莱境内的东莱、西港(部分)、合兴、福前等4个中乡合并成立东莱大乡,下辖含境内4个高级社在内的17个高级社。

1958 年

2月,农联初级小学创办,设小学一年级和幼儿班各1个班。

4月,东莱乡党委向全省发出实现"三麦产量赶水稻、水稻翻一番"的倡议,境内干部群众积极响应,并提出"十分指标、十二分措施、二十四分干劲"的口号。《新华日报》《人民日报》为此先后发表社论。

5月,全境开展群众性的除"四害"(麻雀、苍蝇、老鼠、蚊子)运动。

9月,东莱人民公社成立。境内农联高级社和"五一"高级社合并成立农联大队(南区),下设14个生产队;西区设立乌沙大队,下设9个生产队;北区设立五联大队,下设15个生产队。

是月,蒋桥初中文化补习班更名为民办蒋桥初级中学。

是月,全民大炼钢铁,境内大多数农户的铁锅被收缴炼钢铁。不久停止。

是月，境内掀起积肥高潮。全境86户农户共250.5间草屋被拆除。拆下的茅草用于"万担潭"积肥。

秋，境内各生产队大办食堂，社员吃饭不要钱，并提出"敞开肚皮吃饱饭，鼓足干劲搞生产"的口号。

10月，境内建办养殖场。

冬，境内抽调大批民工参加望虞河开挖工程。

冬，境内各大队部利用广播线路开通有线电话。

是年，杨鹿公路（杨舍至鹿苑）境内蒋桥至黎明段建成通车。

1959 年

1月，农联大队和五联大队（时乌沙大队并入五联大队）先后召开第二届党支部换届选举大会。中共东莱公社委员会任命周连保任农联大队党支部书记、王士南任五联大队党支部书记。

春，农联大队团支部成立，吴洪高为首任团支部书记。

8月，南区五队倪志良、倪同松，七队钱金标，十六队匡永飞、钱瑞芬，十七队李洪元，十五队倪锦龙、倪锦荣，二十二队杭金保、季桂球、杭建芬，二十四队钱锡明，西区四队周洪元，五队严福才、戴全发、周兴郎，八队缪文安，北区朱美娟、王金石、步松宝、谢仁兴、汤小妹、姚德祥等23人经本人申请、东莱公社党委批准，赴新疆支援建设。

冬，南区建办农联窑厂。

1960 年

3月，境内党员干部集中东莱公社会堂，开展以"反右倾"斗争为内容的整风运动，历时3个月。

秋，境内传达贯彻中共中央《关于全党动手、大办农业、大办粮食》方针，把大批外出劳动力召回到农业战线。

是年，蒋桥商店和蒋桥饮食店相继建立。

是年，境内粮食减产，社员口粮不足，瓜菜充饥（称"瓜菜代"）。不少社员吃"解放团子"（将切细的菜捏成团，在外面滚上一层薄薄的面粉或米粉，蒸熟后作为主食食用）、"跃进饭"（1千克大米，加瓜、菜、胡萝卜等烧成7千克至8千克饭）。部分社员营养不良，患浮肿病。当时市场上每千克大米价6元、胡萝卜每千克3.2元、山芋每千克6元。

1961 年

2月，境内贯彻中共中央《关于农村人民公社当前政策问题的紧急指示信》，即十二条，开展整风整社。党员干部重点纠正工作中出现的共产风、命令风、浮夸风、特殊风、瞎指挥风。

4月,境内对"大跃进"以来平调86户社员的住房、家具、农具和其他财物算账退赔。

7月,东莱公社召开会议,全面贯彻落实中共中央《农村人民公社工作条例(草案)》(简称《农业六十条》),实行公社、生产大队、生产队三级所有,以生产队为基本核算单位的农村经济管理体制。境内全面落实社员自留地等农村各项经济政策。

8月,境内生产队食堂先后停办。

是年,境内社员划分自留地,平均每人0.1亩—0.15亩不等。全境社员自留地总面积约占耕地总面积的6%。

1962 年

1月,沙洲县成立。全境改属沙洲县。

3月20日,夏振芳任乌沙大队党支部书记,免去其五联大队大队长职务。同时免去李凤根五联大队副书记职务。

春季,境内给浮肿病人增发食糖、食油、青糠、黄豆粉等营养品,并给予休息。到夏收时,除少数老人病故外,其余病人全部治愈。

8月,境内三代三化螟大发生,2000亩水稻受害,产量大幅度下降。

9月5日至6日,14号台风过境,连降暴雨36小时,雨量247.1毫米,境内3000亩农田受涝。

是年,南区增设9个生产队,全大队由14个生产队增至23个生产队。

1963 年

3月29日零时15分,中国台湾国民党1架飞机窜入沙洲县上空,投下一批传单和食物袋。其中散落于境内的由民兵及群众全部捡回后上缴公安部门处理。

上半年,境内3个大队均建立妇女代表大会(以下简称"妇代会")组织,季瑞芬、周菊芬、陈秀英分别为3个大队首任妇代会主任。

9月,蒋桥初级中学改名为蒋桥农业中学。

冬,贯彻中共中央《关于农村社会主义教育运动中目前提出的一些问题》,即《二十三条》。上级派工作组到境内各大队开展以"清政治、清思想、清经济、清组织"(简称"四清")为内容的社会主义教育运动。

1964 年

5月,境内三麦爆发黏虫,食叶之声"嚓嚓"可闻,被咬断的麦穗满田皆是。

7月,境内派员参加全国第二次人口普查,历时一个月结束。

下半年,著名曲艺家金声伯带领江苏省曲艺团部分演员,到境内体验生活。

1965 年

1月,境内脑膜炎流行,经过一个多月突击防治,疫情得到控制。

5月,境内 8 名技术员赴内地支援建设。

1966 年

4月,境内各生产队建立毛泽东思想学习小组。

5月,境内传达中共中央《五一六通知》精神。

6月6日,境内出现罕见高温,最高达 38.1℃。

6月11日,下午 2 时许,龙卷风袭击境内。

是月,南区第十七生产队购进宁波"洋毛"牌立直柴油机,用于脱粒和灌溉。

是月,境内"文化大革命"开始。

8月,境内"红卫兵"走向社会,掀起"破四旧"(旧文化、旧思想、旧风俗、旧习惯)高潮,查毁古旧书画、文物,抄收一批金、银、珠宝、衣服、家具等物品。

9月,蒋桥农业中学复名蒋桥初级中学。

10月,境内学校停课,部分学生外出进行"革命大串联",时间长达 2 年。

冬,境内各大队领导干部受到冲击,党支部陷于瘫痪状态。

1967 年

1月,境内造反派开始夺取大队党、政、财权。

1968 年

4月,境内 3 个大队均成立革命委员会,各生产队成立革命生产领导小组。

7月,境内开展"忠于毛主席,忠于毛泽东思想,忠于毛主席的革命路线"的"三忠于"活动。路上设"忠字门",家庭设"忠字堂",各生产队仓库内放置毛主席石膏像;组织社员手捧《毛主席语录》,在毛主席石膏像前开展"早请示、晚汇报"活动。

是月,按上级要求,境内开始"清理阶级队伍"。农联大队党支部书记周连保"靠边"接受审查。不久,周连保被平反。

8月,沙洲县革命委员会发出《学生重返学校复课闹革命》的通知,境内学校复课。

9月,学校进行学制改革,境内小学六年制改为五年制;中学六年制改为四年制,采用二二分段制。

是年,境内房屋墙壁上到处用红漆书写"毛主席语录",实现"一片红"。

1969 年

2月,境内整党建党工作开始。按照毛泽东"五十字"建党方针,实行"吐故纳新"(清理不称职党员,吸收新党员)。其中农联大队党支部共培养5名入党积极分子入党。

4月,东莱公社召开第二届贫下中农代表大会,成立东莱公社贫下中农协会,境内3个大队各成立贫下中农协会分会。

是月,境内3个大队各选送1~2名青年,参加东莱公社举办的为期6个月的"赤脚医生"培训班。学员培训结束后回到所在大队从事医疗工作。

秋,南桥大队建办五联小学,周自治为首任校长。

10月,境内3个大队均实行农村合作医疗制度,创办大队卫生室。

是年,境内实行贫下中农管理学校,派贫下中农代表进驻蒋桥中学。

是年,教师工资改为工分制。

是年,农联大队卫生室中草药房发生火灾。

1970 年

3月,境内开展"一打三反"(打击现行反革命、反对贪污盗窃、反对投机倒把、反对铺张浪费)运动。

春,境内各生产队建办养猪场,大力发展集体养猪事业。

7月12—18日,境内两次特大暴雨,大部分棉田受淹。

是年,境内各生产队全面推广"双三制"(一熟麦、两熟稻)。

1971 年

1月,境内3个大队党支部进行第三次换届。中共东莱公社委员会任命倪升平为农联党支部书记、夏振芳任乌沙大队党支部书记、刘如松任南桥大队党支部书记。

2月,境内开展深挖"5·16"分子("5·16"是北京的一个群众组织,后被林彪、江青等人诬陷为反革命阴谋集团,并被扩大化为全国性的反革命秘密组织),历时2年3个月。

7月,境内"红眼病"流行。经防治,8月下旬得到控制。

12月,境内传达中央专案组整理的《粉碎林陈反党集团反革命政变的斗争》材料,开展批林整风运动。

1972 年

4月6日,周关保、缪士平经群众推荐、领导批准、学校复审,被高校录取入学,成为境内第一批工农兵学员。

1973 年

春,境内全面推行火葬。

9 月,境内贯彻中共第十次代表大会精神,组织学习新的《中国共产党章程》,3 个党支部均进行开门整风,纠正不正之风。10 月末结束。

10 月,境内接通高压电。

是年,境内共青团各支部组织力量,排练革命样板戏《红灯记》参加公社会演,并到各个自然村庄巡回演出。

1974 年

3 月,全面开展"批林批孔"运动。境内以政治夜校为阵地,开展大批判。

7 月 26—31 日,境内连降大雨,部分农田受灾。

12 月,贯彻中共中央 32 号文件精神,实行"晚、稀、少"生育政策,境内育龄夫妇落实节育措施。

1975 年

2 月,拓浚二干河时,在境内十九、二十生产队东侧挖到生存于 2000 年前古东海中宽吻海豚的一块头颅骨化石。

是月,境内开始引进蚌种搞河蚌育珠。因蚌种质量不好,育成的蚌珠大多为四级珠,勉强捞回成本。

春,境内整顿领导班子,批判"重副轻农、重钱轻线(路线)"思想,要求端正社会主义方向。

春,境内推广尼龙薄膜育苗新技术。

12 月,南区开挖南中心河,北区开挖东中心河,总长度 2800 米。完成土方总量 7.36 万立方米,受益农田 2740 亩。

是年,南区出资易地新建农联小学(该校原设在倪保生住宅侧厢内)。新建的农联小学有 10 间教室及较为完善的配套设施。

是年,境内部分社员家庭用上高压电。

是年,农联、乌沙、南桥 3 个大队分别改称十七、十五、十六大队。

1976 年

1 月 8 日,国务院总理周恩来逝世,境内干部群众自发戴黑纱,沉痛哀悼。

4月,境内开展"反击右倾翻案风"运动。

7月6日,全国人大常委会委员长朱德逝世,境内干部群众佩戴黑纱悼念。

8月中旬,受唐山大地震影响,省、地、县相继发出地震紧急警报,境内突击开展防震工作。社员普遍搭建简易防震棚,移居室外防震棚内,延续一月有余。

9月9日,中共中央主席毛泽东逝世。大队组织干部群众在蒋桥中学大操场举行哀悼仪式。

11月,境内干部群众欢庆粉碎"江青反革命集团",广泛开展揭批"江青反革命集团"的群众运动。

12月,南区开挖北中心河,北区开挖西中心河,总长1180米。完成土方总量2.83万立方米,受益农田2151亩。

1977 年

6月,境内3个党支部换届。中共东莱公社委员会任命周连保任十七大队党支部书记、夏振芳任十五大队党支部书记、刘瑞芳任十六大队党支部书记。

夏,境内各大队试种杂交稻。

8月,境内开展争创民兵工作"三落实"(组织落实、政治落实、军事落实)先进单位和"五好"民兵活动。

是年,境内大队干部实行参加集体劳动制度。

1978 年

3月,境内开展"二打一反"(打击阶级敌人破坏活动、打击资本主义的进攻、反对铺张浪费)运动。

6月,境内对"文化大革命"中的冤假错案进行复查纠错,落实有关政策。同时,对"文化大革命"前历次政治运动中处理的案件进行复查。

秋,境内棉铃虫暴发,棉花受到严重影响。平均每亩皮棉减产18—21千克。

10月,纵贯境内的蒋锦公路建成通车。

是年,境内7岁以下儿童开始实行计划免疫。

1979 年

1月,境内党员、干部参加东莱公社组织的冬训,学习中共十一届三中全会公报。

2月,境内刘正华等3人参加对越自卫反击战。

3月,境内对"四类分子"(地主、富农、反革命、坏分子)进行摘帽、纠错,对地主、富农子女新定成分。至4月全部结束。

9月,蒋桥初级中学并入东莱中学。

10月,境内3个党支部相继换届。中共东莱公社委员会任命张继良为十七大队党支部书记、夏振芳为十五大队党支部书记、刘瑞芳为十六大队党支部书记。

1980 年

是年,沙洲县地名普查后,改以序数命名大队为以地名命名。境内十五、十六、十七大队分别复名乌沙大队、南桥大队、农联大队。

是年,境内推广使用"除草醚""绿麦隆"农药进行化学除草。

是年,南区第二小队、北区第五小队从外地引进幼蚌进行河蚌育珠。后因自然灾害,两个生产队河蚌育珠均告失败,经济受损严重。

1981 年

1月,大雪,境内交通等受到严重影响。

8月,境内开展农业生产责任制试点工作。

1982 年

7月,境内派员参与第三次全国人口普查。历时1年4个月。

是年,位于境内的国营沙洲饲料乳品厂正式投入生产。

是年,境内贯彻落实沙洲县人民政府制定的《计划生育实施细则》,各大队制定奖惩制度。

是年,全境普遍推行家庭联产承包责任制。

1983 年

8月,政社分设。东莱人民公社恢复东莱乡人民政府,大队随之改称村民委员会(以下简称"村委会"),小队改称村民小组。

是月,境内设立第一届村民委员会,先后选举李育才、杭祖林任农联村村民委员会主任、陈士良任南桥村村民委员会主任、夏振芳任乌沙村村民委员会主任。

11月,境内3个党支部进行第六次换届选举。匡建东当选农联村党支部书记、刘瑞芳当选南桥村党支部书记、夏振芳当选乌沙村党支部书记。

是月,境内取消村民小组长职务,全境改设8个联队,每个联队设联队长和会计各1人。

是年,境内开展"五讲四美三热爱"(讲文明、讲礼貌、讲卫生、讲秩序、讲道德;心灵美、语言美、行为美、环境美;热爱祖国、热爱社会主义、热爱中国共产党。下同)活动。

1984 年

5 月 21 日,南黄海发生里氏 6.2 级地震,境内震感较强。

是月,绒、针、棉织品取消凭票供应。

7 月,超 35℃高温日连续 17 天。

10 月,境内普及初中教育,92% 的小学毕业生升入初中。

11 月,境内各党支部进行第七次换届选举。周仁龙当选农联村党支部书记、刘瑞芳当选南桥村党支部书记、夏振芳当选乌沙村党支部书记。

12 月,境内戴正峰赴中越边境若险山地区,参加对越战斗。

是年,境内各村贫下中农协会撤销。

1985 年

9 月 10 日,境内各村党员干部、教师等 30 余人,在五联小学共同欢庆第一个教师节。

是年,开始征收教育事业费附加,境内各村办企业按销售额的 5‰—8‰ 计征。

1986 年

1 月,境内企业开始推行厂长三年任期责任制。

6 月,境内各党支部进行第八次换届选举。匡建东当选农联村党支部书记、王妙定当选乌沙村党支部书记、刘瑞芳当选南桥村党支部书记。

12 月 1 日,张家港市成立大会召开,全境改属张家港市。

1987 年

9 月 23 日上午 10 时 53 分左右,出现日环食天文现象。

是年,南区建办毛线染整厂,赵建军任厂长。

1988 年

9 月,乌沙小学停办,学生分流至五联小学和农联小学。

12 月,境内进行第二届村民委员会换届选举。杭祖林、季耀龙先后当选农联村村民委员会主任,夏林安当选乌沙村村民委员会主任,陈阿祥当选南桥村村民委员会主任。

冬,境内连续 70 天未雨,为百年未遇的冬旱。

1989 年

1 月,境内党支部进行第九次换届选举。倪荣林当选农联村党支部书记、王妙定当选乌沙村党支部书记、刘瑞芳当选南桥村党支部书记。

是年,境内开展评选"新风户"活动。

1990 年

9 月,境内派员参与的第四次全国人口普查结束。历时 1 年 3 个月。

是年,境内各村相继建立党员活动室。

是年,境内推行"两公开、一监督"(公开办理制度,公开处理结果,依靠群众监督)制度。

1991 年

6 月 30 日至 7 月 1 日,境内连遭特大暴雨袭击,总雨量 277.2 毫米,内河水位暴涨 5 米,超过正常水位 2 米,房屋损坏,农田受淹。

1992 年

是年,境内制订发展村级经济三年规划。

1993 年

3 月,境内进行第三届村民委员会换届选举。杭祖林当选农联村村民委员会主任,夏林安当选乌沙村村民委员会主任,朱洪良当选南桥村村民委员会主任。

春,南区张家港市江帆集团公司成立,赵建军任董事长、总经理。

4 月 1 日,粮食价格和粮食经营全面放开,不再实行计划供应,粮、油票停止使用。

8 月,农联村建立党总支,倪荣林为党总支书记。党总支下辖 3 个党支部,其中,农业 1 个支部、工业 2 个支部。

是年,国务院委托江苏省人民政府派员到农联村抽查验收扫除文盲工作。经验收,该村非文盲率达 99.8%,成为高标准扫除青壮年文盲的村。

1994 年

3 月,东莱撤乡建镇,全境隶属东莱镇管辖。

7 月,境内连续高温 21 天,最高气温超 35℃。

11 月,农联村党总支进行换届选举,杭祖林当选党总支书记。乌沙、南桥两村党支部相继进行换届选举,刘瑞芳当选南桥村党支部书记,李永才当选乌沙村党支部书记。

1995 年

6 月,市供销合作总社在境内青草巷启动"张家港市青草巷农副产品批发市场"建设工程。该工程占地面积 11.5 公顷。

1996 年

6 月,境内进行第四届村民委员会换届选举。匡建平当选农联村村委会主任,夏林安当选乌沙村村委会主任,朱洪良当选南桥村村委会主任。

10 月,东莱镇党委任命赵建军任农联村党总支书记。乌沙、南桥两村党支部相继进行换届选举,王惠兴当选乌沙村党支部书记,刘瑞芳当选南桥村党支部书记。

是月,农联村获"江苏省电话小康村"荣誉称号。

1997 年

是年,南区村组道路全部浇筑成沥青路面,户户通沥青路,户户用上自来水。

1998 年

3 月,下大雪,境内夏熟作物严重减产。

11 月,境内户户通上水泥路。

12 月,境内进行第五届村民委员会(1998 年 12 月—2001 年 12 月)换届选举,匡建平、匡凤清先后当选农联村村民委员会主任,陈巧英当选乌沙村村民委员会主任,季培元当选南桥村村民委员会主任。

是年,境内废除联队队长制。

1999 年

1 月,境内一等伤残退伍军人戴正峰获第七届远东及南太平洋地区残运会铅球、铁饼金牌,标枪银牌。团中央授予他"全国新长征突击手"称号。

12 月,境内户户接通有线电视。

2000 年

7 月 1 日,农联村党总支组织全村党员赴上海参观东方明珠广播电视塔、大观园、浦东国际机场等,感受改革开放后上海的巨变。

10 月,纵贯境内的杨锦公路建成通车。

11 月 1 日,零时起,境内第五次全国人口普查开始,历时 1 年 4 个月。

是年,南区投资 750.75 万元建办污水处理厂,并完善蒸气管道、建立工业水管道净化处理系统。

2001 年

6 月 30 日至 7 月 1 日,农联村党总支组织全村党员上了一节特殊党课(赴北京参观学习)。7 月 1 日,全体党员先后观看天安门广场升旗仪式,参观毛主席纪念堂、人民大会堂、天安门、圆明园遗址、长城等名胜古迹。

12 月,境内进行第六届村民委员会换届选举,匡凤清当选农联村村委会主任,陈巧英当选乌沙村村委会主任,季培元当选南桥村村委会主任。

是年,全境企业转制结束。

2002 年

2 月,南区改建农联幼儿园。

7 月 1 日,农联村党总支组织全村共产党员专程赴南京,先后参观中山陵、雨花台陵墓,缅怀革命先烈。

8 月,境内出台优等学生奖学金制度。

是年,农联村投入 330 万元,改造农联小学和农联幼儿园。

是年,农联村被评为省级卫生村。

2003 年

3 月,全境划归杨舍镇。

7 月 1 日,农联村全体党员到淮安参观周恩来纪念馆。

11 月 4 日,乌沙村、南桥村两个村并入农联村,组建成新的农联村。

是年,农联村获 2002—2003 年度"苏州市文明村"荣誉称号。

2004 年

7 月 1 日,农联村党委成立大会在馨苑度假村会议中心召开。张家港市委组织部领导在会上宣布农联村党总支升格为党委,赵建军任党委书记,匡凤清任党委副书记,并举行农联村党委揭牌仪式。市、镇有关领导暨农联村全体共产党员、村民代表及驻村企业家代表共 380 多人参加揭牌仪式。

7 月 25 日,张家港市首家村级爱心帮扶基金会——江帆民营企业爱心帮扶联合会成立。村党委书记赵建军兼任会长,村委会主任匡凤清兼任秘书长。

12 月,农联村进行第七届村民委员会换届选举,并首次采取"无候选人一次性直接投票"方式,选举产生新一届村委会,匡凤清当选村委会主任。

是年,在境内青草巷建造沙钢立交桥。

2005 年

6 月,南区第十、十九、二十等 3 个村民小组撤组建居,村民转为居民户口。

7 月 1 日,村党委组织全村共产党员赴革命圣地延安上特殊党课。

10 月,农联村党委进行换届选举,赵建军当选村党委书记,匡凤清为副书记。

12 月 18 日,位于境内的张家港五金机电广场开始营业。该五金机电广场占地 10.7 公顷,营业面积 10.4 万平方米,投资总额 1.8 亿元,设有 750 个固定经营摊位。

2006 年

1 月 1 日,境内执行国务院取消农业税的规定。

4 月,村党委组织开展第三批党员先进性教育活动。

7 月,境内有线电视转为数字电视。

8 月,农联村股份合作社成立。

9 月 18 日,农联村收购张家港市钱江实业有限公司(原温州商贸城)21% 的股份,并全面负责该公司的经营管理。

10 月,农联村获"2005—2006 年度江苏省创建文明村工作示范村"和"2004—2005 年度苏州市文明村"荣誉称号。

2007 年

2 月,农联村工会联合会暨第一次会员(职工)代表大会召开。

7 月,共青团农联村总支升格为共青团农联村委员会。

10 月,农联村进行第八届村民委员会换届选举,匡凤清当选村民委员会主任(2008 年 7 月调任江帆社区主任)。

是年,农联村获"苏州市新农村建设示范村""苏州市建设健康城市先进村"荣誉称号。

2008 年

1 月 18 日,张家港众和标致汽车 4S 店于农联村境内开业。总投资 2500 万元,建筑面积 4000 平方米。

1 月 25 日,境内遭遇百年罕见特大暴雪,全村受到严重损失。

5 月 24 日,农联村党委召开"抗震救灾、情系灾区"交纳特殊党费动员大会。全村 266 名党员共交纳特殊党费 63605 元,支援四川汶川抗震救灾。

7 月,农联村党委举行服务中心大楼落成典礼。

是月,上海长海医院会同澳洋医院专家教授一起到农联村为村民义诊。

8月,经江苏省民政厅批准,江帆民营企业爱心帮扶联合会升格为张家港市农联爱心基金会,并在村委三楼会议室举行成立大会。

10月,农联村党委进行第二届换届选举。赵建军当选党委书记,李雪东、唐永德、吴国建当选党委副书记。

11月,农联村获"苏州市建设健康城市先进村""苏州市新农村建设示范村"荣誉称号。

2009 年

3月,位于境内的爱博纳集团重工制造区举行开工典礼。张家港经济开发区(杨舍镇)及农联村主要领导出席典礼。

7月1日,为庆祝中国共产党成立88周年,农联村党委组织全村200多名党员到沙家浜上了一堂以"革命斗争史与改革开放丰硕成果"为教育内容的特殊党课。

9月20日,农联村补选第八届村民委员会主任选举大会在村委三楼会议室召开,李雪东当选村民委员会主任。

12月9日,农联村在村委三楼会议室为刘金鑫等6名应征入伍新兵召开欢送会。

12月17日,位于境内的张家港伟伟瑞麒4S店开业。该店是进驻农联村的第三家4S汽车销售服务店。

是年,农联村获"国家优秀小康村""张家港市社会主义新农村基本现代化建设示范村"称号。

2010 年

4月,农联村278名党员交纳"特殊党费"53625元,支援青海玉树抗震救灾。

5月,农联村召开"集中整治取缔南区、西区废品回收场所工作推进会"。

7月1日,农联村党委组织全村200多名党员赴上海参观世博会、瞻仰中共"一大"会址,进行党性教育。

9月,农联村第三届党委进行换届选举,赵建军当选党委书记,李雪东、吴国建、钱文伟当选副书记。

10月31日,境内第六次全国人口普查结束。

是月,农联村第九届村民委员会换届选举,李雪东当选村民委员会主任。

是年,农联村获"江苏省创建文明村先进村"荣誉称号。

2011 年

4月26日,东莱第一区域联合党委"农村社会管理创新工程"启动仪式在农联村举行。

市委组织部、市委非公经济工委、市农委党委、张家港经济开发区(杨舍镇)、东莱办事处及联合党委各成员单位分管领导等110名党员干部参加会议。会议期间,与会人员观看了师生、学生家长共同参与的"小手拉大手、文明一起走"主题活动。

4月27日,市委书记徐美健一行到农联村慰问江苏省劳动模范——村党委书记赵建军。

6月30日至7月5日,农联村组织200多名党员到革命圣地西柏坡参观,并于7月1日上了一堂"七一"特殊党课。

12月25日,农联村召开关爱老年人工作会议,决定将65周岁以上老年人福利费由2010年的每人每年500元提高到1500元。

是年,农联村获"全国第六次人口普查先进集体""江苏省和谐社区建设示范村""苏州市村级经济发展标兵村""张家港市农村基层党风廉政建设示范村""张家港市文明村标兵""张家港市十佳经济强村""张家港市十佳文明村"荣誉称号,并荣立"平安张家港建设集体三等功";农联村党委获"张家港市十佳村党组织""张家港市先进基层党组织"荣誉称号。

是年,农联村篮球队获张家港市第二届党委村篮球比赛第七名;农联书场被评为合格书场;农联爱心基金会获"张家港市十大优秀志愿服务品牌"荣誉称号。

是年,农联村在张家港经济技术开发区(杨舍镇)组织的演讲比赛暨纪念建党90周年知识竞赛中,"我身边的先锋战士"演讲获二等奖、"贴心书记赵建军"演讲获三等奖,并获纪念建党90周年知识竞赛第三名。

2012 年

1月14日,市委书记徐美健专程到农联村慰问困难户朱长法。

2月10日,农联村召开"农联新镇"项目建设地块80多户企业、个体工商户搬迁动员大会。

2月11日,农联村召开"农联新镇"项目建设地块400多户村民搬迁动员大会。

2月19日,市级第32选区、杨舍镇级第81选区人大代表候选人与选民见面会在农联村召开。市委副书记、市长姚林荣,农联村党委书记赵建军等均以正式代表候选人的身份与选民见面。

2月22日,市级第32选区、杨舍镇级81选区人大代表选举大会在农联村召开。

3月18日,农联村富民股份合作社成立。

5月25日,市委常委、张家港经济技术开发区党工委书记张伟,张家港经济技术开发区管委会有关领导,办事处(街道)及行政村等主要领导60多人,到"农联新镇"动迁现场召开座谈会,倾听民情民意。

7月12日,市长姚林荣率领市级机关相关部门、各区镇、各办事处及有关村的主要负责人到农联村动迁现场进行现场办公,并召开全市动迁工作推进会。

8月15日,"农联新镇"动迁安置房"农联家园"工程奠基。市委书记徐美健,市委副书记、市长姚林荣,市委常委周伟,市委常委、张家港经济技术开发区党工委书记张伟等市区镇领导出席奠基活动。

是年,农联村被评为2009—2011年度苏州市文明村标兵、苏州市村级经济发展标兵村;农联村党委获"苏州市创先争优·科学发展争一流先进基层党组织"荣誉称号。

2013 年

1月12日,农联村召开关爱老年人工作会议。决定将老年人福利费由2012年的每人每年1500元提高到3000元。

1月13日,农联富民股份合作社社员大会暨分红会议在村三楼会议室召开,向244名社员发放红利223.43万元。

1月18日,市委书记徐美健到农联村慰问困难党员钱福林和困难户朱长法。

2月26日,农联村召开"农联新镇"项目一期建设工程动迁地块村民动员大会。

3月5日,苏州市委副书记陈振一到农联村调研城乡一体化发展情况,市委及张家港经济技术开发区领导徐美健、张伟、葛晓明等陪同调研。

3月5日,农联村举行"市人民法院驻农联村法官工作室"揭牌仪式。市人民法院副院长钱平,农联村党委书记赵建军和全体村干部以及部分企业负责人参加揭牌仪式。

3月6日,应市委党校邀请,农联村党委书记赵建军为新疆巩留县县、乡、村三级干部作报告。

4月20日,江苏省委农村工作办领导到农联村调研城镇化建设工作情况。村党委书记赵建军向他们汇报"农联新镇"项目建设情况。

5月5日,农联村在老年过渡房设立便民工作室。

5月6日,省委组织部副部长盛克勤一行10余人,到农联村考核验收"四有一责"工作。苏州市委组织部部长郭腊军、张家港市市委组织部部长蔡炳锋陪同考核验收。

5月30日,苏州市老区开发促进会、扶贫开发协会、合作经济研究会(以下简称苏州"三会")到农联村调研集体经济发展情况。张家港市"三会"领导吉瑞庆陪同调研。

6月3日,农联村召开区镇动迁工作现场推进会。市委常委、张家港经济技术开发区(杨舍镇)党委书记张伟和区镇、有关局室、办事处(街道)及动迁行政村领导等60多人参加会议。

6月14日,市人民法院"社区法庭"在农联村开庭,公开审理一起伤害儿童案件,50余村民到庭旁听。

6 月 26 日,苏州市委副书记陈振一、苏州市政府副市长陆留生率领苏州各市(区)村党组织书记 180 多人,到农联村参观农联家园并调研"农联新镇"建设工作。

6 月 30 日,为庆祝中国共产党成立 92 周年,农联村党委组织全村党员上"七一"大党课。

是月,境内极端高温超过 41℃,为历史罕见。

8 月 18 日,农联村爱心基金会召开年会募集善款。企业家、社会各界爱心人士共 200 多人与会,当场募集善款 100 多万元。

是日,农联村举行 2013 年度"奖励优秀学子、帮扶困难学生"活动,对 13 名优秀学子实施奖励、对 42 名贫困学生助学帮扶,发放奖学金和助学金 25.6 万元。

8 月,农联村党委进行第四届换届选举,赵建军当选党委书记,李雪东、吴国建、钱文伟当选党委副书记。

9 月 15 日,农联村第十届村委会进行换届选举。李雪东当选村委会主任。

9 月 23 日,昆山市委组织部领导带领昆山市部分村党组织书记到农联村参观调研,市委组织部副部长刘俭陪同。

是年,农联村获"2010—2012 年度江苏省文明村""江苏省民主法治示范村""苏州市城乡一体化改革发展先进集体"荣誉称号。

2014 年

1 月 4 日,农联村为全村 1004 个 65 周岁以上老人发放福利费 4070610 元。

1 月 5 日,农联村党委组织全村党员召开冬训大会,306 名党员参加会议。会议由村党委副书记、村主任李雪东主持,村党委书记赵建军作报告。

1 月 19 日,农联村党委召开党的群众路线教育实践活动动员大会,并部署全村教育实践活动。东莱办事处党工委书记张莉莎参加会议并讲话。

1 月 24 日,农联村党委书记赵建军应邀为冶金工业园(锦丰镇)新一届村两委班子作报告。

7 月 3 日,省委常委、副省长徐鸣到农联村调研经济发展情况。苏州市委副书记陈振一、苏州市委副秘书长王国荣、张家港市委书记姚林荣等陪同调研。

8 月 23 日,为庆祝"农联新镇"项目农联家园安置房全面竣工、顺利分房,农联村党委在农联家园大戏台组织演出精彩的文艺节目。

8 月 26 日,农联村举行 2014 年度"奖励优秀学子、帮扶困难学生"活动,对 11 名优秀学子实施奖励、对 43 名贫困学生助学帮扶,分别发放奖学金和助学金 22 万元。

2015 年

1 月 17 日，农联村召开关爱老年人工作会议，给 1084 名 65 周岁以上老人发放福利费 542 万元。

1 月 20 日，根据张家港经济技术开发区(杨舍镇)《关于开展学习"时代先锋"汪明如活动的方案》，农联村召开村干部学习汪明如先进事迹交流会。

1 月 21 日，市委常委、张家港经济技术开发区党工委书记张伟到农联村调研村规民约制定情况，听取东莱办事处党工委书记叶丽娜、村党委书记赵建军的情况汇报。

1 月 25 日，国家档案局局长、中央档案馆馆长杨冬权一行到农联村调研档案工作。苏州市档案局局长肖芃、张家港市副市长华红陪同调研。

4 月 28 日上午，农联村党委书记赵建军在北京人民大会堂参加 2015 年全国劳动模范和先进工作者表彰大会，受到中共中央总书记习近平的接见。

4 月 29 日，农联村召开座谈会，欢迎全国劳动模范赵建军载誉而归。东莱办事处班子成员、辖区各村党组织书记等参加欢迎仪式。

8 月 9 日，农联村召开村民代表大会，对新制定的《村民自治章程》(征求意见稿)和《实施细则》(征求意见稿)征求意见。

8 月 14 日，农联村召开村民代表大会，表决通过《农联村村民自治章程(草案)》《农联村村民自治实施细则(草案)》，并选举产生村民理事会成员。

9 月 3 日，农联村党委书记赵建军以全国劳动模范代表身份应邀赴京参加在天安门广场举行的抗战胜利 70 周年大阅兵。

10 月 5 日，市委常委、张家港经济技术开发区党工委书记张伟，带领区镇领导以及杨舍镇各村(社区)党组织负责人到农联村现场观摩村民自治工作。

10 月 18 日，市委常委、张家港经济技术开发区党工委书记张伟，带领张家港经济技术开发区建设局、政法办、社会事业局等 8 个部门领导到农联家园动迁安置小区进行"与民面对面"活动，倾听(社区)居民诉求。

10 月 26 日，苏州市委副书记陈振一到农联村调研村级党组织建设情况。市领导姚林荣、王亚方、卞东方、张伟等陪同调研。

是年，农联村获"苏州市 2012—2014 年度文明村标兵"称号。

2016 年

1 月 16 日，农联村党委召开 2015 年度党员冬训暨领导干部述职述廉会议，全村 300 多名党员参加会议。村党委书记赵建军讲话，东莱办事处党工委书记叶丽娜出席会议并作点评。

3月25日,村党委书记赵建军专程到老年公寓,分别看望烈士季士真和季立新的家属。

3月26日,农联村党委组织全体党员召开"两学一做"(学党章党规、学习近平系列讲话、做合格党员)学习教育动员大会,部署"两学一做"相关工作。村党委书记赵建军作动员报告,副书记、村主任李雪东带领全体党员学习新党章。

是日,农联村党委组织全体党员前往香山烈士陵园,举行"缅怀革命先烈,弘扬民族精神"主题祭扫活动。

4月5日,村党委书记赵建军组织全体村干部,分别到杨舍镇善港村、南丰镇建农村和塘桥镇金村参观学习,学习他们在文明创建、"美丽乡村"建设等方面的成功经验和做法。

4月16日,受农联村委邀请,吴江评弹团著名评话演员谭花晴和吴佳怡到农联村为村民专场演出《双珠凤》评弹剧目,历时半个月。

5月16日,受农联村委邀请,苏州评弹团著名评话演员朱斌和吴晗婷到农联村为村民专场演出《万贵妃》评弹剧目,历时半个月。

6月24日,为扎实推进"两学一做"学习教育活动,农联村组织两委班子成员、财务人员、纪检人员以及下属企业相关工作人员到张家港市看守所上"廉洁自律、拒腐防腐"专题课,接受廉政警示教育。

7月1日,中国共产党建党95周年之际,市委书记朱立凡,市委副书记、代市长黄戟分别带队到农联村慰问困难家庭、老党员和困难党员。

7月2日,张家港经济技术开发区农村工作局局长苏江带领开发区政法办、社会事业局、征收办等部门领导干部到农联家园进行"民生面对面"活动。

7月18日,市委副书记、代市长黄戟一行到农联村调研党建工作。市委常委、张家港经济技术开发区党工委书记张伟陪同调研。

8月10日,市委常委、张家港经济技术开发区党工委副书记黄雪元一行到农联村召开东莱片区村(社区)书记座谈会。

8月13日,农联村举行2016年度"奖励优秀学子、帮扶困难学生"活动,对20名优秀学子实施奖励,对43名贫困学生进行助学帮扶,分别发放奖学金和助学金31.65万元。

8月17日下午,张家港经济技术开发区(杨舍镇)"洁美家园"建设推进会在农联村召开。市委常委、张家港经济技术开发区党工委副书记、管委会副主任、杨舍镇党委书记黄雪元携区镇领导,各办事处领导,各村(社区)书记、主任等一行近200人到农联村朱家圩进行现场观摩和指导。

8月25日,农联村召开第十一次妇女代表大会。苏州市妇联副主席王群宇、张家港市妇联主席秦真智以及农联村203名各界妇女代表出席会议。东莱办事处党工委书记徐建军致贺词,村党委书记赵建军主持大会。

9月11日上午,农联村召开党委换届选举大会,全村246名党员出席会议。会议选举赵建军为新一届村党委书记,选举李雪东、吴国建、钱文伟、季宇为村党委副书记,黄平、季利本、周超、唐静为村党委委员。

10月1日,应农联村邀请,湖州评弹团著名评话演员王兴龙到农联村为村民专场演出《红色风暴》评弹剧目,历时半个月。

10月10日,市委书记朱立凡到农联村调研。市委常委、张家港经济技术开发区党工委副书记、管委会副主任、杨舍镇党委书记黄雪元,市委办公室主任朱兴华、市委研究室主任陶彦斌等陪同调研。

10月16日,农联村党委组织新一届党委班子成员、党员村干部赴茅山新四军纪念馆、南京雨花台烈士陵园和南京大屠杀纪念馆参观学习。

10月19日,青草巷社区成立。

10月31日,农联村党委书记赵建军带领村精神文明办公室工作人员到张家港保税区(金港镇)长江村参观学习。

11月4日,市委副书记、代市长黄戟一行到"张家港市建设全省社区治理和服务创新试验区现场推进会"现场观摩点位——农联家园调研社会治理工作。

11月15日,翟梓均兼任青草巷社区党支部书记。

11月20日,农联村第十一届村民委员会换届选举大会召开。会议选举钱文伟为新一届村民委员会主任,唐静为副主任,黄利华、张剑、刘金鑫为村民委员会委员。

11月25日下午,市委常委、张家港经济技术开发区党工委副书记、管委会副主任、杨舍镇党委书记黄雪元偕张家港经济技术开发区管委会相关领导到农联村调研经济社会发展情况。

12月2日,苏州市人大常委会副主任曹福龙一行到农联村考察。张家港市人大常委会主任高建刚,市委常委、张家港经济技术开发区党工委副书记黄雪元,市人大常委会副主任秦毅峰陪同考察。

12月5日,杨舍镇市级第28选区、镇级第59选区人大代表正式候选人与选民见面会在农联村召开,人大代表正式候选人接受选民"面试"。市委副书记、代市长黄戟,村党委书记赵建军、张家港港华燃气公司常务副总经理王向军,村党委副书记、村主任钱文伟,张家港市宇城拉链有限公司主办会计陈雪芹,农联村村委委员张剑,农联村工作人员刘建忠等7名正式代表候选人与选民见面。

12月8日,杨舍镇市级第28选区、镇级第59选区人大代表选举大会在农联村召开。黄戟、赵建军、王向军当选张家港市人大代表,赵建军、钱文伟、陈雪芹当选杨舍镇第十八届人大代表。

12月31日,农联村举行"榜样引领·文明绽放"颁奖大会暨迎新年文艺演出。市委副书记、代理市长黄戟,市委常委、张家港经济技术开发区党工委副书记黄雪元,市委宣传部副部长何俊,以及市有关部门、区域共建单位、区镇、办事处相关领导出席会议。东莱片区村(社区)书记、辖区学校和企业领导代表,农联村村干部以及党员、村民代表,文明个人、文明家庭成员,以及金婚夫妇代表共同观赏了演出。

是日,农联村一年一度的老年人福利发放大会召开。共计为全村 1158 名 65 周岁以上老年人发放福利费 579 万元。

是年,农联村获"2013—2015 年度江苏省文明村"称号;农联村党委获"张家港市十佳基层党组织"称号。

2017 年

1 月 11 日下午,市委书记朱立凡到农联村慰问困难家庭。

1 月 14 日上午,农联村召开由全村党员、辖区内企业负责人参加的党员冬训大会暨"两减六治三提升"专项行动工作会议。

是月,农联村党委书记赵建军分别当选张家港市第十四届人大常委会委员、张家港市第十四届人大法制委员会委员。

2 月 20 日,苏州金农联创业投资有限公司成立。

3 月 24 日,苏州新联科创业投资有限公司成立。

4 月 16 日,应农联村邀请,上海评弹团评话演员顾逸渔、盛碧芸到农联村为村民专场演出《神弹子》评弹剧目,历时半个月。

5 月 3 日,张家港金农联实业有限公司成立。

5 月 5 日上午,农联"好人公园"举办开园仪式,并正式对外开放。该园是全市首个以"好人"为主题的公园。市委宣传部副部长、文明办主任何俊,张家港经济技术开发区(杨舍镇)党政办主任詹亚军,杨舍镇党委副书记、纪委书记张莉莎等相关领导以及身边好人代表参加开园仪式。

5 月 16 日上午,农联村组织全体工作人员召开争创全国文明村工作推进会。杨舍镇党委副书记、纪委书记张莉莎出席会议。

是日,应农联村邀请,苏韵评弹团评话演员陆崇辉到农联村为村民专场演出《乾隆下江南》评弹剧目,历时半个月。

6 月 17 日上午,张家港经济技术开发区农村工作局、建设局、征收办、监察室等部门领导到农联家园议事厅开展"民生面对面"活动。

6 月 25 日,农联村党委组织召开由全村党员参加的庆祝中国共产党建党 96 周年大会暨"七一"大党课。

8 月 12 日上午,农联爱心基金会年会召开。农联村企业家、社会各界爱心人士共 100 多人到会,捐献善款 70 多万元。

是日下午,农联村举行 2017 年度"奖励优秀学子、帮扶困难学生"活动,分别给 15 名优秀学生、51 名贫困学生发放奖学金和助学金 32.65 万元。

9 月 12 日,农联村第一党支部组织全体党员召开以"增强'四种意识',争做合格党员"为主题的专题组织生活会。村两委班子成员以普通党员身份参加此次会议。张家港经济技术开发区党工委副书记、管委会副主任、杨舍镇党委书记卢懂平出席会议。

10 月 14 日上午,农联村组织农联经济合作社社员代表召开"股权固化"工作会议。

10 月 16 日,应农联村邀请,苏州评弹团评话演员余苓、高娜到农联村为村民专场演出《元宰入阁》评弹剧目,历时半个月。

11 月 2 日,江苏省住建厅厅长周岚一行到农联家园安置小区调研垃圾分类工作。市委书记朱立凡,市委常委、政法委书记黄亚平陪同调研。

11 月 17 日,农联村获得第五届"全国文明村"荣誉称号。

第一编　建置区划　自然环境

农联村地处杨舍镇域中东部,中心位置地理坐标为北纬 31° 51′、东经 120° 32′。2015年,村域东依二干河,与东莱集镇和徐丰、黎明村隔河相望,南至张杨公路南侧野塘岸、南塘、西南湾、野坝头、北水渠、殷家塘等自然村,与乘航片区蒋桥村和城区城东社区东区毗邻,西靠界泾河,与范庄社区、斜桥村东区和仓基社区交界,北枕南横套,总面积 6.02 平方千米。村委会驻杨锦公路 9 号(杨锦公路西侧、城北消防中队北侧),西南距杨舍镇政府约 10 千米。

农联历史悠久,建置变化频繁。据《东莱地方志》载:境域南部系老土。海塍之北、沙漕河以南土地,早在北宋以后即已形成,并有人类在这一带活动。唐以后,境内属常熟县。1913 年 10 月,江苏省政府颁行市、乡制,境内属常熟县塘桥区新庄乡管辖。乡以下设保、甲。1941 年 2 月,中国共产党建抗日民主政府,设沙洲县,境内改属沙洲县。1945 年 10 月,撤销沙洲县,境内复属常熟县。解放以后,废除保、甲,改设行政村。1958 年 9 月,实行政社合一,撤销乡、行政村建制,建立人民公社(以下简称"公社"),公社以下设大队、生产队(也称"小队")。1962 年 1 月,沙洲县成立,全境改属沙洲县。1983 年政社分设,恢复乡级建制,下设行政村、村民小组。1986 年 12 月,撤沙洲县、建张家港市后,全境改属张家港市。2003 年 3 月撤销东莱镇后,全境划归杨舍镇。2015 年末,全村辖 1 个社区居民委员会、51个村民小组、16 个自然村和蒋桥集镇。有户籍 1860 户,户籍人口 5746 人,另有外来暂住人口 10881 人。

农联村属江南水乡,境内地势平坦,河、港、浜、泾纵横交错成网。境内地处亚热带南部湿润气候区,气候温和,季风是支配气候的重要因素。春、夏、秋、冬四季分明,具有春季温和、夏季酷热、秋季凉爽、冬季寒冷的特点。境内雨量充沛,无霜期长,是典型的海洋性气候。

境内自然资源丰富,环境优美。全村自然土壤极少,绝大部分是经过人们长期耕作而形成的农业土壤,适宜稻、麦等农作物栽培和棉花、苗木、水果等经济作物的种植。历史资料表明,历年的台风、暴雨、连阴雨、干旱、冰雹等灾害性气候,对农联村(境内)虽有影响,但均未造成特别严重的后果。中华人民共和国成立后,全境人民在保持生态环境、改造自然、利用自然和战胜自然灾害等方面都取得了显著成绩。

第一章　建置区划

第一节　沿　革

南宋建炎年间(1127－1130)，境内就有人类居住活动。自唐武德九年(626)始，境内长期属常熟县。元末，境内为吴王张士诚隆平府属地。明清时期，境内属常熟县南沙乡。1913年10月，江苏省政府颁行市、乡制，境内属常熟县新庄乡。1941年2月2日，沙洲县抗日民主政府成立，境内属沙洲县。10月，沙洲县撤销后，境内复属常熟县。1944年10月再设沙洲县后，境内再属沙洲县。翌年11月，沙洲县复又撤销，境内复属常熟县。

1949年4月22日，沙洲全境解放。1950年2月，常熟县调整区、乡设置。同时废除保、甲制，改划为区、乡、行政村。全境分属常熟县沙洲区东莱小乡的第二、三、四、五、六、七、八等7个行政村。其中，南区为第二、三、四、五村，西区为第六村，北区为第七、八村。1956年，境内在建立17个初级农业生产合作社(以下简称"初级社")的基础上，分别建立农联(南区)、"五一"(南区)、永宁(西区)和五联(北区)等4个高级农业生产合作社(以下简称"高级社")，隶沙洲区东莱小乡。1957年撤区并乡，成立东莱乡(大乡，下同)，境内仍属东莱乡。

1958年政社合一，撤销东莱乡行政建置，建立东莱人民公社(以下简称"公社")，下设生产大队(以下简称"大队")，大队以下设生产小队(以下简称"生产队"或"小队")。境内由4个高级社合并成农联、五联两个大队。1959年1月，成立西沙洲公社，东莱公社划归西沙洲公社管辖，境内改属西沙洲公社。4月，撤销西沙洲公社，东莱公社恢复独立建制，境内复属东莱公社。

1962年1月，设立沙洲县，全境改属沙洲县。4月，五联大队划分成乌沙、五联两个大队。9月，五联大队划出3个生产队设立东莱公社农科站。1975年，乌沙、五联、农联大队分别改称十五、十六、十七大队。全境3个大队共有48个生产队，其中，十五大队有10个生产队，十六大队有14个生产队，十七大队有23个生产队和1个种子场。1980年9月沙洲县地名普查后，改以数字命名大队为以地名命名。十五、十六、十七大队分别改称乌沙、南桥、农联大队。

1983年8月政社分设，公社改称乡，大队改称行政村，乌沙、南桥、农联大队分别改称乌沙村(以下也称"西区")、南桥村(以下也称"北区")、农联村(以下也称"南区")。1986年9月16日，国务院发文批准撤销沙洲县，设立张家港市(县级)，以原沙洲县行政区域为张家港市行政区域。12月,正式撤销沙洲县,设立张家港市,全境改属张家港市管辖。1994年1月,东莱撤乡建镇,全境改属东莱镇。

2003年3月,撤销东莱镇,设立东莱街道办事处(2004年2月14日,东莱街道办事处更名为东莱办事处),全境划归杨舍镇,隶属杨舍镇东莱街道办事处。11月,乌沙、南桥村并入农联村。2006年6月,建立江帆社区居民委员会,隶属农联村。2008年9月,张家港经济开发区与杨舍镇实行"区镇合一",全境改属张家港经济开发区(杨舍镇)。2011年9月25日,张家港经济开发区升级为国家级经济技术开发区,定名为张家港经济技术开发区,全境改属张家港经济技术开发区(杨舍镇)。

第二节　境　界

民国时期,境域东至新庄港(1925年,其北端和南端分别与十一圩港和黄泗浦接通后改名为二干河,下同),南至今张杨公路南侧,与今乘航片区的蒋桥村和城区城东社区东区为邻,西至界泾河,北至南横套,总面积6.02平方千米。民国后,全境境界未有变化。

第三节　行政区划

民国时期,县以下实行区、乡、保、甲制,境内行政区划已无从考证。1949年4月22日,沙洲全境解放,县以下行政区划暂沿用民国时期的区、乡、保、甲制。

1949年10月,中华人民共和国成立后,撤销新庄乡,建立东莱乡,下设行政村、组,同时废除保、甲制。全境共设立7个行政村,均隶属东莱乡。其中,南区分别设立了第二村(今第一、十九、二十村民小组和新庄街)、第三村(今第二、三、四、五、六、七、十五、十八村民小组)、第四村(今第八、九、十、十六、十七村民小组和第七村民小组的东巷前、西巷前2个自然村)、第五村(今第十一、十二、十三、十四、二十一、二十二、二十三、二十四村民小组)等4个行政村;西区设立第六村;北区设立第七、八村。1954年末,全境共成立17个初级农业生产合作社(以下简称"初级社")。其中,南区成立11个初级社(新庄街未划出),西区成立1个初级社,北区成立5个初级社。

1956年秋,境内17个初级社合并,成立农联、"五一"、永宁、五联等4个高级农业生产合作社(以下简称"高级社"),均隶属东莱乡。

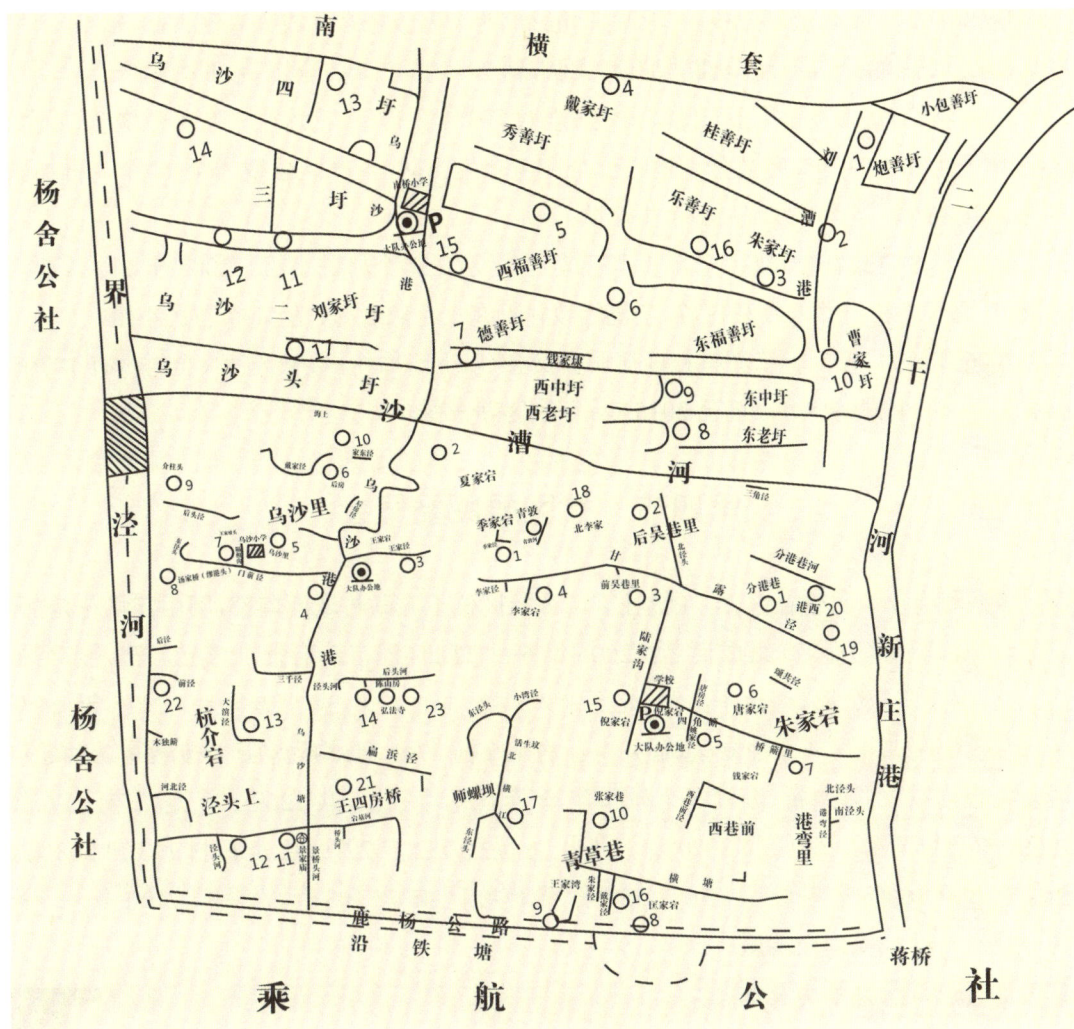

图 1-1　1983 年农联境内行政区域示意图

1949 年 9 月至 1958 年 8 月全境行政区划演变一览表

表 1-1

村名	保甲制		行政村（个）	农业生产合作社		生产队（个）	隶属	备注
	保（个）	甲（个）		初级社（个）	高级社（个）			
五联	2	5	2	5	1	15	常熟县东莱乡	东莱小乡设有 9 个村,境内有 7 个村
永宁	1	4	1	1	1	9		
农联	3	7	3	7	1	10		
五一	1	4	1	4	1	4		
合计	7	20	7	17	4	38		

1958年9月成立东莱公社后,农联、"五一"两个高级社合并成立农联大队,辖14个生产队;永宁、五联两个高级社合并成五联大队,辖24个生产队。全境共38个生产队。

1961年,南区增设第十五、十六、十七、十八等4个生产队,南区生产队总数增至18个。1962年1月和1980年,南区分别增设5个和1个生产队,生产队总数增至24个。再加农科站3个生产队,全境共设有51个生产队。

1983年8月政社分设后,全境3个行政村共设有51个村民小组。2003年11月,西区乌沙村、北区南桥村并入农联村后,全境行政村仅剩1个农联村,辖51个村民小组。

2006年6月,设立村管江帆社区居民委员会(以下简称"居委会")后,全村设有1个社区居委会、51个村民小组。直至2015年,行政区划未变。

第四节 社区居民委员会

农联村有1个村管社区,即江帆社区。该社区位于农联村域西南部,因由江帆花苑(因农联村原江帆集团而名)组成而名。2006年6月22日,经市政府批准成立。辖区东至杨锦公路,南至张杨公路,西至华昌路,北至中兴东路,总面积0.34平方千米。2015年,辖东区、西区、中区和北区4个独立区域,共有住房122幢3741套,均为动迁户安置房。动迁户涉及杨舍镇属农联、斜桥、西闸3个村和仓基、范庄两个社区,共1269户。是年末,已入住1960户(含自购房户691户)3020套。其中,农联村952户2279套、斜桥村113户263套、西闸村8户16套、仓基社区151户359套、范庄社区45户103套,总人口7100多人。社区内建有一站式受理全能服务大厅、议事厅、舞蹈房及各类活动室。2008—2015年,江帆社区居委会多次被评为杨舍镇十佳文明社区、张家港市文明社区,并先后荣获"苏州市绿色社区""苏州市民主法治社区""苏州市规范化村(社区)人民调解委员会"等荣誉称号。社区档案工作达到"江苏省机关团体企业事业单位档案工作规范化"二星级标准。

图1-2 江帆社区居委会

第五节　自然村

农联村原有 40 个自然村,其中南区 20 个、西区 9 个、北区 11 个。因张家港市青草巷农副产品批发市场和沙钢立交桥等市级工程建设和新农村规划、建设,2010 年至 2015 年末,共先后拆除 24 个自然村。至 2015 年末,全村仅有 16 个自然村。

一、2015 年自然村简介

1. 港西

位于村委驻地东约 1500 米处。该自然村于南宋建炎年间(1127—1130)成陆。因其位于原新庄港西岸,故名港西。村域东起蒋锦公路,南至化工厂,西至分港巷,北至宅基河与皮革厂。由于镇村建设需要,该自然村 95% 以上的土地被征用。其中北中心河南岸民宅已全部动迁,2005 年撤组转居后,除部分村民留居外,其余均被安置在农联家园。

2015 年,宅基占地 2 公顷,有村民 60 户、180 人,属农联村第十九、二十村民小组。有季、周、吴、胡等姓。

2. 分港巷

位于村委驻地东约 1250 米处。该自然村于南宋建炎年间(1127—1130)成陆,因地处原新庄港叉河两岸,故取名分港巷。村域东至港西巷,南至北中心河,西至吴巷里,北至宅基河。2015 年,宅基占地 0.75 公顷,有村民 24 户、95 人,属农联村第一村民小组。有吴、季、倪、陆、石、周等姓,其中吴姓为主姓。

3. 吴巷里

位于村委驻地东约 400 米处。该自然村于南宋建炎年间(1127—1130)成陆,因吴姓最早在此建宅定居,故名吴巷里。村域东至分港巷自然村及第二、三村民小组耕地,南至五金机电城,西至李家堂和季家堂,北至沙漕河。村域内有一条吴巷泾河将村庄分为南北两块,河南为前吴巷,河北为后吴巷。2015 年,宅基占地约 4 公顷,有村民 123 户、376 人,属农联村第二、三、十八村民小组。有赵、吴、唐、李、杜、季、夏、邵、刘、周等姓,吴姓为主姓。

4. 李家堂

位于村委驻地东约 100 米处。该自然村于南宋建炎年间(1127—1130)成陆,因李姓最早在此建宅定居,故名李家堂。村域东起吴巷里,南至五金机电城,西至杨锦公路,北至北李家与吴巷泾,杨锦公路穿越村境。2009 年后,杨锦公路西侧部分村民住宅被拆迁,村民被安置于江帆花苑。2015 年,宅基占地 1.8 公顷,有村民 58 户、153 人,属农联村第四村民小组。有李、唐等姓,其中李姓为主姓。

5. 季家堂

又名"青墩头"。位于村委驻地东约 100 米处。该自然村于南宋建炎年间(1127—1130)成陆。有季、李等姓,并以季姓为主,故名。村域东起北李家,南至李家堂,西至王家堂,北至夏家堂。因城镇建设需要,该自然村大部分村民被拆迁安置在江帆花苑。2015 年,宅基占地 1.1 公顷,呈多边形。有村民 20 户、68 人,属西区第一村民小组。

6. 水涝圩

位于村委驻地东北约 1600 米处。该自然村于清宣统二年(1910)成陆。因地势低洼,常遭水涝灾害,故名。村域东至蒋锦公路,南至永善圩,西至流漕港,北至南横套。2015 年,宅基占地 1.67 公顷,呈长方形。有村民 54 户、140 人,属北区第一村民小组。有李、吴、刘等姓,其中以李姓居多。

7. 永善圩

位于村委驻地东北约 800 米处。该自然村于清同治至光绪年间(1862—1908)成陆。村域东至蒋锦公路,南至南桥路,西至流漕港,北至水涝圩。2015 年,宅基地占地 1.33 公顷,呈长方形。有村民 33 户、102 人,属北区第二村民小组,有陈、唐等姓。

8. 朱家圩

位于村委驻地东北约 800 米处。该自然村成陆于清同治三年(1864)至光绪三十四年(1908)间,因朱姓率先在此建宅定居,故名。村域东至流漕港,南至南桥路,西至南桥中心河,北至戴家圩。2015 年,宅基占地 1.47 公顷,呈长方形。有村民 58 户、143 人,属北区第三、十六村民小组。有朱、陈、黄、杜等姓,其中以朱姓为主。

9. 戴家圩

位于村委驻地东北约 400 米处。该自然村成陆于清咸丰十年(1860)至光绪三十四年(1908)间,因戴姓率先在此建宅定居,故名。村域东至南桥中心河,南至王家圩,西至杨锦公路,北至南横套。2015 年,宅基占地 1.67 公顷,呈长方形。有村民 38 户、85 人,属北区第四村民小组。有朱、陈、谢等姓。

10. 王家圩

位于村委驻地东北约 200 米处。该自然村成陆于清咸丰十年(1860)至光绪三十四年(1908)间。有王、刘、陶、钱等姓,其中以王姓为主,故名。村域东至南桥中心河,南至村南中心路,西至乌沙港,北至戴家圩与南横套。2015 年,宅基占地 2.13 公顷,呈长方形。有村民 54 户、164 人,属北区第五村民小组。

11. 德善圩

位于村委驻地东北约 1000 米处。为奉劝人们做人要德善为先,故名。该自然村成陆于清咸丰十年(1860)至光绪三十四年(1908)间。村域东至南桥中心河,南至中圩河,西至中老圩,北至王家圩。2015 年,宅基占地 4 公顷,呈长方形。有村民 36 户、95 人,属北区第

六、七、十五村民小组。有钱、李、刘、周、王等姓,其中以周、钱两姓为主。

12. 中老圩

位于村委驻地东北约 600 米处。因该自然村为沙漕河以北第一、二圩,故称中老圩。该自然村成陆于清咸丰十年(1860)至光绪三十四年(1908)间。村域东至曹家圩,南至沙漕河,西至杨锦公路,北至村南中心路。2015 年,宅基占地 2.7 公顷,呈长方形。有村民 72 户、196 人,属北区第八、九村民小组。有刘、唐、吴、常、季等姓,其中以刘姓为主。

13. 曹家圩

位于村委驻地东北约 1100 米处。该自然村成陆于清咸丰十年(1860)至光绪三十四年(1908)间。因曹姓率先在此建宅定居,故名。村域东至蒋锦公路,南至沙漕河,西至中老圩,北至村南中心路。2015 年,宅基占地 2 公顷,呈长方形。有村民 58 户、177 人,属北区第十村民小组。有季、孙、朱、曹等姓。

14. 芦家圩

位于村委驻地西北约 200 米处。该自然村成陆于清咸丰十年(1860)至光绪三十四年(1908)间。因此圩田是在芦苇滩上围垦而成,故名。村域东至乌沙港,南至乌沙第一、二圩,西至乌沙二圩,北至北环路。2015 年,宅基占地 0.8 公顷,呈长方形。有村民 18 户、65 人,属北区第十一村民小组。有季、严、朱等姓。

15. 乌沙一圩、二圩

位于村委驻地西北约 1000 米处。该自然村成陆于清咸丰十年(1860)至光绪三十四年(1908)间。此圩是由黑沙滩积涨围垦而成的第一和第二个圩塘,故名。村域东起乌沙港、刘家塘,南至沙漕河,西至界泾河,北至北环路。2015 年,宅基占地 13.34 公顷,呈长方形。有村民 59 户、155 人,属北区第十二、十七村民小组。有季、钱、徐、陆、孙等姓。

16. 乌沙三圩、四圩

位于村委驻地西北约 1200 米处。该自然村成陆于清咸丰十年(1860)至光绪三十四年(1908)间。此圩是由黑沙滩积涨而成的第三、四个圩,故名。

村域东起乌沙港,南至北环路,西至界泾河,北至南横套。2015 年,宅基占地 18.68 公顷,呈长方形。有村民 82 户、266 人,属北区第十三、十四村民小组。有吴、朱、陈、王、杜、季等姓。

二、消亡自然村简介

1. 王家湾

原址位于村委驻地西南约 800 米处。相传钱姓原打算在海坝附近建宅,后疑该处风水不佳,便改址于王姓的耕地上建宅定居,故名王家堂。该自然村成陆于南宋建炎年间(1127—1130)。村域东至匡家堂,南至张扬公路沙钢立交桥,西至杨锦公路,北至青草巷农副产品批发市场。2002年5月,因建造沙钢立交桥等原因,该自然村被整体拆迁,村民被安置于江帆花苑和华兴房产东首自购房内。拆迁时,宅基占地1.3公顷,成正方形。有村民43户、143人,属南区第九村民小组。有钱、朱、顾等姓。

2. 张家巷

原址位于村委驻地南约650米处。该自然村成陆于南宋建炎年间(1127—1130)。村域东至农联村南北中心河,南至匡家堂和王家湾,西至杨锦公路,北至南中心河。因城乡建设需要,该自然村土地全部被征用,村庄整体拆迁,村民被安置于江帆花苑。2005年6月3日,撤组转居。撤组转居时,宅基占地1.3公顷,有村民42户、144人,属南区第十村民小组。全村以张为主姓,故名张家巷。又因全村村民住宅坐西朝东,故又称朝东张家巷。

3. 王四房桥

原址位于村委驻地西南约1600米处。该自然村成陆于南宋建炎年间(1127—1130)。村域东至青草巷,南至张杨公路,西至乌沙港河,北至宅基河。相传清代乾隆年间,官府组织民工修筑海堤,该村村民每天给民工烧送开水。官府为报答村民烧送开水之恩,在村西头乌沙港上建造一座石桥,方便村民来往。当时村落内有王、顾、钱、殷四姓,其中以王姓为主,故该桥取名王四房桥,村随桥名。因建设江帆花苑安置房,该自然村于2005年整体拆迁,村民被安置于江帆花苑。2005年拆迁时,宅基占地2公顷,有村民65户、208人,属农联村第十一、二十一村民小组。有王、顾、钱、殷、杭等姓。

4. 泾头上

原址位于村委驻地西南约1700米处。因村东有条天里泾河,村西有条前干东泾河,村中有条钱家泾河,宅基坐落于"三泾"河前,故名泾头上。该自然村成陆于南宋建炎年间(1127—1130)。村域东至乌沙港,南至东莱建筑公司华兴房产和港城饭店,西至界泾河,北至杭家堂。2006年,因建设江帆花苑需要,该自然村被整体拆迁,村民被安置于江帆花苑。2008年,撤组转居。2006年拆迁时,宅基占地0.65公顷,有村民46户、156人,属南区第十二、二十四村民小组。有钱、顾、周等姓。

5. 青草巷

原址位于村委驻地东南约500米处。相传太平天国时期,有一钱姓住宅毁于战乱,后钱氏在一片长满青草的荒地上重建家园,故名青草巷。该自然村成陆于南宋建炎年间(1127—1130)。村域东至王家湾,南至张杨公路,西至杨锦公路,北至青草巷农副产品批发市场。因青草巷农副产品批发市场和张杨公路沙钢立交桥建设工程需要,该自然村于2009年整体拆迁,村民被安置于江帆花苑。拆迁时,宅基占地0.6公顷,有村民20户、8人,属南区第十七村民小组一部分。全村主姓钱。

6. 港湾里

原址位于村委驻地东南约1800米处。因村落东侧二干河西侧有一大河湾而得名。该自然村成陆于南宋建炎年间(1127—1130)。村域东至蒋锦公路和二干河,南至蒋家桥,西至匡家堂,北至钱家堂(朱家与王家)。1976—1978 年间,因开挖农联村南中心河,由村统一规划,居民全部迁至村南中心河旁建宅居住。村民迁移前,宅基占地面积 0.51 公顷,有村民 14 户、41 人,属南区第七村民小组。全村有季、钱等姓。

7. 新宅基

原址位于村委驻地东南约 1700 米处。因是新形成的村落而得名。该自然村成陆于南宋建炎年间(1127—1130)。村域东至蒋锦公路和二干河,南至蒋家桥,西至匡家堂,北至钱家堂(朱家与王家)。1976 年至 1979 年,南区统一规划,该自然村村民全部搬迁至钱家堂。搬迁时,宅基占地 0.48 公顷,有村民 12 户、40 人,属南区第七村民小组。全村主姓钱。

8. 西巷前

原址位于村委驻地东南约 1700 米处。该自然村成陆于南宋建炎年间(1127—1130)。村域东至蒋锦公路和二干河,南至蒋家桥,西至匡家堂,北至钱家堂(朱家与王家)。1976 年至 1979 年,南区统一规划,该自然村村民全部搬迁至钱家堂。搬迁时,宅基占地 0.49 万平方米,有村民 12 户、46 人,属南区第七村民小组。全村有钱、倪等姓。

9. 东巷前

原址位于村委驻地东南约 1750 米处。该自然村成陆于南宋建炎年间(1127—1130)。村域东至蒋锦公路和二干河,南至蒋家桥,西至匡家堂,北至钱家堂(朱家与王家)。1977 年 8 月,因村集体规划,实行自拆自建,农民统一到居民点建房。拆迁时,宅基占地 0.51 公顷,有村民 9 户、34 人,属南区第七村民小组。全村有钱、季等姓,其中以钱姓为主。

10. 唐家堂

原址位于村委驻地东南 800 米处。以唐姓聚居而得名。该自然村成陆于南宋建炎年间(1127—1130)。村域东至钱家堂,南至村南中心河,西至倪家堂,北至村北中心河。2012 年,因建设农联新镇需要,该自然村被整体拆迁,村民被安置于农联家园小区。拆迁时,宅基占地 1.2 公顷,有村民 39 户、117 人,属南区第六村民小组。

11. 钱家堂

原址位于村委驻地东南约 1100 米处。该自然村成陆于南宋建炎年间(1127—1130)。村域东至蒋锦公路,南至青草巷农副产品批发市场旁新开河道,西至唐家堂,北至港西自然村。全村有钱、朱、王等姓,其中以钱姓为主,故名。1976 年至 1979 年,原西巷前、港湾里、新宅基三个自然村居民由村统一规划全部搬迁至钱家堂。2012 年 4 月,因农联新镇建设工程需要,该自然村整体拆迁,村民被安置于农联家园。拆迁时,宅基占地 2.1 公顷,有村民 68 户、128 人,属南区第七村民小组。

12. 匡家堂

又名匡毛家堂。原址位于村委驻地东南约 800 米处。该自然村成陆于南宋建炎年间

（1127—1130）。村域东至蒋家桥，南至张杨公路，西至王家湾和张家巷，北至村南中心河。全村有匡、钱、曹、毛、倪等姓，其中以匡姓为主，故名匡家堂。2012年，该自然村整体拆迁，村民分别被安置于农联家园和江帆花苑。拆迁时，宅基占地2.8公顷，有村民90户、290人，属南区第八、十六村民小组。

13. 杭家堂

原址位于村委驻地西南约1600米处。该自然村成陆于南宋建炎年间（1127—1130）。村域东至江帆路，南至振兴路，西至界泾河，北至西区汤家桥。全村有杭、陈、景、张等姓，其中以杭姓为主，故名杭家堂。2010年，因江帆花苑扩建，该自然村整体拆迁，大部分村民被安置于江帆花苑，少数人购买位于原吴巷里和倪家堂的蓝领公寓入住。拆迁时，宅基占地2.2公顷，有村民71户、194人，属南区第十三、二十二村民小组。

14. 倪家堂

原址位于村委驻地东南约600米处。该自然村成陆于南宋建炎年间（1127—1130）。村域东至唐家堂与钱家堂，南至村南中心河、匡家堂与蓝领公寓，西至杨锦公路，北至五金机电城。倪家堂分为老倪家堂（今南区第十五村民小组）和新倪家堂（今南区第五村民小组）两块。倪姓富户率先在此（老倪家堂）定居，故名。以后，倪姓后裔向东扩展成新倪家堂。2012年，因建设农联新镇而被整体拆迁，村民被安置于农联家园。拆迁时，宅基占地3公顷，有村民94户、295人。全村有倪、季、唐、李等姓，其中以倪姓为主。

15. 陈三房巷

原址位于村委驻地西南约480米处。该自然村成陆于南宋建炎年间（1127—1130）。相传泗港陈姓第三房率先搬迁至此建宅定居，故名陈三房巷。村域东至杨锦公路，南至村南中心河，西至江帆路，北至宅基河与弘法寺。2010年，因建设规划需要，该自然村整体拆迁，村民被安置于江帆花苑。拆迁时，宅基占地2公顷，有村民63户、156人，属南区第十四、二十三村民小组。全村有陈、钱、杭等姓，其中以陈姓为主。

16. 蛳螺坝

原址位于张杨公路北侧、村委驻地西南约850米处。该自然村成陆于南宋建炎年间（1127—1130）。村域东至杨锦公路，南为张杨公路，西至扁浜泾，北至村南中心河。旧时，通向该村庄有四条路，并需过两条坝方能到达，故人们称该村庄为"四路坝"。后人们以东莱地区方言谐音传称为"蛳螺坝"，并一直延传至今。蛳螺坝分为前蛳螺坝和后蛳螺坝。中华人民共和国成立前，前蛳螺坝村民已全部迁居至青草巷杨锦公路西侧定居。2009年，因建设规划需要，后蛳螺坝自然村整体拆迁，村民被安置于江帆花苑。拆迁时，宅基占地1.1公顷，有村民37户、128人，属南区第十七村民小组的一部分。全村有钱、倪等姓，其中以钱姓为主。

17. 夏家堂

原址位于村委驻地东北约 100 米处。该自然村成陆于南宋建炎年间(1127—1130)。村域东起杨锦公路,南至季家堂,西至乌沙港,北至沙漕河。夏姓率先在此建宅定居,故名。2010 年,因江帆花苑扩建,该自然村整体拆迁,村民被安置居于江帆花苑。拆迁时,宅基占地 1.1 公顷,呈长方形。有村民 35 户、98 人,属西区第二村民小组。

18. 王家堂

原址位于村委驻地西约 120 米处。该自然村成陆于南宋建炎年间(1127—1130)。村域东至季家堂,南至东泾头,西、北至乌沙港。王姓率先在此建宅定居,故名。2010 年,因江帆花苑扩建,该自然村整体拆迁,村民被安置居于江帆花苑。拆迁时,宅基占地 1.5 公顷,呈长方形。有村民 50 户、150 人,属西区第三村民小组。

19. 乌沙里

原址位于村委驻地西约 300 米处。该自然村成陆于南宋建炎年间(1127—1130)。村域东至乌沙港,南至门前泾,西至乌沙小学,北至后泾头。相传清代江阴石头山闹饥荒,周姓夫妻俩逃难到此安家定居。当时此处是一片黑色(乌色)的海边沙滩,故名乌沙里。2010 年,因江帆花苑扩建,该自然村整体拆迁,村民被安置于江帆花苑。拆迁时,宅基占地 2.4 公顷,呈长方形。有村民 80 户、202 人,属西区第四、五村民小组。全村有周、王、祁等姓,其中以周姓为主。

20. 后房

位于村委驻地西约 500 米处。该自然村成陆于南宋建炎年间(1127—1130)。村域东至乌沙港,南至后头泾,西至汤家桥,北至海上自然村。相传周姓之子从乌沙里老宅迁至北侧建宅定居,故名后房。2010 年,因城乡建设规划需要,该自然村整体拆迁,村民被安置居于江帆花苑。拆迁时,宅基占地 0.7 公顷,呈长方形。有村民 23 户、69 人,属西区第六村民小组。全村有周、祁等姓,其中以周姓为主。

21. 黄家桥头

位于村委驻地西约 700 米处。该自然村成陆于南宋建炎年间(1127—1130)。村域东至隔厢沟,南至门前泾,西至汤家桥,北至隔厢沟。据传,黄姓率先在该地一条河边建宅定居。为出入方便,黄姓出资在河上建造一座桥,取名黄家桥。以后在桥头逐渐形成村落,村随桥名。2010 年,因城乡建设规划需要,该自然村整体拆迁,村民被安置居于江帆花苑。拆迁时,宅基占地 0.6 公顷,呈长方形。有村民 20 户、66 人,属西区第七村民小组。全村有黄、周等姓,其中以黄姓为主。

22. 汤家桥

位于村委驻地西约 900 米处。该自然村成陆于南宋建炎年间(1127—1130)。村域东至泾头河,南至杭家堂后泾河,西至界泾河,北至界柱头后桥到三角簖。该自然村原名缪港巷头。后因界泾河西岸的北汤家自然村社会名声远远大于缪港巷头,故人们将缪港巷头和北汤家统称为北汤家。清乾隆年间,汤、缪两姓合资在界泾河上建造了一座东西走向的石桥。该桥原名"发祥桥",寓汤、缪两个家族大发大吉之意。后因汤姓出资多,便将该桥改称汤家桥,村随桥名。后汤姓人家虽外迁,但村名一直沿传至今。2010 年,因城乡建设规划需要,该自然村整体拆迁,村民被安置居于江帆花苑。拆迁时,宅基占地 1.1 公顷,呈长方形。有村民 36 户、122 人,属西区第八村民小组。全村有缪、周、季、黄等姓,其中以缪姓为主。

23. 界柱头

位于村委驻地西约 1000 米处。该自然村成陆于南宋建炎年间(1127—1130)。村域东至后房,南至汤家桥,西至界泾河,北至乌沙一、二圩。旧时,界泾河是常熟、江阴两县之界河,河边立一石柱称"界柱",村落位于界柱旁边,故名"界柱头"。2010 年,因华昌路建设需要,该自然村整体拆迁,村民被安置居于江帆花苑。拆迁时,宅基占地 1.2 公顷,呈梯形。有村民 38 户、122 人,属西区第九村民小组。全村有陆、季、周等姓,其中以陆姓为主。

24. 海上

位于村委驻地西约 450 米处。该自然村成陆于清同治至光绪年间(1862—1908)。村域东至乌沙港,南至后房宅基,西至张家坟,北至沙漕河。清代成陆时,其地处于长江边,以后此处逐渐形成村落,村民惯称其为"海上"。2010 年,因城乡建设规划需要,该自然村整体拆迁,村民被安置居于江帆花苑。拆迁时,宅基占地 0.45 公顷,呈带状。有村民 14 户、45 人,属西区第十村民小组。全村有周、祁等姓,其中以周姓为主。

第六节　撤并行政村

一、南桥村

南桥村位于今东莱办事处西南部,因东靠东莱南桥(今东莱大桥)而名。该村东依蒋锦公路、二干河,南靠沙漕河,与农联村、乌沙村毗连,西与杨舍镇仓基村交界,北临南横套,与永协村、二圩村、西闸村隔河相望。村委会驻芦界圩。2002 年,全村总面积 2.27 平方千米,辖 17 个村民小组、11 个自然村、569 户 1589 人。经济总收入 3108 万元,农民人均纯收入 6143 元。至 2003 年 10 月末,总人口 1648 人,可耕地面积 1280 亩。

民国初年至 1949 年 9 月,南桥村属常熟县新庄乡,有 2 个保、5 个甲。1950 年土改中废除保甲制、重新划乡建村后,分属常熟县东莱乡七村、八村。至 1954 年 10 月,全境有 333 户 1278 人。农业合作化初期,有 5 个初级社。1956—1957 年,七村、八村合并成立五联高级社,并建立党支部。1958 年上半年,原六村(未成立初级社)的永宁高级社并入五联高级社。1959 年夏,改称五联大队。1975 年,改称十六大队。1980 年地名普查时,更名为南桥大队。1983年政社分设时,改称南桥村,并成立村民委员会。该村交通便捷,杨锦公路、蒋锦公路穿越其境内,中心大道衔接蒋锦公路和杨锦公路。

南桥村以农业为主,主要种植水稻、棉花、三麦、油菜和绿肥。20世纪70年代,该村的水稻、三麦单产位于东莱公社前列。早稻与后季稻亩产均超"双纲"(800千克)。"双改单"(双季稻改种单季稻)以后,该村水稻亩产年年超500千克。皮棉亩产最高年份超90千克,丰产方皮棉亩产超"双纲"(100千克),获沙洲县委和东莱公社的表彰及奖励。实行家庭联产承包责任制以后,该村的三麦、水稻和棉花的亩产仍保持较高水平。

南桥村的工业经济起步较早。1972—1980年,建立五联综合厂,先后创办砖窑、手套、钣金、服装、油石、油嘴油泵、塑料、横机、针织、织带等分厂。1980年,大队办企业职工人数由1972年的71人增至147人。全大队人均年纯收入由1972年的79元增至185.9元,增长135.32%。

1981—1987年,该村(大队)先后扩建南桥钣金厂、针织厂和张家港市助剂厂,在蒋锦公路沿线新建南桥纽扣厂、张家港市第二毛线厂、张家港市五联针织绒厂。1986年,全村年人均纯收入由1981年的200.2元增至884.77元,增长341.94%。1988—1990年,南桥村的工业集中区分为南区和北区,南区以针织绒厂为主,北区以第二毛线厂为主。1994—1996年,该村工业产值、销售、利润、上交税收等均名列东莱乡(镇)村办工业前列。1997年以后,由于轻纺行业不景气,该村工业经济指标一度滑坡。

1998年,该村加大招商引资力度,企业转制改革,工业经济获得较好的发展。2000年末,该村工业年人均生产总值2000元,农业年人均生产总值2100元,第三产业年人均生产总值490元。有耕地面积1865.6亩、林地面积23亩、河滩面积286亩、水资源面积286亩。全村实现工业销售总额2350万元、利税133万元。

2003年11月,南桥村并入农联村。

二、乌沙村

乌沙村位于今农联村西部,因境内乌沙港而得名。村域东、南与南桥村、农联村接壤,西与戴巷村隔界泾河相望,北至南桥村。2002年,全村总面积1.25平方千米,辖10个村民小组、9个自然村、324户898人。村委会驻地后房村。

民国初年至1949年9月,乌沙村属常熟县新庄乡,有1个保、4个甲。1950年土地改革中废除保甲制、重新划乡建村后,属常熟县东莱乡六村。1954年10月,全村有333户1278人。1955年末成立初级社,因境内永宁庵而取名永宁社。1956年,成立永宁高级社。1959年夏,并入五联大队。1962年3月,从五联大队分出成立永宁大队。是月,改称乌沙大队。同时建立乌沙大队党支部。"文化大革命"期间,乌沙大队曾一度改称红卫大队。1975年,改称十五大队。1980年地名普查时,更名为乌沙大队。1983年政社分设,改称乌沙村。

境内教育起步较早。1912年,在永宁庵内创办永宁小学。1962年3月,永宁小学更名为乌沙小学,为一至六年级的完小。1988年,乌沙小学并入五联小学。

该村队办工业于20世纪70年代起步。1975—1980年,先后创办粮饲加工厂、仪表弹簧厂、砖瓦厂、化工厂和服装厂等企业。1986年,村办企业职工由1968年的8人增至45人,年人均纯收入由1963年的72元增至1005.9元。村办骨干企业张家港市第二经纬编厂原设在蒋桥集镇,1988年搬至村内。产品主要是经纬编布,年产值1000万元以上。2000年10月,乌沙村有耕地面积1040.1亩、林地面积25.5亩、河滩面积181.9亩、水资源面积20.7亩。工业企业职工年人均生产总值1690元,农业年人均生产总值1600元,第三产业年人均生产总值460元。2002年,全村经济总收入2136万元,村民年人均纯收入5800元。

境内原有一座古土墩——青墩,又称望海墩。该墩高约10米,直径约20米,四周有6米宽的圈河。相传是明代为防御倭寇入侵而筑,用于瞭望海上寇情。2002年因建造杨锦公路被废。

2003年11月,乌沙村并入农联村。

第二章　自然环境

第一节　成　陆

从市境西部的长山起,向东经香山、三甲里、泗港、杨舍、东莱农联、鹿苑到西旸一线,有一条依稀可见的高岗,这就是长江的古老江岸。以该条古江岸线(今张杨公路)为界,境内分为南北两个部分。南部属老长江三角洲的古代沙嘴区,成陆年代约在7000年以上,是海相河相沉积平原;北部海塍以北、沙漕河之南一带土地,系南部老土,于北宋至明代间成陆。

第二节　地貌　地质

一、地貌

境内是由长江江边沙洲积涨而成。其高程4米至5米(吴淞零点,下同)。因古代沙嘴不连续,故形成境内一系列高岗田、低平田和蝶形低洼地的组合,其间散布着许多不规则的池塘及弯弯曲曲的河、港、浜、泾。

人类长期的生产、生活活动,也影响着地貌形态。世代沿袭的住宅和墓葬,形成许多高墩,一般比平地高出一米或数米。古代军事活动也改变了部分地方的地貌形态。太平天国时期,清官兵为防御太平军,在境内筑一烟墩(烽火台)。为防御江潮,围圩垦殖,留下纵横密布的堤岸。20世纪六七十年代的农田改造,铲除大量高墩和高岗地,填平了不少废河浜。90年代末,城乡建设和新农村建设,更是大大改变了地貌的现状,泥土地面锐减,代之而起的是纵横交错的水泥路、沥青路和鳞次栉比的建筑楼群。

二、地质

境内属第四系沉积覆盖。江苏省煤田地质钻探队在沙洲钻探结果表明,第四系沉积覆盖层的厚度为90米—240米,是全新统现代沉积。在东莱钻探的资料证明:在第四系覆盖层下有杂色砾岩、粉砂岩及灰岩,厚度约210米;三叠系青龙群的灰岩和钙质泥岩厚约600米;二叠系龙潭组的海陆交互相岩层、砂岩、泥岩等厚约450米;石灰系的砂岩、灰岩和泥岩厚约450米。

据钻探资料表明,境内第四系覆盖的可耕岩厚度为2米—3米,耕层下面是砂质黏土、黏土层,隔水性能较好,厚度50米—70米;在地面以下70米—150米之间,有含水性较好、透水性较强的细砂层、黏质砂层、中砂层、砾石层,但中间夹有含砾黏土层、黏土层等不透水层。在地面140米—240米以下便是砂岩、灰岩和砾石岩层。

境内土壤分布一览表

表1-2　　　　　　　　　　　　　　　　　　　　　　　　　　　　　　单位(亩)

分布区域 \ 面积 \ 土属类别	黄灰沙土	乌珊土	沙黄泥土	黏底沙黄泥土	堆叠土	合计
南区	—	332.00	1700.80	496.20	210.00	2739.00
北区	1647.00	—	110.00	—	30.00	1787.00
西区	—	—	166.00	888.80	28.00	1082.80
合计	1647.00	332.00	1976.80	1385.00	268.00	5608.80

第三节　气　候

境内地处亚热带湿润气候区,四季分明,雨水充沛,气候温和,无霜期长,是典型的海洋性气候。季风环流是支配境内气候的主要因素。

一、四季特征

现代科学以候(5 天为 1 候)平均温度的不同,作为划分四季的标准。候温升到 22℃或以上为夏季,候温降到 10℃或以下为冬季,候温介于 10℃—22℃之间为春季或秋季。以候平均温度为标准,境内四季的时间为:4 月 2 日—6 月 13 日,日平均温度在 10℃—22℃之间,为春季,长 73 天;6 月 14 日—9 月 16 日,日平均温度在 22℃以上,为夏季,长 95 天;9 月 17 日—11 月 16 日,日平均温度在 10℃—22℃之间,为秋季,长 61 天,是四季中最短的一个季节;11 月 17 日到次年的 4 月 1 日,日平均温度低于 10℃,是冬季,长 136 天。以农历的月来划分四季,以正月为春季的开始月,每季 3 个月,依次分为春、夏、秋、冬四季。以气象学来划分四季,则以公历 3、4、5 月为春季,6、7、8 月为夏季,9、10、11 月为秋季,12 月及次年的 1、2 月为冬季,四季等长。

四季气候具有不同的特征。春季由于夏季风兴起,暖湿空气活跃,与北方来的冷气流相遇形成雨。这期间降雨日和雨量明显增加。夏季,炎热多雨。夏季常出现初夏的梅雨和盛夏的伏旱两种截然不同的天气。夏初,梅雨期开始,通常 6 月 17 日左右入梅,7 月 9 日前后出梅后进入盛夏。梅雨天气一般每 10 年出现 7—8 次。伏旱天气一般每 10 年有 5—6 次。秋季,是冬季风取代夏季风的过渡季节。初秋,常出现一天中时晴时雨的现象。由于夏季风未退,冷气流频频南下,冷热空气争雄激荡或受台风影响,形成秋季连阴雨天气,一般每 10 年出现 2 次。进到晚秋,天气稳定少变,常形成风力微弱、阳光灿烂、秋高气爽的天气。冬季,由于受到冷空气频繁侵袭,气温明显降低。在一次冷空气侵袭之后,往往有个天气转晴、气温回升的过程,有“三日寒,四日暖”的交替变化。这种变化一般 7—10 天出现 1 次。冬寒主要是分别受到西北、北、东北三个方面的冷空气侵袭,其中,东北型冷空气南下,往往形成雨雪天气;西北、北型冷空气侵袭,则形成干冷天气。

二、气温

据气象资料显示,1960—2015 年,境内平均温度为 15.1℃,年际间变化不超过 1℃。夏季最高月平均温度与冬季最低月平均温度相差 25.4℃。

境内春季平均温度为 13.7℃,温度最高的为 5 月,月平均温度 19.1℃,最低为 3 月,月平均温度为 8℃;夏季平均温度 26.3℃,7 月是全年平均温度最高月,一般月平均温度达 27.7℃,最高一般达到 31.7℃;秋季平均温度为 17℃,降温幅度超过 10℃的强冷空气,平均每年在 11 月出现 1 次;冬季平均温度为 3.6℃,1 月是全年最冷的月,平均温度为 2.3℃,最低温度低于零下 7.5℃的天数,平均每年有 7.6 天。境内极端最低温度零下 11.3℃,出现在 1969 年 2 月 6 日。

2011 年,境内全年平均气温 15.9℃,气温偏低。7 月平均气温 28.2℃。极端最高气温

37.8℃,出现在 6 月 9 日。全年有 10 天达到 35℃高温。1 月份是全年最冷的月份,月平均气温为 0.1℃。是年,极端最低气温为零下 6.7℃,出现在 1 月 16 日。

2015 年,境内全年平均气温 16.6℃,气温偏高。7 月是全年气温最高的月份,月平均气温 27.1℃。8 月 4 日出现极端最高气温 36.4℃。全年有 8 天达到 35℃的高温,比 2013 年少 40 天。12 月是全年最冷的月份,月平均气温为 5.2℃。是年,极端最低气温为零下 3.7℃,出现在 2 月 10 日。全年低于 0℃的低温 21 天,比 2013 年少 19 天。

1959—2015 年境内各月平均气温一览表

表 1-3

月份	平均气温(℃)	月份	平均气温(℃)	月份	平均气温(℃)
1	2.81	5	19.53	9	23.10
2	4.30	6	23.96	10	17.54
3	8.38	7	27.79	11	11.53
4	14.28	8	27.36	12	5.25

注:年平均气温 15.48℃。

三、降水

农联地处于亚热带季风湿润气候,雨水充足。1960—2015 年,年平均雨日 122 天,年平均降雨量 1034.3 毫米。在一年四季中,降水量最多的为夏季;降水量最少的为冬季。降水量最多的 2015 年达 1894.3 毫米,最少的 1978 年为 640 毫米。雨日最多的 1980 年为 159 天,最少的 1995 年为 90 天。

2011 年,境内降水量 1351.5 毫米,比 2010 年多 328.4 毫米,比 1986 至 2005 年平均降水量多 273.6 毫米。

2015 年,境内降水量 1894.3 毫米,比 2013 年多 981.6 毫米,比 1986 至 2005 年平均降水量多 816.4 毫米。是年 1 月、12 月降水量分别为 18 毫米、9.2 毫米。2 月降水量 153.3 毫米,比 1986—2005 年平均降水量多 101.4 毫米,雨量超境内历史记录的最大值。梅雨期偏短,雨量偏少。

1959—2015 年境内月平均降水量一览表

表 1-4

月　份	1	2	3	4	5	6	全年合计(毫米)
平均降水量(毫米)	33.10	50.70	61.60	97.30	105.90	144.80	
月　份	7	8	9	10	11	12	1039.10
平均降水量(毫米)	157.10	131.90	105.70	58.60	56.90	35.50	

1986—2015年境内降水量、降水日、暴雨日一览表

表 1-5

年份	降水量（毫米）	降水日数	暴雨日数	年份	降水量（毫米）	降水日数	暴雨日数
1986	797.70	103	2	2001	1086.60	119	4
1987	1421.00	140	4	2002	1176.90	123	3
1988	938.10	97	3	2003	1041.50	123	4
1989	1134.00	125	2	2004	1078.60	109	3
1990	1071.60	128	4	2005	938.90	106	3
1991	1748.00	127	8	2006	1209.40	126	5
1992	720.30	103	1	2007	1221.40	119	4
1993	1211.00	132	2	2008	1040.40	120	4
1994	862.40	113	2	2009	1178.80	116	2
1995	852.60	90	3	2010	1023.10	120	3
1996	1046.90	121	4	2011	1351.50	122	5
1997	875.50	126	2	2012	1111.70	134	4
1998	1147.00	123	3	2013	912.70	120	4
1999	1350.30	129	4	2014	1437.40	144	6
2000	1057.60	121	2	2015	1894.30	140	7

四、日照

1959—1985年（缺1959年前资料）27年统计，境内年平均日照时数为2088小时，占可照时数的47%。年日照时数最多的1967年达到2429.2小时，年日照时数最少的1970年为1804小时。年日照百分率最多年与最少年之间差14个百分点。

1986—2005年，境内年平均日照时数1887.2小时，占可照时数的48%。全年12个月，平均日照时数最多的月份为8月，为256.6小时，占可照时数的63%，比平均日照时数最少的1月多15个百分点。

2006年，境内日照时数1674.7小时，比2005年少173.8小时，占可照时数较2005年少9个百分点。日照时数最多的8月达到223.9小时，比日照时数最少的2月多141.5小时。

2008年，境内日照时数为1638.9小时，日照百分率为37%。比2007年多1.8小时，比1986至2005年年平均日照时数少248.3小时。月日照时数最多的5月为202.9小时，占月可照时数的48%；最少的6月为62.5小时，占月可照时数的15%。

2011 年，境内日照时数 1630.7 小时，比 2010 年少 123.5 小时，比 1986 至 2005 年年平均日照时数少 256.5 小时。

2015 年，境内日照时数 1804.4 小时，日照百分率为 41%。比 2013 年少 297.5 小时，比 1986 至 2005 年年平均日照时数少 82.8 小时。是年，日照时数最多的 5 月为 226.2 小时，占月可照时数的 53%；日照时数最少的 2 月为 84.1 小时，占月可照时数的 27%。

1960—2015 年境内平均各月日照时数和日照百分率一览表

表 1-6

月　份	1	2	3	4	5	6
平均日照时数（小时）	151.40	139.00	160.00	162.50	171.40	183.00
占可照时数（%）	48	45	43	42	40	43
月　份	7	8	9	10	11	12
平均日照时数（小时）	232.30	256.60	174.40	186.90	157.50	158.20
占可照时数（%）	54	63	47	53	50	51

注：全年合计：①平均日照时数为 2133.20 小时；②占可照时数的比例为 48%。

五、霜、雪、风及灾害性天气

境内初霜日期一般出现在 11 月 10 日左右，终霜日期一般出现在次年的 3 月 31 日左右，平均无霜期 223 天。

降雪天气往往出现在 1 月，这时的雪称腊雪。有些年份初春也会下雪，这时的雪称春雪。1960—2015 年，年平均降雪天数 6.3 天，其中 12 月 0.3 天，1 月 2.6 天，2 月 2.7 天，3 月 0.7 天。最多年份 14 天（1996 年），最少年份 1 天（1976 年），1971 年无雪。年平均积雪日 3.5 天。1977 年积雪日 17 天，积雪时间最长。1984 年 1 月 17 日—18 日，降雪量 80.8 毫米，积雪厚度 56.7 毫米。2008 年 1 月 25 日，降大雪，降雪量 100.5 毫米，积雪厚 64.8 毫米。

境内受季风影响十分明显。冬季盛刮东北风和西北风。春、夏两季以东南风为主，且频率（次数）最高。平均风速 3.8 米/秒。每月发生次数最多的风向：1 月为西北偏西风，2 月为东北偏北风，3—8 月为东南偏南风，9—10 月为东北风，12 月为西北风。全年最多的风向为东南风。寒潮和台风过境时风速较大。

1960—2015 年 55 年中，过境台风有 73 次，平均每年 1.33 次。台风过境时，瞬间风速 25 米/秒（7708 号）。1997 年 8 月 19 日，第十一号台风过境，极端最大风速（10 分钟平均）21 米/秒，风向东北偏东。

2015 年境内各月风向发生次数一览表

表 1-7

风向	1月	2月	3月	4月	5月	6月	7月	8月	9月	10月	11月	12月	全年平均
北	7	7	5	3	3	2	3	3	8	8	6	7	5
东北偏北	9	11	7	5	4	3	4	4	10	10	8	8	7
东北	7	7	9	7	5	3	4	6	12	11	9	6	7
东北偏东	7	8	6	6	7	6	5	8	11	9	7	6	7
东	6	7	11	9	9	9	6	8	8	7	5	5	8
东南偏东	5	7	11	13	16	16	13	15	9	10	7	5	11
东南	4	6	9	12	14	13	14	14	6	6	6	4	9
东南偏南	4	6	8	11	11	13	16	13	4	4	5	6	8
南	2	4	3	6	4	7	8	4	3	2	2	3	4
西南偏南	3	2	3	3	3	7	6	3	2	2	3	4	3
西南	2	3	1	2	2	4	4	2	1	3	3	2	2
西南偏西	4	3	2	3	3	4	4	3	1	1	3	3	3
西	5	4	3	4	2	2	2	2	2	3	3	4	3
西北偏西	11	5	4	5	3	3	3	3	5	8	10		5
西北	9	6	4	6	4	2	2	5	6	9	10		6
西北偏北	9	9	6	4	4	2	2	3	8	7	10	10	6
静止	5	4	3	3	3	5	5	4	6	5	5	6	5
最多风向	西北偏西	东北偏北	东南偏东	东南偏东	东南偏东	东南偏东	东南偏东	东南偏东	东北	东北	西北偏北	西北	—

第四节　水　系

农联村属长江流域太湖水系,河流纵横,交织成网。2015 年,境内有主要河道 11 条。其中,区域性河道 2 条、市级河道 1 条、镇级河道 3 条,总长 14.13 千米;村级河道 5 条,总长 4.28 千米。

一、区域性河道

二千河　原名十一圩港。南起江阴市北漍,向北经塘市、乘航,再经境内过十一圩港节制闸后入长江。境内段南起蒋桥,北至南横套,长 2.6 千米。清同治十一年(1872)开挖,为刘海沙第十一条人工河,故名。1925 年,与新庄港、黄泗浦接通。1927 年更名为二干河。1951 年春,由常熟县水利局统一组织指挥,首次拓浚二干河。1963 年冬,第二次拓浚。1978 年延伸到江阴县北涠。1991、1997、2001、2002 年相继疏浚。

盐铁塘 又名内河。相传汉高祖十二年(前 195),吴王刘濞为运输盐铁沿岗身(长江古江岸)开挖成河,故名。该塘原西起杨舍谷渎港,向东经境内南区、鹿苑,过昆山与吴淞江相接,全长 95 千米。境内段长约 3 千米。自汉开凿,直至明清,历代都加以修浚。民国时期,河床淤塞。1962 年,盐铁塘杨舍段原塘填塞改道,新开挖兴隆港。1978 年新开盐铁塘,西起二干河,向东经鹿苑出西旸塘。1986 年建张家港市后,二干河以西段改称东横河。

二、市级河道

南横套 东起永南河,经境内北区向西接通张家港。自东向西依次贯通四干河、三干河、二干河、一干河、朝东圩港、太字圩港等出江河道,全长 24.7 千米。境内段东起二干河,西至界泾河,长 2.2 千米。该河于清同治年间开凿,光绪二十一年(1895)、光绪二十七年、宣统元年(1909)、1934 年相继疏浚。1990、1993、1997、1999 年分段修浚。境内段建有套闸。

三、镇级河道

乌沙港 南起界泾河,北至南横套,全长 3.3 千米。

界泾河 始浚于秦始皇嬴政二十五年(前 222)。南起乘航民丰村,向北经杨舍城区,过境内至南横套,全长 6.5 千米,底宽 3 米—4 米,底高 1 米,边坡系数 1:1.5。境内段南起泾头上自然村,北至南横套,长 2.5 千米。

沙漕河 1975 年开挖。东起黄泗浦,西至乌沙港。流经黎明村、徐丰村、农联村,长 4.08 千米,宽 4 米,底高 1 米,边坡系数 1:1.75。境内段东起二干河,西至乌沙港,长 3.5 千米。

图 1-3 农联境内沙漕河

四、村级河道

村级河道均为底宽 2 米,河深 1.5 米,坡比 1:1.75。

南中心河 位于南区。1975 年 12 月开挖。东起二干河,西至界泾河,全长 2 千米。

北中心河 位于南区。1976 年 12 月开挖。东起二干河,西至李家堂,全长 630 米。

大寨河 位于南区。1976 年 12 月开挖。南起南塘,北至张杨公路,全长 300 米。

东中心河　位于北区。1975 年 12 月开挖。南起沙漕河,北至南横套,全长 550 米。

西中心河　位于北区。1976 年 12 月开挖。南起沙漕河,北至南横套,全长 800 米。

第五节　自然灾害

一、暴雨

日降水量达到 50 毫米—99.9 毫米为暴雨,日降水量超过 100 毫米称为大暴雨。暴雨多发生在梅雨期和台风季节。1959—1985 年 27 年内,境内出现 65 次暴雨,平均每年 2.41次。年度中最早的出现在 4 月 8 日(1968),最迟的出现在 11 月 28 日(1972)。暴雨出现比较集中的是在 6 月、7 月、8 月份,27 年中共有 45 次,占发生总数的 69.23%。日雨量超过100 毫米以上的特大暴雨,27 年中共发生 8 次,平均 3.38 年发生 1 次。

1986—2005 年 20 年内,境内出现 63 次暴雨,平均每年 3.15 次。最多年份为 8 次(1991)。大于 100 毫米的大暴雨日共出现 9 次,平均 2.22 年发生 1 次。从季节上看,暴雨主要出现在夏季,20 年中夏季暴雨共 51 次,占暴雨日的 81.95%。1991 年 6 月 30—7 月3 日连续暴雨,总降水量为 279.8 毫米,境内 95% 的农田受淹。是年 7 月 1—2 日分别又下了 106.2 毫米、171 毫米两次大暴雨,境内 12% 的农田受淹 4—5 天,损失严重。1993年 6 月 28 日、29 日 2 天总降水量为 110.6 毫米;1995 年 6 月 20—21 日大暴雨,降水量达 165.7 毫米;2003 年 7 月 5 日大暴雨,降水量为 105.3 毫米,10% 农田受淹。2006 年至2015 年,境内共出现 23 次暴雨,暴雨日 44 天

1911—2015 年(选年)境内暴雨一览表

表 1—8

时　间	受灾区域	概　况
清宣统三年(1911)秋	全境	连日暴雨,飓风潮溢,饥民闹荒
1949 年 5 月下旬	全境	棉花、大豆受淹,木船可划进村庄
1949 年 6 月	全境	部分地区地面水位高达 700 毫米以上
1949 年 8 月	部分地区	特大水灾,大部分农田受淹
1954 年 5 月下旬	部分地区	暴雨成灾,农作物被淹
1968 年 4 月 8 日	全境	大暴雨,农作物被淹
1970 年 7 月 12—17 日	全境	两次特大暴雨,耕地被淹
1972 年 11 月 28 日	全境	大暴雨,农田受涝
1987 年 7 月 1—8 日	全境	连降暴雨,总降水量 182.9 毫米。部分棉花、大豆受淹,少数房屋倒塌

（续表）

时　间	受灾区域	概　况
1987 年 7 月 12 日	部分地区	暴雨 1 小时左右,降雨量 58.8 毫米。少数棉花、大豆被淹
1988 年 5 月 3 日 23 时—24 时 4 日 4 时 30 分—8 时	全境	连续两次暴风雨,伴有冰雹,三麦、油菜倒伏,部分房屋倒塌
1989 年 7 月 24—25 日	全境	降雨量 50 毫米以上。少数棉花受淹
1989 年 8 月 3—4 日	全境	受 13 号台风影响,降雨量 79.3 毫米
1991 年 6 月 12—15 日	全境	连降暴雨,总降雨量 279.8 毫米。大部分农田受淹
1991 年 7 月 1—2 日下午	全境	连降暴雨,降雨总量 277.2 毫米。内河水位暴涨 5 米,超过正常水位 2 米,房屋被损、倒塌不少,数百亩农田被淹
1993 年 6 月 28—29 日	全境	降雨量 110.6 毫米,风力 7 级以上。部分农田和企业受淹
1993 年 8 月 12 日	全境	特大暴雨,降雨量 105 毫米
1994 年 10 月 9—10 日	全境	27 小时降雨量 264 毫米,内河水位 4.6 米。少数农田受淹
1995 年 6 月 20—21 日	全境	暴雨持续 15 小时,总雨量 165.7 毫米。部分农田和企业受淹
1995 年 7 月 24 日	部分地区	雷雨大风,雨量 70 毫米
1996 年 7 月 5 日	部分地区	暴雨持续 5 小时左右,降雨量 61.8 毫米,内河水位 4.7 米
1996 年 7 月 20 日	部分地区	暴风雨伴冰雹持续 2 小时,最大风力 12 级,每小时降雨量 70.4 毫米
1999 年 6 月 28—30 日	全境	2 次暴雨,总降雨量 158.4 毫米,少数民房和农田受淹
2001 年 6 月 23—24 日	全境	受 2 号台风影响,36 小时雨量 139.8 毫米。部分农田受淹
2003 年 7 月 5—7 日	全境	降雨量超过 200 毫米。部分农田受淹,少数民房遭破坏
2004 年 6 月 25 日	部分地区	短时强暴雨,主要干河水位普遍达 4.2 米以上,48% 农田受淹
2005 年 8 月 5—7 日	全境	受 9 号台风"麦莎"外围影响,全境普降暴雨和大暴雨,平均降雨量 133.6 毫米,最大降水量 151.4 毫米。少数农田受淹,少数民房遭破坏
2005 年 9 月 11—12 日	全境	受 15 台风"卡努"外围影响,全境普降暴雨,最大降水量 133 毫米。淡水养殖、果树苗木受损,少数房屋、围墙倒塌。大部分农田受淹
2006 年 7 月 4 日	全境	大暴雨,一日最大降水量 95.8 毫米。7 月,月降水量达 415.2 毫米。51% 耕地受淹
2007 年 7 月 2 日—9 月 18 日	全境	2 日、4 日、8 日三天连续暴雨,其中 4 日的日降水量达 95.8 毫米。9 月 18 日又下暴雨。数百亩农田受淹
2015 年 5 月 8 日—8 月 25 日	全境	暴雨。分别是 5 月 8 日、9 日、6 月 14 日、15 日、18 日和 8 月 25 日、26 日。日最大降水量为 73.4 毫米。西区部分农田、北区大部地区农田受淹,个别企业工棚倒塌

二、连阴雨

境内连阴雨天气四季均会出现，主要发生在春季、初夏（梅雨），其次为秋季。这种雨日较长、雨量偏多的连阴雨天气，对农作物的生长有不同程度的危害。1959—1985 年中，春季阴雨日超过 15 天、雨量超过 100 毫米的年份有 1959、1960、1963、1964、1966、1967、1968、1977、1979、1980、1983 年。梅雨期雨量在 200 毫米以上的有 1960 年（236.5 毫米）、1967 年（221.7 毫米）、1969 年（351.5 毫米）、1970 年（502.4 毫米）、1971 年（258.7 毫米）、1972 年（214.5 毫米）、1974 年（316 毫米）、1975 年（453.7 毫米）、1979 年（227.8 毫米）、1980 年（328.2 毫米）、1982 年（204.3 毫米）、1983 年（339.8 毫米）、1985 年（262.9 毫米），几乎每 2 年就有 1 次。秋季雨量超过 100 毫米的有 1973 年，连阴雨 11 天，雨量 135.5 毫米；1977 年，连阴雨 6 天，雨量 173.7 毫米；1985 年连阴雨 22 天，雨量 175 毫米。

1986—2015 年，每年都有连阴雨天气出现，最长连阴雨天气日数达到 15 天，出现在 1992 年 3 月 14 日—28 日，过程降水量 144.1 毫米。在上述时间段内（1986—2015 年），平均入梅日在 6 月 16 日，出梅日在 7 月 8 日，梅雨日 22 天，平均梅雨量 250 毫米。最早入梅日在 6 月 3 日（1991 年、1996 年），最迟出梅日在 7 月 17 日（1987 年）；最长梅雨日 44 天（1987 年），最短梅雨日 3 天（2005 年）；最大梅雨量 968.1 毫米（1991 年），最小梅雨量 24.3 毫米（2005 年）。

三、干旱

干旱一般发生在夏季和秋季。夏季只要连续 3 旬的旬雨量少于 20 毫米，便有旱象发生，称夏旱；秋季连续 3 旬以上的旬雨量少于 10 毫米，就会造成旱情，称秋旱。秋旱较夏旱为多，平均 2 到 3 年发生 1 次。境内在农业合作化以前，尤其是解放以前，由于抗灾能力十分薄弱，所以一旦遇到旱灾，就会对农作物产量造成严重影响，甚至绝收。解放以后，人民政府日益重视农田水利建设，抗灾能力不断增强。特别是 20 世纪 80 年代以后，随着科技进步，农业机械化和电气化程度的逐步提高，纵有旱情发生，对农业生产也不会造成大的危害。

解放以前，有记载的发生于境内的严重旱灾有 10 次。明成化十七年（1481），春夏两季大旱，蝗灾肆虐，农作物严重歉收。嘉靖二年（1523），夏季大旱，农作物几近绝收。崇祯十四年（1641），夏季大旱，蝗灾严重。清顺治九年（1652），夏季大旱，水井见底。康熙十八年（1679），夏秋大旱，蝗灾严重，庄稼颗粒无收；康熙四十六年，四月至八月 5 个月未下雨，田地龟裂，农作物绝收。乾隆五十六年（1791），大旱，河港皆涸。嘉庆十九年（1814），大旱，地生黑毛。咸丰六年（1856），夏季大旱，内河干涸，蝗灾严重，农作物无收。1934 年，夏季大旱，农作物严重减产。

解放以后至 2015 年,分别在 1959、1961、1966、1971、1978、1983、1988、1994 年发生过 8 次夏旱。其中 1959、1978、1988、1994、2003 年,不仅气温高于 35℃ 的日数均在 15 日以上,而且连续 5 旬的旬雨量不足 20 毫米。1971 年,从 6 月 26 日起至 8 月 4 日止,每天最高气温均在 30℃ 以上,持续 40 天。境内棉花,特别是高坡地棉花,旱情严重,花蕾大量脱落,棉秆老化,长势早衰,减产较严重。1988 年 7 月 4 日—21 日,连续 35℃—37℃ 的高温天气 18 天,导致内河水位下降,境内部分水稻田略受影响。1994 年 5 月至 8 月 9 日,超 35℃ 高温天气累计近 30 天,境内农作物受影响较大。1959、1960、1962、1964、1966、1967、1969、1973、1979、1983、1984 年发生过 11 次秋旱,境内棉花产量受到一定影响。

干旱主要对棉花造成影响。20 世纪 80 年代末开始,全境进行农业产业结构调整,棉花种植逐年减少,直至基本绝迹,再加农田配套设施现代化,即使发生旱情,也能从容应对。2015 年,全村已无耕地,再大的旱情也构不成威胁。

四、台风、冰雹

1. 台风

境内夏、秋季常受台风影响。1949 年 7 月 24 日,6 号台风过境,并伴有暴雨,大批农田被淹。1959—2005 年中成灾台风 58 次。1960 年 7 号台风,分钟最大风速为每秒 20 米,雨量 122.2 毫米;1961 年 26 号台风,分钟最大风速为每秒 14 米,雨量 142.4 毫米;1962 年 14 号台风,分钟最大风速每秒 16 米,雨量 247.1 毫米;1977 年 8 号台风,分钟最大风速每秒 16.2 米,雨量 173.7 毫米,境内棉花全部倒伏,受害面积 1390 亩。道路旁、家前屋后的泡桐和其他树木被刮倒无数,草房掀顶、倒塌 115 间。1984 年 6 号台风,分钟最大风速每秒 18 米,雨量 81.2 毫米;1987 年 7 月 26 日—28 日 7 号台风,最大风力 9 级,伴有暴雨,雨量 33 毫米;1989 年 8 月 4 日 14 号台风,最大风力 8—9 级,雨量 79.4 毫米;1992 年 8 月 31 日 16 号台风,最大风力 8—9 级,雨量 67.5 毫米;1997 年 8 月 19 日,受第 11 号强台风影响,最大风力 10—11 级,雨量 66 毫米;2005 年 8 月 6 日—7 日,受第 9 号台风“麦莎”影响,连续 2 天出现暴雨,总计降水量 132.3 毫米,并伴有 9—10 级大风。2005 年 9 月 12 日第 15 号台风“卡努”,最大风力 10—11 级,最大降雨量 133 毫米。1959—2005 年 47 年 58 次成灾台风中,成灾最严重的有 9 次,分别是 1960 年 7 号台风、1962 年 14 号台风、1977 年 8 号台风、1987 年 7 号台风、1989 年 13 号台风、1990 年 15 号台风、1997 年 11 号台风、2005 年 9 号(“麦莎”)和 15 号(“卡努”)台风。2006—2015 年共有 15 个台风影响境内,平均每年 1.5 个。2012 年 10 月 8 日凌晨,受 15 号台风“罗莎”影响,境内部分农户住房和少数企业工棚倒塌。2013 年有 4 个台风影响,比常年略偏多。

2. 冰雹

冰雹是一种坚硬的球状、锥状或形状不规则的固态降水,一般发生在春、夏之际,由强烈的对流引起,常伴有雷暴、大风、暴雨及龙卷风等恶劣天气出现。冰雹出现机会少,范围小。至 2015 年,境内难得有时间极短的小冰雹,危害不大。

五、虫灾

1917 年秋,蝗灾严重,为历年所未有。境内水稻大面积减产。1935 年秋,蝗灾肆虐,境内水稻收成锐减。1962 年 8 月,三代三化螟暴发,水稻受害严重,产量大幅下降。1964 年 5 月,境内三麦暴发粘虫,食叶"嚓嚓"之声可闻,断穗满田。1973 年 3 月 24 日,麦蜘蛛虫害暴发,麦叶发白卷梢,粒重减轻。同时,赤霉病大流行,三麦受害严重。1975 年 6 月下旬,因干旱和高温,红蜘蛛暴发,棉苗受灾严重;稻飞虱大暴发。1978 年秋,棉铃虫大暴发,每亩棉田减产 18 千克—21 千克皮棉。80 年代后,全境抗虫灾能力迅速提高,粮棉病虫害危害逐年减轻。21 世纪起,随着城乡建设的飞速发展,农联村耕地逐年减少。至 2015 年,全村已无耕地。

六、暴雪

2008 年 1 月 26 日、29 日,境内出现连续暴雪天气,过程雪量 48.6 毫米。2 月 1 日和 2 日,再次出现雪量为 9.8 毫米的降雪。1 月 27 日和 2 月 4 日的积雪深度都超过境内有记录以来的历史最大值 16 厘米(1984 年 1 月 19 日),其中最大积雪深度为 31 厘米,出现在 1 月 29 日。村委建造在第三、十五村民小组的标准型厂房、工棚分别坍塌 288 平方米和 4032 平方米,共损失 50.98 万元。华益染整厂和国泰国际服装厂的厂房均坍塌 300 平方米,各损失 3.54 万元。亨得利水泥制品厂坍塌 1000 平方米,损失 11.8 万元。加上村民坍塌的房屋,全村总计坍塌房屋面积 6000 平方米以上,直接经济损失 70 多万元。

七、低温冻害

境内低温冻害,在春、秋、冬均有发生,而以冬、春为多。冬季寒潮冻害,对越冬农作物的危害最大。1962 年 12 月 15 日至 1963 年 2 月中 50 多天未雨,境内表土层干达 6 至 7 厘米深。气温从 1963 年 1 月初下降到零度后,直至 2 月初未回升,平均温度在零下 1℃左右,最低温度达零下 9℃,土地冰冻层深达 4 至 6 厘米。大风连刮 20 天,绿肥、油菜、蚕豆受害严重,冻死 15% 至 80%。1977 年 1 月 13 日,极端最低气温降到零下 11.2℃,前后积雪 14 天,麦子、油菜等越冬作物严重受到冻害。

春季低温危害农作物的时段为 3 月下旬至 5 月上旬,主要影响稻、棉育苗。1957 年至 2015 年,4 月下半月 24 小时降温摄氏 8 度以上的较强冷空气基本达到 1 年 1 次。5 月上旬极端最低气温在 8℃以下的年份有 8 年。其中 1961 年 5 月 5 日最低气温降至 3.8℃,严重影响稻棉苗的生长。

第三章　自然资源

农联村地域是古长江水面腐烂动植物和泥沙淤积而成的平原,加上河流纵横、气候温和、雨量充沛,自然资源甚为丰富。

第一节　土地资源

1980 年,全境区域总面积 9025.05 亩。其中,耕地面积 5595 亩、社员自留地面积 450 亩、宅基地面积 359 亩、竹园面积 64 亩、河道面积 694.68 亩、挖废及道路面积 1862.37 亩。

2008 年,全村耕地面积 3343.55 亩,占全村区域总面积的 37.05%;建设用地 2202.25 亩,占全村区域总面积的 24.4%。建设用地中,工业用地 809.2 亩,占全村区域面积的 9%;开挖河道面积 688.8 亩,占全村区域面积的 7.63%;道路用地 264 亩,占全村区域面积的 2.93%;居民住宅用地 334.25 亩,占区域面积的 3.7%;安置房用地 1277 亩,特殊用地 106 亩,分别占区域面积的 14.15%、1.17%。

2015 年,全村无耕地,但区域总面积未变。有园地 465 亩,占全村区域面积的 5.15%;宅基地、工矿企业用地、征租用地总面积 5252.1 亩,占全村区域面积的 58.19%;村级道路及交通公路用地 1226.8 亩,占全村区域面积的 13.6%;水域水利及设施面积 688.8 亩,占全村区域面积的 7.63%;动迁安置建设等其他用地 1392.35 亩,占全村区域面积的 15.43%。

1957—2015 年(选年)农联村(境内)耕地一览表

表 1-9　　　　　　　　　　　　　　　　　　　　　　　　　　　　　　单位:亩

年份	1957	1963	1977	1978	1983	1988	1989	1991	1996	1998
南区	2194	2740	2710.5	2690	2682	2682	2653	2653	1865	1318
北区	1938	2151	1787	1787	1812	1812	1743	1743	1682	1672
西区	984	1110	1099	1099	1101	1101	1072	1072	1048	1048
五一	684	—	—	—	—	—	—	—	—	—
合计	5800	6001	5597	5577	5595	5595	5468	5468	4595	4038

（续表）

年份	2003	2005	2008	2009	2010	2011	2012	2013	2014	2015
南区	4038	3672.5	3070	3012	2984	754	587	574	126	—
北区	—	—	—	—	—	—	—	—	—	—
西区	—	—	—	—	—	—	—	—	—	—
五一	—	—	—	—	—	—	—	—	—	—
合计	4038	3672.5	3070	3012	2984	754	587	574	126	—

第二节　水资源

农联村地处长江三角洲,属亚热带海洋性气候,水资源十分丰富。

一、地面水

根据1974年水利普查资料记载:境内有"河道157条,总长39.78千米,水域面积694.68亩,容水总量1066555立方米"。时有7条过境通江河道。

2015年,全村水域面积650.2亩(不含二干河、南横套两条过境河流面积)。据气象部门资料统计,1985年至2015年30年中,境内年平均降水量1039.1毫米,年平均水面蒸发量1395.7毫米。其中,8月水面蒸发量最大,为185.2毫米,占年平均蒸发量的13.27%;1月水面蒸发量最小,为54.1毫米,占年平均蒸发量的3.88%。30年平均水面蒸发量是年平均降水量的1.34倍。境内大小河浜均是天然水库,储水量数额巨大。还有二干河,界泾河,南、北中心河,南横套,乌沙港和沙漕河等7条通江过境河流,长江潮水是境内取之不尽、用之不竭的重要水资源。

二、地下水

据《江苏省地下水资源》所载:潜水含水层为亚黏土夹粉砂,水质被地表水淡化。第一承压含水层为微咸水;第二、三含水层埋深在80米—120米以下,为淡水;钻井涌水每小时80吨左右。1985年,境内有深井3口、浅井112口,年平均利用地下水15.12万立方米。21世纪初,为了保护地下水,境内3口深井停止用水。随着城乡一体化建设的不断推进,浅井口数与日俱减。至2015年12月,全村浅井口数已不足80口。

第三节 常见野生植物

境内的野生植物有百余科近 400 个品种,分布于田间、堤岸旁、路边、河边、滩地。历史上,人们就重视利用野生植物资源发展农、牧、渔业生产和手工编织,治疗疾病。常见的野生植物有 20 余科、60 余个品种。

一、单子叶植物

禾本科 早熟禾、千金子、牛筋草(蟋蟀草)、狗牙根、鹅观草、看麦娘(冷草、牛尾草)、稗、无芒稗、卑稗、双穗雀稗、马唐、狗尾草、拂子茅、白茅、荩草、芦苇、萱科(又名甘棵,均为土名)、棒头草、菵草。

莎草科 牛毛草、球形莎草、香附子、异型莎草、水莎草、飘拂草、水葱、三菱根。

雨久花科 鸭舌草。

香蒲科 水烛(蒲包草)。

灯芯草科 灯芯草。

石蒜科 石蒜。

天南星科 菖蒲、石菖蒲、半夏。

薯蓣科 薯蓣(山药)。

百合科 山慈姑、细叶韭(野韭菜)。

泽泻科 矮慈姑。

二、双子叶植物

三白草科 蕺菜(鱼腥菜)。

蔷薇科 地榆。

马齿科 马齿苋(酱板头)。

菱科 野菱(菜子菱)。

蓼科 何首乌、水蓼、扁蓄、酸模叶蓼、棉花叶蓼。

苋科 刺苋、土牛膝、莲子草、反枝苋、凹头草、水花生。

石竹科 繁缕、牛繁缕、粘土卷耳。

毛茛科 茴茴蒜。

柳叶菜科 丁香蓼、水龙(过江藤)。

旋花科 打碗花。

紫草科 附地菜、细茎斑种草。

唇形科　雪间菜、半枝莲、爱支草、夏枯草、益母草。

茄科　龙葵、秋葵、枸杞、洋金花。

玄参科　通泉草、婆婆纳、水苦蔓。

车前科　车前草。

茜草科　猪殃殃。

菊科　鸡儿肠、紫苑、小乙蓬、鼠曲草、旋覆花、蓟肠、泥湖菜、稻荏菜、蒲公英、兔子菜、多头莴苣。

眼子菜科　眼子菜。

第四节　常见野生动物

一、脊椎动物

鱼纲　青鱼(乌青)、草鱼(草青)、鳡鱼(黄钻鱼)、赤眼尊(红眼鱼)、长春鳊、三角鲂、翘嘴红白(大白鱼、白丝)、鲤鱼、鲫鱼、鳙、白鲢、鳑鲏、泥鳅、鲶鱼、黄颡鱼、白鲟(神枪鱼)、鳗鲡、黑鱼、黄鳝、鲈鱼、鳜鱼(桂花鱼)、暗色东方鲀(河豚)。

两栖纲　大蟾蜍(癞蛤蟆)、青蛙(田鸡)、虎纹蛙(花斑田鸡)、雨蛙、沼蛙。

爬行纲　乌龟(泥鬼)、平胸龟(鹰龟)、鳖(甲鱼、团鱼)、壁虎、草蜥、石龙子(四脚蛇)、小头蛇(秤杆蛇)、乌梢蛇(青梢蛇)、赤链蛇、水赤链(火赤链)、水蛇、泥蛇、锦蛇、红点锦蛇、蝮蛇。

鸟纲　水葫芦、野鸭、雉(野鸡)、鸿雁(大雁)、鹭(老鹰)、苍鹰(老鹰)、鹧鸪、鹌鹑、苦恶鸟、大杜鹃(布谷鸟)、四声杜鹃、猫头鹰、翠鸟(钓鱼鸟)、黑枕啄木鸟、云雀(告天子)、家燕、灰砂燕、白头鹎(白头翁)、大嘴乌鸦、灰喜鹊、棕头鸦雀(黄腾)、画眉、相思鸟、麻雀、燕雀、黄雀、金丝雀、百哥、麻嘎嘎。

哺乳纲　伏翼(蝙蝠)、黄鼬、刺猬(偷瓜畜)、草兔(野兔)、东方田鼠、褐家鼠、黑腹绒鼠。

二、无脊椎(髓)动物

1. 环节动物门

毛足纲　蚯蚓(蛐蟮)。

蛭纲　水蛭(小蚂蝗)、蚂蝗(宽体蚂蝗)。

2. 软体动物门

腹足纲　螺蛳、田螺、蜗牛。

瓣思纲　中国尖脊蚌(蛤蛎)、三角帆蚌、河蚌、河蚬。

3.节肢动物门

昆虫纲

螳螂目　中国拟刀螳、中国拒斧螳。

直翅目　蟋蟀、蝼蛄。

双翅目　扁虻。

蜚蠊目　地鳖虫。

蜻蜓目　箭蜓、蜻蜓。

脉翅目　大草蛉、中华草蛉、普通草蛉、蚁蛉、斑赤蚁蛉、杂色虎甲、红胸萤、窗胸萤。

膜翅目　金小蜂、赤眼蜂、卵寄生蜂、姬蜂。

鞘翅目　瓢虫、大红瓢虫、二星瓢虫、七星瓢虫、十三星瓢虫、酸浆瓢虫、异色瓢虫、黑瓢虫、龟纹瓢虫。

半翅目　蝉(知了)、蚱蜢、召撩。

等翅目　黑胸散白蚁、黄胸散白蚁、褐蚁、红树蚁。

鳞翅目　花蝶、粉蝶、斑蝶。

甲壳纲　沼虾、白虾、米虾、糠虾、河蟹、相手蟹(蟛蜞)。

多足纲　蜈蚣。

蛛形纲　圆蛛、蝎。

第二编　居　民

北宋时期,境内南部地区已有人类活动。清康熙年间(1662—1722),不少外地人纷纷到境内围垦定居、繁衍生息,人口激增,逐步形成吴巷里、杭家堂、匡家堂、李家堂、季家堂、唐家堂、倪家堂、钱家堂等40个自然村。中华人民共和国成立初期和"文化大革命"时期的人口生育高峰,再加上2003年11月行政区划变化,全村(境)人口出现4次大幅增长。2015年,全村有户籍1860户,总人口5746人,人口密度每平方千米955人。另有登记在册的新市民522人。汉族人口占总人口的99%以上。有姓氏184个,其中钱姓最多。

境内人口的文化素质和身体素质较高。2015年,全村有高中及以上学历者1661人,占人口总数的28.91%。有60周岁以上的老年人1630人,占人口总数的28.37%。全村部分居民信仰宗教,其中信奉佛教者居多。

境内地处虞(常熟)西与澄(江阴)东交会地域,民俗风情丰富浓郁。与生产生活密切相关的方言俚语种类繁多,风俗习惯富有鲜明的地方特色。随着时代变迁,有些习俗已经消失,但大多还留存民间,成为境内民俗文化不可缺少的重要组成部分。

解放前,境内社会经济落后,广大民众生活贫困。解放后,人民生活水平逐年提高。特别是改革开放后,境内以经济建设为中心,大力发展工农业生产,居民的衣食住行发生翻天覆地的变化。2015年,农联村年人均纯收入由1981年的171.02元提高到39000元。农联村已进入名副其实的小康社会。

第一章　人　口

解放前,境内生产力低下,百姓贫穷,人口增长缓慢。解放后,社会经济逐步发展,人民生活不断改善,人口随之增长,且增速越来越快。20世纪50年代,虽提倡过计划生育,但未得到重视和取得明显效果。"文化大革命"期间,一度出现生育无政府状态。1974年以后,计划生育工作得到加强,有效缓解了人口增速过快的问题,为提高人口素质和人民生活水平创造了良好的环境和条件。至2015年,全村有姓氏184个,总人数5746人,人口性别之比男性略少于女性。全村大中专及以上学历者有1383人,60岁以上文盲半文盲17人。

第一节 人口总量

中华人民共和国成立前,境内农民生活贫穷,人口自然增长率甚低。1949年后,随着经济逐步发展,加上工作调动、婚嫁、招工、升学、征兵、军人退伍复员和大中专院校毕业生分配等因素,境内人口增长较快。1965年,政府提倡计划生育并推行节育手术,境内人口增长过快的势头得到有效控制。"文化大革命"开始后,计划生育工作受到冲击,出现生育小高峰。"文化大革命"结束后,政府高度重视计划生育工作,人口出生率开始逐年下降。改革开放后,境内就业机会增多,人口迁移频繁,导致全村人口总量波动较大,总体呈上升趋势。2004年、2008年、2011年、2014年、2015年,全村总人口分别为5582人、5309人、5570人、5751人和5746人,人口密度分别为每平方千米927人、882人、926人、956人和955人。

1962—2015年(选年)农联村(境内)人口密度一览表

表2-1

年份	总人数（人）	人口密度（人/平方千米）	出 生		死 亡		自然增长	
			人数（人）	出生率（‰）	人数（人）	死亡率（‰）	人数（人）	增长率（‰）
1962	2202	880.80	83	37.69	21	9.54	62	28.16
1988	2952	1180.80	50	16.94	25	8.47	25	8.47
1989	3203	1281.20	61	19.04	14	4.37	47	14.67
1994	2923	1169.20	22	7.53	25	8.55	−3	−1.03
2000	2868	1147.20	25	8.72	16	5.58	9	3.14
2001	2765	1106.00	20	7.23	20	7.23	—	—
2002	2718	1087.20	13	4.78	23	8.46	−10	−3.68
2003	2933	1173.20	13	4.43	23	7.84	−10	−3.41
2004	5582	927.24	40	7.17	48	8.60	−8	−1.43
2005	5586	927.91	31	5.55	34	6.09	−3	−0.54
2006	5603	930.73	32	5.71	43	7.67	−11	−1.96
2007	5628	934.88	52	9.24	39	6.93	13	2.31
2008	5309	881.89	36	6.78	36	6.78		

（续表）

年份	总人数（人）	人口密度（人/平方千米）	出生		死亡		自然增长	
			人数（人）	出生率（‰）	人数（人）	死亡率（‰）	人数（人）	增长率（‰）
2009	5654	939.20	41	7.25	46	8.14	−5	−0.88
2010	5645	937.70	38	6.73	62	10.98	−24	−4.25
2011	5570	925.25	39	7.00	41	7.36	−2	−0.36
2012	5672	942.19	69	12.17	51	8.99	18	3.17
2013	5735	952.66	69	12.03	43	7.50	26	4.53
2014	5751	955.32	68	11.82	42	7.30	26	4.52
2015	5746	954.49	49	8.53	58	10.09	−9	−1.57

第二节　人口构成

一、性别

1957年，境内南区有1586人，其中，男性773人，女性813人，男女人口性别之比为100∶105.17。1961年有2274人，其中，男性1117人，女性1157人，性别之比为100∶103.58。1963年有2362人，其中，男性1158人，女性1204人，性别之比为100∶103.97。1987年有3038人，其中，男性1458人，女性1580人，性别之比为100∶108.37。1996年有2942人，其中，男性1384人，女性1558人，性别之比为100∶112.57。2002年有2896人，其中，男性1418人，女性1478人，性别之比为100∶104.23。2004年，农联村总人数5582人，其中，男性2763人，女性2819人，性别之比为100∶102.03。2008年，全村总人数为5309人，其中，男性2603人，女性2706人，性别之比为100∶103.96。2015年，全村户籍总人数5746人，其中，男性2806人，女性2940人，性别之比为100∶104.78。

二、年龄

1990年，境内南区的年龄结构：0至5周岁人数325人，6至12周岁人数255人，13至19周岁人数362人，20至29周岁人数644人，30至39周岁人数517人，40至49周岁人数401人，50至59周岁人数267人，60至69周岁人数122人，70至79周岁人数103人，80周岁以上人数47人，分别占总人数3203人的10.15%、7.96%、11.3%、20.11%、16.14%、12.52%、8.34%、3.81%、3.22%和1.47%。2015年，全村总人口5746人，60周岁以上人数1630人，占总人数的28.37%。其中，60至65周岁人数544人，66至70周岁人数 403 人,70 至 80 周岁人数 433 人,81 周岁以上人数 250 人,分别占 60 周岁以上老年人总数的 33.37%、24.72%、26.56% 和 15.34%。

三、文化

据 1964 年全国第二次人口普查资料显示,境内南区总人口 2395 人。其中,中专、高中文化程度 22 人,占 6 周岁以上人数的 1.1%;初中文化程度 142 人,占 6 周岁以上人数的 7.08%;初小至高小文化程度 963 人,占 6 周岁以上人数的 48.03%;文盲和半文盲 704 人,占 6 周岁以上人数的 35.11%。1990 年,南区具有大学(专科)或大学肄业文化程度 6 人,占 6 周岁以上人数 2877 人的 0.21%,占总人口的 0.19%;中专、高中文化程度 205 人,占 6 周岁以上人数的 7.13%,占总人口的 6.4%;初中文化程度 1031 人,占 6 周岁以上人数的 35.84%,占总人口的 32.20%;小学文化程度 1152 人,占 6 周岁以上人数的 40.04%,占总人口的 35.98%;文盲和半文盲 484 人,占 6 周岁以上人数的 16.82%,占总人口的 15.112%。2000 年,南区有大专及以上学历者 51 人,占 6 周岁以上 3393 人的 1.5%,占总人口的 1.41%;中专、高中文化程度 354 人,占 6 周岁以上人数的 10.43%,占总人口的 9.79%;初中文化程度 1668 人,占 6 周岁以上人数的 34.42%,占总人口的 46.14%;小学文化程度 1036 人,占 6 周岁以上人数的 30.53%,占总人口的 28.66%;摘除文盲"帽子"的 125 人,占 6 周岁以上人数的 3.68%,占总人口的 3.46%;文盲 84 人,占 6 周岁以上人数的 2.48%,占总人口的 2.32%。2008 年,全村有大专及以上学历者 196 人、高中及中专学历者 578 人、初中学历者 2877 人、小学文化的 1712 人,分别占全村总人口 5309 人的 3.69%、10.89%、54.19%、32.25%。2015 年,全村有大专及以上学历者 1383 人、高中生 762 人、初中生 1606 人、小学生 1099 人、半文盲 17 人、6 周岁以下未入学者 294 人,分别占全村总人口 5746 人的 24.09%、13.26%、27.95%、19.13%、0.03%、5.12%。

四、职业

1987 年,境内南区总人口 2991 人,其中在业人数 1501 人,占总人口的 50.18%。在业人数中,第一产业 487 人,占在业人数的 32.44%;第二产业 711 人,占在业人数的 47.36%;第三产业 303 人,占在业人数的 20.2%。1990 年,南区总人口 2944 人,其中在业人数 1506 人,占总人数的 51.15%。在业人数中,第一产业 484 人,占在业人数的 32.13%;第二产业 705 人,占在业人数的 46.81%;第三产业 317 人,占在业人数的 21.05%。2004 年,全村在业人数 2542 人,占总人口 5582 人的 45.54%。在业人数中,第一产业 528 人,占在业人数的 20.77%;第二产业 1213 人,占在业人数的 47.72%;第三产业 801 人,占在业人数的 31.51%。2008 年,全村在业人数 2669 人,占总人口的 50.27%。在业人数中,第一产业 480 人,占在业人数的 17.98%;第二产业 1358 人,占在业人数的

50.88％；第三产业831人，占在业人数的31.14％。2015年,全村在业人数2948人,占总人口的51.31％。在业人数中,第一产业368人,占在业人数的12.89％；第二产业1312人,占在业人员的44.5％；第三产业1268人,占在业人员的43.01％。

第三节　人口分布

1950年,全境有1030户3668人。至2015年末,全村总人口5746人,各自然村人口分布情况（已拆迁的自然村村民仍按其原属自然村统计）如下:

2003—2015年农联村人口分布一览表

表2-2

自然村	户数	2003	2004	2005	2006	2007	2008	2009	2010	2011	2012	2013	2014	2015
分港巷	24	95	95	95	96	96	91	97	97	97	99	102	102	101
吴巷里	123	376	377	378	379	380	358	381	379	370	377	379	379	378
李家堂	58	153	154	154	155	156	147	157	157	157	160	161	161	160
倪家堂	94	295	296	297	298	299	282	300	299	291	296	299	299	298
唐家堂	39	117	117	117	118	119	112	119	119	119	121	122	122	123
钱家堂	68	128	129	129	129	130	123	131	131	130	132	133	135	134
匡家堂	90	290	291	292	293	294	277	295	294	291	296	299	300	300
王家湾	43	143	144	144	144	145	137	146	146	145	148	151	151	151
张家巷	42	144	145	145	145	146	137	146	146	146	149	150	150	150
王四房桥	65	208	209	209	210	211	199	212	212	205	209	210	214	213
泾头上	46	156	157	157	157	158	149	159	159	158	161	162	162	161
杭家堂	71	194	195	195	195	196	185	197	197	195	199	200	201	201
陈三房	63	156	156	156	157	158	149	159	159	157	160	161	161	162
蛳螺坝	37	128	128	128	129	130	123	131	131	130	132	133	133	133
青草巷	20	68	68	68	68	39	65	69	69	69	70	72	72	72
港西	60	180	181	181	182	183	173	184	184	182	185	187	187	187
港湾里	14	41	41	41	41	41	39	41	41	40	41	44	44	44
西巷前	12	46	46	46	46	46	43	46	46	45	46	48	48	48
新宅基	12	40	40	40	40	40	38	40	40	39	40	43	43	43

（续表）

年份　自然村	户数	2003	2004	2005	2006	2007	2008	2009	2010	2011	2012	2013	2014	2015
东巷前	9	34	34	34	34	34	32	34	33	33	34	36	36	36
水涝圩	54	140	141	141	141	141	133	142	142	140	143	143	144	144
永善圩	33	102	102	102	103	103	97	103	103	101	103	103	104	104
朱家圩	58	143	144	144	144	145	137	146	146	144	147	147	146	146
戴家圩	38	85	85	85	85	85	80	85	84	83	85	85	88	88
王家圩	54	164	165	165	166	167	157	167	167	166	169	169	169	170
德善圩	36	95	95	95	95	95	90	96	96	96	98	98	101	101
中老圩	72	196	197	197	198	199	188	200	200	195	199	201	198	198
曹家圩	58	177	178	178	179	180	170	181	181	181	184	184	183	183
刘家圩	18	65	65	65	65	65	61	65	65	65	66	68	69	69
乌沙二圩	59	155	156	156	156	157	148	158	158	152	155	158	160	159
乌沙四圩	82	266	267	268	269	270	254	270	269	264	269	271	270	270
季家堂	35	106	106	106	106	106	100	107	107	107	109	108	109	109
夏家堂	35	98	98	98	98	98	92	98	98	98	100	102	103	103
王家堂	50	150	151	151	151	152	143	152	152	152	155	157	157	157
乌沙里	80	202	203	203	204	205	193	206	205	205	209	213	212	212
后房	23	69	69	69	70	70	66	70	70	68	69	69	71	71
黄家桥头	20	66	66	66	66	66	62	66	66	65	66	68	69	69
汤家桥	36	122	123	123	123	124	117	125	124	121	123	126	126	127
界柱头	38	122	123	123	123	124	117	125	125	120	122	125	125	124
海上	14	45	45	45	45	45	45	48	48	48	46	48	47	47
合计	1883	5560	5582	5586	5603	5628	5309	5654	5645	5570	5672	5735	5751	5746

第四节　人口普查

全国第一次人口普查

1953年7月,全国第一次人口普查开始。全境在常熟县选举委员会的主持下,结合选民登记,开展人口普查工作。项目有户籍、人口和性别3项。形式为流动设站登记和个别上门登记相结合。为防止登记时出现重复、遗漏、颠倒、写错等错误,工作人员按组按户边登记边核实。东莱乡组织力量进行抽查核对,然后汇总上报。人口普查工作于 1954 年 3 月末结束,历时 9 个月。但普查结果无资料可查。

第二次人口普查

1964 年夏,全国进行第二次人口普查。以 7 月 1 日零时为普查的标准时间,普查户籍、人口、性别、年龄、文化程度和民族 6 个项目。境内各区设普查专门机构,选派工作人员参与。普查从生产队开始,边登记、边核实、边汇总复查,最后由东莱公社派出所抽样检查后作一级统计报沙洲县人口普查办公室。普查工作从 7 月 1 日开始,到 31 日结束,历时 1 个月。普查结果:境内南区有 644 户 2395 人,其中,男 1178 人,女 1217 人;中专、高中文化 22 人,初中文化 142 人,高小文化 391 人,初小文化 572 人,文盲、半文盲 779 人;7 至 12 岁 99 人、6 岁以下 390 人。境内其他两个区无统计资料。

第三次人口普查

1982 年 7 月 1 日零时为全国第三次人口普查标准时间。这次普查设有户籍、人口、性别、年龄、文化程度、民族、职业行业、婚姻状况等 8 个项目。普查从 1981 年 7 月开始,经过户口整顿、普查试点、全面登记、复查验收、汇总编码等工作,于 1982 年 11 月下旬结束,历时 1 年 5 个月。普查结果:境内南区有 883 户 3007 人。其中,男 1488 人、女 1519 人;中专、高中文化 162 人,初中文化 746 人,小学文化 898 人,12 岁以上文盲、半文盲共 712 人。6 周岁以下 489 人。境内其他两个区无统计资料。

第四次人口普查

1990 年 7 月 1 日零时为全国第四次人口普查标准时间。从 1989 年 7 月开始,至 1990 年 9 月结束,历时 1 年 3 个月。普查设有户籍、人口、性别、0—80 岁及以上每一年龄段的人数、文化程度、民族、职业行业、婚姻状况等项目。境内各村均配备人口普查指导员和普查员,全面负责境内的普查、登记、复查、汇总工作。普查结果,南区有 827 户 3203 人。其中,男 1587 人、女 1616 人;文化程度,大专 6 人,中专、高中 205 人,初中 1031 人,小学 1152 人,12 岁以上文盲、半文盲共 484 人。年龄结构:0 至 5 周岁 325 人,其中,男 174 人、女 151 人;6 至 12 岁 255 人,其中,男 126 人、女 129 人;13 至 19 岁 362 人,其中,男 182 人、女 180 人;20 至 29 岁 664 人,其中男 330 人、女 334 人;30 至 39 岁 517 人,其中男 269 人、女 248 人;40 至 49 岁 441 人,其中,男 221 人、女 220 人;50 至 59 岁 267 人,其中,男 128 人、女 139 人;60 至 69 岁 222 人,其中,男 102 人、女 120 人;70 至 79 岁 103 人,其中,男 44 人、女 59 人;80 岁以上 47 人,其中,男 12 人、女 35 人。境内其他两个区无统计资料。

第五次人口普查

2000年11月1日零时为全国第五次人口普查标准时间。从2000年3月开始,至2001年6月结束,历时1年4个月。此次普查设有户籍、人口、性别、年龄、文化程度、民族、职业行业、婚姻状况等项目。境内各村委会均配备人口普查指导员和普查员,全面负责境内的普查、登记、复查和汇总上报工作。普查结果:南区总户数1171户,总人口3615人。其中,男1846人、女1769人。大专以上文化51人,高中、中专文化354人,初中文化1668人,小学文化1161人,脱盲125人,文盲84人。年龄结构:0至5岁222人、6至14岁421人、15至64岁2666人、65岁以上306人。境内其他两个区无统计资料

第六次人口普查

2010年11月1日零时为全国第六次人口普查标准时间。主要普查人在户在、人在户不在、户在人不在等情况,重点摸清流动人口数。农联村委会配备人口普查指导员和普查员,负责全村的普查、登记、复查和汇总上报工作。至2011年10月31日结束,历时1年。普查结果:农联村(含江帆社区)有常住人口13208人,其中户籍人口6416人,户籍人口中有非农业人口1431人。有外来人口7285人,其中跨省人口5308人。外来人口中有少数民族27人。有外出人口1847人,其中跨省人口19人。2009年11月1日—2010年10月31日,全村出生66人、死亡68人。全村有家庭户2310户7174人、集体户788户6034人。农联村籍与外籍人数之比为1:1.14。

2010年农联村全国第六次人口普查一览表

表2-3

普查内容 / 普查区名称	户籍人口(人)	常住人口(人)	常住人口中		外来人口(人)	外出人口(人)	出生人口(人)	死亡人口(人)	家庭户户数(户)	家庭户人数(人)	集体户户数(户)	集体户人数(人)
			非农业人口(人)	少数民族人口(人)								
农联村	5455	9596	594	18	6313	1827	33	55	1119	3640	769	5956
江帆社区	961	3612	837	9	972	20	33	13	1191	3534	19	78
合计	6416	13208	1431	27	7285	1847	66	68	2310	7174	788	6034

第五节 人口变动

远在北宋末年,境内南部就有人类在此生产生活,繁衍生息。明代,塘桥、乘航桥、南沙

等地的部分农民陆续迁到境内定居。清代,随着境内北部长江沙洲积涨成陆,苏北许多贫苦农民先后受雇到此围垦沙田定居。清咸丰年间,湖南湘军撤离时有少数士兵失散流落境内安家落户。民国时期,江阴、常熟等地的一些商人先后迁到境内开设商号,由此境内人口日益增多。

中华人民共和国成立后,因出生、死亡、婚嫁、招工、升学、征兵、军人退伍复员和大中专院校毕业分配、工作调动等,境内人口数量不断变化。1958年,境内数名青年男女离乡支援新疆建设。1982年,境内出生68人、死亡47人,总人数增至5475人。1999年11月—2000年10月,境内出生59人、死亡50人,自然增减数基本持平。导致境内人口明显增多的主要因素:张家港市青草巷农副产品批发市场的建立与发展,吸引大批外地商人和打工者到境内安家落户;2002年,市委、市政府正式提出"工业向园区集中,农民向城镇集中,居民向社区集中"的新思路后,沿江一带村民纷纷到境内购买商品房定居。2010年,农联村有常住人口13208人,其中户籍人口6416人(居住江帆花苑961人)。

1962—2015年农联村(境内)人口迁移选年一览表

表2-4   单位:人

村名 年份	农 联				南 桥				乌 沙			
	年初人口	迁入	迁出	年末人口	年初人口	迁入	迁出	年末人口	年初人口	迁入	迁出	年末人口
1962	2243	36	5	2274	1297	23	7	1313	776	16	—	792
1963	2274	14	1	2287	1313	21	10	1324	792	24	28	788
1987	3038	14	85	2967	—				—			
1996	2942	54	62	2934	—				—			
2003	5544	56	18	5582	—				—			
2008	5213	106	10	5309	—				—			
2011	5488	41	8	5521	—				—			
2012	5521	72	10	5583	—				—			
2013	5583	43	4	5622	—				—			
2014	5622	60	4	5678	—				—			
2015	5678	75	7	5746	—				—			

注:1987年、1996年,西区和北区缺数据,故表中未予统计。

1962—2015年农联村(境内)人口增长选年统计表

表 2-5   单位:人

年份	总人口	出 生		死 亡		自然增长	
		人数	出生率(‰)	人数	死亡率(‰)	人数	增长率(‰)
1962	2202	83	37.69	21	9.54	62	28.16
1988	2952	50	16.94	25	8.47	25	8.47
1989	3203	61	19.04	14	4.37	47	14.67
1994	2923	22	7.53	25	8.55	−3	−1.03
2000	2868	25	8.72	16	5.58	9	3.14
2001	2765	20	7.23	20	7.23	—	—
2002	2718	13	4.78	23	8.46	−10	−3.68
2003	5582	13	2.33	23	4.12	−10	−1.79
2005	5586	31	5.55	34	6.09	−3	−0.54
2006	5603	31	5.71	43	7.67	−11	−1.96
2007	5628	52	9.24	39	6.78	13	2.31
2008	5309	36	6.78	36	8.14	—	—
2009	5654	41	7.25	46	6.93	−5	−0.88
2010	5645	38	6.73	62	10.98	−24	−4.25
2011	5570	39	7.00	41	7.36	−2	−0.36
2012	5672	69	12.16	51	8.99	18	3.17
2013	5735	69	12.03	43	7.50	26	4.53
2014	5751	68	11.82	42	7.30	26	4.52
2015	5746	49	8.53	58	10.09	−9	−1.57

第六节 人口控制

一、组织机构

20世纪80年代初,境内各区建立由村党支部书记任组长,妇女主任、团支部书记、民兵营长、治保主任、赤脚医生为成员的计划生育领导小组,妇女主任具体负责抓。各生产队配备计划生育指导员。90年代初,各区成立计划生育协会。由村党支部书记任会长、村委会分管计划生育的干部或妇女主任任副会长。村办企业和村民小组均设计划生育指导员。1993年,各区建立人口学校,由村党总支(支部)书记、村民委员会主任、妇女主任、团支部书记等人组成校务委员会。村党总支(支部)书记任校长,全面负责辖区内的计划生育工作。2015 年,农联村有计划生育工作人员 3 人、社区居委会计划生育协管员 3 人、村民小组计划生育指导员 51 人。

二、宣传教育

1964 年,境内积极响应党中央提倡计划生育的号召,动员党员干部带队落实上环等节育措施。1971—1978 年,境内各区利用广播、会议,宣传"晚、稀、少"的生育原则和结婚年龄推迟到男 26 周岁、女 24 周岁的规定。1983—1989 年,境内各区利用板报、画廊、标语、广播、演讲等形式,大力宣传计划生育。1990 年后,注重晚婚、晚育,实行少生、优生、优育,控制人口数量,提高人口素质的宣传。1993 年后,以村人口学校为载体,聘请思想政治觉悟高、有一定医学常识的人员担任教员,开展人口理论教育培训,丰富村民人口理论和计划生育等科学知识,使村民增强计划生育的自觉性。2002 年,重点宣传《人口与计划生育法》和《江苏省人口与计划生育条例》等法规,印发资料 1000 多份,参加培训 620 人次。2003—2015 年,全村计划生育率、婚育知识普及率均达到 95% 以上。

三、制定制度

立岗定责 每年年初,村党委(党总支、支部)与企业法人代表、村委条线干部签订年度计划生育工作目标责任书,实行包片定组(队)管理,考核结果与年终报酬挂钩。

建立台账 深入调查,建立全村育龄妇女台账,做到一个不漏。每两个月组织育龄妇女进行 1 次 B 超检查,了解落实节育措施情况。对意外怀孕者,及时采取补救措施。对外出务工育龄妇女,要求每年见面 2 次,了解妇检情况,排除隐患。

奖惩分明 1979 年,境内各区根据沙洲县革命委员会颁布的《关于计划生育若干问题的暂行规定》的精神,对生育一胎的家庭颁发独生子女证,并每年发给奖金 40 元。独生子女在同等条件下入托、上学优先安排,其家长招工优先录用。农村分配口粮,独生子女按生产队人均口粮标准分配。在划分自留地、宅基地时,按双份划给。对无计划怀孕者,教育其落实补救措施。无计划生育、早婚、早育者,生育费自理,产期作事假处理,并须缴纳一定的社会抚养费。1987 年开始,独生子女奖励金增至每年 60 元。1990 年起,每年还增发价值数十元的生活用品。

1996—2008 年,全村(境内)计划生育工作全方位服务,不留死角,计划生育率、一胎率、独生子女领证率、晚婚晚育率、节育率年年达到 100%。2008 年末,全村共发放独生子女费 445687 元。至 2015 年末,全村有独生子女 607 人,发放独生子女费 18210 元。

2005 年,农联村被评为苏州市计划生育先进集体;2008 年,被评为杨舍镇计划生育先进集体;2012 年,被评为杨舍镇人口与计划生育先进集体。

2000—2015年农联村(境内)育龄妇女落实节育措施(选年)一览表

表2-6　　　　　　　　　　　　　　　　　　　　　　　　　　　　　　　　　　单位：人

年份\项目	育龄妇女数	长效避孕			服药	避孕套	合计	措施落实率(%)
		总数	外用(皮埋)	上环				
2000	748	564	7	494	17	20	601	80.35
2001	687	509	6	446	23	28	560	81.51
2002	674	493	6	433	22	28	543	80.56
2003	675	456	6	399	19	32	507	75.11
2004	1424	949	8	853	37	63	1049	73.67
2005	1424	926	8	837	31	74	1031	72.40
2006	1448	836	8	754	33	128	997	68.85
2007	1473	805	8	729	26	153	984	66.80
2008	1456	763	8	694	23	175	961	66.00
2009	1466	742	7	678	22	194	958	65.35
2010	1429	692	8	631	19	233	944	66.06
2011	1469	668	8	609	16	254	938	63.85
2012	1376	570	4	523	4	272	846	61.48
2013	1383	529	3	485	4	340	873	63.12
2014	1393	516	1	474	4	356	876	62.89
2015	1396	519	1	477	4	362	885	63.40

第七节　外来人口管理

1993年起,境内工业企业数量增多、规模扩大,进村务工的外来人员随之增多。特别是境内张家港市青草巷农副产品批发市场开业后,外来人员迅猛增加,人口管理的难度不断增大。1994年,境内各区均设社会治安综合治理办公室,增设外来人员管理小组(以下简称"外管小组")。是年3月,南区根据东莱镇社会治安综合治理会议精神,组织15名村干部及各联队队长,花7天时间,逐厂、逐组、逐户,一个不漏调查核实,摸清全村外来人员的居住地或暂住地、工作单位等情况,分门别类造册登记,建立外来人员台账。1997年工业企业转制后,60多家民营企业迁入村经济开发区,外来务工人口情况更加复杂。村外管小组要求各企业把外来职工的居住地或暂住地、性别、年龄、身份证等情况,登记造册送村外管小组备案;组织从事三产的外来人员,到村外管小组领表登记,帮助他们解决有关困难;按照"谁用工、谁负责"的原则,要求企业增添协管员,协助村委管理外来务工人员。在此基础上,外管小组会同村、厂,与外来人员签订治安责任合同,明确卫生管理规范要求,为他们办理暂住证和挂牌上岗的务工证。规定全村私房出租户必须办理出租安全许可证,并要求房屋出租户与外来居住人员签订计划生育合同书。把外来人员的治安、卫生、计划生育列入社会治安综合治理的范围。2004年起,在建立外来人员花名册、暂住人员一览表、外来务工人员登记明细表、私房出租户申报表的基础上,新增卫生工作执行情况评议表、社会行为记载表。是年末,全村外来人员总数16721人,相当于农联籍人数的3倍。其中务工人员9827人,相当于村办企业当地职工数的3.68倍。

2012年开始,为了加强流动人口管理服务,保障流动人口合法权益,促进经济社会协调发展,农联村开始实行《江苏省流动人口居住管理办法(试行)》,把暂住证改为居住证,所有外来人员1人1证,并用积分制的办法管理新市民。至2015年末,积分达到符合优惠政策标准的117户新市民,享受优先购买住房、优先迁入户口、优先就业和子女优先入学的待遇。

2015年农联村外来人员租住一览表

表2-7

区别	组别	总户数(户)	出租户数(户)	租住人数(人)	区别	组别	总户数(户)	出租户数(户)	租住人数(人)
北区	一	20	20	201	南区	一	24	18	246
	二	28	24	204		二	41	26	519
	三	23	14	166		三	34	30	445
	四	28	11	46		四	25	20	191
	五	26	10	30		十八	33	24	311
	六	11	7	57		十九	2	3	40
	八	22	13	111		二十	14	11	222
	九	26	19	180	合计	—	173	132	1974
	十	57	43	602	西区	一	21	16	97
	十三	7	10	116	合计		21	16	97
	十四	51	19	149					
合计	—	299	190	1962	累计	—	493	338	4033

第二章 姓氏 宗族

境内居民来自四面八方,故姓氏比较复杂。据东莱派出所档案资料显示,2015 年末,农联村户籍人口中共有 184 个姓氏。在这些姓氏中,有不少姓氏分布相对集中,形成宗族,其中有些宗族成为境内大族。

第一节 姓 氏

在境内 184 个姓氏中,200 人以上的有钱、季、陈、吴、王、唐、周、李、张、倪等姓,单人姓氏有 51 个。其中,钱姓 636 人,大部分居住于南区青草巷,其余分布在南区七、九、二十四组等地;季姓 502 人,其中大部分居住于十九、二十组(港西),其余分布在西区一组、九组和北区二组等地;陈姓 433 人,其中大部分居住在南区十四、二十三组,北区三、十、十六组,少量分布在南区十三组;吴姓 330 人,其中大部分居住在南区第二、三组,其余分布在北区八、九、十四组;唐姓 290 人,其中大部分居住于南区六组,其余分布在南区三、四、十八组及北区八组。

2015 年农联村籍姓氏人数一览表

表 2-8   单位:人

姓氏	人数	姓氏	人数	姓氏	人数	姓氏	人数	姓氏	人数	姓氏	人数
钱	636	季	502	陈	433	吴	330	王	304	唐	290
李	280	周	280	张	277	倪	222	朱	198	刘	185
顾	182	匡	169	陆	153	黄	153	杭	107	徐	106
杜	81	夏	81	孙	72	毛	71	许	62	缪	57
景	56	赵	55	曹	51	严	50	范	39	戴	37
杨	34	施	32	沈	31	蒋	31	蔡	30	祁	28
丁	23	常	23	方	22	郭	22	陶	22	何	21
邵	21	石	20	宋	18	高	18	盛	17	胡	16
侯	16	秦	16	包	15	汤	15	苏	15	袁	15
殷	15	马	14	潘	14	卢	13	鲍	13	薛	13

（续表）

姓氏	人数	姓氏	人数	姓氏	人数	姓氏	人数	姓氏	人数	姓氏	人数
余	11	林	10	庞	10	郑	10	龚	9	董	9
申	8	姚	8	耿	8	谢	8	孟	7	姜	7
葛	7	惠	7	樊	7	卞	6	冯	6	江	6
邹	6	汪	6	金	6	梁	6	章	6	肖	5
吕	4	俞	4	费	4	程	4	童	4	虞	4
鞠	4	魏	4	尤	3	尹	3	孔	3	邓	3
付	3	任	3	阴	3	邬	3	沙	3	茅	3
岳	3	柳	3	浦	3	崔	3	鲁	3	曾	3
谭	3	于	2	支	2	文	2	甘	2	叶	2
白	2	吉	2	仲	2	贡	2	芮	2	邱	2
冷	2	段	2	屈	2	封	2	钟	2	娄	2
洪	2	贺	2	席	2	韩	2	强	2	雷	2
穆	2	卜	1	万	1	卫	1	戈	1	仇	1
龙	1	田	1	代	1	仝	1	闫	1	乔	1
齐	1	池	1	毕	1	巫	1	谷	1	应	1
纽	1	武	1	欧	1	易	1	罗	1	单	1
承	1	柯	1	荣	1	项	1	祝	1	莫	1
索	1	阎	1	皋	1	奚	1	翁	1	涂	1
凌	1	庹	1	尉	1	隆	1	覃	1	傅	1
焦	1	温	1	路	1	綦	1	阚	1	翟	1
滕	1	颜	1	霍	1	瞿	1	—			

注:1.此表按姓氏人数多少从左往右、自上而下排列。

2.姓氏人数相同者,按笔画顺序排列。

第二节　宗　族

一、宗谱

早在宋代,境内就有人类居住,居民世代繁衍,形成家族。不少家族为记载宗族兴起、繁衍分布、人口迁移、经济发展、人物情状等而编纂宗谱。境内大多数居民家族的宗谱在"文化大革命"中被当作"四旧"销毁,幸存者寥寥无几。进入 21 世纪以后,境内不少家族为继承先祖遗愿,光大家族荣耀,纷纷续修宗谱。经初步调查,现将农联村居民收藏的部分宗谱情况简述如下,以资备考。

新庄吴氏宗谱 清同治戊辰年(1868),严渎吴氏迁居江阴与常熟交界处的新庄吴巷族人——十六世祖乐山等集资修建吴巷支祠堂,为"三让堂"之分祠。其分支宗谱于八修时并入严渎总谱。康熙年间(1662—1722),吴氏第五世孙吴启源迁居境内新庄吴巷。

图 2-1 严渎吴氏宗谱

吴氏宗谱,明万历乙酉(1585)仲秋始修。清顺治二年乙酉(1645)至 1945 年冬,先后 7 次续修。八修谱是严渎吴氏(三让堂)宗谱集大成者。记录自明洪武起,历明、清、民国三朝吴氏 580 余年的家族历史,是较为完整的吴氏宗谱之一,具有较高的历史文献价值。2014 年,九修严渎吴氏宗谱。22 卷,28 册,完好。张家港市档案局保存全谱。农联村吴巷里(第二村民小组)吴燕兰保存全谱。

图 2-2 章卿赵氏宗谱

章卿赵氏宗谱 始修于明代嘉靖七年(1528),重修于 1948 年。30 卷,48 本,木活字本,完好。2005 年启动续修,2008 年付梓出版。51 卷,54 本,铅字印刷。章卿赵氏后裔——农联村南区二组(吴巷里)赵建军等参与此谱的续修,并保存全套宗谱。

东兴缪氏宗谱 明代万历十五年(1587)始修,以后 6 次续修。清代宣统元年(1909)重修。44 卷,加卷首、卷末,30 册,木活字本,完好,上海图书馆保存。2014 年 9 月续修,43 卷,47 册,铅印本。缪氏后裔——农联村汤家桥缪叙兴等参与续修,并保存全套家谱。

钦贤张氏宗谱 始修于清同治十年(1871 年),1920 年重修。2014 年仲秋,依据泗港张义巷张氏村民所存全套宗谱,第

图 2-3 钦贤张氏宗谱

三次续修,翌年出版。15卷,15册,铅字本。钦贤张氏后裔——农联村十组(张港巷自然村)张保洪、张永良等参与此谱续修,各人保存全套宗谱。

留河桥刘氏宗谱 明万历庚戌三十八年(1610)由八世祖谓川公子主持首修。至1946年,先后续修6次。上海图书馆保存其影印本(补记:2016年仲秋第七次续修。翌年出版。共33卷,33册,铅字本。留河桥刘氏后裔——农联村北区八组刘瑞芳,南区刘永宽、刘培元等参与此谱续修,并由刘永宽保存全套宗谱)。

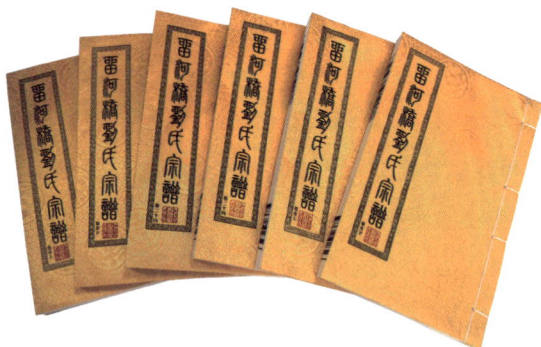

图2-4 留河桥刘氏宗谱

二、大 族

明清时期,不少官员、富绅后裔先后迁入境内定居。他们繁衍生息,家业兴旺,成为地方名门大族。

钱氏 据《鹿苑钱氏支谱》记载,钱氏祖籍浙江临安。南宋末年,吴越武肃王钱镠十二世孙千一公讳元孙随父在通州做官。宋亡,元兵塞路,不能还浙江,遂奔常熟卜居奚浦,为迁虞始祖。约在明洪武七年(1374),吴越钱氏第十八世孙钱德因奚浦旧居族大地窄,遂迁居鹿苑。钱氏后裔钱岱,隆庆二年(1568)进士,生有9子。清道光年间(1821—1850),钱岱第二房后裔分别迁至境内蒋桥以西青草巷、泾头上、钱家堂一带定居。钱氏属境内大族,现共有636人,占全村总人口的9.8%。钱氏知名人物有在清末民初担任新庄乡乡长的钱育仁、革命功臣钱锦标(详见第十三编"人物"第一章"人物传记")及担任中油天然气第六建设公司副总工程师的钱惠祥。

赵氏 农联赵氏源于今杨舍章卿赵氏。赵氏世代以耕读传家,名宦辈出。自宋至清,赵氏共出了37名进士、21名举人,科举功名人数之多,在江南名门望族中首屈一指。赵氏人丁兴旺,今江阴常熟、张家港一带出于章卿赵氏者不下万人。清光绪八年(1882),泗港章卿赵氏将后裔赵氏桂过继给境内吴巷里吴某,赵氏桂后裔改姓赵。赵氏桂为境内赵氏始迁祖。后繁衍生息,家业兴旺。至2015年,农联赵氏共出大学生5人、党政干部1人、企业家1人。农联村党委书记赵建军为赵氏家族的代表人物(详见第十三编"人物"第二章"人物简介")。

缪氏 农联缪氏源于东兴缪氏。据《东兴缪氏宗谱》记载,元末明初,东兴缪氏始迁祖全一公携家带口,从常熟小山湖桥迁居江阴白鹿乡阚庄东兴里(今杨舍镇棋杆村境内)定居。缪氏为忠烈之门,后裔衍至二十七世,子孙数万人,其九世孙缪昌期是家族的杰出代表。明末清初,缪氏后裔永继从阚庄东兴里迁于今农联村域西侧的景巷里(今杨舍镇范庄社区七组、八组）定居。清嘉庆元年（1796），景巷里缪氏后裔柿元等 7 人迁至境内缪港巷头（今农联村西区汤家桥）定居，繁衍生息，家业兴旺。至 2015 年，农联缪氏共涌现出大学生 11 人、党政干部 3 人、企业家 2 人。悬壶济世是农联缪氏的传统，先后有 4 人从医。其中缪镜渊是民国时期的地方名中医；缪镜渊之子缪心龙是中华人民共和国培养的江苏省名中医（详见第十三编"人物"第一章"人物传记"）。

第三章　婚姻 家庭

解放前，境内封建买卖、包办婚姻盛行。贫穷男子单身度日的比比皆是，富贵男子三妻四妾不足为奇。1953 年春，境内宣传贯彻《中华人民共和国婚姻法》，废除封建婚姻制度，实行一夫一妻制，结婚、离婚均为自由。夫妻平等，妇女的家庭地位不断提高。历史上不同时期的家庭有着不同的特点。旧时，多子多福束缚人们的思想，6 人或 6 人以上的大家庭较多。民国时期，境内平均每个家庭成员数为 4 至 5 人。解放后，家庭结构趋向小型化。2015 年，全村出现不少由 2 个老人组成的家庭或孤寡独居家庭。

第一节　婚　姻

1950 年 5 月 1 日，境内开始贯彻执行婚姻法，实行自由择偶，一夫一妻，废除"父母之命，媒妁之言"的封建包办婚姻。排八字、讨口生、算命占卜等封建活动也逐渐消失。境内男女青年一般在 20 岁后开始择偶，请人作媒。男女青年和双方家庭一经同意，即择日定亲订婚，尔后，男女双方商定吉日完婚。五六十年代，结婚手续简便，不领结婚证亦可结婚。70 年代后，严禁近亲结婚。按照婚姻法规定，符合结婚年龄的男女双方，首先到村（大队）登记婚姻状况，然后携带由村（大队）出具的婚姻介绍信、户口簿、身份证，到上级民政部门办理手续领取结婚证。男女双方可凭结婚证办理户口接收及粮油关系转移等手续。2004 年开始，男女青年可直接到上级民政部门领取结婚证，然后由上级民政部门把相关信息反馈到村。进入 21 世纪后，由于人们婚姻观念的转变，男女离婚率和再婚率逐年提高。2000—2015 年，全村共登记结婚 601 对、登记离婚 53 对、登记再婚 41 对。

第二节　家　庭

解放初期，境内单一的农业经济仍占主要地位。人们受旧社会多子多福宗族观念的影响,每个家庭 4 至 6 人,超过 6 人的也有不少。50 年代中期开始,通过反封建教育,人们的宗族观念开始淡薄。随着经济的发展、生活水平的提高,境内家庭成员数量发生了变化。1980 年,平均每个家庭的人数为 3.36 人。随着生产和生活方式的改变,加上计划生育工作的深入开展,家庭趋向小型化。2008 年末,全村共有 1844 户,总人口 5309 人,平均每个家庭的人数为 2.88 人。家庭组成人员大多为父母亲和一个独生子女。随着村级经济迅速发展,居民的住房条件不断改善,小型化家庭日益增多,许多子女结婚后便与家长分居,另立门户。2015 年,全村三口之家 1707 户,由 2 个老人组成的家庭有 92 户;孤寡老人独居家庭 61 户。

第四章 方言 俚语

由于成陆时间及人口来源不同,境内南区、西区与北区的方言俚语有着明显的区别,富有鲜明的地方特色。中华人民共和国成立后,大部分方言俚语仍留存民间,耳熟能详。改革开放后,苏北、山东、安徽、四川、河南、浙江等地大批人员先后到境内经商或定居,各地方言交汇相融,种类繁多。

境内方言大致分两种,南区和西区的话语一般称"江南话",北区的话语一般称"沙上话"。

第一节 俗语 俚语

一、称谓

父亲:爹爹

母亲:姆娘、姆妈、娘

祖父:公公

祖母:亲娘

曾祖父:太公、老太公

曾祖母:太太、老太太

外祖父:好公

外祖母:好婆

叔父:阿叔、爷叔

叔母:婶婶、婶娘

姑母:伯伯、阿伯

姑父:姑夫

姨母:姨妈、娘姨、阿姨

姨父:姨夫、娘姨夫、阿姨夫

岳父:爹爹、丈人

岳母:姆妈、丈母、丈姆娘

伯父:老伯、老伯伯、大伯、二伯

伯母:大娘、娘娘

妻姐夫(妹夫):连襟

儿子:倪子

舅父：舅舅、娘舅

舅母：舅姆

公：公公、阿公、爹爹

婆：阿婆、姆娘、姆妈

丈夫：呼名字、×× 爹

妻子：呼名字、×× 娘

哥：阿哥、大大

姐：姐姐、阿姐

弟：弟弟、阿弟、呼名字

妹：妹妹、呼名字

夫兄：大大、伯子

夫嫂：阿嫂、大娘

妻弟：弟弟、老婆舅

妻嫂：嫂嫂、阿嫂

女儿：囡、细娘、丫头

父亲：老子

老小：男孩

后生家：男青年

姑娘：大小姐、细娘家

侄儿：侄伲

媳妇：新妇、新娘子

妻子：堂客、堂娘娘、娘子

丈夫：官人

妯娌：伯姆道娌

夫弟：叔子、弟弟

夫弟媳：弟媳妇、婶子

妻兄：大大、老婆舅

妻弟媳：阿舅母

二、日常词汇

过搭：那里

依搭：这里

偶哩：我们

今牙：今天

后朝：后天

社头：昨天

大卸子：大前天

日里：白天

下昼：下午

日脚：日子

夜里头：夜间

年脚下：年底

开年：明年

年初一：春节

一歇歇：一会儿

小辰光：小时候

忙头里：农忙

啦哩：哪里

能得：你们

厚得：他们

明朝：明天

大后朝：大后天

先夜子：前天

头朝：早晨

上昼：上午

夜快：傍晚

张开头：刚才

日昼心里：中午

旧年：去年

先年子：前年

早嗨勒：早着呢

啥辰光：什么时候

老辈头里：从前

一夜天：一整夜

月头郎：月初

端阳：端午节

一塌刮子：全部

一米米：一点点

朝饭：早饭

晓得哉：知道了

有数脉：有数了

要命天尊：棘手不堪

落脚：洗脚

发冷讯：寒潮来袭

啥么事：什么

做人家：勤俭节约

开洋：冰雪融化；解冻

出趟趟：快步跑

跑亲眷：走亲戚

作麦：割麦

寿头：不明事理的人

嚼舌根：乱说乱话

航尽：数量很多

落门落槛：处事得当

坍冲：丢脸

呒不：没有

搞骚：嬉闹、弄事

饭榔头：饭量大的人

家生：工具

朗衣裳：晒衣服

嚼死话：开玩笑、说笑话

拎勿清：不懂事

齐整：漂亮

一眼眼：一点点

瞎扯三管经：瞎胡闹

门头：家庭交往开支

搞作：浪费

八月半：中秋节

正月半：元宵节

暧哉：晚了

蹩脚：泛指人品、物品等的质量差

昼饭：中饭

阿晓得：知道吗

推板：差得很

落浴：洗澡

揩面：洗脸

寻寻看：找一找

眼热：羡慕

做生活：劳动

落衣裳：洗衣服

嗯吃哉：吃了没有

串白相：无目的地玩

气闹：吵架

弄白相：开玩笑

劲煞：抓紧、快点

捉落空：抽空；钻空子

七勿搭八：瞎说、瞎搞

呒攀谈：不值得理睬

航勿住：受不了；扛不住

拆天：顽皮得出格

就耿：就这样

激滚：厉害

脱空：落空

蛮好：很好

垫舌根：被人议论（贬义）

大约摸着：大概、差不多

刹客客：正好、刚好

来三：能干

布细：十分细心

险关：危险得很、差一点

大脚膀：财大气粗、有权有势

无道成：没有出息、没有用

勿识相：看不出苗头、做蠢事

关心境：触及切身利益、伤心的事

坍肩胛：推卸责任

老K失匹：精明人失误

假面光鲜：弄虚作假、装门面

临临上轿穿耳朵：临渴而掘井

调枪花：耍花招

巴家：节俭、会当家

结毒：结怨

呒清头：不懂事

无介事：不当一回事

勿来个：不行的

吃喷头：碰壁挨骂

阵头雨：阵雨

夹屎硬：充好汉

豁铃子：暗示

呒手筛箩：不知道怎么办

杂生里头：突然

做手脚：作弊；设计害人

搭勿够：能力不够；够不着

朝南话：打官腔、说空话

雷响：打雷

三只鸭六道游：人多心不齐

带害乡邻吃麦粥：连累别人

鸭屎臭：丢脸、出丑

搞鼻子：瞎胡闹

热头：太阳

霍显：闪电

迷露：雾

落雪：下雪

凌铎：冰凌

小扇子：拍马屁

勿连牵：不像样；一塌糊涂

勿作兴：不可以做、不可以说

寻吼死：寻衅生事

乌拉勿出：有苦说不出

投五投六：忙得团团转

眼皮子急：眼红、气量小

拆空老寿星：事情失败，无法挽回

几化：多少

壳账：有准备

穿棚：事情败露

腾空：不落实；无中生有

勿入调：不规矩；不好

吃钝头：受讽刺

秋忽勃：立秋后的高温天气（秋老虎）

吃夹档：受责、被人误解两头不讨好

坏伯齰：出坏点子的人

半二勿三：半途而废；不三不四

空心汤团：虚假的承诺

拆家败：败家子

捐水木梢：代人受过

活儿经：办法、手腕

温吞水：说话办事不爽快

各自人逃性命：只顾自己

番瓜：南瓜

塌死做：耍无赖、不要脸

趁脚跷：说风凉话；落井下石

托拉斯：头挑、最好

亮兀：月亮

莳秧照上埭：照旁人或原来的样子做

鲎（吼）：虹

冰排：冰雹

天打：雷击

勃桃：葡萄

山芋：红薯

细菜：小青菜

饭稻：粳稻

桑果果：桑葚

洋芋头：马铃薯、土豆

稻柱头：稻穗

香瓜：甜瓜

草头：苜蓿、秧草

白部枣：枣子

黄芽菜：白菜

番麦：玉米

箩篮：装草的圆筒形竹篮

克络：装草用的竹制器具

莳秧：插秧

掼麦：人工脱粒麦子

轧稻（麦）机：脱粒机

浇垩酿：浇粪

墒头：田地中土垄

洋龙打水：用抽水机灌排水

罱河泥：用网具、铁夹子捞取河泥

柴底：圆锥顶圆柱体的柴垛

蚕条：用竹篾编成的长条形器具

勃圞：圆形竹篾编制器具

出箕：竹篾编制器具

筛子：筛米的圆形竹篾器具

牛鞅头：套在牛脖子上的木器具

墙门：院墙上的门

秧兔子：插秧时负责挑秧苗的人

石脚：房屋的基础

桁条：房屋的横梁

掸帚：除尘用具

院堂：正屋两侧的附房

黄萝卜：胡萝卜

谢菜：荠菜

芦穄：甜秆高粱

红花：紫云英

长生果：花生

麦柱头：麦穗

蒲桃：核桃

秣麦：元麦

千梨：梨

白眼果：银杏果

摧头：借口

垡田：翻地

挽子：籐制的笆斗

轧米：碾米

拖畚：拖把

轧稻：机器脱稻粒

铁拉：钉耙

莳头：锄头铰刀：铡刀

搁稻：稻田有计划断水

捉黄宕：补肥

木屐：木制拖鞋

门杠：栓门的长木横档

饭盅：端菜用的长方形器具

筲箕：竹制的淘米用具

空斗墙：空心墙

小排排：小矮凳

大前头：中堂

阶沿：门外台阶

灶户：厨房

窗盘：窗户

土结：土坯

面盆：洗脸盆

叉袋：长圆形的布袋

门臼：固定门轴上下端的凹状物

榫头：木器结合处的凹凸部分

阴山背后：泛指晒不到阳光的地方

水栈：河边洗刷或担水的台阶

窠箩：婴幼儿睡觉用的摇篮

摇车：纺车

作头：工头

曲蟮：蚯蚓

田鸡：青蛙

脚担：搬运工人

雕：鸟

癞团：癞蛤蟆、蟾蜍

百脚：蜈蚣

骷榔头：头颅

肋棚骨：肋骨

天平盖：头顶

户咙：喉咙

站螂：蟋蟀

壁虱：臭虫

木樨花：桂花

死血：冻疮

背脊骨：脊柱、脊梁

脚板头：脚背

汏手：洗手

吹风凉：乘凉

聋甏：聋子

瘪箩痧：霍乱

小肠气：疝气

纤巾：围巾

纽襻：纽扣

洋袜：袜子

卫生衫：针织内衣

趺背：敲背

油盏：旧时照明用具

洋煤头：火柴

筷箸笼：放筷的用具

摇纱：纺纱

混堂：浴室

郎中：医生

捉漏：修理屋顶漏雨处

钩子：锯子

积布：织布

赚头：经营中得到的利润

解板：用锯子将圆木锯成板材

结蛛：蜘蛛

秃灰蛇：蝮蛇

额骨头：前额

膝馒头：膝盖

脚节头：脚趾

偷瓜畜：刺猬

蚌子：黑色小虫

攉拢：靠近

白乌龟：鹅

眼仙人：瞳孔

螺丝骨：脚踝

髈肚子：泛指人的大小腿

墐尘：灰尘

起痧：中暑

斗积眼：双眼紧靠鼻梁

风疹块：荨麻疹

出痧子：麻疹

篾席：竹席

帐子：蚊帐

纤身头：围裙

刮痧：用推刮法治疗痧症

肉皷里：皮上逆刺

路花杠：皮肤上被刮出的红纹

背带：背心

绢头：手巾、手帕

衣袖管：衣服的袖口

小布衫：衬衫

镬盖：锅盖

广杓：形体大于铜勺的铜制水勺

饭糍：锅巴

绷硬：很硬

望野眼：做事不专心

侧侧里：悄悄里

捂空捏鼻头：无中生有、瞎说

鑺铜钱：付款讨价还价

焯：食物在开水中略煮即取出

汁杓：汤匙调羹

墩头：切菜用的砧板

着腻：用面粉做成的糊状食物

麦脚板：手工制作成的粗而厚的面条

面拖蟹：蟹切成块放入面糊中烹煮

搛菜：用筷子夹菜

作梗：故意刁难

牵昏：打呼噜；说混账话、办混账事

撑场面：捧场

突头呆：被突然发生的事惊呆

豪骚：赶快

点点戳戳：一边指一边说的样子

三娣娣嫁人心勿定：拿勿定主意

戳戗：造成矛盾

扳敲丝：找茬子

道伙里：同伴

揩便宜：占便宜

拆烂污：办事不负责任

烂死蛇：缠住不放

羊头疯：癫痫

罩衫：外套

白席：关丝草编成的凉席

头绳衫：绒线衫、毛衣

勃刀：菜刀

铜杓：铜制水勺

糍团：糍粑

细粉：粉丝

辑里：寻找

捉冷刺：突然袭击

眠一忽：睡一觉

汗毛凛凛：心惊胆寒

焐：煮熟后焖

厨子：厨师

镬子：锅子

铲刀：炒菜用具

面老虫：面疙瘩

点点饥：充饥

猜某某子：猜谜语

拌夜猫猫：捉迷藏

刻毒：狠毒、毒辣

壳账：有准备

热络：热情、亲切

时迷迷：懒洋洋；想睡觉

吃豆腐：吃素饭；戏弄女性

落门落槛：说话办事没有漏洞

记认：记号

安端：为人稳重

伸后脚：留退路

落场势：挽回面子的台阶

戳壁脚：挑拨离间

勃圞风：一哄而起

揩眼药：敷衍了事

曲辫子：不识时务的人

定头货：固执之人

人来疯：在众人面前耍泼

来三：有能耐

上路：处事通情达理

识相：知趣

呒念头：无办法

呒脚蟹：比喻人事不熟

邋遢：肮脏不整洁

烂屁股：坐着不想走

新箍马桶三日香：做事没有恒心

万人嘲厌：遭众人嘲笑和讨厌

贼忒嘻嘻：态度不严肃

贼骨牵牵：坐立不安

打疙愣：说话读书不连贯

硬劈柴：同伴结伙用餐，各人平均承担费用

茶酒担：办酒时负责张罗茶酒碗碟的人

刺毛：浑身长毒刺、吃树叶的软体昆虫

针窠：顶缝衣针的金属指套，也叫"顶针"

立勒河里等潮来：无计可施，做好最坏准备

只有廿九没有三十：事情只有研究不落实

呒心想：心神不宁，注意力不集中；无耐心

急病碰着慢郎中：急事遇到办事效率低的人

打狗要看主人面：处理事情要给主人留面子

钉鞋：布制，面上髤油、底下有铁钉、防水、防滑的雨鞋

草窠：用稻草编制的圆形用具，大的用于存放大米，小的用于安放饭锅保暖

第二节　农耕谚语

只有懒人，呒不懒地。

一日早，十日追勿到。

人勤地生宝，人懒地生草。

稻熟要养，麦熟要抢。

种田人勿离田头，开店人勿离店头。

六月勿热，五谷勿结。

麦秀风来摆，稻秀雨来淋。

三月沟底白，青草变成麦。

雨笃飘山纸，小麦像蝗虫屎。

干断麦根，挑断担绳。

三月清明麦勿秀，二月清明麦秀齐。

风调雨顺，五谷丰登。

棉花勿整枝，光长空架子。

种子年年选，产量节节高。

好种出好苗，秧好半熟稻。

宁莳隔夜田，勿莳隔夜秧。

秋前勿搁稻，秋后要懊恼。

人在岸上热得跳，稻在田里哈哈笑。

十月麦，请人踏。

烂耕烂种，减产祖宗。

稻熟三朝，麦熟一夜。

做生意独行，种田人跟帮。

三分种，七分管。

深耕一寸，等于浇粪。

肥是农家宝，施好产量高。

基肥看田底，追肥看苗势。

桃三杏四梨五年，枣树当年就赚钱。

干黄秧，死爷娘。

庄稼一枝花，全靠肥当家。

白露里的雨，到一宕坏一宕。

三麦一条沟,从种喊到收。

第三节 气象谚语

逢春落雨到清明。

雨打正月半,一年勿好看。

二月里的夜雨,黄梅里个根。

落得早,勿湿草。

朝看东南,夜看西北。

五月迷露,雨在半路。

黄梅无大雨,必有大荒年。

梅里西风苆里雨,苆里西风勿落雨。

小暑一声雷,四十九天倒黄梅。

夏雨隔丘田,老牛湿半边。

西风腰里硬。

九月南风毒如药,十月南风吹火着。

东鲞日头西鲞雨。

乌头风,白头雨。

鲞高日头低,明朝起来披蓑衣。

天上鲤鱼斑,明朝晒谷勿用翻。

东嚯嚯、西嚯嚯,明朝起来干剥剥。

正月廿五天穿,二月廿五地漏(落雨)。

春风勿着肉,赛过尖刀戳。

霜后东南(风)一日晴。

上看初二三,下看十五六。

一场春雨一场暖,一场秋雨一场寒。

春迷阴,夏迷晴。

六月迷露海塘干。

苆里东南,雨落团团。

东北风,雨祖宗。

黄梅寒井底干,苆里寒没竹竿。

日出西南暗,端勿着夜饭碗。

东南阵,日落九尺深。

西风隔夜静。

西南阵,经过二三寸。

日落胭脂红,勿落雨定发风。

鲞低日头高,明朝就天好。

八月初一难得雨,九月初一难得晴。

八月初一响叮响,三百日无雨下池塘。

第四节 歇后语

驼子跌跤——两头勿着实

蜻蜓吃尾巴——自吃自

蛇吃黄鳝——硬屏

江西人补碗——自顾自

毛豆子炒豆腐干——一块土上人

青竹头掏屎坑——越掏越臭

香火赶脱和尚——喧宾夺主

肉骨头敲鼓——荤(昏)咚咚

豁嘴拖鼻涕——顺路

飞机上吊蟹——路远八脚

棺材里伸手——死要(钱)

杨树头——随风倒

关云长卖豆腐——人硬货勿硬

老虎头上拍苍蝇——勿识相

黄鼠狼给鸡拜年——勿怀好意

竹篮子打水——一场空

瞎子吃馄饨——肚里有数

哑巴吃黄连——有苦说勿出

秀才碰着兵——有理说勿清

弄堂里拔木头——直来直去

瘌痢头撑阳伞——无法无天

驼子躺在棺材里——死勿服帖

老鼠钻勒风箱里——两头受气

石头上掼乌龟——硬碰硬

泥菩萨过河——自身难保

橄榄核填台脚——活里活络

隔年蚊子——老口

三个手指头捏田螺——稳拿

咸菜烧豆腐——有盐(言)在先

船头上跑马——走投无路

两个哑巴睏一头——呒讲头

驼子背纤——有势无力

月亮底下晾尿布——阴干

肚皮上贴膏药——服帖

嘴上塌石灰——白说白话

门缝里看人——看扁

城头上出棺材——远兜远转

顶着石臼做戏——吃力勿讨好

牛吃稻柴鸭吃谷——各人头上的福

肚皮里的蛔虫——样样晓得

额骨头郎搁扁担——头挑

严嵩庆寿——照单全收

外甥打灯笼——照舅(旧)

戏台上的牙苏(胡须)——假的

葱烧豆腐——一清二白

狗捉老鼠——白吃辛苦

蚊子叮菩萨——看错人

汤联人卖芹菜——搭搭清

胸门前挂钥匙——开心

附：境内流行新词汇选录

1. 政治经济类

改革开放　摸着石头过河　小康社会　跳槽　竞聘上岗　下岗　待岗　人员分流　再就业　人才市场　抓手　举措　给力　炒鱿鱼　退居二线　政绩工程　实事工程　民生工程　形象工程　豆腐渣工程　招商引资　筑巢引凤　经济开发区　三资企业　民营经济　泡沫经济　入世(加入世界贸易组织)　炒股　牛市　熊市　套牢　解套　冲浪　弄潮　下海　双赢　精神文明　社会妈妈　扶贫帮困　旗舰店　连锁店　超市　加盟店　跳蚤市场　刷卡消费　自助银行　中介公司　按揭(分期偿还购房抵押贷款)　三农问题　种田大户　低碳经济　菜篮子工程　特种水产　家庭联产承包　绿色食品　万元户　钉子户　弱势群体　物流公司　互联网　物业管理　社区　回扣　阳光工程　灰色收入

2. 教科文卫类

择校　借读　希望工程　义务教育　施教区　高考移民　海归　托福(英语考试能力)　雅思(国际英语语言测试系统)　素质教育　远程教育　成人高考　充电(再学习)　终身教育　新课程　电视大学　法盲　科盲　克隆　医药代表　博客　微博　多媒

体 伊妹儿(电子邮箱) 非物质文化 迪斯科 泡吧 卡拉OK 走穴 山寨(刻意模仿、伪造) 扫黄打非 电脑病毒 杀毒软件 健康杀手 枪手(特指替考者) 三高(高血压、高血脂、高血糖) 人群 亚健康 禽流感 非典

3.生活百科类

丁克家庭(不要小孩的家庭) 银发族 90后 空巢老人 草根族 月光族 啃老族 富二代 农民工 打工妹(仔) 家政服务 钟点工 AA制 三陪女 月嫂 马大嫂(买、汰、烧) 白领 蓝领 酷 爽 囧 帅哥 靓妹 美眉 剩女 泡妞 小蜜 黄牛 倒爷 包二奶 第三者 傍大款 减肥 美容 足浴 桑拿 派对 粉丝(热心追随者) 发烧友 菜鸟(形容水平较低的人) 达人(某方面出类拔萃的人) 雷人(出人意料 令人震惊) 养眼(看起来舒服,视觉效果协调,给人以美的享受和感觉) 快餐 自助餐 外卖 埋单 买单 酒驾 代驾 打包 地沟油 色拉油 调和油 房奴 炒房族 商品房 小高层 安置房 廉租房 经济适用房 老年公寓 联体别墅 叠加别墅 驴友 红色旅游 的士 打的 盲道 快递 大哥大 手机 BB机 小灵通 笔记本(手提电脑) 无绳电话 彩铃 短信 套餐(搭配销售) 下载 网吧 上网 网恋 网购 互联网 宽带 试婚 闪婚 裸婚 黄昏恋 作秀 忽悠 休闲 宠物 健身 难产(事情难以解决) 流产(事情半途而废) 小儿科(低档次) 小菜一碟(十分容易) 临终关怀 大跌眼镜(事情的结果出乎意料) 夕阳红 新市民

第五章 民 俗

境内南区、西区与北区的风俗习惯,分别具有"江南"和"沙上"的地方特点。民国时期,风俗有所改变。中华人民共和国成立后,随着生产力的发展和人们科学文化水平的提高,沿袭的历史风俗,有的被淘汰消失,有的沿用依旧,有的演变更新,富有时代特征。

第一节 岁时习俗

一、传统节日

1.春节

农历正月初一,也称"年初一"。是日凌晨,境内千家万户燃放炮竹(也称"炮仗"),称"开门炮仗",祝新年开门喜庆。早上,合家吃糖团圆。第一碗敬祖先,第二碗敬灶神,然后合家同吃。人们个个衣冠整齐,先后祭拜灶神、祖先,再按辈分拜长辈,称"拜年",长辈给晚

辈发压岁钱。并将除夕预先多烧的"年夜饭"装满筲箕,上盖锅巴,称"草窠头"。"草窠头"上插上松柏枝、万年青,以示丰衣足食。并把此饭分发给上门"跑发财"的孩童。在屋檐插上红纸卷好的一束冬青、柏枝、芝麻秸秆,以祈盼四季常青、延年益寿、子孙繁衍、节节高升。中午吃面或馄饨,意为长寿兴旺、聚财。晚上吃焖冷饭,不能喝汤,以祈求外出不遇下雨。这天不扫地、不泼水,意为聚财、生财。晚饭后,家家放"关门炮仗",早早入睡。春节被国家定为法定节假日,全民放假三天。

2.元宵节

正月十五为元宵节。境内元宵节习俗主要是吃元宵(团子)、馄饨,接灶君,"照田财"。是日晚,青少年敲锣打鼓,将预先扎好的柴把点燃,到自家田头"照田财",边跑边喊:"别家田里坷坷草,我家田里坷坷好!"妇女们忙着接灶神,抬着"田财娘娘"的图像,家中备好团匾、畚箕、秤杆,以期盼来年五谷丰登。集镇则举行灯会闹元宵,盛况空前,观者如潮,万人空巷。20世纪80

图2-5 江帆社区举办元宵猜灯谜活动(摄于2016年)

年代后,境内百姓依旧在元宵节食团子、馄饨。晚上,少年外出焚烧茅柴或柴把。90年代开始,大多在家中观看中央电视台播出的元宵晚会节目,很少有人再去"照田财"。

3.二月二

农历二月初二,境内百姓食撑腰糕。传说吃了可免腰痛,手脚轻捷。有的村民制作龙灯、马灯娱乐。也有村民自发集资,请剧团唱戏以酬谢神灵。20世纪80年代后,此习俗在境内已不再盛行。

4.清明节

一年二十四节气之一,也是一年中第一个祭祖日。清明时节,境内家家户户在家中为祖先设供祭奠,俗称"作馐"。然后合家老幼携带酒食、纸钱、香烛等去祖先墓地祭扫,堆坟、"飘山",悼念已故的亲人。也有顺作郊游,观赏春景。中华人民共和国成立后,各界人士于是日或前三四天祭扫革命烈士墓,敬献花圈,寄托哀思,此已成为新风俗。2008年开始,国务院规定清明节全民放假1天。

5.立夏

一年二十四节气之一。境内有立夏尝"三鲜"的习惯:梅子、樱桃、枇杷为树上"三鲜";鲫鱼、子鲚、白虾为水中"三鲜";青蚕豆、苋菜、麦蚕为田里"三鲜"。是日,境内农户采青蚕豆、割苋菜、制作麦蚕尝"三鲜",小孩则吃咸鸭蛋,据说可防"疰夏"。旧时,立夏日还是一年一次称体重的日子,男女老幼用多种方法称体重,了解一年来的生长情况。

6. 端午节

农历五月初五为"端午节"。境内家家户户用芦苇叶裹包糯米粽子,煮咸鸭蛋,在门庭悬挂菖蒲、艾枝,用雄黄酒在孩童额上书写"王"字。还有用香料装入布袋,挂于小孩胸前、腰间,以驱虫避毒、图吉利。其中,包糯米粽子,吃咸鸭蛋,悬挂菖蒲、艾枝等风俗延续至今。2008年开始,国务院规定端午节全民放假1天。

图 2-6 端午裹粽子(摄于村农耕文化馆)

7. 夏至

一年二十四节气之一,也是全年白天最长的一天。境内民间有"夏至不吃馄饨,死后没有坟墩"的说法,故家家户户有夏至吃馄饨的习俗。是日,忌坐门槛,也不伴工。此习俗在境内依旧盛行。

8. 六月廿四

传说农历六月二十四是荷花和雷公的生日。是日,境内有吃团子、馄饨和斋灶祭拜天神的习俗。

9. 七月七

农历七月初七夜为"七夕"。是日又称七巧节、乞巧节和女儿节,是神话中牛郎和织女鹊桥相会之期。旧时,境内妇女于傍晚带孩子乘凉时,观赏天上巧云。年轻女子喜欢把捣烂的凤仙花包在扁豆叶内染红指甲。此习俗在境内已消失。

10. 中元节

农历七月十五,道家称中元节,民间称"七月半"。是日,境内家家隆重祭祀祖先,祈求保佑全家平安,俗称"过七月半"。

11. 中秋节

农历八月十五,三秋恰半,故称中秋节。旧时,境内民众白天上街看"划船"比赛,夜晚

图 2-7 中秋赏月(摄于村农耕文化馆)

图 2-8 农联村、江帆社区举办迎中秋、庆国庆文艺晚会

在庭院中设桌供香烛、月饼等斋月,灯火通明,直至深夜。中华人民共和国成立后,境内早晨吃糖汤芋头,中午吃馄饨、团子,晚上合家边吃月饼、红菱,边赏月。20世纪90年代开始,村委会每年请剧团到村里演出,丰富村民文化娱乐生活,增添节日欢乐气氛。2008年开始,国务院规定中秋节全民放假1天。

12. 潮头生日

农历八月十八是潮头生日。是日,境内民间有拜潮神的习俗,祈求潮神保佑全家平安、六畜兴旺。并拿水壶到通江(长江)河道里取潮水带回家,浇在自家的步槛上、猪羊圈上、家禽棚上,据说可避邪驱灾。

13. 重阳节

农历九月初九为重阳节。因九为阳数,日、月重九,故称重阳。是日,境内家家以赤豆、红糖等掺和米粉蒸成糕,名重阳糕。"糕"与"高"谐音,以示登高避灾之意,故此日亦称登高节。1989年,政府将此节日定为老年节。是年开始,每年重阳节,村委会都要给辖区内老年人送重阳糕,以示关怀。

14. 十月朝

农历十月初一称十月朝,是民间传统的祭祖节。是日,境内民间有上坟烧纸钱、哭亲人的习俗。

15. 腊八节

农历十二月称腊月,十二月初八称腊八节。是日,境内百姓有食腊八粥的习俗。人们用花生米、蚕豆、赤豆、芋头、山芋和大米等煮成粥,称"腊八粥"。此俗全村依旧流行。

16. 十二月二十四送灶

传说农历十二月二十四是灶神上天庭之日。从农历十二月二十一起至二十四日间,境内家家户户焚香点烛,在灶上供灶神像,备上荷花锭、金盆、钱粮和糖食、水果、糕点、团子、豆腐干、百叶及三副盅筷,斟上黄酒,恭送灶神上天,祈求其"上天宣好事,下界保平安",称"送灶"。最后,将灶神像、荷花锭、金盆、钱粮与剩余香烛一起焚化。

17. 除夕

俗称"年三十""大年夜"。是日,境内家家户户大扫除,磨糯米粉蒸年糕,用猪头、鸡、鱼祭祀神灵和祖先,晚上合家欢聚"吃年夜饭",有的人家还要请亲朋好友一起聚餐。饭中放少许豆类食物,寓意来年五谷丰登。年夜饭菜肴丰盛,其中,豆芽、笋干、面筋肉圆、鱼是必备菜。因为豆芽形似如意,称如意菜,寓意万事如意;笋干是

图2-9 贴春联(摄于村农耕文化馆)

竹笋晒干而成,寓意"节节高";面筋肉圆均为圆形,寓意合家"团圆";鱼与"余"谐音,寓意"年年有余"。长辈给孩子发"压岁钱"。是夜,家家灯火不息,贴门对、炒花生、爆米花、搓团圆、做团子,坐等天明,称"守年"。午夜鸣放爆竹迎新年。

二、新节日

1.元旦

辛亥革命后改用公历,定1月1日为元旦,但民间仍习惯用农历纪年。中华人民共和国成立以后,通用公历。是日,境内各单位门口都挂贴有"庆祝元旦"四字的大红灯笼,或张贴大幅庆祝标语,增添欢乐、祥和的节日气氛。国家立法规定,元旦日,各机关、企事业单位放假1天。

2.三八国际劳动妇女节

中央人民政府政务院于1949年12月规定3月8日为妇女节。每逢此日,农联村(境内)均组织妇女代表举行座谈会纪念。

3.植树节

1979年2月23日召开的全国人大常务委员会五届六次会议决定3月12日为中国的植树节。每年此日,农联村(境内)均要组织党员干部、共青团员等义务植树。

4.国际劳动节

中央人民政府政务院于1949年12月规定5月1日为劳动节。是日,各机关、企事业单位职工休假1天。每年5月1日,农联村(境内)工会均要组织活动,欢度节日。

5.中国青年节

1949年12月,中央人民政府政务院为纪念青年学生爱国运动,正式宣布5月4日为中国青年节,简称"五四"青年节。是日,农联村(境内)共青团组织都要组织广大青年以集会或文体活动等形式,纪念此节日。

6.六一国际儿童节

中央人民政府政务院于1949年12月规定6月1日为儿童节。每年6月1日,幼儿园、小学放假1天。境内幼儿园、小学都要组织儿童开展各种文体活动,欢庆节日。

7.中国共产党诞生纪念日

7月1日为中国共产党诞生纪念日。是日,农联村(境内)党委(总支、支部)都要组织集会纪念,并对全体共产党员进行党的知识及革命传统教育。

8.中国人民解放军建军节

1927年8月1日,中国共产党领导南昌起义。后定8月1日为中国人民解放军建军节。每年是日,农联村都要慰问烈军属,向他们发放慰问金。

9.教师节

1985年1月21日,第六届全国人民代表大会常务委员会第九次会议决定9月10日为教师节。是日,境内教师举行各种庆祝活动,村两委领导前往境内学校慰问教师。

10.国庆节

10月1日是庆祝中华人民共和国成立的节日。机关、团体、学校、企事业等单位按立法规定放假3天。是日,农联村(境内)举行升国旗仪式,并张灯结彩,悬挂庆祝标语,欢度佳节。

11.老年节

1989年,政府将农历九月初九定为老年节。是日,农联村(境内)都要给每个老年人发放慰问金和重阳糕,并祝他们健康长寿。

12.助残日

1990年12月28日第七届全国人民代表大会常务委员会第十七次会议审议通过的《中华人民共和国残疾人保障法》第14条规定:"每年五月第三个星期日,为全国助残日。"2015年,农联村给全村176名残疾人每人发放慰问金300元,共计52800元。并对全村没有正常收入的27个1级、2级残疾人,每人发放补助金810元。

第二节 礼仪习俗

婚丧喜庆是个人和家庭中的大事。中华人民共和国成立前,境内有整套的礼节和风俗,带有封建性和落后性。中华人民共和国成立后,有一定的改革,婚丧喜庆有了新的观念、内容和形式。

一、婚嫁

1.联姻程序

旧时代,婚姻大事取决于父母之命、媒妁之言。古时,农联人的传统婚姻,从择偶到完婚,基本上遵从周礼延续下来的"六礼",即纳采、问名、纳吉、纳征、请期、亲迎。此外,还有托媒。大户人家严格按照"六礼"进行,普通民众则简约些。

托媒 旧时,凡年满十六七岁的青年男女就要择偶,其父母都会物色信任之人为自己的儿女寻找对象,称"托媒"。通常均为男方托媒。媒人一经物色到对象后便告知男方。

纳采 俗称"说媒",也称"提亲"。男方择吉日请媒人到女方提亲,谓之"纳采"。经女方允诺后,便委派亲属和媒人携礼物到女家正式求亲,也称"求婚"。女方家长如表示同意议婚,即收下礼物。如女方家长拒收礼物,则表示女方不同意此婚事。

问名 纳采礼仪结束后,男方即备礼,托媒人前往女方了解女子的姓名、排行及出生年月时辰,俗称"讨八字",也叫"讨庚帖""开口生"。女方即请媒人将"口生"送至男方,称为"送口生"。到后来,询问内容扩大到门第、容貌、经济及健康等诸方面,逐步形成门第观念。男方接到女方庚帖后,即行"纳吉"。

纳吉 请算命先生将"问名"所得的女方生辰八字与男方生辰八字进行占卜,看双方是否相生相克,以定吉凶,称"排八字"。排八字之前,男方要将女方送来的"口生"供在灶神堂中,如三天内全家平平安安、诸事如意,才排八字。若三天内家中发生意外,说明不吉利,则不需再排八字,婚事告吹。而算命先生要是排下来八字不合,生时相克,同样表明不宜通婚,即将"口生"退回女方。如八字相合,男方即安排礼品,准备择日下聘,以确定婚约。

纳征 俗称"定亲""订婚"。男方选定吉日,请媒人将聘礼送往女方。聘礼包括礼金、金银首饰及四季衣服等。男方在送出聘礼的同时,还要将写有曾祖父、祖父、父亲姓名籍贯的"三代大帖"随聘礼送往女方。女方收下聘礼后,也要将女方"三代大帖"回送男方,称为互换"庚帖",并回送礼品。是日,亲事即作定论,由男方办定亲酒宴请女方亲戚、媒人和至亲。

请期 定亲之后,等到男子年满十八岁至二十岁时,男方便选定举行婚礼的黄道吉日,派媒人通知女方,征求意见。有的为郑重起见,还写成"日书",称为"送日帖",并备"压帖"(礼金)。婚期定下后,根据女方要求,再给予礼金,以供女方置办嫁妆。除聘仪之外,还有饰物,或金银或珠宝。婚礼吉日确定后,男女双方便或发请帖,或亲自上门遍邀亲朋好友参加婚礼,农联境内俗称"请吃喜酒"。亲朋好友、高邻和族人均要送贺礼,俗称"送人情"。

亲迎 今称迎亲。需由新郎亲自前往女家迎接新娘,故名"亲迎"。与传统婚姻相比,现代婚姻尤其是自由恋爱,其婚姻程序远没有那么繁琐。即使是经人介绍的婚姻,也只需比自由恋爱多一道相亲的环节,俗称"看人家"。

2. 婚礼习俗

迎亲 往昔,成婚之日,新郎盛装打扮后,要先去祠堂参拜祖宗,然后由媒人引导行官(说客),遣吹鼓手、红灯花轿或披红戴绿的喜车、喜船及陪轿人员,一路吹打,前往女家迎娶新娘。贫家则用青布小轿或独轮小车相接。新郎坐轿到女家迎亲,谓之"做女婿"。女方设宴招待女婿。新郎离席前要用自己吃的饭碗盛满一碗饭,饭上装满各种菜,留给丈人、丈母吃,谓之"吃发禄"。筵毕,丈母娘还要领着新郎叫长辈,俗称"叫人"。此时,长辈们将准备好的压岁钱(也称"叫钱")送给新女婿。

关墙门 新女婿领着迎亲队伍登门,女家要关上大门,索要"开门赏封"。经讨价还价将赏封敲定后,方让进门,正所谓"花轿到了门前,还要半只牛钱"。但多数为女方亲朋、邻居所为,数十上百人搬上一张长

图 2-10　旧时婚礼(摄于村农耕文化馆)

凳,横在离女方家不远处新郎迎亲队伍必经之路上,待新郎到后向他讨要赏钱、香烟、糖果等,谓之"关墙门"。

起妆　新女婿离开后,马上"起妆",把女方的嫁妆抬向男家。嫁妆有多有少,富人家多达几十杠(担);贫穷家女子出嫁,随身携箱子一只、马桶一对。新娘的嫁妆一到,男家要选夫妻双全、子孙满堂的人铺床。按农联风俗,女家塞五个红鸡蛋于头床被内,并在"子孙桶"和新马桶内各放一些枣子和五个红鸡蛋。枣子、鸡蛋寓意"早生贵子、五子登科"。

送和合被　头床被,也称"和合被"。即由女方准备好的铺在洞房新床上的新被,一般为两条。"和合"历来是和谐美满的代名词。和合被必须由女方挑选两名十余岁的童男送达男方,寓意新人生贵子。

送亲　新娘总是在天黑后离开娘家。临走前要香汤沐浴。新娘出门前,父母要请她吃饭,女儿吃一点剩一点,剩下的称"发禄",留给父母同吃。然后更衣、洗脸、上"头面",向父母哭别。轿子起身,女家要把新娘梳洗用的水泼出去,寓意"嫁出女儿泼出水"。随同新娘同往男家的还有新娘的小姐妹,人数十几二十来个不等,称"送亲"。新娘头脸用红绸布遮住,花轿到男家门首歇下,新娘由喜娘搀扶下轿,脚踩布袋、稻柴、门槛,进入夫家大门。

拜堂入洞房　新娘走进厅堂,直至祭祀祖宗的桌前。然后由喜娘搀扶着进入新郎父母的卧室稍坐,俗称"暖房"。然后返回厅堂赴宴,称"待新娘子"。宴毕,新娘与新郎一同参拜天地、祖宗、父母、翁姑,最后夫妻对拜,称"拜堂"。拜完堂,由一对童男童女掌花烛为前导,新娘由新郎用红绸布引导,进入洞房。新郎用秤杆挑启新娘头上的红布,寓意为"称心满意",夫妻行合卺礼,饮交杯酒。堂上发红蛋,接着闹洞房。客散人静后,全家再吃"合家欢",新娘则把饭菜留在桌上,称"留米囤"。之后,新婚夫妇在新房里吃枣子、桂圆(象征早生贵子)、莲心、核桃(象征连心如意)和五枚红鸡蛋(象征五子登科)。

做舅舅　结婚那天,新娘离家前往男家时,新娘的兄弟也要随同前往,农联地区称"做舅舅"。若新娘没有同胞兄弟,则可由堂房兄弟代替,甚至新娘的姐妹也可充当"舅舅"。"舅舅"也须由六七人或十数人陪同前往,称"陪舅舅"。到达男家入座后,开宴吃喜酒,称"待舅舅"。

双回门　次日晨,新娘由婆婆引见夫家亲长。新娘向长辈敬茶,长辈给红纸包着的"见面钱"。早饭后,新郎带着礼物和一桌小菜陪同新娘回娘家,称"双回门",女方设宴招待新女婿。"双回门"当天,新郎、新娘必须一同返回男家,农联有"一月不空房"之习俗。

辛亥革命后,城镇知识阶层开始推行文明婚礼。新郎、新娘由男女傧相陪同,举行结婚仪式。双方家长和介绍人出席,并请地方上德高望重者证婚。证婚人宣读结婚证词,新人相对鞠躬,在婚书上用印,交换信物等,仪式热烈隆重。

中华人民共和国成立后,人民政府颁布《中华人民共和国婚姻法》,境内婚姻自由成为风尚。到法定年龄,男女双方经自由恋爱同意结为夫妻,便可同去政府民政部门登记,领取结婚证书,构成合法婚姻。然而,央媒说合、父母包办、索取财礼、算命先生择婚期等现象依然存在。改革开放后,婚姻礼仪出现洋化、古化两种趋势,婚姻消费越来越大,讲排场、摆阔气的风气日益蔓延。与此同时,也有的青年人选择外出旅行结婚或参加集体婚礼。

2015年,旧式婚姻中的托媒、说媒、问名、定亲(订婚)、请期(送日帖、压帖)、迎亲、待女婿、关墙门、起妆、送和合被、送亲、拜堂、做舅舅、闹新房、叫人、双回门等习俗依然在村内传承。纳吉已基本废止,坐轿已先后改为坐自行车、拖拉机、船和轿车,拜堂中的拜天地也改为了拜宾朋。也有男女双方在一起办婚礼的,此时,拜堂中的拜高堂(原特指拜新郎父母)改为新郎、新娘同拜男女双方的父母亲。

3.旧时婚俗

纳妾 俗称"讨小老婆"。妾为旧时男子正妻以外的妻子,其地位低于正妻,一般多为社会地位较低的女子。往昔境内有"宁做天上一只鸟,不做人家一房小"之说。纳妾通常只举行简单的仪式或直接以财物换购。从封建社会到民国时期,农联地区曾有一夫多妻现象。中华人民共和国成立后,一夫多妻制被废止。

续弦 男子丧妻后再婚称"续弦",其续娶的妻子俗称"填房",其婚仪大抵如同新娶。如新娘是寡妇再嫁,婚仪程式一般就要简略些。旧时代境内还有姐死妹承的风俗,长女嫁往男家没多久不幸死亡,岳父家往往将次女续配前婚做填房,一般不再举行婚嫁仪式。

休妻 旧时,妇女地位卑下,丈夫要是对妻子不满,随便在"七出"(无子、淫佚、不事舅姑、口舌、盗窃、妒忌、恶疾)中找个借口便可将其遗弃,俗称"休妻"。妻子只要被认为触犯了七出中任何一条,丈夫便可将其逐出家门。一般情况下,手续仅凭一纸休书。

招女婿 过去,境内一些贫苦男子因出不起聘礼,娶不上妻子,成鳏者甚多。有的便落户没生儿子的女方家,成为"赘婿",俗称"招女婿"。生下的孩子随母姓,平时不能参议家政,在社会上也受到歧视。也有招女婿婚后与妻子感情牢固后,说服妻子,带着孩子,一起离开女家认祖归宗,称为"出舍"。还有贫苦男子经人说合,入赘丧夫的寡妇家,继主门庭,农联地区俗称"招黄泥膀"。婚礼极为简单。婚后在族里、家中均无发言权。

抢亲 一般发生于订婚之后。通常因男方无经济实力操办婚事或女方有毁约之兆,男女双方均不肯让步,就产生抢亲。如抢亲不成,原婚约自动作废。也有一些讨不起老婆的男子,听说哪家已婚女子死了丈夫,事先不征求寡妇本人意愿,届时喊上几个帮手,趁着黑夜,破门而入,挟妇升舆,劫至家中,按着头强拜天地,称为"扛孀",亦称"抄醮",俗称"抢寡妇"。随寡妇带过去的孩子称为"拖油瓶",地位低下。

攀钮亲 过去,境内还有一种流行于贫苦人家的"攀钮亲"。男女定亲后,双方父母达成默契,择吉日,领未婚女到男家过节日。入晚,将小两口领入预先布置好的新房中,扣牢门上攀钮,让他们自行结合,称为"攀钮亲"。也有的是男方由于经济贫困,无钱操办婚礼,采用此种方法成为事实上的夫妻;还有的是男女双方有了婚约后,女方有毁约之意,用此方式,使"生米煮成熟饭",强迫女方就范。

童养媳　过去,境内有些人家因家境贫困,将女儿从小送给人家当童养媳。小小年纪,在婆家除承担繁重的家务劳动外,还不时遭到体罚和折磨。童养媳成年后,圆房仪式也很简单,做一套新衣,拜一下天地,就算成婚了。

换亲　过去,境内还有的人家因家贫,或是儿子残疾,找不到老婆,便和婚姻上同样处于困境的另一家约定,娶对方的女儿,同时将自己的女儿嫁给对方的儿子,称"换亲",也叫"姑娘换嫂嫂"。

守节　封建时代,男子丧偶可以再娶,而女子死了丈夫,却不允许再嫁,名为"守节"。

叔接嫂　过去,境内有的妇女丈夫去世后,因夫家贫穷,夫弟没有能力再娶亲,也有的因公婆舍不得贤惠媳妇守寡或离去,于是将原来的叔嫂关系改变为夫妻关系,称"叔接嫂"。

冲喜　在未婚夫本人或其父母生病的情况下,男方将已订亲的未婚女娶进门,或者以象征性的办喜事形式来破除不祥,谓之"冲喜"。

抱牌成亲　男女订亲后,还未来得及成婚,未婚夫便已死亡。这种情况下,男方让新娘抱着未婚夫的亡灵牌位与之成亲,然后女子须守寡终身。

冥婚　有婚约的男女均已死亡,经双方父母同意,合葬成夫妻,称"冥婚"。

4. 现代婚俗

中华人民共和国政府于1950年颁布《中华人民共和国婚姻法》,彻底废除中国统治数千年的封建包办、买卖婚姻,"父母之命,媒妁之言"被自由恋爱、自主结婚所代替。

20世纪五六十年代,由于物资供应紧张,境内婚嫁大多比较简单。到70年代末,情况有所好转,结婚成家要准备手表、自行车、缝纫机、收音机(即所谓"三转一响"),还要准备大床、衣柜、写字台、床头柜、梳妆台、八仙台、四仙台、方凳、椅子等(即所谓"三十六只脚")。

80年代之后,境内婚礼文化呈现出中西合璧、传统和现代相互渗透、紧密结合、丰富多彩的特点。购买家具、家电、金银饰品和拍照留念是结婚必有的内容。青年男女筹备婚事讲究的是家用电器,电视机、洗衣机、电冰箱成了必备的三大件。结婚典礼也从家中举行改为租赁宾馆或礼堂举行,免去了诸多铺展麻烦。新郎西装革履,新娘则披挂长可及地的婚纱。迎娶时,舍弃过去庞大的仪仗,改用军乐伴奏,迎娶工具由汽车代替花轿。有些人家婚礼合男女两家为一家,省却了回亲、谢亲等诸多环节。

现代婚礼仪式文明、简朴、生动、活泼,形式亦呈多样化,但传统习俗在境内仍有一定的影响。2015年,农联地区流行的婚礼主要有传统式婚礼、酒宴式婚礼和集体婚礼三种,其仪式程序各不相同。

二、生育

境内生育的礼仪通常为祈子、怀孕、催生、出生、庆贺、起名、过寄等。

1. 祈子

在中国传统社会伦理中，"不孝有三，无后为大"。所以，人们结婚后，都盼望早一点怀胎生子。自古以来，境内民间从联姻开始，就形成一系列祈子、催生风俗。从女方的庚帖，到男方的彩礼，都少不了放进枣子、花生、桂圆、莲子。更为普遍的是，嫁妆里藏红蛋，吃罢喜酒发红蛋，凡此种种，都不外乎祈求"早生贵子"。成婚后，新娘要是迟迟没有怀孕，便想方设法祈求神灵、祖先赐胎。有的到庙里给送子观音烧香、许愿、拜佛、求签，有的请算命先生测算命理，也有的请风水先生复查住宅、祖坟，指点迷津，还有的请关亡婆询问家族亡灵等，目的都是为了求请神灵祖先保佑家族正常传嗣。境内常见的求子习俗有祈求观音送子、贴年画求子和摸秋求子。还有些家庭，结婚多年，一直未生育，于是设法抱养一个小女孩，希望能"押子"，俗称"押头生子"。

2. 孕妇习俗

农联地区有所谓"孕妇不能视恶色，不能听淫声"的规矩。孕期，夫妻不能同房。孕妇不能进庙宇，不能露天乘凉睡觉，不能跨越沟坎。不能吃公鸡、鸽子、田螺、兔肉、线粉、猪头肉、辣椒等，否则今后小孩会夜啼、斗鸡眼、田螺眼、豁嘴、拖鼻涕、害疮疖、红眼睛等。死人入殓时，孕妇不能在场，吊丧、送葬都不能去参加，甚至连病人都得回避，不能去探望。为了防止落胎，孕妇不能到高处取东西，也不能抱别人家的婴儿。怀了孩子的女子，不能从扁担上跨过去，说是跨了扁担，孩子会横在肚子里生不下来，成为难产。

3. 催生

婴儿将生未生时，娘家便要置办红糖、草纸、明矾灰等物送往女婿家，称之"催生"。要循俗烧"催生饭"，还要为即将分娩的产妇准备婴儿四季衣服、尿布等，并用包袱将其包起来，打好结，连同益母草、红糖、红枣、桂圆、人参、陈米等送到女婿家，这个包袱称为"催生包"。产妇临盆时，丈夫或婆婆要到观音庙、天后宫、娘娘庙等处向催生娘娘祈求，求娘娘保佑生养顺利、母子平安。旧时，境内妇女生孩子大多在家待产，请"老娘"（接生婆）接生。现在均在医院自然待产，也有的因难产或为使婴儿诞生在一个特定的有意义的日子，而实施剖腹产。

4. 出生

产妇生孩子后，境内称其为"舍（SO）姆娘"。一般产后要卧床一个月，即"坐月子"，俗称"舍姆里"。生孩子的人家要给亲友分发红蛋，以报添丁之喜。娘家人在看望产妇时，除了送去小孩衣服、红糖、鸡蛋等外，必送一只窠箩（摇篮），供婴儿睡觉用，可左右摇动。送窠箩时，若是生的女孩，则将窠箩口朝天抬进门去；若生的是男孩，窠箩就底朝天送进门去。

境内北部地区看望产妇时还要送油馓子。

5. 庆贺

报喜 小生命出生后,境内习俗首先是报喜。古时,有家门口悬弧帨以示喜气的习俗。生的男孩,要在门左悬弧,即弓的象征物青竹弓;生的女孩,则要在门右挂帨,即手绢似的佩巾。

三朝酒 孩子出生第三天称为"三朝"。旧时,境内重男轻女,生男称"弄璋",指生男孩后,把璋(一种玉器)给他玩;生女孩称"弄瓦",指生下女孩后,把瓦(原始的纺锤)给她玩。若是头胎生儿子,主家觉得"屋檐高三尺",于是大办"三朝酒",招待亲友,旧称"汤饼宴"。

满月酒 孩子出生满一个月,境内一般人家都要为孩子剃满月头并办酒庆贺,称"满月酒"。一般中午请客人吃"满月面",为婴儿祈祷,祝愿其长命百岁。晚间以丰盛的满月酒大宴宾客。

贺百日 到孩子出生一百天时,境内有些人家亦如三朝、满月,又要设宴招待亲友。民间以百岁为寿,所以婴儿出生百日较重视,有给孩子戴百家锁、穿百家衣的习俗。

做周岁 孩子满一周岁,主家要备酒宴请亲朋喝酒、吃面,称"做周岁"。诸亲好友都送衣衫、玩具等礼物。旧时境内做周岁最重要的仪式是试儿,称"抓周"。这一天,孩子要打扮一新,在他面前的百眼筛里放上书本、刀子、尺子、算盘、秤、针线、玩具等物,预测孩子情状。男孩如抓书本,则长大后必定是个有知识的文人;女孩如抓剪刀、针线,说明长大以后善理家政。如果先抓玩具,那就说明这个孩子以后一定贪玩。此俗已少有人信,即或行之,也多游戏意味。

6. 起名

境内孩子出生后,一般先起一个乳名,即"小名"。等到孩子长大入学的时候,再取一个正式名字,一般也叫"学名""大名"。乳名大多由祖父母或父母等家中长辈确定。孩子起学名,则是一件十分讲究的事情。往昔,境内人给孩子正式命名,通常要请族中尊长,先翻出家谱谱系,然后按照各自的辈分和排行来确定,也有的恭请学堂里的老先生起名。以前的名字大多为两个字,称"双名"。20世纪七八十年代后,"单名"渐多,甚至用起"洋名"和三个字的名字。实行计划生育以后,独生子女居多,农联传统,孩子通常随父姓,所以有的人家在孩子名字中嵌入母姓。

7. 过寄

过寄,也称"认干亲"和"寄名"。境内习俗,孩子出生后,为保佑其安康,帮孩子找一家生肖相合所谓多子多福的家庭,让孩子认称寄爷(爹)、寄娘。过寄的孩童大多为娇贵或体弱多病者。另有一些孩童虽然无病,但家长相信命运,轻信算命先生的胡言乱语,误以为婴儿命中注定难以抚养,只有过寄菩萨或者生肖相合的寄父母共养育,才能逢凶化吉,避过邪神恶煞的捉弄和欺侮,从而确保其健康成长。

三、贺诞庆寿

1. 做生日

做生日,境内俗称过生日。做生日那天,亲朋好友送礼祝贺,当事人则请大家喝生日酒、吃生日面。生日有大小之分。年龄恰逢整十岁的生日,称为"大生日",平时年岁的生日称为"小生日"。一般四十岁以后的生日叫作"做寿"。过去做生日,都是吃面,寓意长寿。20世纪80年代以后,生日庆贺形式有了许多变化,如吃蛋糕,寓意"高寿",还要许愿、吹蜡烛、送礼物贺卡,或到电视台点播歌曲,加贺词或字幕表示祝贺等。

2. 做寿

寿俗 境内为中老年人过生日,称庆寿,俗称"做寿"。一般来说,做寿要从五十岁起。人们称六十岁为"大寿",七十岁为"康寿",八十岁为"长寿",九十岁为"高寿",而一百岁即被称之为"天寿"。"人生七十古来稀",对于七十岁以上的寿诞,庆贺仪式则更为隆重热烈。

做九不做十 农联地区庆寿忌庆四、六,有"庆三不庆四,庆五不庆六"的风俗。"四"与"死"谐音,而"六"有"庆六——庆落(农联方言'六'与'落'同音,不吉利)"之嫌。但六十岁为大寿,往往提前于五十九岁,当作六十岁来庆。从祖上沿袭下来的规矩,历来是"做九不做十",故六十岁以后的七十、八十、九十、一百同样习惯提前一年做寿,且"九"与"久"谐音,是吉祥的象征。所以,就形成了"做九不做十"的规矩。

双寿 如父亲与母亲或祖父与祖母年龄相同,后辈便为他们同时做寿,称之为"双寿"。在做寿仪式上,男性称"寿翁",也称"寿公",女性称"寿母",也称"寿婆",一般通称"寿星"。

寿庆 境内庆寿大多在春节举行。有些地方习惯安排在正月初一或初二,选在生日庆寿的则为少数。女婿和至亲好友前来祝寿,都要送贺礼。通常不送现金,而是送寿幛("寿"字或麻姑、寿星等)、寿联、寿屏、寿匾、寿烛等,也有送寿酒、寿面、寿糕、长生果(花生)、红枣等干果茶点的,还有的送猪腿和青鱼。改革开放以后,又效仿西方庆寿方式,送生日蛋糕或生辰蜡烛等。旧时,境内有些地方,子女在为老人做寿时,除了常见的寿礼之外,还要为老人做寿衣,置寿材(即棺材,也称之为"寿器",上贴"福如东海大,寿比南山高"的对联)。

寿宴 境内寿宴通常包含午餐和晚餐,午餐吃寿面,晚餐办寿酒。寿面俗称"长寿面",在寿宴上是非吃不可的。晚餐的寿酒向来为人们所重视,以往对酒宴的细节十分讲究。席上菜点的总数通常都要取"九"或"九"的倍数,以讨吉利。因为"九"在个位数中是最大的数,又与"久"谐音,有"天长地久"的寓意。寿宴上饮用的酒为"寿酒","酒"与"久"谐音,故庆寿时以酒祝长寿。酒宴结束后,按照有些地方的习俗,主家会赠送来宾饭碗,名为

"寿碗",俗谓受赠宾客可沾老寿星之福,达到延年益寿的目的。有些亲友还可以多要几只回去,带给未参加寿庆的孩童,此俗谓之"讨寿"。如今的寿宴在传统式寿宴的基础上融入了一些西方式的习俗,越来越多的人家喜欢预订一个大圆蛋糕,上面饰有"寿"字或"福"字。

四、造房乔迁

1.选址

造房,农联地区称起屋。旧时,土地私有,民众若需造房,个人有自主选择房址的权利,并可自主决定房屋高低、进深,但均要花重金请风水先生选定"风水宝地",以使子孙满堂、家业兴旺、财运亨通。现今,土地归国家及集体所有,个人已无权选择房基,而是由地方政府和职能部门统一规划安排,选址放样,并规定房屋的高度和进深等,更没有请风水先生的余地。

2.择日

房址选定后,就要择日开工。择日,农联民间称"看日脚"。主家通常请地方上的道士或风水先生选定"黄道吉日",否则便认为在造房过程中或建好新房以后,会凶多吉少、家运不通。

3.奠基

奠基,农联地区个人建房称"动工""动土"。旧时动工前,主家要请风水先生看地脉,确定新房子的朝向。动工当天,房主人("本家")要请人用红纸条写上"姜太公在此,百无禁忌"等字样,贴于屋基四周,以镇妖驱邪。有的还要引请"土地神",动工前点香烛膜拜,以保建房顺利、合家平安。现今此习俗虽不盛行,却仍有残存。现在建私房,大多人家还要在工地竖一根长竹竿,上挂一面红旗,一是表示喜庆,二是据说可辟邪。

4.升梁

升梁,农联民间称上梁。梁即正房上最高处的房梁,俗称"正梁"。现在也有的房屋不用梁,称"封顶"。何日何时上梁,本家也要请道士或风水先生择定吉日吉时。此习俗现在继续盛行。上梁前,要在正梁中间贴上写有"福、禄、寿"字样的大红方块纸,并于正梁正中挂上发禄袋和万年青,正堂两根"中天柱"(支撑正梁的最高的柱子)上则分别贴上写有"竖柱喜逢黄道日,上梁巧遇紫微星"之类的对联。上梁时,本家燃放爆竹、鞭炮,以示庆贺。同时,本家给作头提上一个包袱,内装手提小秤一杆、银如意一只、用红绸带穿着的"太平"铜钿(铜钱,通常是"康熙通宝"和"乾隆通宝")两组四枚、圆形托盘一只、煮熟红鸡蛋五枚及若干糕、馒头、糯米粽子、糯米团子和水果糖等,谓之"称心如意""永保太平""圆圆满满""五子登科""步步高升""传宗接代""甜甜蜜蜜"等。作头将两组太平铜钿分别嵌入正梁两端与中天柱相接处,将小秤和银如意放置于托盘内,口中边说着讨吉利的话,边将其余物品抛向看热闹的人群,谓之"抛梁"。前来贺喜的亲朋好友及当地群众争抢抛梁物品,称"抢抛梁"。升梁这天,本家要大办筵席,招待匠人、亲朋好友和乡邻,农联地区称"竖屋酒",也有称"待匠酒"的。亲朋好友、关系好的邻居及本族中人员均要送礼金。有的地方上梁当天不办酒,等新房子全部竣工以后再办。20 世纪 80 年代以后,民间普遍盖楼房,有些经济条件较好的,在建房过程中要办三次酒:开工之日办开工酒,也称奠基酒;上梁办竖屋酒;竣工之日还要办竣工酒。旧时,农联地区还有在新建私宅正面左右墙上立"石敢当"的习俗。尤其是宅前有大路、河塘、高烟囱等者,"石敢当"必不可少。"石敢当",即刻有"石敢当"字样或石狮、石佛等的石碑。据说,"石敢当"是镇宅之宝,能驱魔镇邪。

5. 乔迁

新建房屋竣工后,本家即要搬入居住,农联民间称"搬场",也叫"搬家"。新居落成,乔迁之喜,本家大多要办酒设宴,招待亲朋好友和有关乡邻,俗称"搬家酒"或"搬场酒"。20 世纪 90 年代后,有的自建房屋,把新屋落成和迁居合在一起办酒庆贺;有的是迁入购买或单位分配的新居室而办酒庆贺。其中个人自建新居落成暨乔迁办酒最为隆重。前往祝贺的除至亲好友外,还有一般的亲友和邻居,酒宴也较为讲究。酒筵通常设于新居,并要招待午餐和晚餐。动迁居民因居室面积小,容纳不下太多的宾朋,一般到酒家饭店设宴,通常只招待午餐或晚餐,例外者较少。所有祝贺者都要送礼金,也有兼送喜幛或镜屏的。

6. 安镇

安镇,也有的地方称"谢洪"或"谢土"。虽然说法不同,但其义相同,都是为了敬谢天地洪恩、安龙镇宅、祛邪消灾、保一家安宁太平。这是农联地区民间建新宅或购买新居后,请道士做法事活动的传统习俗。至 2015 年,此俗依然盛行。甚至有些企业建新厂房后也要请道士安镇。

五、丧葬

境内老人或病人弥留之际,家属必须守候在床前,包括配偶、子女和晚辈,都要在现场看着老人或病人咽气,称为"送终"。旧时实行土葬,人死后,按农联地区传统习俗,丧葬礼仪主要分入殓、出殡、安葬、祭祀等环节。

1. 入殓

入殓,即将死者放进棺材。旧时入殓前,还有五个过程。

烧出门裤　人刚死,家属用黄纸将死者头脸盖上,放高升(炮仗,下同),并把死者床上的蚊帐取下,扔到门前屋上。同时烧"出门裤",即将死者穿过的一条裤子摊放在大门内侧,裤管内塞上豆萁或稻草,套上死者穿过的袜子和鞋子,点火焚毁。

点头边火　在死者口中放入一块银子或其他银饰物,俗称"含口银子"。烧一碗饭、一个荷包蛋,插上一双筷子放于死者枕边。在死者床头点燃一支香,点一盏灯,称"头边火"。

报土地 请道士念"上路经",并由死者子女或其他人手提灯笼到附近的土地庙为死者烧"回头香",焚化纸马、叩头祈祷,算是给死者向阴间报到,俗称"报土地"。

买水 道士领着死者家属和子女,带上盛水用的吊子(有提攀的水壶)或碗、高升、零钱到河边祭拜河神,放高升,烧纸钱,将零钱投入河中,用吊子或碗舀水带回家中,称"买水"。

穿衣 将死者移至门板上,由子女用"买"来的水加温后为死者擦身,请理发师为死者剃头、刮胡子。如死者是女性,则由子女为其梳头。然后为死者更换老衣,俗称"穿衣"。"穿衣"前,先要"笵衣"。因为按民间习俗,死人上身要穿七件衣服,俗称"七个领头"。死人身体僵硬,一件一件穿很困难,所以必须先笵好。笵衣服必须由死者的亲生子女完成,无亲生子女的只能由旁人替代。待为亡者穿戴完毕后,再以帛纸盖于死者脸上,准备入殓。同时赶制孝服。入殓时间没有具体规定,有当天死当天傍晚就入殓的,也有死后第二天傍晚入殓的。

入殓 境内习俗,入殓必须等全体子女全部到齐后进行。入殓前,根据棺材大小,在棺内装入砌墙用的十几或数十块干土坯。土坯是黄泥做成,寓意金砖。再放入数刀黄纸和数百斤干石灰,黄纸作为纸钱,石灰主要起吸水防腐作用。上铺垫被,称"材褥"。垫被上分散放上七枚"垫背铜钱",然后由长子或长孙(无长子和长孙的由次子或次孙,依次类推)捧着死者的头,次子或次孙捧着死者的脚,在旁人帮助下将遗体头南脚北向放入棺内,盖上被子,俗称"材被"。再在棺内放入一些金银珠宝(特指富有人家)和死者生前喜爱之物作为随葬品。然后,亲属绕棺瞻仰死者遗容,准备盖棺,俗称"抿材"。抿材时,道士念"指令课",关闭正堂内所有的灯。入殓毕,便要在中堂布置灵堂,俗称"孝堂",即搁置灵柩的厅堂。设灵台,俗称"座台",置牌位,点"长明灯"。请和尚、道士做法事,超度亡灵。晚间,子女穿孝服寝于棺柩旁草苫之上守灵。出殡前的每天凌晨,媳妇、女儿要哭灵,称"闹五更"。死者家属及时派人向亲朋好友报丧,也叫"发丧",农联地区则称"拨讯"。在外地的子女得讯后,不管路途多远,一定要在死者入殓前日夜兼程赶回。主家往往要等外地子女到家后,才能将死者入殓。此俗称之为"亲视含殓"。

2. 出殡

开丧吊唁 按农联地区习俗,出殡之日,即是开丧吊唁(也称"吊孝")和安葬之日。出殡一般在死者死之日起的第三天,或第五、第七天,分别称"搁三朝""搁五朝""搁七朝",均为逢单数。但至少搁三朝。是日开丧,亲友和邻居到灵前吊唁,丧家号哭,孝子在灵台一侧向前来吊唁的亲友跪谢。宾客前来吊唁时,除行礼志哀外,还要按俗例随带"奠仪"助丧,农联人称之为"白份"。丧家有专人登记在册。吊唁结束后,进行最后一次家祭,子女"改(拨的意思)千年饭",家属、亲友、邻居对着亡者遗像进行最后一次跪拜,孝男孝女则跪于棺木旁。

出殡 出殡,农联地区称"出棺材"。棺木被抬起时,哭声响起,鼓乐齐鸣,并放爆竹。

出家门后,一对金童玉女(男女少年各一人)手持竹幡引路,两名吹打和乐队紧随其后,奏哀乐开道,后面依次是棺木、孝子、家属和亲友。前面另有一人手提小竹篮,篮中放着纸钱,一路走一路抛(推行火葬后去火葬场沿途还抛小额硬币),俗称"买路钱"。孝子通常披麻戴孝,低头扶棺。长孙(或女婿、外孙及其他后辈)手捧牌位或遗像,其余家眷及亲友随送,女眷沿途哀哭,直至墓地。

落葬 灵柩放入墓坑内称"落葬"。出殡之前,主家已请风水先生择定墓地,农联地区称坟地。主家预先安排专人于墓地挖好埋放棺木的长方形深坑,称"开金井"。灵柩到达墓地后,孝子下到坑内,把一扎稻草散放于坑底四周,并将其点燃,民间称为"暖坑"。送葬者绕墓坑一周,并向坑内撒些钱钞或硬币。棺柩按死者头南脚北放入墓穴,由孝子先倒进一畚箕土,随后其他送葬者纷纷向坑内撒土。等土填平后,再向上垒起一个大墩,称"坟墩",再在墩顶安上"坟帽子",并于坟前立一墓碑,安葬即告结束。

回丧 安葬结束,全体人员返回,称"回丧",农联地区称"回丧转"。按旧俗,回丧不能从原路返家,必须绕道而行。到家时,主家放高升,并燃起一堆稻草火。送殡者进门之前要先跨火堆,并要从搁在门槛上俗称"步步高"的梯子上走进门去,并饮、食由专人递上的糖汤和米糕,寓"登高发禄"之意。农联有回丧后"坐中堂"的习俗,意为与死者最后告别。后改为先坐中堂,然后安放骨灰盒。出殡开丧这天,主家请厨师宴请全体宾客,包括中饭和夜饭,称"丧家饭"或"素饭"。凡八旬以上老人去世,丧家认为死者长寿有福气,因而丧事当喜事办,俗称"白喜事"。吃罢丧家饭,参加葬仪者常"偷"一只饭碗带回家,给孩子使用,认为可以祛邪消灾、延年益寿。为此,有些丧家特意多备碗盏,供人"偷"去,并引以为荣。现在,高龄老人逝世后,丧家干脆预先购买烧有"长生不老"等字样的"长寿碗",待丧家饭结束后给在场亲友发放带走。

中华人民共和国成立后,丧葬程序从简。1973年起,实行殡葬改革,推行遗体火化。一般都用汽车或拖拉机将死者遗体送到殡仪馆,家属、亲友随车送葬。火化后将骨灰装入骨灰盒内,由孝子捧回埋葬,或存放于殡仪馆、安息堂。80年代开始,丧葬前请和尚、道士诵经拜忏、超度亡灵之风又起,流行请"军乐队"主持葬仪、送葬,道士、吹打一并参与,并专设冰柜(冰棺)、花轿、灵车。除遗体火化、无木制棺材和落葬环节有所不同外,其基本礼仪程序与旧俗大体相仿。

3. 丧服

古时,丧事习俗中的丧服等级,按照居丧者与死者血缘关系的远近亲疏,分为五个等级,因而称为"五服",即斩衰、齐衰、大功、小功、缌麻。

上述五服穿戴样式,为唐宋以前的规矩,后世逐渐简化。农联地区的丧服通常按亲疏程度分。嫡亲子女为"重孝",以白布作帽,帽后拖两条麻布,称"披麻戴孝"。白布孝服的四边袖口不缝边,毛口向外,头扎六尺白布。脚穿麻鞋,如穿布鞋,须在鞋上覆盖白布。儿媳着白孝衣、毛边白裙、白鞋,头扎麻绳。女儿头扎白头绳,穿光边白衣裙,扎白孝巾。侄孙辈、侄媳辈不戴孝帽,用三尺孝布系头上或围脖子上。孙辈一律圆顶孝帽。三年孝满,除孝服,称"脱孝"。此类习俗,现已简化。儿子、儿媳、女儿、女婿以白布作帽,帽后拖下两条白布,腰束白束腰,脚穿白鞋,鞋头上点一红点,女性头上加戴小白花或黄花,其余亲属及亲朋好友均束白束腰、戴黑纱,曾孙辈戴红纱,且改为"断七"除灵脱孝,后又改为"五七"除灵脱孝。

4.祭祀

境内家中有人去世后,丧家要进行亡灵祭祀,在家里举行"七期"之仪,俗称"做七"。从死者亡日起,七七四十九天称"七里",按七天计一忌日,从头七到终七,忌日必设祭。四十九天即算"终七",俗称"断七"。在整个"七期"内,一日三餐,如同死者生时一样,送点心、饭食,供于灵台上。农联地区在"七期"内,通常只进行"煞回"和"做五七"两次祭仪活动,其中特别注重做五七。

煞回　旧时,人们认为人死后,其灵魂便落掉了,俗称"落魂"。据说落掉的灵魂被"雌煞"和"雄煞"两个神君收去,到一定时间再将死者灵魂释放,让其回到家中。灵魂回家之日,便要做"煞回",斋祭雌雄两煞,感谢其恩德,并慰藉死者亡灵,保合家安宁。

做"五七"　做"五七"的日期,即从死者死亡之日起算,每7天为1个"七",第五个"七"的第一天,也就是死者去世后的第二十九天。做"五七"的前一天,已出嫁的女儿要准备饭、荤素小菜、糕点、水果等各十数样送回娘家斋祭亡故之人,俗称"排更饭"。是夜五更时分,子女们打开主家大门,扛一张长梯子靠在大门外西侧墙边,由孝子手持筶帚,登上梯子到屋檐处,面向西北方向召唤死者回家吃糕汤,农联地区称"喊吃糕汤",也有称"喊五更"的。同时,主家要请纸作匠用芦苇秆和彩纸扎住宅、家具等冥器,俗称"扎库"。做"五七"当天,道士做法事。法事程序繁多,依次为摆祭桌供品、请码子(各路神仙佛爷)、诵经拜忏、发符、斋十殿阎王、破地狱血糊、为死者亡灵沐浴、渡桥、除灵(撤去灵台)、焚库(烧毁冥器)、放水灯、跑五方、卸孝解冤结、镇宅、洒净水送佛等。至2015年,"煞回""做五七"等悼念亡者的习俗依然在村内盛行。

第三节　其他习俗

一、拜师

旧时,境内年轻人学手艺,均需拜师。从师期限一般为三年。学艺前须办投师酒,给师傅送礼金、行跪拜礼。期满须办谢师宴,并在师傅家帮工三年,领少量工资,俗称"学三年,帮三年"。中华人民共和国成立后,拜师学艺之俗仍有。拜师要"压帖"(一种书面或口头的学艺规定),给师傅压帖费,多少不等。还要办"投师酒"宴请师傅等。从师年限由双方商定,一般 2—3 年,无帮工期。满师后办谢师宴,宴请师傅、师娘及师门长辈、师兄弟等,作为独力从事工作的开始。进工厂的学徒由车间领导指定师徒关系,不讲究拜师礼仪。

二、分家

境内民间有"黄秧不分不发,家不分不富"的说法,故儿女成婚后都要分家。分家时请公亲族长或地方有威望的人做见证,签订分家协议(俗称"分关纸"),父母、子女、见证人三方在上面签字即生效。分家结束后全家吃顿饭,称"分家饭"。

三、搭会

"搭会"是一种民间互助形式。旧时,境内村民一旦急需用较大数额的钱,而自己一时又难以筹集,便请人出面"搭会"。参会者 8 至 10 人不等,一般每人每次出会钱 50 元—100 元。1 年聚会 1 次或 2 次,收、交会钱,由发起者收头会。每次聚会由收头会者负责通知,收会者办一桌会酒。二会开始加低息,有的无息。收会次序除头会外,都是在聚会时商定下次的收会者,有的抽签排定,有的口头协商。直至每个会员全部轮到,该会便自行结束。此俗延续到 20 世纪 80 年代初。

四、上茶馆

境内中老年人素有上茶馆喝早茶的习俗。清晨,中老年村民到附近的茶馆喝茶,三人一群,五人一簇,围坐一桌,相互闲谈。从天南地北到村坊里弄,奇事新闻,无所不谈。一些老年人,天未亮就上茶馆,风雨无阻,为茶馆常客。商人、作头工匠常常利用茶馆谈业务、接工程。喜养鸟雀者,携鸟笼去茶馆喝茶调鸟,为茶馆清晨增添水乡情趣。还有采用到茶馆"吃讲茶"的形式,调解民间纠纷。上茶馆喝早茶的习惯一直流传至今,但人数已较前为少。80 年代起,老虎灶兼茶馆逐渐消失,而各种"茶庄""茶座"遍布大街小巷,高档宾馆饭店专设茶室,前往喝茶的不再是乡间农民。

五、正月十五吃稻秸团

农历正月十五,境内农家均有吃"稻秸团"(用米粉做成的团子)的习俗。据传团子越大,稻秸发得越大,秋熟水稻得以丰收。

六、正月十五照田财

旧时,农历正月十五晚上,农家用一碗"稻秸团"放到田头斋田神,并在自己的田头丢几个稻草火把,祈求丰收,称之"照田财"。20 世纪 50 年代后期开始,此习俗逐渐消失。

七、正月十五捉毛虫

农历正月十五,境内农民有捉毛虫(害虫)的风俗。至今还流传着正月半捉毛虫的山歌:"正月半捉毛虫,人家种菜铜钿大,我俚种菜盘篮大,割一棵烧一锅,全家吃得肥头胖耳朵。"是日,人们吃过晚饭,便纷纷出门到田头捉毛虫或看热闹。人们在长度不一的木棍或竹管上绑上稻草,点燃稻草后在自家田园四周快速奔跑,一边跑一边高声唱着捉毛虫山歌。火把烧尽换上另一把,如此反复多次,唱声不绝,直至夜深,期盼将自家地里的害虫全部烧死。

八、百花生日

农历二月十二日为百花生辰(俗称百花十二),又称"稻花生日"。境内农民在自己家栽种的果树上系一红纸,俗称"挂红"。还要把红纸贴在稻囤上,祈求稻花繁盛,稻谷丰收。

九、开秧园吃鲜黄肚

旧时,境内民众将头天莳秧称为"开秧园"。据说乡间农村,每块秧田有秧神守护,所以早年有在开秧园那天祭秧神的习俗。农家需备羹饭菜肴祭祀之,祈求秧神保佑莳秧顺利。还有在开秧前,主家手持香、烛到秧田烧一烧,或者绕秧田一周,然后拔一把秧苗抛在自家门前,意思让秧苗认得家门,丰收便可由此入门。开秧园那天的第一顿饭,菜肴尤须丰盛。鲜黄鱼是必备荤菜,而且要整尾上桌。旧时规矩,黄鱼的肚(鱼鳔),只有具备莳头行秧能力的"秧快手"才够资格食之,其他人不能随意享用。莳头行秧者必须莳得既快又好,后面的人都将遵其疏密而莳,故乡间素有"莳秧看上埭"之说。

十、初一、月半忌浇粪

旧时,境内有农历初一、月半不浇大粪的习俗。据说浇了没肥力。

十一、求雨

农民盼的是风调雨顺、五谷丰登、六畜兴旺、粮食满仓。旧时,境内如果遇到久旱不雨,家家户户就要在门前插上柳枝,村民们相约去龙王庙,摆上供品,点香燃烛,依次叩拜求雨。有的抬着龙王的神像或者关公的塑像,或者当地最受崇敬的其他神像,各人手执一束香火,敲锣打鼓,舞龙游乡,祈求苍天降雨。还有集队祭皇天,求下雨,或请佛头组织念佛老太念佛拜神求雨。

第四节　社会陋习

一、迷信

中华人民共和国成立前,境内居民大多相信鬼神、命运,盛行迷信之风。算命、占卜、扶乩、驱鬼、关亡等迷信活动甚多。婚配要排生辰八字,丧葬要超度亡灵,选择屋基、地基要讲阴阳风水,开店、捕鱼,乃至演戏都要祭神祈福,有些人生病亦请神驱鬼。中华人民共和国成立后,人民政府明令禁止封建迷信活动。随着人民群众科学文化水平的提高,明目张胆的迷信活动已不多见,但算命、看相、关亡、风水阴阳、请神驱鬼等仍时有发生。20世纪90年代后期开始,算命、排八字、关亡、做道场、扎纸库等迷信活动有所抬头。

二、吸毒

中华人民共和国成立前,境内吸毒者甚多,大多是游手好闲之徒或地痞流氓、地主、豪绅。20世纪20年代,就有人吸食海洛因(俗称"白粉")毒品。国民党政府的禁烟令只是官样文章。汪伪时期设的"戒烟所",实为烟馆,公开出售毒品,境内不少人家因吸毒而倾家荡产、家破人亡。中华人民共和国成立后,人民政府严令禁绝吸毒,吸毒现象消除。80年代开始,少数亡命之徒偷偷地把毒品运至国内销售,吸毒现象有所抬头,但境内尚未发现。

三、娼妓

中华人民共和国成立前,境内蒋桥集镇的旅馆内有暗娼拉客。一般均为当地恶霸、流氓所控制。中华人民共和国成立后,人民政府取缔妓院,受害的妇女经教育后就业从良。20世纪90年代以后,境内少数理发店、私房出租户内又见暗娼踪迹。

四、赌博

民国时期,境内赌博成风,有麻将、牌九、扑克、骰子等,以财物作输赢。茶馆大多设赌场,邀人入局,抽头聚赌。还有靠赌为生的赌棍,诱人参赌。中华人民共和国成立后,人民政府三令五申严禁赌博,但时止时复。1980年以后,沉渣重泛,而且屡禁不绝。2015年,全村有利用扑克牌、麻将牌进行小输小赢的棋牌室10余家。

第六章 人民生活

中华人民共和国成立前,在旧制度束缚下,境内生产力发展缓慢,人民生活贫困。中华人民共和国成立后,实行土地改革、农业合作化,生产不断发展,农民收入增多,生活水平逐步提高。特别是改革开放后,村(队)企业兴起,农、林、牧、副、渔多种经营全面发展,农联村村民的衣食住行发生翻天覆地的变化。2015年,村民年人均纯收入由1957年的79元增至39000元,提高492.67倍。

第一节 收入消费

一、收入

中华人民共和国成立前,境内农民依靠种地为生。土地是人们的主要生产资料,却被少数地主、富农等剥削阶级所占有。占人口大多数的农民所占耕地不足总数的30%,加上耕作技术落后,缺乏防御干旱、台风暴雨等自然灾害的能力,农作物产量甚低。粮食年亩产150—200千克,籽棉亩产30—50千克,年人均口粮不到130千克。因此,绝大多数农民吃的是瓜菜,住的是茅草房,生活十分困苦。"富人一席酒,穷人半年粮""朱门酒肉臭,路有冻死骨"是当时境内的真实写照。贫穷家庭为了生活,有些男子外出做长工,有些妇女外出当帮工(奶妈)。有些多子女或不幸遭天灾人祸的家庭,不得不把自己亲生骨肉偷偷地送到发财人家门外,或把自己未成年的女儿送给人家做童养媳,给他们找一条活路。

中华人民共和国成立后,经过土地改革,70%缺地少地的农民分得了土地,生产积极性高涨。农业合作化后,解放了生产力,促进了农业生产的发展,粮棉产量大提高,农民收入逐年增长,生活水平有所提高。1957年,境内南区年人均分配收入79元,西区年人均分配收入75.5元,北区年人均分配收入79.5元。1961年,境内年人均收入由1960年的81.6元增至96.9元,比解放初的20元增长3.85倍。1977年,年人均收入提高到104.07元,比1961年增长7.4%。1986年,年人均收入提高到1150.5元,比1961年增长10.87倍。2008年,年人均收入由2003年的8660元增至13938元,增长60.95%。2015年,全村年人均纯收入39000元,比2014年增长4%。

1960—2015年（选年）农联村（境内）村民年人均收入一览表

表 2-9   单位：元

年份 \ 区别	南区	西区	北区	农联
1960	—	81.60	84.00	—
1961	—	96.90	97.00	—
1962	67.05	69.00	72.80	—
1963	72.00	91.00	85.00	
1964	93.00	87.00	116.00	
1965	90.00	87.00	116.00	—
1966	137.00	125.00	135.00	—
1967	135.00	135.00	143.00	
1968	142.00	134.00	145.00	
1969	128.00	129.00	125.00	
1970	78.00	77.60	83.00	—
1971	82.90	75.00	80.50	—
1972	64.50	61.90	79.00	—
1973	99.32	77.20	94.00	—
1974	88.13	82.50	91.20	—
1975	104.70	99.00	98.60	—
1976	81.90	78.70	96.30	—
1977	80.80	76.70	94.00	—
1978	121.50	124.50	156.00	—
1979	146.30	139.60	183.40	—
1980	177.50	177.50	185.90	—
1981	198.34	114.52	200.20	—
1983	523.61	523.61	516.00	—
1985	894.80	956.10	820.50	—
1986	1150.50	1005.86	884.27	—
2004	—		—	9083.00
2005	—	—	—	10173.00
2006	—		—	11295.00

（续表）

单位：元

年份＼区别	南区	西区	北区	农联
2007	—	—	—	12751.00
2008	—	—	—	13938.00
2009	—	—	—	15454.00
2010	—	—	—	17386.00
2011	—	—	—	20327.00
2012	—	—	—	23990.00
2013	—	—	—	35600.00
2014	—	—	—	37500.00
2015	—	—	—	39000.00

注：① 1958 年时，五一、永宁已撤销。② 2004 年三村已合一（2003 年 11 月）。

二、消费

中华人民共和国成立前，境内农民缺吃少穿、住房简陋，消费水平低下。很多人家是"糠菜半年粮"，吃了上顿愁下顿。亲戚朋友上门，有些人家打肿脸充胖子，提上笤箕水桶，假装到河里淘米提水，借机到邻居家借米、借油、借鸡蛋，将它们放在水桶里拿回家招待亲朋。猪肉平时不敢奢望，只有逢年过节时才不得不买点，切成方块红烧。一碗肉只看不吃，从大年夜放到清明节。民间有句俗话："拜年拜到正月半，开得菜橱由你看；拜年拜到二十头，只能吃点乱拳头。"穿衣是"新三年，旧三年，缝缝补补又三年""老大着新，老二着旧，老三着布筋筋"。住房大多数人家是低矮破旧的茅草屋，仅有少数人家住砖瓦房。家具大都是上代遗留下来的竹木家具，不少人家连像样的一张床也没有。

中华人民共和国成立后，特别是 1978 年中共十一届三中全会以后，境内农工副业快速发展，人民的收入不断增加，衣、食、住、行条件逐步改善，饮食结构也发生了根本变化，60%—70% 的人家每天有一二样荤菜。

1955—1995 年期间，境内村民的消费主要是造房起屋。从草房到瓦房，从平房到楼房，从简单装修到高档次装修，消费额较大。90 年代后期起，境内村民消费主流开始转向出行交通工具、通信设备、金银首饰、高档衣着、彩电、冰箱、洗衣机等方面。进入 21 世纪后，全村（境）村民消费水平更加提高。2015 年，全村共有轿车 1307 辆、卡车 23 辆、电动助力车 2552 辆、空调 4036 台、电视机 4088 台、电脑 1593 台、固定电话 641 部、手机 5113 部。

第二节　住　房

中华人民共和国成立前,境内村民住房以土木结构的草房居多。开间 3 米—4 米,进深 5 米—6 米,檐高 2.5 米左右。大多以杉木、毛竹、杂树为梁柱,用竹竿作椽子,上面铺设芦帘,屋面盖小麦秆,也有少数盖稻草,开独扇大门。房屋虽有冬暖夏凉的特点,但草制屋面,经不起风吹雨打,二三年必须更新。境内也有少数农民住瓦房,每户一般 2—3 间,建筑面积 45—65 平方米。富户拥有多间高大宽敞的砖瓦房,一般都有墙门。

20 世纪五六十年代,随着生产力的逐步发展和农民收入的逐年增加,部分农民开始翻建平瓦房,但是草房还占一定比例。70 年代初,不少农民开始翻建或新建住房。为了节省建房开支,每年夏忙结束,生产队组织力量,把元麦、小麦芒和小麦秸秆用船分别装运到轮窑和小窑,调换砖、望板和小瓦。有的人家开船到上海购买废旧油毛毡到窑上换砖瓦。也有的人家到河里摸捞碎砖乱石做三合土。当时所建房屋均为平瓦房,大多为砖混结构,砖砌空斗墙,预制水泥桁条、水泥门窗框,杂树椽子,望板上铺小瓦。檐口升高、门窗增多、进深加大,改变了过去明堂暗房的习惯。但也有少数人家墙体仍为里土外砖(外墙面用砖砌、内墙面用土坯砌),竹椽芦帘。房屋建好后,用烂泥拌麦芒,涂在屋内墙壁上,然后再用石灰粉刷。1975 年,南区规划开挖南、北中心河和大寨河,按生产队辖区沿河岸规划居民住宅。1 个儿子可建 4 间房屋,2 个儿子可建 7 间房屋。1979 年,全境扩大宅基地面积,所建房屋质量也有所提高。椽子、桁条均为木质,墙面用水泥粉刷,室内地面及屋外场地大都以混凝土浇铺。

1980 年,境内开始建楼房。南区有 5 户农家共建两层楼 36 间。至 1985 年末,全境共有楼房 169 间,占住房总数的 6.37%。楼房一般为二层,个别为三层,大多是砖混结构。二层楼檐高 6.8 米—7.2 米,开间 3.8 米—4 米,进深 8.5 米左右。不少楼房外墙贴马赛克或镶嵌玻璃碎片,少数农户内墙贴墙纸或刷油漆,厨房间和卫生间吊顶。有的农户在住房边挖水井、建小水塔,以便在厨房、卫生间安装水管,用上"自来水"。

1990 年,全村草房绝迹。

2001—2002 年末,南区共建楼房 2681 间。至 2003 年末,南区共有楼房 4860 间。2008 年,全村居住楼房的户数占全村总户数的 92.3%。2009 年开始,因城区规划,政府不允许农民自己建房。2010 年开始大动迁,其中西区动迁户占总户数的 93%,未动迁的仅剩 21 户。所有动迁村民均住进安置房。2015 年,全村村民住房总面积 418309 平方米,人均住房面积 72.8 平方米。

1950—2008 年(选年)南区农民住房一览表

表 2-10

年份 \ 类别	总间数	草　房	平瓦房	楼　房
1950	1832	1209	623	—
1960	1868	1245	623	—
1965	1916	1156	760	—
1970	2000	1054	946	—
1975	2105	272	1326	7
1980	2345	267	2017	61
1985	3157	211	2648	298
1990	3519	—	1341	2178
1995	3829	—	831	1998
2000	3894	—	802	3092
2003	3902	—	762	3140
2005	3940	—	750	3190
2008	3990	—	780	3240

第三节　饮　食

中华人民共和国成立前,境内农民生活十分困苦。夏粮收获后,一日三餐以吃麦粞为主,辅以芋艿、玉米、南瓜、黄萝卜等杂粮。待秋粮收获缴完租,多数农户家中所剩无几。"小熟吃到蝉儿叫,大熟吃到穿棉袄",这就是当时农民粮食紧缺的写照。冬季及其他农闲时节,大多数农家一日两餐。农忙时节,一日三餐,富裕农家在午后加一顿泡饭或面食作点心。青黄不接时,贫苦农民以瓜菜代粮。1949 年,境内人均收入 35 元,人均口粮 130 千克。中华人民共和国成立后,经过土地改革和农业合作化运动,农业生产得到发展,农民收入逐年增加。1957 年,全境年人均收入 79 元,人均口粮 240 千克,分别比 1949 年增长 1.26 倍和 0.85 倍,境内农民的生活基本有了保障。国民经济三年暂时困难时期,农民生活普遍下降。1963 年后,国家经济形势有所好转,农民生活水平逐步提高。"文化大革命"中,粮食产量虽有所提高,但上缴任务加重,产值降低,农民生活水平徘徊不前。普通农户一年到头能吃上一顿馄饨,喝上一壶老酒,就感到非常幸运了。1978 年开始,随着农村产业结构的调整、生产的发展、农副产品价格的提高,农民收入明显增长。1987 年,境内农民年人均收入

1234 元,年人均口粮 330 千克。饮食结构也开始发生根本性变化,由吃饱向吃好发展。主食有米饭、面条、馄饨、包子、大饼、油条、汤团等,遇上节日增加年糕、重阳糕。红烧肉、红烧鱼、红烧蹄髈、白宰鸡等菜肴开始出现在寻常百姓的餐桌上。2000 年开始,注重保健、讲究营养成为境内居民的饮食追求。餐桌上大鱼大肉等高脂肪类菜肴明显减少,被那些新鲜无污染的大众化素菜所替代。南瓜、黄萝卜、山芋等以前被用来充饥的副食,成为居民争相食用的保健食品。而且一年之中的时令食品种类繁多,团圆、团子、馄饨、元宵、粽子、月饼、重阳糕之类的食品已不足为奇。

第四节　服　饰

一、服装

清代,境内男女百姓均穿无领口大襟上衣和叠腰直筒长裤,女性衣裤仅加边条装饰以示区别。辛亥革命后,服装无领改有领。民国时期,村民走亲访友时,春秋穿夹袍,冬天穿棉袍。平时,男子穿长衫,女子穿大袴短袄、叠腰裤。也有少数富家女子穿旗袍、叠腰裤。干活时穿对襟短布袄或夹布袄。20 世纪 50 年代以后,西装、列宁装、中山装、人民装、青年装开始在境内流行。长衫、马褂逐步被淘汰,叠腰裤也被西裤所替代。春夏季,男子穿衬衫、香港衫,女子穿对襟翻领衫。秋冬季,男女都内穿卫生衫裤或毛绒衣裤。苏俄式翻领棉大衣为时尚服装。60 年代,中山装、青年装、春秋两用衫成为境内人们的常穿服装,苏俄式服装逐步消失,女子翻领对襟衫十分流行。"文化大革命"期间,青年男女穿着以黄绿色军装为主。70 年代后期,服装款式增多。80 年代起,服装面料转向以化纤织物为主,丝绸、毛呢料需求大增,棉织品退居次位。进入 21 世纪,休闲装流行,棉织品复受青睐。

二、帽子

20 世纪 30 年代以前,境内成年男子戴西瓜皮帽、汤罐帽、翻边毡帽,儿童戴兔耳帽、狗头帽、虎头帽。40 年代,除沿袭以上帽式外,开始流行罗宋帽、压发帽、绒线帽、礼帽、铜盆帽。儿童戴绒球帽。雨天戴雨野帽。中华人民共和国成立后,男子流行戴解放帽、东北帽,除绒线帽外,其他传统帽子逐渐减少。"文化大革命"期间,流行草绿色军帽。80 年代起,帽形繁多。进入 21 世纪,夏天有用于遮阳的草帽、太阳帽、钓鱼帽,冬天戴鸭舌帽、东北帽、皮帽、绒线帽、滑雪帽等,部分老年人仍喜欢戴罗宋帽。

三、鞋袜

20 世纪 30 年代前,境内百姓大多穿自做的传统布鞋。式样有小圆口、方口、松紧口等。女子穿搭襻鞋居多。幼儿穿猫头鞋、虎头鞋。男子下地劳动穿草鞋、布绳鞋。冬天穿脊背蚌壳棉鞋和芦花鞋,其他季节则穿普通布鞋。雨天穿油布钉鞋、木拖鞋。30—40年代,境内逐渐出现皮鞋、球鞋、橡胶套鞋。中华人民共和国成立后,皮鞋增多,橡胶底球鞋普及,机制布鞋逐渐替代手制布鞋。70年代出现各种塑料凉鞋和橡胶底布鞋。80年代初,传统布鞋慢慢减少。90年代开始,境内大量涌现以牛皮为主的各类兽皮鞋和式样繁多的橡胶底鞋。以皮革鞋为例,尖头、圆头、方头皆有,高跟、中跟、平跟俱全。村民夏天穿皮凉鞋,冬季保暖鞋,春秋穿皮鞋或耐克鞋。

旧时,境内男女都穿自制的棉布套袜,称"袜套"。20世纪20年代起,外国的纱袜进入中国市场,俗称"洋袜"。"洋袜"分长筒和短筒两种,长者至膝盖,短者过脚踝。40年代,一般人都穿纱袜,新潮女性开始穿长筒丝袜。中华人民共和国成立后,境内老年人喜穿长筒纱袜,一般人则喜穿短筒丝袜。60年代开始流行尼龙丝袜和绵纶丝袜,因其美观耐穿而一度深受欢迎。1980年后,境内大多数居民因讲究保健又改穿纱袜、丝袜,穿化纤袜子者较少,青年女性还喜欢穿连裤袜。

四、饰物

民国时期,境内普通男子一般无饰物,只有少数富家妇女喜戴戒指、项链、手镯、耳环,发髻上插银钗。部分普通女子则用银、铜、石料等作为饰物。小孩佩戴银质或镀银的项圈、锁链、手镯、脚镯。中华人民共和国成立后,除小孩仍戴传统饰物外,一般男女戴饰物的极少。中青年戴手表,佩一支钢笔,以示有文化。女孩头上扎花结,有条件的妇女戴金耳环。80年代起,佩戴金银珠宝饰物在境内开始流行。富裕男子戴金戒指、金手表、金手链;富裕女子戴宝石戒指、金耳环、金项链、金脚链等。进入21世纪,铂金、钻石、翡翠饰物流行,少数青年男子也佩戴耳环。

第五节 出 行

中华人民共和国成立前,境内道路均为土路,宽不足1米,高低不平,每逢下雨,泥泞难行。20世纪50—60年代,结合农田水利建设,南、西、北各区拓宽纵横辖区的村间道路,为人们出行提供方便。70年代以后,自行车成为境内居民的主要交通工具。但它一度计划供应,成为紧俏商品。尤其是上海产的"永久""凤凰"牌自行车更难买到。无锡产的"长征"牌、常州产的"金狮"牌自行车相对易购些。1980年,南区已形成三纵两横的主干道交通框架。三纵分别为吴巷里至匡家堂的主干道、李家堂(米厂)至青草巷的主干道、陈三房至王四房桥的主干道。二横即以南、北中心河河侧道路为基础,筑成横贯全村的2条主干道。三纵两横道路均为碎石路面。90年代,南区出资206万元,将三纵两横主干道拓宽至4.5米—5米,路面用混凝土铺浇。进入21世纪,境内公路四通八达,家家户户通水泥路。村民出行除坐公交车外,电动助力车、轿车成为出行的重要交通工具。2015 年,全村有自行车525 辆、电动助力车 2852 辆、轿车 1307 辆。村域内有 38 个公交停靠站,有多路公交车可供村民出行。

第六节　通　信

1930 年,东莱邮政代办所设立,属南京邮区主管并受无锡一等邮局领导,代办所业务由缪惠涯承办。境内寄出的信件、小额汇款单及各类邮包,早晨封包后送交过境轮船带往无锡。下午无锡班轮将回送信件、报刊、邮包等带至东莱邮政代办所。当时投递范围只限送至乡镇,境内信件由收信人到乡镇代办所领取,或代办所工作人员请人转交。电报由福山电报局派人传送,计程定酬。中华人民共和国成立后,邮政事业迅速发展。1956 年,东莱邮电所成立,属常熟邮电局管辖,由季永法任所长。1959 年,邮电所添设电话总机,境内三个大队接通电话。1962 年沙洲县成立,东莱邮电所改属沙洲县邮电局管辖,由季翠珍任所长。是年,境内蒋桥集镇设立邮箱,方便周边居民投寄信件。1981 年,东莱邮电所有 9 名工作人员。全社电话线对线总长 45.57 千米、单线总长 9.4 千米,开通电话机 77 部,其中境内 8 部。

1984 年 12 月 31 日零点,境内固定电话号码升至 5 位数,供电自动机动制,由沙洲县邮电局经营;1988 年 10 月 30 日零点,境内固定电话号码升至 6 位数,程控自动机电制,张家港市邮电局经营;1994 年 8 月 28 日零点,境内固定电话号码升至 8 位数、程控,张家港市邮电局经营。90 年代起,住宅电话进入境内寻常百姓家。1996 年 10 月,农联村获"江苏省电话小康村"荣誉称号。进入 21 世纪,手机、互联网逐步普及。2015 年,全村有固定电话 641 部、手机 5113 部、家庭宽带用户 1593 户。

第七章　宗　教

境内流传的宗教主要是佛教和道教。中华人民共和国成立前,境内共有寺庙、庵堂 4 所,信奉者众多。境内景家道士颇有名气,影响较大。中华人民共和国成立后,境内和尚、尼姑大都先后还俗。"大跃进"中,宗教活动受到挫折。"文化大革命"时期,宗教活动被迫停止。1978 年后,境内落实党的宗教政策,恢复宗教活动,使之走上健康发展的道路。2015 年,农联村域内的弘法寺香火旺盛,是整个东莱地区的佛教活动场所。

第一节 佛 教

佛教约在东汉末年由印度传入中国,后四处流传。为了满足百姓求神拜佛的需要,境内曾先后建造青墩庙、猛将堂、景家庙、永宁庵等4座庙庵。旧时,境内乡民中有一大批信奉佛教的善男信女,除了逢年过节到庙内烧香拜佛外,还常年在家吃素修行,其中老年妇女居多。少数家庭虽未设佛堂,但供奉观音菩萨和弥陀佛。她们每天敲木鱼,数念佛珠,烧香叩头拜佛。念的经文有《金刚经》《妙法莲华经》《华严经》《般若波罗密多心经》和《弥勒佛经》等。每逢农历初一、十五、十九观音节、文殊节,境内的佛教信徒便会汇集弘法寺,烧香叩头、集体诵经。有些信佛者,在佛教节日,会去苏州、杭州等地进香拜佛,或去寺庙遗址坐夜烧香。有的还赴外地寺庵参加水陆法会、盂兰盆会等。

佛教活动场所简介:

弘法寺

位于南区原陈三房自然村,东临杨锦公路,西傍农联路,南依振兴中路,北靠中兴中路。占地面积0.9公顷,建筑面积4663平方米,投资总金额1100万元。

弘法寺曾称猛将堂,始建年代不详。解放前夕,仍有4名尼姑常住该庙。时有南向砖木结构大殿5间、东厢房3间、西厢房2间,庙田5亩多。解放初,该庙留有两个尼姑。后来,其中一个还俗出嫁,另一个老师太看守庙宇,直至亡故。猛将堂属沙洲县房管所公产,后作生产队仓库。农村实行家庭联产承包责任制以后,生产队仓库取消。然而庙房年久失修,破旧不堪。

1990年,境内热衷佛教事业的离休干部顾炳龙多方联系,筹集资金,组织人手修建猛将堂,建筑面积由原来的100多平方米扩大到200多平方米,并请工匠重塑佛像。1992年10月8日,经张家港市人民政府民族宗教事务科批准,同意弘法寺作为临时佛教活动点恢复宗教活动。1995年8月,张家港市宗教恢复活动场所登记工作领导小组审定,同意临时登记,登记名称为东莱佛教活动点,负责人顾炳龙。2003年3月转为正式登记。

2003年3月,骏马集团公司总裁杨培兴同意与农联村联手重建此庙。经协商决定,农联村重点负责雕塑大雄宝殿内全堂佛像,骏马集团重点负责建设新山门、大雄宝殿及附属

图2-11 位于农联村境内的弘法寺(摄于2015年)

设施,并指派集团副总经理陈祖福全面负责工程建设。2003年5月,山门和大雄宝殿竣工,造价95万元。2004年4月,大雄宝殿全堂佛像开光。2007年7月,经苏州市民族宗教事务局审核确定东莱佛教活动点的场所类别为固定场所。随后,张家港市民族宗教事务局换发登记证明,"东莱佛教活动点"更名为弘法寺,负责人杨盘珍。至2009年9月,四合院、大雄宝殿、天王殿、新山门殿、猛将堂、厢房念佛堂、厨房、浴室、斋堂、放生池、石驳岸、围墙等全面竣工。其中,大雄宝殿是弘法寺第一重殿,建筑面积360平方米。大殿重檐翘角,双龙吻脊,五兽蹲脊,高大雄伟。"大雄宝殿"四字为赵朴初居士手迹。匾额高悬在大殿上方正中,大脊前后嵌有"佛日增辉""法轮常转"八个大字。花岗岩露台,精雕细刻着的祥云图案精美绝伦。大殿内供奉一佛二弟子三尊塑像,释迦牟尼佛塑像居中,迦叶塑像、阿难塑像分立左右。两侧供奉神采各异的十八罗汉塑像,背面为海岛观世音菩萨塑像。其中观世音菩萨脚踩鳌鱼,手持净瓶,为普度众生状。善财、龙女分立两旁。钟、鼓、磬、木鱼等法器,均按佛教仪规陈列,幢幡飘拂、千佛灯闪,庄严肃穆。在此庙重建过程中,来自四面八方的信徒共捐资1100万元。其中,骏马集团捐600万元,农联村捐50万元。

此后,弘法寺引来市内外各方信徒的虔诚朝拜,各项佛事活动得以顺利开展。

2015年,弘法寺有5名和尚。其中护法人杨盘珍于1999年开始主持寺院管理工作,至今从未间断。

青墩庙

原址位于西区季家堂自然村。据史料记载,该庙建于明嘉靖三十二年(1553)。庙宇由3间正屋、2间舍房和2间侧厢组成。因庙内供奉大王菩萨神像,故民间素有"青墩大王庙"之称。大王菩萨神像东边是关公(即三国时关羽)神像,关公神像两边为关平和周仓神像,西边是土地菩萨。旧时,境内及周边有人亡故,其家属便去青墩庙中烧香,以示死者向土地、大王报到。平时供老百姓烧香拜佛。土地改革后,庙内菩萨全部被打毁。1954年,庙宇用作境内新建初级社的活动场所。1958年,庙宇被全部拆除,材料用于建造东莱公社大会堂。

永宁庵

原址位于西区第五村民小组与第七村民小组交界处。始建于清咸丰二年(1852),有3间瓦房,18亩土地。有和尚1人,香火较旺。1912年出让建办永宁初级小学。

景家庙

原址位于南区第十一村民小组杭家堂自然村。清同治年间,杨舍景巷里(今属杨舍镇范庄社区)有一姓景的乡绅出资在境内南区王四房桥西北建造了一座拥有3间正屋、2间辅房、2间朝东侧厢的庙宇,并委托王四房桥村民管理。因该庙为景氏所建,故称景家庙。庙内供奉观世音菩萨、关公等近20个佛像。每逢农历初一、月半或节日,众多百姓前往烧香,求佛祖保太平。1951年,庙内泥菩萨被砸掉,庙舍作为西区五村农委办公室,后改作十一生产队仓库。90年代末,因村内规划建造小别墅,景家庙拆除。

第二节 道 教

　　道教是中国本土宗教。它以"道"为最高信仰，奉老子为始祖，信奉天神、地祇、人鬼。自南朝梁代传入境内后，逐代有所发展。明、清时，境内信奉者日益增多。民国时期，道教逐渐衰落，但有全真道士从事做道场、斋戒、取水、安土等宗教活动。民间有俗家道士，为农家诵经、拜忏、做道场。中华人民共和国成立后，俗家道士大多停止活动。90年代初，道教逐渐恢复、发展。进入21世纪，购建新房、搬迁新居后，要请道士"安镇"；人亡故后，本家不管穷富，均请道士做法事，特别是亡者火化之日、"五七"法事尤为热闹。

　　境内杭家堂景家道士，特别是法师景云龙、景高先颇有名气，影响较大，农联及周边地区的道场法事大多由他们主持。

第三编　农村建设

20世纪五六十年代,境内农民住房简陋破旧,大多是民国时期留存的平瓦房和草房。70年代,随着人民生活水平的逐步提高,少数农户自建新房(平瓦房)。80年代初期,开始有少数农户翻建楼房。80年代中后期,境内掀起建楼房热潮。90年代中期,政府规定建房标准,具体到建房面积、间数、开间、进深,并给建房户提供统一的施工图纸,由镇建房办公室督建。至2000年,境内90%的农户住上了自建的新楼房。2002年,因城北开发区建设之需,境内民居开始大规模动迁,集中安置。2005年6月,动迁安置房江帆花苑一期竣工。2011年初,江帆花苑二期、三期竣工,安置动迁户444户。至2015年末,江帆花苑、农联家园共建居民住宅楼137幢。其中,江帆花苑122幢,农联家园15幢,共计5108套安置房,安置动迁户1905户。

五六十年代,境内农民普遍饮用河水;七八十年代,开始饮用自家开挖的井水;90年代,饮用政府供应的自来水。1975年,境内接通生活用电,家家户户用电灯照明。1991年,境内部分农户使用瓶装液化气。2008年,村内集中居住区居民开始使用管道天然气。2015年,全村100%的动迁户使用管道天然气。为保护改善居民的生活环境,至2015年,村内原印染厂等有污染的企业均已关停或外迁改建。各小区绿化率达到54.05%。

第一章　农民住宅　驻地建设

第一节　自建房

中华人民共和国成立前,境内农民住宅大多为清代、民国年间所建。贫困农户的房屋多为土木结构,屋面为"冷摊瓦"(椽子上直接铺瓦),墙体由土坯制成,外面用石灰粉刷。如是草房,屋梁、立柱均为毛竹,以五架梁居多,墙体为泥垛,一般不粉刷。少数富户居住结

构坚固、宽敞明亮的高厅大屋,一般前后三
进,各 5 间,另有厢房数间,而且前有墙门,
后有花园。

图 3-1　1990 年代农民自建房

60 年代后期,有少数农民翻建新房,大
多为 3 间一栋的平瓦房,七架至八架,4 米
开间,8 米进深。1972 年,境内按上级要求
统一规划农民住宅,在中心河两岸新辟居
民点。每户造房按 1 个儿子 4 间、两个儿子
7 间的标准实施,每户主房后面允许再造 2
小间辅房。中共十一届三中全会以后,农村经济大发展,境内农民自建楼房越来越多。至
1990 年,仅南区就建有两层楼房 2178 间,占全区住房总间数的 61.9%。按东莱乡建房办
规定,境内统一每户 3 间 1 侧厢,按东莱乡建房办 1 号至 5 号图纸施工,面积 220 平方米左
右,造价约 6 万元。房屋式样各异,有的整齐划一像兵营,有的阳台走廊全封闭,有的类似
小别墅。墙面有的贴条形面砖,有的涂防水彩色涂料。

2001 年以后,境内开始建造新式别墅楼,设计合理,功能齐全。房屋整体采用钢筋混
凝土结构。底楼地面贴地砖,进户门安装铜门或实木门,窗户大多安装铝合金窗或塑钢窗。
厨房间和卫生间吊顶、墙面贴墙砖、地面贴地砖。卫生间安装抽水马桶、浴缸、淋浴器、洗脸
台盆。厨房安装整体橱柜、洗菜池、给排水管等设施。部分条件较好的农户室内安装中央
空调,楼上装潢更加时尚高档,并建有汽车库。

第二节　集中居住区

境内农民集中居住区建设,始于 20 世纪 70 年代初。1972 年,南区规划将中心河两岸
作为集中居住区,安排部分社员拆除老房,在此自建新住房。实施步骤是先由社员向大队
提出申请,经大队审核批准后统一安排建房地址。至 1982 年,中心河集中居住区形成 8 个
居民点,共有住户 883 户 3007 人。1985 年后,该居住区住户根据自身家庭条件,陆续在该
居住区翻建楼房。2003 年和 2012 年,农联村又先后建成江帆花苑和农联家园两个村民集
中居住区。

江帆花苑　位于村域西南部,东北距村委会驻地 1.2 千米。区域东起杨锦公路,南依
张杨公路,西至华昌路,北靠中兴中路。2003 年,市政府统一规划,为建造沙钢立交桥、扩建
青草巷农副产品批发市场,开发北城区,动迁农联村数百户村民。为安置动迁村民,建造江
帆花苑安置小区。江帆花苑分四期建设。2005 年 6 月,一期工程多层住宅楼 58 幢 1691 套
竣工,建筑总面积 23.14 万平方米。是年末,入住 1290 户。至 2015 年末,江帆花苑先后建

成西区、中区、东区和北区 4 个小区。其中,西区为 1—22 幢、63—71 幢;中区 23—62 幢(25—26 幢未建)、105—108 幢;东区 72—104 幢、109—111 幢;北区 112—124 幢。4 个小区占地总面积 33.87 公顷,建筑总面积 47.9 万平方米,绿化率 34%。共有居民住宅楼 122 幢(其中多层 109 幢、小高层 13 幢)3741 套。安置农联、西闸、斜桥 3 个村和仓基、范庄 2 个社区的动迁户 1269 户,分房 3020 套,入住居民 1960 户(含 691 户购房户)7100 余人。小区内设有建筑面积 3738 平方米的会所及老年活动室、便民超市和物业管理办公室,以及健身路径等配套设施。2006 年 6 月 22 日,经市委、市政府批准设立江帆社区。社区居委会设在中区 49 幢南侧的综合办公楼内。

农联家园 位于村域东南部,西北距村委会驻地 1 千米。区域东起平安路,南靠振兴西路,西至杨锦公路,北依温州商贸城。该小区由张家港市农联城乡一体化发展有限公司投资 7.5 亿元兴建,2012 年 8 月动工,2014 年 12 月竣工。占地面积 7.33 公顷,建筑总面积 24 万平方米。建有楼房 15 幢 1367 套(其中商铺 119 个)、自行车库 1367 个、地下停车位 850 个。是

图 3-2 农联家园外景

年末,636 户动迁户抽签分房,并出售商铺及配套用房 176 套。农联家园为农联新镇一期工程,具有唐宋建筑风格。

第三节 村委(大队)驻地建设

1962 年,农联大队部设在第五生产队倪家堂自然村原倪姓住宅东、西墙门内。共有办公室 16 间、会议室 3 间,总面积 350 平方米。1970 年,大队部迁至青草巷自然村。1971 年,又迁回倪家堂西墙门。1979 年,大队部投资 2.5 万元,在中心河北侧建造 11 间平房用于办公,占地面积 0.09 公顷,建筑面积 350 平方米。内设大队办公室、卫生室、代销店、水面店和农药、化肥供应站等。1983 年初,随着村办工业的发展,村部迁入蒋桥花边织带厂,办公室建筑面积 47 平方米。1990 年 6 月,村委投资 3.5 万元,在织带厂前方建造一栋三层办公楼,建筑面积 248 平方米。其中,底层为东莱蒋桥供销物资公司;二层分别为书记办公室、会计办公室、接待室和村委综合办公室;三层为党员活动室。1997 年,该办公楼卖给个体户经商,村部搬迁到江帆集团染整厂二楼办公。1998 年,随着南园(农联江帆工业园)、北区(工业集中区)初步形成,村委办公地点又迁至原江帆宾馆。2003 年 11 月,农联、乌沙、南桥三村合一,建立新的农联村并升格为党委村后,办公场所急需扩大。2006 年 8 月,村委投

资 2200 万元,建造村委综合办公大楼。大楼位于村域中部杨锦公路 9 号,东临杨锦公路,南邻城北消防中队,北近张家港市老年公寓。办公大楼占地面积 2 公顷,建筑面积 1.7 万平方米,绿化面积 0.8 公顷。该楼除办公外,还辟有建筑面积 3000 余平方米的村史馆和农联江南农耕文化馆。另设有医疗保健、体育活动、老年活动、党员活动、文化娱乐、爱心超市等功能区。2008 年 6 月,村委综合服务中心竣工投用。7 月 1 日,村两委隆重举行启用仪式。

图 3-3　村委大楼

第二章　公用事业

第一节　供　电

2001 年前,境内用电管理由各村委派专人负责,镇用电站负责业务指导。2001 年开始,境内用电由镇用电站直接专管。

1973 年,南区投资 18 万元,在大队部所在地架设高压线路,接通华东电网,并添置一台 100 千伏变压器。翌年,高压线路由大队部架设到各生产队。各生产队利用电力脱粒、灌溉。1975 年,境内各大队建造电灌站,家家户户接通生活用电。1976 年,南区西片安装 1 台 50 千伏的变压器。1987 年,换装 100 千伏的变压器。1996 年,又换装 200 千伏的变压器。1999 年,村办工业快速发展,导致境内用电量激增。境内各村配合上级用电部门改造电网,按规范化要求调整低压线路,扩大电容量,以满足用户用电需求。2000 年以后,青草巷农副产品批发市场、温州商贸城和各区工业园区入驻商户、企业迅速增加,加上村民家用电器设备不断增多,导致电力紧缺。为确保农副产品批发市场、工业园区和居民的正常用电,2002 年,南区投入 60 万元,增架 2 条高压电线路,通往工业园区、青草巷农副产品批发市场和温州商贸城。2008 年,全村企业用电量 16420 千瓦,其中农户用电量 8080 千瓦。2015 年,全村企业用电量 29658 千瓦,其中农户用电量 10589 千瓦。

第二节 供 水

20世纪60年代前,境内村民一直饮用河水。70年代,部分村民开始自己打井饮用井水。1979年,大队领导组织人员到常熟浒浦学习,参观爱国卫生运动模范村。为普及农民饮用井水,大队以每口井补助200块砖的优惠政策鼓励农民自己打井。由此掀起打井热潮,逐步改变了村民饮用河水的习惯。1980年后,村(队)办工业迅速发展,河水污染日趋严重,少数农户开挖小深井,装上小水泵,将水引入屋顶自制水箱,作为家庭自来水。

1989年,东莱自来水厂建成。1992年,该厂的自来水主管道通达境内各区。1997年,全境家家户户用上自来水。2010年,东莱自来水厂与市自来水厂并网供水,农联村民开始饮用来自长江的自来水。

第三节 供 气

沼气 1976年9月,东莱公社建立沼气办公室。是年秋至1978年,境内共建沼气池12只:南区建8只,其中2只为砖结构,6只为"二合土"结构,有6只池连续使用3年;北区建3只,均是"二合土"结构,其中2只池连续使用3年;西区建1只,"二合土"结构,仅使用1年。因境内土质差,所建沼气池极易坍塌、漏气,再加上沼气的原料为人畜粪,建沼气池就是与集体耕地争肥料,生产队不支持,故未形成气候。

燃气 1991年,境内少数农户开始使用瓶装液化气。1995年,境内有50%的农户使用液化气。至21世纪初,大部分农户用上液化气。2005年12月,张家港市港华燃气有限公司接通江帆花苑、农联家园的天然气管道,向两个小区居民供应管道天然气。从此,两小区居民都用上了管道天然气。至2015年,全村100%的村民使用液化气或管道天然气。

图3-4 港华燃气

第四节 绿 化

20世纪50年代前期,境内绿化树种有榉树、苦楝、水杉、刺槐、麻栋、栎树、枫杨、棕榈、槐树、杨柳、香椿、法桐、柏树、榆树、女贞、冬青、香樟、桂花、泡桐、银杏等。路边、河边及家前屋后种植水杉、泡桐、香樟、枫树、柳树、桂花树、榉树、榆树等。部分农户屋后还种竹子，形成竹园。墓地种植柏树、松树等。

1958年刮"共产风"，将境内农民家前屋后的榉树、楝树、榆树平调砍伐，运至望虞河开挖工地，用以制造拖泥的平板车。

1964年，以生产队为单位，发动干部群众在路旁、河旁、房前屋后植树栽竹，绿化家园，并规定谁种植归谁所有。种植的树木有棕榈树、桂花树、榆树、泡桐、银杏、冬青等数十种。同时鼓励农户积极栽竹培育成园，品种有象竹、篾竹、燕竹等。

70年代，各地开展"农业学大寨"运动，大搞平整土地以扩大粮田，境内绿化遭到严重破坏。

1979年2月，第五届全国人大常委会第六次会议确定，每年3月12日为植树节。境内干部鼓励村民利用废弃零地、路旁河边、宅前屋后植树绿化，并发动各单位组织人员进行义务植树，在路边、河边、三角沟边遍栽杨柳，做到"见缝插绿"。

1990年，境内工业经济迅猛发展，私营企业纷纷入驻境内南园（农联工业园）、北区（南桥经济开发区），厂区规划和绿化规划同步实施。至2015年末，北区民营经济开发区大道两旁的绿化带已形成规模。各厂区大门口绿树成荫，花木盆景摆放有序，环境宜人。2005年12月，农联村委会投资60万元，在北区的朱家圩、南区张杨路至吴巷里大道两旁，都种上香樟和球型黄杨，形成新的绿化带。

2006—2007年，村委对北区4个村民小组作为老村庄改造的试点，并按照"三清"（清垃圾、清淤泥、清路障）、"三绿"（庭院绿化、道路绿化、村旁绿化）要求，投入280万元，对村民宅前屋后全面整治、绿化，空余地面进行硬化。2008年，江帆花苑二期绿化率达到34%。

2015年，全村加大绿化力度。后进区域（朱家圩）重点绿化；生活小区全面绿化（含西区、中区、东区和北区的道路、文体设施周边），其中江帆花苑绿化总面积18.3万平方米，占小区总面积的54.05%；全村主次干道两边带状绿化总面积0.62平方千米，占全村总面积的10.3%；企业厂房周围绿化，改善厂区环境；家庭内外立体式绿化，美化居住、生活环境。除此以外，居民家庭中均增添奇花异卉盆景，令人产生"住在绿树成荫的林中、生活于花果飘香的园中"之感。

第五节　环境保护

改革开放后，境内村（队）办企业蓬勃兴起，污水、废气、废渣随之大量产生，严重污染环境，影响村民的身体健康，境内各村对此高度关注。从80年代末开始，全境各村委主动配合上级环保部门以"利在当代，功在千秋"的理念，切实搞好环境保护工作。对具有环境污染源的老旧企业进行整改；对新批办企业的环保工作，坚决做到"三同时"，即同时规划、同时建设、同时生产,并要求企业制订切实可行的环保制度和相应的整改措施,配备专职环保员,专门负责监督检查环保制度与措施的落实情况。

2000年,境内民营经济开发区形成后,企业纷纷入驻,随之带来工业污水污染环境这一问题。为此,农联村投资750.75万元建办江帆污水处理厂,并完善蒸气管道,建立工业水管道净化处理系统。至2007年,入驻企业大幅增加,工业污水日渐增多。农联村投资1000万元,用于江帆污水处理厂的提标、升级、改造。通过深度治理中水回用工程,提高了污水处理标准,取得明显效果,COD排放从原来80降到40。是年,农联村成立江帆污水处理有限公司,集中处理污染排放问题,确保入驻企业环保达标。2012年,因农联新镇建设需要,江帆污水处理厂先后异地重建。是年开始,农联村所有企业排放的污水统一由张家港市给排水公司第三污水处理厂处理。

张家港市给排水公司第三污水处理厂位于农联村村域北部、北二环路与杨锦公路交会处西首,占地面积4公顷。设计总规模为日处理污水4万立方米。工程分二期建设,其中一期工程投资1.07亿元,建设规模为日处理污水2万立方米,配套建设15千米管网和1座污水泵站。2007年破土动工,2008年末投入运行。该厂采用DE型氧化沟加连续砂滤池工艺,尾水排放执行《城镇污水处理厂污染物排放标准》(GB18918-2002)一级A标准,尾水排放口为二干河。服务区域为国泰路以东、二干河以西、晨丰公路以南、张杨公路以北地区。

第四编　交通　水利

　　长期以来,境内交通运输主要依靠水路。20世纪30年代,途经境内二干河、盐铁塘的小客轮、小货轮直通无锡、江阴、常熟等地。位于二干河、盐铁塘交汇处的蒋桥集镇设有轮船码头,境内百姓外出可直接到蒋桥或附近的新庄码头乘船。陆上道路均为狭窄的土路小道,以独轮车(俗称"羊角车")为主要交通运输工具。

　　中华人民共和国成立后,党和政府十分重视发展水陆交通运输事业。50年代至80年代,先后多次疏浚过境河道二干河、盐铁塘、南横套。70年代,开挖境内南、北中心河及东、西中心河,铺筑村级主干道。80—90年代,修筑村级主干道并进行多次拓宽改造。

　　2004年开始,大力建设村民小组之间道路。至2008年,全村家家户户通水泥路。2009—2012年,因城乡建设需要,又筑成平安路和振兴东路,总长2.1千米。同时还铺筑数十条村组道路,总长7.2千米。

　　2008年4月,市公交公司在境内北区征用4.13公顷土地,建造公交城北停车场。2013年,开通12条过境公交线路,全境设立38个公交站点和蒋桥"招呼站"(专供长途车停靠载客)。

　　至2015年末,全村形成五纵(蒋锦公路、杨锦公路、农联路、江帆路、华昌路)、六横(张杨公路、振兴路、中兴路、长兴路、五联路、北二环路)的交通网络格局。

第一章 交 通

第一节 道 路

一、国道

张杨公路（346 国道）境内段

穿越农联村村域南部。该路西起金港镇高峰村与江阴市交界处，向东依次经南沙、后塍、泗港、杨舍、蒋桥至鹿苑，全长 26.69 千米。境内段东起蒋桥集镇，西至殷家堂东门立交桥，全长 2.2 千米。沥青混凝土路面，路基宽 46 米，机动车道宽 24 米，两侧为绿化带和各宽 5 米的非机动车道。道路两侧各有数十米宽的绿化景观带。1992 年，为配合张家港保税区建设，市政府投资 2.5 亿元，拓宽改造建成部分封闭的一级公路。2004 年，又在道路中间用波形防撞护栏设分隔带。2010 年张杨公路又进行全线改造。张杨公路车流量 49000 多辆/昼夜，是主要的过境交通大动脉。

二、市级公路

1. 杨锦公路境内段

纵贯村境中部。南起张杨公路，向北途经农联村委办公大楼、跨越村域北界南横套后至锦丰镇。境内段南起张杨公路，北至南横套，全长 3 千米。路中央用钢质护栏设隔离带，两侧为各宽 22.5 米的机动车道、各宽 2 米的绿化隔离带、各宽 4 米的非机动车道，水泥混凝土路面，路两边为各宽 30 米的绿化景观带。2000 年 10 月通车，2014 年全线拓宽改造成一级公路，沥青混凝土路面。

图 4-1　纵贯境内的杨锦公路

2. 北二环路境内段

位于杨舍城区北侧。东起杨锦公路（东二环路），西至杨新公路（西二环路），全长 6.34 千米。境内段东起杨锦公路，西至华昌路，全长 2.2 千米。沥青混凝土路面，宽 15 米。两侧设各宽 2 米的绿化带、各宽 4 米的非机动车道，道路两边有各宽 30 米的绿化景观带，全线安装路灯。2001 年 9 月开工建设,2002 年 12 月建成通车。

3. 蒋锦公路境内段

位于二干河西侧。南起张杨公路(蒋桥集镇),北至锦丰镇,全长 12.09 千米,宽 12 米。境内段南起蒋桥集镇,北至南横套,全长 2.5 千米。1979 年元旦建成通车。1986 年,由碎石路面改造成沥青路面。

4. 华昌路境内段

位于境内西侧,2001 年建造。境内段南起张杨公路,北至南横套,全长 2.8 千米,宽 28 米。沥青混凝土路面,全线安装路灯。

5. 振兴路境内段

位于农联村南部,东西走向。境内段东起蒋锦路,西至华昌路,全长 2.2 千米,宽 38 米,其中,快车道宽 16 米,两边绿化隔离带各宽 4 米,慢车道宽 10 米,人行道宽 8 米。

图 4-2 华昌路农联村段

西段华昌路至杨锦公路段 2010 年建成通车,东段杨锦路至蒋锦公路段 2013 年建成通车。

6. 中兴路境内段

位于农联村南部、振兴路与长兴路中间,东西走向。境内段东起杨锦公路,西至华昌路,全长 1.2 千米,宽 38 米。其中快车道宽 16 米,两边绿化隔离带各宽 4 米,慢车道宽 10 米,人行道宽 8 米。2011 年建成通车。

7. 长兴路境内段

位于农联村北部,东西走向。境内段东起杨锦公路,西至华昌路,全长 1.2 千米,宽 50 米。其中快车道宽 24 米,中间隔离绿化带宽 4 米,两边绿化隔离带各宽 4 米,慢车道宽 10 米,人行道宽 8 米。2011 年建成通车。

三、村级道路

2003 年"三村合一"后,农联村加大对村级道路改造、建设力度,全村村级道路均为水泥混凝土路面。至 2015 年末,村级道路总长 25.1 千米。

1. 五联路

位于农联村北区,东西走向。东起杨锦公路,西至华昌路,全长 1.2 千米,宽 46 米。2012 年 10 月建成通车,沥青路面。因该路建在原"五联"地区,故以"五联"命名。

2. 农联路

位于农联村南区,南北走向,2011 年建成通车。南起张杨公路,北至北二环路。全长

2.4 千米,宽 38 米,沥青路面。2011 年建成通车。因该路建在老农联地区,故名农联路。

3. 江帆路

位于农联南区,南北走向,2011 年 10 月建成通车。南起张杨公路,北至北二环路。全长 2.4 千米,宽 38 米,沥青路面。原名乌农路,连接乌沙和农联,故名。2011 年重建延伸后,由张杨公路向北,经过江帆社区,再穿过境内北区,直至北二环路,更名为江帆路。

图 4-3 江帆路(摄于 2015 年)

2015 年农联村村级道路一览表

表 4-1

编号	道路名称	道路起讫,穿越、经过地名	长(千米)	宽(米)
1	张北路	张杨公路向北,穿过南区泾头上、西区黄家桥、北区刘家圩、乌沙头圩、二圩等自然村直抵北二环路	3.60	6.00
2	张弘路	张杨公路向北,经过南区王四房桥、陈三房巷自然村,横穿南中心路直至弘法寺	1.20	2.50
3	米厂路	张杨公路向北,经过南区青草巷、种子场、米厂、李家堂、第三村民小组后接通朱匡路	1.40	3.00
4	朱匡路	张杨公路向北,经过南区匡家堂、倪家堂、吴巷里自然村,再越过沙漕河,至北区朱家圩自然村接通南桥中心路	2.30	3.00
5	天然气路	杨锦公路至天然气站,分南路和北路。其中,天然气南路从杨锦公路至南桥花园;天然气北路从杨锦公路至天然气站	1.80	12.50
6	南区南中心河路	蒋锦公路起,先后经南区七组、六组、五组、十五组、十四组、二十三组、十三组后抵达二十二组,横穿张北路、张弘路、米厂路、朱匡路	2.20	3.50
7	南区北中心河路	蒋锦路向西,经过港西吴巷里、李家堂、王家堂、乌沙里、黄家桥、汤家桥,接通华昌路	2.20	3.50
8	杨界路	杨锦公路向西,经过夏家堂、后房、汤家桥、界柱头等自然村,接通现华昌路	1.20	3.50
9	沙漕河路	东起蒋锦路,沿沙漕河北岸向西经过北区八组、九组、十组,接通杨锦公路	1.30	4.00
10	南桥中心北路	蒋锦公路至杨锦路,途经北区五组	1.80	4.20
11	南横套南路	东起蒋锦公路,向西经过北区一组、四组、五组,接通杨锦公路	1.10	2.00

（续表）

编号	道路名称	道路起讫,穿越、经过地名	长（千米）	宽（米）
12	北区中心河南路	东起蒋锦公路,向西依次经过变电所及北区十六、三组、十组、朱家圩,接通杨锦公路	2.00	3.00
13	三百亩头路	原为三百亩备荒圩南北两条路,分别经北区十七组、十三组、十一组、十二组、五组、十五组、七组。后改建成东西两条路,分别经北区十一、十二组、十三组、十四组	2.00	3.00
14	平安路	南起张杨公路,向北经过振兴东路、农联家园北侧,至吴巷里接通商贸城路	1.00	2.00

注：上述介绍的五联路、农联路和江帆路未列入表中。

第二节 航 道

一、二干河境内段

位于境内东侧。南起江阴市北涸,向北依次流经张家港塘市、乘航、东莱、合兴、十一圩港入长江,全长 27.2 千米,规划为四级航道。该河开挖于清同治十一年(1872)。民国期间,曾多次分段疏浚。中华人民共和国成立后,人民政府曾先后 7 次疏浚、整治、改造和局部截弯取直。境内段南起蒋桥集镇,北至南横套,全长 3 千米。该航道长年平均水深 2.5 米,底宽 16 米,最小弯曲半径 450 米,可通航 300 吨级船舶。

二、南横套河境内段

位于境内北首。西起金港镇三节桥与申张线(张家港)相交处,向东依次流经后塍镇、周家桥、福前镇、东莱镇至南丰镇分水闸,与四干河和永南河相接,全长 24.87 千米,属等外级河道。该河开凿于清同治年间,历经多次拓浚而成。境内段东起二干河、西至界泾河,全长 2.2 千米。最高通航水位 4.39 米,最低通航水位 2.63 米,底宽 4 米—10 米,河口宽 22 米—33 米。常年平均水深 1 米—1.5 米,可通航 30 吨以下船舶。

第三节 交通设施

一、车站(场)

1.公交城北停车场

位于境内北区。东邻杨锦公路,南连北二环路,西靠北区东中心河,北濒南横套。2008 年 4 月开建,翌年 1 月正式投入使用。占地总面积 4.13 公顷,其中停车处占地面积 2.76

公顷。建有三层办公楼 1 栋,建筑总面积 2250 平方米。该停车场为集公交智能化管理、车辆停发班、LNG 车辆加气与充电、日常行政办公等为一体的多功能综合性停车场,同时也是张家港市最大的公交停车场。是 18 路、32 路公交车首末站,日发班次 191 班。夜间停放车辆近 180 辆。2011 年,停车场投资 25 万元,在停车场东南角配备了 1 台大型洗车机,为公交车清洗保洁。

图 4-4 城北公交停车场

该停车场也是首个设有 LNG 加气站的停车场。2008 年,由江苏新捷新能源有限公司、江苏港城汽车运输集团有限公司共同出资,在该停车场内建造 LNG 加气站,2010 年 9 月 1 日建成使用。至 2015 年,已为 11 条线路 104 辆公交车提供加气服务。在加气站旁边是车辆保养车间,主要用于维修和保养车辆,同时能保证对各线路公交车出现的问题在第一时间予以解决。

随着纯电动车批量投入使用,为保证其有效运行,2014 年在政府支持下,该停车场投资建设 9 个 60kW 充电桩,可供 18 辆新能源车辆同时充电。

2. 公交停靠站

2015 年末,境内建有 38 个公交停靠站。

2015 年农联村公交线路、公交停靠站一览表

表 4-2

公路名	公交线路名	候 车 站 名
杨锦路	9 路	农联金街、农联村、农联花园、南桥村(东)、南横桥
	18 路	农联金街、农联村、农联花园、南桥村(东)、公交城北停车场
	33 路	农联金街、农联村、农联花园、南桥村(东)、公交城北停车场、南桥村(西)、科技新城东门
	208 路	农联金街、农联村、农联花园、南桥村(东)、南横桥
	215 路	农联金街、农联村、农联花园、南桥村(东)、南横桥
张杨路	201 路	东门(城区)、蒋桥
	202 路	东门(城区)、蒋桥
	208 路	东门

（续表）

公路名	公交线路名	候 车 站 名
华昌路	10路	江帆花苑、华昌路、江帆花苑北区、弘法寺、党校、老年公寓、农联花园、红蕾学校、南桥站、东莱车站
	20路	江帆花苑
	233路	江帆花苑、华昌路、江帆花苑北区、弘法寺、党校、农联路、乌农路、科技新城东门
蒋锦路	207路	蒋桥立交桥、农联南桥、红蕾学校、南桥站、东莱车站

二、码头

1988年前，二干河通航无锡至锦丰镇的客运轮船。客运航班从无锡起航，向北途经境内蒋桥、新庄，往北经东莱后抵达锦丰镇。境内蒋桥、新庄设轮船码头。除境内居民出行可在该两个码头乘轮船外，南区蒋桥织带厂的货物都在蒋桥轮船码头托运到无锡。1985年以后，由于陆路交通发展迅速，汽车客运量增多，水路客运量逐渐减少。至1988年，客运航班停航，蒋桥、新庄两个轮船码头就此取消。

三、桥梁

1.沙钢互通立交桥

位于境内南区张杨公路与东南二环路（340省道）交会处。2003年6月开工建设，2004年12月竣工通车。该桥由沙钢集团出资建造，故名。又因其在青草巷附近，又名青草巷立交桥。该立交桥为全苜蓿叶形。沙钢互通立交桥造价8700万元，是全市规模最大的立交桥。

该立交桥以张杨公路为主线，杨锦公路、东南二环路为交叉道路。桥按三级互通式立交技术标准设计、施工。桥梁设计荷载汽车20吨、挂车100吨。立交桥净空5.5米，主桥长1000米，面宽24米，匝道总长2211米。互通范围内有主线特大桥1座，C、D、E、F匝道桥4座，通道5条，涵洞6个。

2.蒋家桥

位于南区张杨公路境内段，东西走向，跨越二干河。1993年建造，钢筋混凝土板梁桥，板梁箱式结构。跨径52米，全长62米，宽40米，荷载汽车20吨、挂车100吨。

3.沙漕河桥

位于境内中部蒋锦公路段，1979年建造。跨越沙漕河，南北走向。跨径12.3米，全长22.3米，宽9.6米，荷载汽车20吨。

4.农联村北桥

位于境内南区蒋锦公路段，跨越南区北中心河，1979年建造。该桥为钢筋混凝土板梁桥,跨径 12 米,长 22.9 米,宽 9.6 米,荷载汽车 20 吨。

5. 农联村南桥

位于境内南区蒋锦公路段,跨越南区南中心河道,1979 年建造。该桥为钢筋混凝土板梁桥。跨径 12 米,长 22.9 米,宽 9.6 米,荷载汽车 20 吨。

2015 年农联村主要桥梁一览表

表 4-3

项目 桥名	坐落位置	跨越河道	长度(米)	宽度(米)	荷载(吨)	桥梁结构	始建时间
南横桥	杨锦路	南横套	41	38	40	预应力	1998
乌沙桥	杨锦路	沙漕河	20	38	40	预应力	2002
乌沙港桥	农联路	乌沙港	26	38	40	预应力	2010
五联桥	农联路	乌沙港	26	38	40	预应力	2010
汤家桥	江帆路	门前路	28	38	40	预应力	2011
夏家堂桥	中兴桥	乌沙港	38	48	40	预应力	2012
王家堂桥	农联路	乌沙港	26	38	40	预应力	2012
陈山房桥	振兴路	乌沙港	26	38	40	预应力	2011
王四房桥	农联路	中心河	26	38	40	预应力	2011
泾杭桥	江帆路	中心河	26	38	40	预应力	2012
平安桥	平安路	中心河	15	22	40	预应力	2015
江帆社区桥(东)	江帆社区	中心河	17	13	40	预应力	2013
江帆社区桥(西)	江帆社区	中心河	17	11	40	预应力	2013
沙漕河桥	漕家小圩	沙漕河	16	4	10	混凝土	2002
朱家圩西桥	朱家圩	朱家圩河	10	4	10	预应力	2002
南桥东中桥	东中心河	东中心河	13	4	10	预应力	2000
朱家圩河桥	朱家圩	朱家圩河	14	4	10	预应力	2007

第四节　交通运输

20 世纪 70 年代前,境内以人力交通运输工具为主。80 年代以后,人力交通运输工具逐渐被机械交通运输工具所替代。

一、人力交通运输工具

1.手推独轮车

木制,客货两用。载重 200 千克左右,车床两边可载人或载货。1956 年,境内有手推独轮车 197 辆,其中南区 85 辆、北区 79 辆、西区 33 辆。60 年代开始逐渐减少,80 年代后基本绝迹。

2.板车

又名榻车,起始于 20 世纪 70 年代。多数为木质车身,橡胶轮胎、轴承钢圈。少数是铁质车身、铁皮车箱。车箱长 1.8 米—2 米、宽 1 米,载重 500 千克左右。1980 年,境内有榻车 202 辆,其中南区 96 辆、北区 68 辆、西区 38 辆。1982 年实行家庭联产承包责任制以后,大部分农户均备此车。农忙季节,村民用它拖运农作物和肥料等。

3.自行车

一种轻便的代步工具,同时也可搭客载货。60 年代,专门有人用自行车搭客载货,俗称踏"二等车",境内有 12 人从事该职业。1983 年增至 18 人。他们利用空闲时间到杨舍汽车站接送旅客或运送货物,获取劳务费。80 年代,自行车普遍成为村民出行的交通工具。直至 21 世纪初,自行车逐步被电动自行车替代。至 2015 年末,全村有 525 辆自行车。

4.船

20 世纪六七十年代,境内有用于水陆交通运输的木船和水泥船两类船只。木船载重量较小,每条载重量 1 吨左右。水泥船载重量略大,每条载重量 3 吨、5 吨、7 吨、10 吨不等,其中 5 吨的居多。木船既运载货物,兼罱河泥积肥。水泥船则以运载货物为主,小吨位的也可用于罱河泥积肥。70 年代末,境内共有 109 条船,总吨位 506 吨。其中,木船 44 条,总吨位 55 吨;水泥船 65 条,总吨位 451 吨。随着城乡建设的快速发展,公路四通八达,陆路机动交通运输工具发展迅速,这两种船于 80 年代起逐渐被淘汰。

二、机动交通运输工具

20 世纪 70 年代,境内机动交通运输工具开始发展。除农用机帆船外,手扶拖拉机、汽车和摩托车等机动交通运输工具开始出现。

1.机帆船

70 年代后,人们开始在水泥船尾加装螺旋桨推进器,用柴油机带动行驶,俗称"机帆船"。1978 年,全境有机帆船 12 艘,总动力 144 马力,总吨位 95 吨;1983 年,全境有机帆船 17 艘,总动力 204 马力,总吨位 187 吨;1985 年,全境有机帆船 6 艘,总动力 72 马力,总吨位 45 吨。以后随着陆路交通运输事业的迅速发展,水上交通运输日趋萎缩。

2.拖拉机

配挂车厢的运输用拖拉机,是境内主要交通运输工具之一。最初为手扶拖拉机,60年代开始使用。70年代中期,境内每个生产队都有手扶拖拉机,农忙时耕地,农闲时搞交通运输。队办企业也纷纷购买手扶拖拉机和少量中型拖拉机,作为运输装卸工具。1980年,境内有45台拖拉机,农忙时耕田耙地,农闲时配挂车厢搞运输。90年代后逐渐淘汰。

3.汽车

当代陆路交通运输的主要工具,有轿车、面包车、卡车、小货车等。2015年,全村拥有轿车1307辆、卡车23辆。

4.摩托车

现代化代步出行工具,也用于载物搭客。境内始见于70年代。80年代末至90年代中期盛行。1996年,境内有摩托车137辆。90年代后期,因摩托车不准进入城区而逐渐被淘汰。

5.噗噗车

该车为三轮,后面装有车棚,专门用来搭客或载小型货物。因其发动行驶时会发出"噗噗"声,故名。1990年,境内有噗噗车7辆。90年代末,因该车禁止进入城区,逐渐被淘汰。

第二章 水 利

中华人民共和国成立前,境内河道弯曲狭小,水不成系,河不成网,水旱灾害频发。中华人民共和国成立后,党和政府有计划、有部署地全面整治河道、开挖新河。1975—1976年,南区开挖南、北两条中心河,北区开挖东、西两条中心河和横贯境域东西的沙漕河。2002年开挖了乌沙港。6条新河贯通全村157条河流,并连通市、镇河道,形成市、镇、村、组四级水利网络和排灌、运输综合利用的水利体系。

第一节 河道整治

一、二干河境内段

二干河南起江阴市北漍镇,向北流经栏杆桥、乘航、东莱、锦丰等集镇,至十一圩港出长江。全长27.2千米,底宽15米至30米,底高0米,边坡系数2.5。境内段南起蒋桥集镇,向北依次穿越南区、北区至南横套,全长3千米。该河是境内水上客货运输的交通要道,也是农业排灌的主要河道。二干河原系关丝沙与蕉沙间的流漕,清同治十一年(1872)开凿。

1920 年修浚。1925 年,十一圩港向南延伸开凿,穿越中沙、南沙,接通新庄港、黄泗浦。因其位于一干河东,1925 年将其命名为二干河。后曾先后于 1946、1951、1955、1965 年多次疏浚、整治。1974 年,苏州地区将二干河升格为区域性河道,同年全线拓宽。1978 年又延伸至北渭镇。1996、2002、2008 年又多次疏浚、整治、改造,采用生态格网护坡、局部抛石护岸。

二、南横套境内段

位于境内北侧。境内段东起二干河,西至界泾河,全长 2.2 千米。最高通航水位 4.39 米,最低通航水位 2.63 米。底宽 4 米—10 米,河口宽 22 米—33 米。常年平均水深 1 米—1.5 米,可通航 30 吨以下船舶。清同治年间(1862—1874)开凿。曾先后于 1895、1901、1909、1934、1951、1952、1972、1981 年多次分段疏浚与拓浚。1990、1993、1996、1999 年又进行分段疏浚整治。2008 年实行全线疏浚,新建生态格挡、圩堤,实施配套绿化工程。

三、沙漕河境内段

位于境域中部,东西走向。东起黄泗浦,西至杨锦公路。该河流经黎明、徐丰、农联等 3 个村。全长 4.08 千米,底宽 4 米,底高 1 米,边坡系数 1.75。1975 年开挖,为农田排灌河道。境内段东起二干河,西至境内西区界柱头自然村,全长 1.8 千米。2000、2002、2003、2004、2008 年多次分段疏浚。

四、农联南中心河

位于境内南区南部,东西走向。全长 2 千米,底宽 2 米,底高 1.5 米,边坡系数 1.75,为境内农田排灌河道。1975 年开挖,共挖土方 6 万立方米。1980 年以后进行过 3 次疏浚。

五、农联北中心河

位于境内南区北部,东西走向。全长 0.63 千米,底宽 2 米,底高 1.5 米,边坡系数 1.75,为境内农田排灌河道。1976 年开挖,共挖土方 1.89 万立方米。1980 年以后进行过 3 次疏浚。

六、南桥东片中心河

位于境内北区东部,南北走向。全长 0.8 千米,底宽 2 米,底高 1.5 米,边坡系数 1.75,为境内农田排灌河道。1975 年开挖,共挖土方 1.36 万立方米。1980 年以后进行过 3 次疏浚。

七、南桥西片中心河

位于境内北区西部,南北走向。全长 0.55 千米,底宽 2 米,底高 1.5 米,边坡系数 1.75,为境内农田排灌河道。1976 年开挖,共挖土方 0.94 万立方米。1980 年以后进行过 2 次疏浚。

八、乌沙港

贯通境内全境,南北走向。全长 1.8 千米,底宽 2 米,底高 1.5 米,边坡系数 1.75,为境内主要农田排灌河道。1970 年以后 5 次分段疏浚。

第二节　排灌设施

一、水车

1. 人力水车

20 世纪 60 年代前,境内农田灌溉主要依赖于木槽龙骨人力水车。1963 年,全境有人力水车 127 部、风力水车 7 部、畜力水车 15 部。人力水车主要由车轴、面牛、车箱、斗板、鹤膝、车楗、操头、车桁、轴盖(搁置车轴转动,车轴两头各 1 只)、车架、水架等组成。车轴有 4 人轴、6 人轴 2 种。车箱长度以斗板张数来计算,一般有 11、13、15、17、19、21、23 张等种类。境内河岸高、坡度大,一般用 17—23 张车,斗板由车轴钮、鹤膝与车楗连接,用以提水。通常情况,一部人力水车日灌溉农田 5 亩—8 亩。至 70 年代后期,境内人力水车绝迹。

2. 牛力水车

牛力水车部分结构和人力水车大体相同。但牛力水车不用车轴、面牛、车桁等,其岸上部分还要加上墩心、盘面、草编脚荐等,以牛拉转盘面带动转轴齿轮,借助斗板引水。通常情况下,一部牛力水车日灌溉农田 8 亩—10 亩。60 年代至 70 年代中期,境内共有牛力水车 15 部,其中南区 6 部、北区 4 部、西区 5 部。

至 20 世纪 70 年代末,牛力水车绝迹。

图 4-5　20 世纪五六十年代的牛力水车

二、机电泵站

1.抽水机船

又称戽水机船、洋龙船。把柴油机、抽水泵安装在同一条船上,另备多节空心铁管,开往需要灌溉农田的河边,为农户灌水,也用于抽水排涝。

1937年,日本侵略中国,柴油奇缺,柴油机都改成木炭机。乘航抽水站调动抽水机船帮助农户灌溉,每亩稻田收取15千克—25千克稻谷作为抽水费。解放初期,常熟县水利局排涝站将25匹马力柴油机配12英寸水泵装在木船上(称机船,也称洋龙船)到境内流动灌溉。每条机船每季可灌溉农田1000亩左右。50年代末,流动的戽水机船被固定的机电灌站所取代。

2.机灌站

农业合作化以后,境内部分农业生产合作社开始自购机器建小型机灌站灌溉农田。1958年人民公社化以后,原各农业生产合作社的小码门(小机灌站)进行合并,开始修建灌溉渠道,建立固定机灌站。1965年,境内3个大队都建立固定机灌站。南区十七生产队率先购进宁波柴油机1台,用于灌溉和脱粒。1966年后,境内3个大队都建立固定机灌站。1970年后,大部分生产队购进12匹"195"柴油机,配6英寸水泵,利用机灌站灌溉农田。

3.电灌站

1973年,境内南区投资18万元,接通高压电。1974年,各生产队陆续使用电动机、水泵灌溉农田。1975年,境内建立电灌站。1976年,境内南区在南、北中心河两侧,大寨河、乌沙港、二干河、沙漕河等河边建码门、筑35条灌溉用明渠,总长2.83千米。并用"三七土"(即3份石灰加7份泥土搅拌成的混合土)新建排灌用暗渠6条,总长1.17千米。再加上机灌渠道和电灌站明渠,共有灌溉用渠道58条,总长4.8千米。有码门44个、水泵47台。电力灌溉总动力255千瓦,灌溉面积1300亩。境内其他两个区,也纷纷增建码门、增筑明渠和暗渠,添置水泵、电动机。随着城乡建设步伐的加快,境内农田日趋减少,不少电灌站先后废弃。至2015年,全村已无耕地,所有电灌站全部拆除。

三、排涝站、涵洞

民国年间至20世纪50年代,境内遇有雨涝,常调动戽水机船进行排涝。1970年起,境内逐步建造圩口闸和污工泵排涝站,以应对排涝需要。排涝站一般装有柴油机和电动机作为提水动力,排涝流量一般为每秒1立方米至1.5立方米。

2015年末,全村有排涝站6座。其中,南区2座,分别位于七组和二十组,各有控制闸1座;西区1座,配有24寸直流泵和45千瓦电动机各1台;北区3座,分别位于水涝圩、第四村民小组和"三百亩"(圩名)。其中,四组排涝站配28寸水泵2台、40千瓦电动机1台,三百亩排涝站配28寸水泵和65千瓦电动机各1台。

2015年,全村有混凝土结构的涵洞12个。其中,南区6个,分别是杨锦公路青草巷1个、李家堂1个、三组北中心河圆盘1个、七组1个、十九组1个、二十组蒋锦公路1个;北区6个,分别是杨锦公路和北环路各2个、十三村民小组2个。

图4-6 水涝圩排涝站

第五编　农　业

境内农业历史悠久。据史料记载,5000余年前,就有人在此种植水稻。南宋建炎三年(1129),宋高宗南渡时,大量黄河流域居民入境定居,以农业为生存根本。但在中华人民共和国成立前,封建土地私有制和小农经济生产方式,严重束缚农业经济的发展,境内农民除交租、捐税外,所剩无几,生活无着。

中华人民共和国成立后,境内经过土地改革和农业合作化运动,结束土地私有制,解放了生产力。同时大力兴修水利、推广农业科技、改革耕作制度、调整种植布局、选用推广良种、使用化学肥料和农药防病治虫,农业生产得到很大发展。

1958年的"大跃进"和人民公社化运动,境内农业发展受到阻碍,导致连续三年经济困难。

1962年,境内贯彻党中央《农村人民公社工作条例(草案)》精神,实行公社、大队、生产队三级所有、以生产队为基本核算单位的三级所有制,推行按劳分配制度,调动了社员的生产积极性,农业生产开始恢复发展。

1966年开始的"文化大革命",强力推行"以粮为纲"和一系列"左"的政策,粮食和生猪生产虽有所增长,但经济效益徘徊不前。1972—1976年,境内大搞平整土地,格田成方,开始建设丰产方。

1982年秋,境内全面实行家庭联产承包责任制,农民生产积极性空前高涨,农业经济开始好转。

1994年,境内全面实行"两田制"(口粮田和责任田),农民只种口粮田和少量责任田,将部分责任田承包给种田大户,实行土地规模经营。

2003年11月"三村"合一后,由于城乡一体化建设和北城区开发的需要,村内土地开始被征用。至2015年,全村土地都被征用或租用。

第一章　农村经济体制改革

在长期的封建社会里，土地私有制，境内大量土地被少数地主、富农占有。大多数贫苦农民只能租种地主、富农的土地或给地主、富农当长工，过着饥寒交迫的生活。中华人民共和国成立后，经过土地改革，贫苦农民分得土地，解决温饱问题，缩小了贫富差距。1952、1954、1956 年，境内先后建立互助组、初级社和高级社。1958 年建立人民公社。1982 年后，改革农村经济制度，实行家庭联产承包责任制，逐步过渡到土地规模经营。

第一节　封建土地私有制

一、土地占有

在长期的封建社会里，境内土地占有情况极不平衡。据土改时期有关统计资料显示：地主人均占地是贫农的 25.28 倍；占总人数 57.15% 的贫农，占有土地仅为总面积的 19.7%。

中华人民共和国成立初期，境内共有农户 1030 户，总人口 3668 人，耕地总面积 5553.43 亩，人均占地 1.51 亩。其中，雇农 16 户 57 人，占地 17.97 亩，人均占地 0.21 亩；贫农 602 户 2144 人，占地 964.8 亩，人均占地 0.45 亩；中农 307 户 1093 人，占地 1672.29 亩，人均占地 1.53 亩；地主 21 户 75 人，土地 1645.5 亩，人均占地 21.94 亩；半地主 7 户 24 人，占地 180.48 亩，人均占地 7.52 亩；富农 30 户 107 人，占地 678.38 亩，人均占地 6.34 亩；小土地出租 12 户 43 人，占地 179.31 亩，人均占地 4.17 亩；小土地经营 11 户 39 人，占地 150.15 亩，人均占地 3.85 亩；手工业 4 户 15 人，占地 13.05 亩，人均占地 0.87 亩；小商兼土地 13 户 46 人，占地 57.5 亩，人均占地 1.25 亩。另有游民 7 户 25 人，没有耕地。（详见表 5-1）。

二、地租

境内南区、西区，佃户一般都有田面权。田面可以过押转让。地租多数是秋后缴纳，每亩租额为糙米 6 斗（每斗合 8 千克，下同）至 1 石（1 石为 10 斗，下同）1 斗，一般为 8 斗—9 斗，称为大租。没有田面权的佃户，除交大租外，还要增交小租，每亩 5 斗—8 斗，大多为 5 斗，称为双租田。

北区属沙田地区，地租种类较多。

打租田 收获后交租,每亩8斗—1石,一次交清。也有夏收后交40%,秋收后交60%,称为"上四下六"。

包三担 农民向地主或富农每租种1亩地,秋季稻谷登场后,必须向地主缴3担米(每担折合50千克,下同),不管年景好坏,都要缴纳。

分收田 主要有 "四六""三七"分收两种。前者为地主负担60%的肥料,其余农本、劳力均由佃户负担,收获后按主六、佃四分收;后者为地主负担全部肥料和种子,佃户出劳力和负担其他农本,收获后按主七、佃三分收。也有少数是"二八"或对半分收。

榷租田 又称"预租田"和"交租下犁",即先缴租,后种田。一般每亩预交7斗—1石,一年一结算。也有三四年为期,但预租粮须一次交清。

夏庄田 也称"押板田"。佃农付给地主押金,押金数量和期限由双方议定。押金利息一般为年利1分,每年佃户向地主交租时可扣除利息部分。

土地买卖时分绝田(买断的意思)和活田两种。绝田的产权归购买人所有,可以自由耕种,不付任何税金;活田,购买人付出当时田价的70%—80%,有的甚至达到90%后,购买人只有耕种权而无产权。这种活田都有年限,期满可以回赎。有的到期非但不赎,反而抬高田价,这种做法称撮价。购买人要花更多的钱才有田耕种,但产权仍旧在地主手里。如遇物价飞涨,买田所花的货币到回赎时几乎接近于零,农民受害很大。

第二节 土地改革

1950年1月,境内开始土地改革。根据"依靠贫农,团结中农,孤立富农,打击地主"的土改政策,分三步实施。首先成立村农会,召开村民大会,广泛发动群众,学习土改法;然后培训村组骨干,调查核实各农户的人数和田亩数;最后对照政务院《关于划分农村阶级成分的决定》,划分为8个阶级成分:

1.雇农

生产资料一无所有,全靠做长工、出卖劳动力勉强维持生活的。

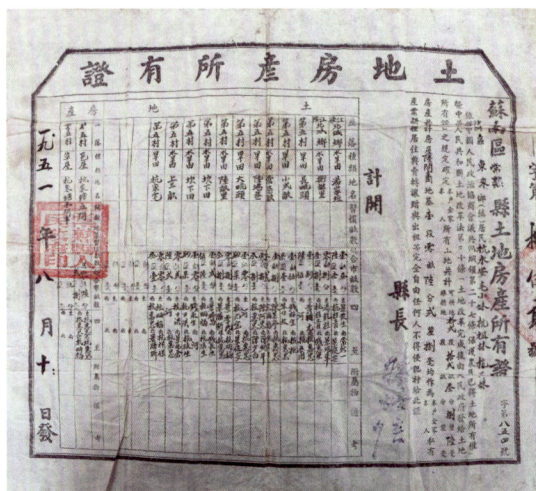

图5-1 1951年土地改革时颁发的土地房产所有证

2.贫农

有少量的自耕地和宅基地,每年自给不到一半,另种地主少量租田和外出打短工为生的。

3. 中农

全部是自耕地,自耕地总数按全家人口计算,超过当地人均数的。

4. 富裕中农

除全部是自耕地,且有大型生产农具(耕牛、水车等)外,在农忙季节还临时雇佣一些短工的。

5. 小土地出租

靠剥削的总收入低于自己劳动收入 1 倍以下的,且剥削的收入属因劳动力不足而出租部分土地获得的。

6. 富农

靠剥削的收入超过自己劳动收入 1 倍以下的。

7. 半地主

靠剥削的收入超过自己劳动收入 1 倍以上的。

8. 地主

全部靠剥削为生的(地主中有恶霸地主、一般地主和开明地主之分)。

对照政策,境内划定地主 21 户、半地主 7 户、富农 30 户、雇农 16 户、贫农 602 户、中农 307 户,还有手工业者、小商兼小土地和游民等成分。1951 年 3 月,土地分配完毕,转入春耕生产。4—7 月,土改进入总结阶段,经复查和整理,颁发土地证。对庙宇、祠堂等拥有的公用土地,以及工商界、半地主、富农和小土地出租者的土地,超过人均土地 20% 以上的部分,实行征收。

土改时期境内各类阶级成分占有土地一览表

表 5-1

阶级成分	户数(户)	人数(人)	占总人数%	土地面积(亩)	占总面积%	人均耕地(亩)
雇农	16	57	1.55	11.97	0.22	0.21
贫农	602	2144	58.45	964.80	17.37	0.45
中农	307	1093	29.80	1672.29	30.11	1.53
富农	30	107	2.92	678.38	12.22	6.34
半地主	7	24	0.65	180.48	3.25	7.52
地主	21	75	2.04	1645.50	29.63	21.94
小土地出租	12	43	1.17	179.31	3.23	4.17
小土地经营	11	39	1.06	150.15	2.70	3.85
手工业	4	15	0.41	13.05	0.23	0.87

（续表）

阶级成分	户数(户)	人数(人)	占总人数%	土地面积(亩)	占总面积%	人均耕地(亩)
小商兼土地	13	46	1.25	57.50	1.04	1.25
游民	7	25	0.68	—	—	—
合计	1030	3668	—	5553.43	100	1.51

第三节 农业合作化

一、互助组

中华人民共和国成立前，境内民间历来就有种地伴工的习惯，以工换工，畜力、中型农具与人力可互换。

1951年秋，境内经过土地改革后的广大农民，生产积极性空前高涨。在伴工互助的基础上，组织临时（农忙季节）互助组。1952年春，人民政府因势利导，发动群众开展大生产运动，临时互助组开始过渡到常年互助组。1953年冬，掀起大办互助组热潮。境内建立常年互助组和临时互助组86个，共有773户农户参加，占总农户的75%。其中，常年互助组28个，参加农户278户；临时互助组58个，参加农户495户。互助组一般由8至9户自愿组合，农具、耕畜、劳力协商安排调剂使用，种植作物各家自定，农作物收获归各户所有，自负盈亏。常年互助组还能得到信用社、供销社财力与物力的支持。

二、初级农业生产合作社

1953年12月，农村开始宣传贯彻中国共产党在过渡时期的总路线。1954年春，境内试办初级农业生产合作社（以下简称"初级社"），总结一整套成功的经验，推广实施。建立初级社坚持"自愿报名、自由结合、入社退社自由"的原则，保持贫农占绝对优势。耕地根据土质好坏评级入股；大型农具（水车、牛车、罱河泥船等）、耕牛折价入社。生产统一经营，或者按股投资，每股6元—8元。劳动作业划分作业组，实行定额评工记分。干部带头劳动，收益分配实行"土劳分红"：即农业纯收入扣除积累，40%按入股土地分红，60%按投工数分配（《东莱公社志》记载：年终分配按"土四劳六"）。每个初级社有1—2名中共党员，设正副社长、会计、社务委员1—3人。是年末，根据上述建社的原则、规定等，境内共建17个初级社。其中南区7个初级社，入社农户75户，占南区总户数的13.6%；入社人数250人，占南区农业总人口的16.7%。1955年末，全境入社农户占农户总数的43.3%。

初级社建立后，初步改革了生产关系，促进了生产发展。1954年前，境内农户所种棉花（小棉花）每亩籽棉只能装1蒲包，约56.5千克，入社后每亩平均籽棉产量65千克，比入社前每亩增加产量15%；水稻平均亩产超260千克,比入社前每亩增加产量7.6%。

三、高级农业生产合作社

1955年10月,中共七届六中全会通过《关于农业合作化问题决议》。翌年春,东莱乡政府派机关干部曹协义到境内指导,试办高级农业生产合作社(以下简称"高级社")。1956年10月,境内17个初级社合并建办4个高级社,下设38个生产队。其中,农联高级社由7个初级社合并组成,下设10个生产队;"五一"高级社由4个初级社合并组成,下设4个生产队;五联高级社由5个初级社合并组成,下设15个生产队;永宁没有成立初级社,直接建办高级社,下设9个生产队。每个高级社均设正副社长、会计、管理委员,并建有党团、妇联、民兵等组织。

高级社取消土地分红,实行社会主义性质的按劳分配。土地、耕畜和大型农具都归合作社集体所有。耕牛和大型农具实行评级作价入社,作价款由合作社分期偿还。入社股金按劳力投资,每个劳动力30元。对少数无力交股金的贫农社员,由信用社给以无息贷款。政治表现好的地主、富农、反革命分子和坏分子为候补社员,经过改造摘去"帽子"后作为正式社员。生产形式以社为单位统一经营,对生产队实行"四固定"(即固定劳力、固定土地、固定耕牛、固定大型农具)和"三包一奖惩"(包产量、包成本、包工分,超产降本则奖、减产增本则赔)的责任制。年终分配采用二级核算,提取公积金、公益金后按合同结算到生产队,生产队按工分分配结算到户。

从初级社组建高级社的过程中,一部分农户在合作化高潮中随大流参加高级社,不久便闹退社。当时南区创办2个高级社,入社农户550户。其中闹退社的有8户,占入社农户总数的1.5%。1956年冬,常熟县派工作组针对"闹退社"问题进行整顿,该8户农户又回到高级社。

第四节　人民公社化

1958年8月29日,中共中央政治局北戴河扩大会议通过《中共中央关于在农村建立人民公社问题的决议》。9月,东莱人民公社(以下简称"公社")成立。1959年1月,东莱公社并入新建的西沙洲公社。1959年4月撤销西沙洲公社,恢复东莱公社。境内南区成立农联大队;西区与北区合并成立"五联"大队。2个大队下辖38个生产队。

人民公社成立初期,经济由公社统一核算,生产资料归公社一级所有。基层的物资、资金、粮食等均由公社统一调配。境内平整土地、改造低产田、兴修水利、改革农具、发展副业,壮大了集体经济。但是也暴露了一些问题:搞"一平二调",刮"共产风",分配上搞平均主义,大办食堂,吃饭不要钱(是年,境内拆除6个零星自然村,平调民房250间);生产过程中大搞脱离实际的高指标、浮夸风,上报的产量数字严重失实,结果粮食统购过了头,致使农民剩粮少,甚至无粮,吃不饱肚子;各级领导组织生产不讲科学,脱离实际,搞瞎指挥,农田盲目深翻,片面强调种植密度,社员不服从就搞强迫命令,社员的劳动积极性受到严重影响,生产力遭到严重破坏,导致物质匮乏,社员生活困难。

1959年春,境内全面贯彻中共中央召开的郑州扩大会议精神,根据"统一领导,队为基础;分级管理,权力下放;三级(公社、大队、生产队)核算,各计盈亏;分配计划,由公社决定;适当积累,合理调剂;物资劳力,等价交换;按劳分配,承认差别"的方针,对公社进行整顿和建设,实行公社、大队两级核算。

1961年,境内进一步贯彻中央"十二条"和《农村人民公社工作条例(草案)》。1962年2月起,彻底纠正"一平二调"的平均主义倾向。境内各大队对平调的物资、财产进行算账退赔。降低包产指标,返还农民自留田,改进评工记分方法。社员可私人饲养禽畜,房前屋后可自己种植树木。通过纠正错误倾向,调动了社员的生产积极性,农业生产逐渐得到恢复和发展。

1964年开展的社会主义教育运动和1966年开始的"文化大革命"中,境内推行"大寨式"评工记分,进行自报公议,按照政治表现,评记"政治工分",按照劳动数量,评记"劳动工分",一度出现新的平均主义。1976年粉碎"江青反革命集团"后,境内停止"大寨式"评记工分。在劳动管理上,实行分组劳动、定额到人、评工记分、联产计酬的方式。实行计划管理,恢复在国家指导下种植各种作物,生产队编制全年生产计划,使社员做到"三基本"(基本工分、基本肥料、基本收入)一年早知道。财务管理上,实行记账公开、民主理财、账目定期公布。

20世纪六七十年代,社办企业逐步兴起。1970年开始,境内外出务工人员实行缴钱记工(工分)。社队办企业职工每月工资的20%归个人使用,80%上缴生产队记工分;"五匠"(泛指瓦匠、木匠、漆匠、皮匠、裁缝等手艺人)等外出人员每月工资的10%归个人使用,90%上缴生产队记工分。所有缴钱记工的外出人员,都参加生产队分配。1982年,境内实行家庭联产承包责任制后,这种缴钱记工的制度随之消失。

第五节　家庭联产承包责任制

1979年,以农业生产责任为中心内容的农村经济体制改革在境内逐步展开。南区将十二、十三生产队作为"小组联产计酬"试点单位。把生产队务农劳力分成小组,将农业生产任务直接交给他们,定劳力、定面积、定产量、定工分、定农本,超产节本按比例奖励、减产超本按比例赔偿,实行联产计酬。翌年,十二、十三生产队的经验被推广到全大队。

1982年秋开始,境内全面推行家庭联产承包责任制后,大多村民亦工亦农,有41户发展为种植专业户。1987年起,大量富余劳动力转向工业、副业和服务业。1987年至2015年,全境转移劳动力2127人,占劳动力总数的79.7%。

第六节　土地规模经营

1994年,境内贯彻"适度土地规模经营"的政策。村民只种口粮田,不种责任田,将责任田承包给有一定资本、一定经验的种田能手(时称"种田大户"),实行规模经营。国家粮食的定购任务和所种土地的农业税由种田大户承担,其余收入归种田大户。境内村、组主动帮助种田大户修建仓库,浇筑场地,农忙季节组织劳力帮助他们抢收抢种。是年,境内有承包种田大户8户,共经营耕地424.19亩。其中,1989—2012年,彭国民、周五九联合承包土地84.3亩,耕种23年;1994—2011年,季保全承包土地70亩,耕种18年;1996—1999年,周三狗承包土地150亩,耕种4年;1999—2005年,章为本承包土地47.14亩,耕种6年。

第七节　土地确权登记

1998年7月1日,境内开始土地确权登记。全境三个村共51个村民小组,共有总户数1845户、总人口5309人,耕地确权承包总面积4370.14亩。其中,南区24个村民小组,有956户2772人,耕地确权承包面积1542.14亩;西区10个村民小组,有325户956人,耕地确权承包面积1027亩;北区17个村民小组,有564户1581人,耕地确权承包面积1801亩。在耕地确权登记的同时,对宅基地也进行确权登记。是年,全境宅基地总面积为1186.77亩。

1998年境内耕地承包确权一览表

表5-2

区名	组别	总户数(户)	总人口(人)	耕地承包确权面积(亩)	所属自然村
南区	2	46	118	84.57	吴巷
	3	57	178	123.03	吴巷
	4	62	166	139.29	李家堂
	5	55	153	102.97	倪家堂
	6	44	120	96.78	唐家堂
	7	68	149	88.76	钱家堂、东巷前
	8	48	146	30.09	匡家堂

（续表）

区名	组别	总户数（户）	总人口（人）	耕地承包确权面积（亩）	所属自然村
南区	9	40	78	51.22	王家湾
	10	45	143	83.80	张家巷
	11	38	133	24.17	王四房桥
	12	19	72	25.77	泾头上
	13	41	103	44.13	杭家堂
	14	31	97	72.00	陈三房巷
	15	47	152	101.70	倪家堂
	16	48	161	63.57	匡家堂
	17	13	35	67.56	青草巷、蛳螺坝
	18	35	103	60.47	北李家
	19	29	87	—	港西
	20	33	81	—	港西
	21	34	123	47.46	王四房桥
	22	37	118	74.20	杭家堂
	23	29	73	63.77	陈三房巷
	24	28	107	39.50	泾头上
西区	1	35	115	92.00	季家堂
	2	37	102	115.00	夏家堂
	3	55	151	152.00	王家堂
	4	45	129	150.00	乌沙里
	5	27	88	92.00	乌沙里
	6	23	71	51.00	后房
	7	21	66	76.00	黄家桥
	8	31	78	113.00	汤家桥
	9	38	117	136.00	界柱头
	10	13	39	50.00	海上
北区	1	50	146	90.00	水涝圩
	2	26	75	62.00	永善圩
	3	23	71	130.00	朱家圩

（续表）

区名	组别	总户数（户）	总人口（人）	耕地承包确权面积（亩）	所属自然村
北区	4	34	69	100.00	戴家圩
	5	56	162	118.00	王家圩
	6	15	38	34.00	德善圩
	7	25	58	78.00	德善圩
	8	34	107	115.00	中老圩
	9	36	90	136.00	中老圩
	10	57	172	142.00	曹家圩
	11	26	66	94.00	刘家圩
	12	31	103	135.00	乌沙头圩、乌沙二圩
	13	37	109	160.00	乌沙三圩
	14	51	135	163.00	乌沙三圩
	15	20	54	69.00	德善圩
	16	25	75	93.00	朱家圩
	17	18	51	82.00	乌沙头圩、乌沙二圩
合计		1845	5309	4370.14	—

1998 年境内农户宅基地面积一览表

表 5-3

区名	组别	总户数（户）	总人口（人）	宅基地面积（亩）	所属自然村
南区	1	29	76	11.25	分港巷
	2	46	118	18.00	吴巷
	3	57	178	27.00	吴巷
	4	62	166	27.00	李家堂
	5	55	153	24.00	倪家堂
	6	44	120	18.00	唐家堂
	7	68	149	31.50	钱家堂、东巷前
	8	48	146	19.50	匡家堂
	9	40	78	19.50	王家湾
	10	45	143	19.50	张家巷

（续表）

区名	组别	总户数（户）	总人口（人）	宅基地面积（亩）	所属自然村
南区	11	38	133	19.50	王四房桥
	12	19	72	4.50	泾头上
	13	41	103	18.00	杭家堂
	14	31	97	16.50	陈三房巷
	15	47	152	21.00	倪家堂
	16	48	161	22.50	匡家堂
	17	13	35	25.50	青草巷、蛳螺坝
	18	35	103	15.00	北李家
	19	29	87	13.50	港西
	20	33	81	16.50	港西
	21	34	123	13.50	王四房桥
	22	37	118	15.00	杭家堂
	23	29	73	13.50	陈三房巷
	24	28	107	5.25	泾头上
西区	1	35	115	16.50	季家堂
	2	37	102	16.50	夏家堂
	3	55	151	22.50	王家堂
	4	45	129	24.00	乌沙里
	5	27	88	12.00	乌沙里
	6	23	71	10.50	后房
	7	21	66	9.00	黄家桥
	8	31	78	16.50	汤家桥
	9	38	117	18.00	界柱头
	10	13	39	25.05	海上
北区	1	50	146	25.05	水涝圩
	2	26	75	19.95	永善圩
	3	23	71	10.35	朱家圩
	4	34	69	25.05	戴家圩
	5	56	162	31.95	王家圩

（续表）

区名	组别	总户数（户）	总人口（人）	宅基地面积（亩）	所属自然村
北区	6	15	38	13.50	德善圩
	7	25	58	27.00	德善圩
	8	34	107	19.50	中老圩
	9	36	90	21.00	中老圩
	10	57	172	30.00	曹家圩
	11	26	66	12.01	刘家圩
	12	31	103	124.50	乌沙头圩、乌沙二圩
	13	37	109	7.16	乌沙三圩
	14	51	135	107.40	乌沙三圩
	15	20	54	19.50	德善圩
	16	25	75	11.70	朱家圩
	17	18	51	75.60	乌沙头圩、乌沙二圩
合计		1845	5309	1186.77	—

第二章　种植业

　　境内夏熟粮食作物种植三麦（大麦、小麦、元麦，下同），其中以小麦为主。20世纪50年代初中期，三麦平均亩产100多千克。50年代后期开始，大麦、元麦种植面积逐步减少，小麦种植中不断推广新的良种和栽培模式。80年代以后，小麦亩产300千克左右。秋熟粮食作物以水稻为主。20世纪五六十年代，境内水稻平均亩产200千克—300千克。1965年到1984年，推行"双三制"（一年种植一季麦、两季稻）。1976年，开始种植杂优稻。1980年，停止种植杂优稻，改种晚粳稻。1985年，停止种植双季稻。1985以后，水稻平均亩产500千克—600千克。

　　境内经济作物主要是棉花。棉花种植品种由解放初期的中棉（小棉花）发展到科字棉。1954年，引进岱字棉15号。1983年，86-1岱字棉成为当家品种。种植方式由直播发展到营养钵育苗移栽，再由露田营养钵发展到小棚薄膜营养钵育苗移栽。1999年后，境内不再大面积种植棉花。

　　境内油料作物主要是油菜。解放初期，油菜品种为菜花黄，后来引进胜利油菜等新品种。2005年后,不再大面积种植油菜。

改革开放后,境内农户种植平菇、草莓、葡萄、花卉苗木等经济作物,经济效益明显提高。

第一节 耕作制度与布局

一、耕地面积

1950年,境内耕地总面积5553.43亩。土地改革以后,贫苦农民分得土地,生产积极性高涨。合作化以后,农民走上集体化的道路,开始大办农业。并以缩小坟地、填废河等平整土地等措施,扩大耕地面积。

改革开放以后,因市区扩展、筑造公路、拓浚河道等需要,境内大量土地被征用、租用,导致耕地面积逐年减少。2003年11月,"三村合一"组成新的农联村,耕地面积4769亩。至2014年,耕地仅剩126亩。2015年,全村耕地因城北开发区建设全部被征用、租用。

1957—2015年(选年)农联村(境内)耕地面积一览表

表5-4 单位:亩

年份 \ 区域	南区	北区	西区	合计
1957	2878	1938	984	5800
1963	2740	2151	1110	6001
1977	2710	1787	1099	5597
1978	2690	1787	1099	5577
1983	2682	1812	1101	5595
1988	2682	1812	1101	5595
1989	2653	1743	1072	5468
1991	2653	1743	1072	5468
1996	1865	1682	1048	4595
1998	1318	1672	1048	4038
2003	4038	—	—	4038
2005	3672	—	—	3672
2008	3070	—	—	3070
2009	3012	—	—	3012
2010	2984			2984

（续表）

区域 年份	南区	北区	西区	合计
2011	754	—	—	754
2012	587	—	—	587
2013	574	—	—	574
2014	126	—	—	126

二、耕作制度

20世纪五六十年代，境内农业耕作制度大多是一年夏秋两熟。少量低洼地因常年积水，只种一熟水稻，也有农民利用间隙夹种一熟瓜。高岗田种大豆、玉米、南瓜、绿豆及山芋等杂粮，兼种瓜果、蔬菜等。夏熟作物主要是三麦、油菜、蚕豆、绿肥等；秋熟作物，则是水稻、棉花。实行轮作以改良土壤，提高地力。

1965年，苏南地区开始推行种植双季稻，境内试种26亩。1970年全面推广。至1983年，每年双季稻种植面积都超过水稻总面积的一半。但每亩双季稻的用工量比单季稻多20—25个工作日，用种量比单季稻多10千克—13千克，农本比单季稻多8—10元。而且产量不稳、米质差、柴草少、劳动强度大、成本高，增产不增收。从1983年起，双季稻种植面积急剧下降。1985年，境内恢复两熟制.

三、种植布局

境内种植布局属沿江圩田稻棉轮作区。夏熟农作物以种植三麦、油菜、蚕豆、绿肥为主，少量休闲田留作培育水稻秧苗之用。境内三麦种植面积占耕地面积的73.4%，其中小麦种植面积占三麦面积的60%—70%，绿肥、蚕豆种植面积占耕地总面积的20%—25%，油菜种植面积占耕地总面积10%—15%。秋熟作物主要是水稻、棉花。南区、西区的水稻种植面积与棉花种植面积大致相等，北区水稻种植面积约是稻棉种植总面积的40%。稻、棉种植面积合计约占耕地总面积的98%，大豆、果蔬等小经济作物种植面积约占耕地总面积的2%。以1980年为例，全境共有耕地5122.9亩，另有社员自留地450亩、竹园64亩。是年，全境三麦种植面积3094.5亩，占耕地总面积的60.41%；水稻种植面积1988.5亩，占耕地总面积的38.82%；棉花种植面积3054.9亩，占耕地总面积的59.63%；油菜种植面积481亩，占耕地总面积的9.39%。

年际之间，北区实行稻棉轮作。一般2—3年轮作一遍，以改良土壤。境内元麦、大麦作为棉花前茬，都是条播，行距之间空幅套种蚕豆，作为绿肥。待青蚕豆摘收后，在麦垄内翻耕播种棉花。1975年起，推广棉花尼龙育苗移栽。1986年，推广棉花地膜移栽，前茬元麦、大麦条播改为散播,蚕豆种植面积随之减少,适当搭配油菜茬。

1980 年全境主要农作物种植面积及社员自留地、竹园面积一览表

表 5-5

单位:亩

区名	社员占用面积		耕地总面积	主要农作物种植面积			
	自留地	竹园		夏粮面积	水稻面积	棉花面积	油菜面积
西区	91	20	990.7	686.9	378.1	593.0	95
北区	136	19	1651.3	1196.8	530.2	1095.1	132
南区	223	25	2480.9	1610.8	1080.2	1366.8	254
合计	450	64	5122.9	3094.5	1988.5	3054.9	481

第二节 培育良种

20 世纪 50 年代后期,境内各生产队就开始对稻、麦种子进行自选、自留、自繁、自用,辅之以必要的调剂措施,解决稻、麦种子问题。1961 年,南区专门指派有选种实践经验的干部匡全林到第八生产队搞试点,获得了"种子纯一纯,产量增一成"的宝贵经验。翌年,大队将此经验及时推广到各个生产队。以后各生产队在稻、麦成熟前,组织有经验的社员逐田逐块评选,每个生产队选择 3—5 亩纯度高的田块为留种田,约占生产队种植大田面积的 5%。元麦在棉茬条播元麦内去杂选种;小麦、水稻在大田内去杂选种,成熟后单收、单打、单藏,专人保管。

70 年代中期,境内贯彻"种子生产专业化、加工机械化、质量标准化、品种布局区域化"的要求。1976 年春,沙洲县种子站选择境内南区作为稻麦良种提纯、复壮和繁殖原种的定点培育基地。并在青草巷自然村附近建办大队种子场,相关生产队划给种子场耕地 34.94 亩。是年 4 月,为便于管护,大队决定让第九生产队朱佛和全家搬迁至大队种子场居住,负责管护,同时调剂耕地 4.6 亩给种子场。种子场的劳动力从各生产队抽调,每队抽 1 人。种子场有场长(陈堂保)、会计、农技员等管理人员,负责"三圃"(株行圃、株系圃、原种圃)生产,栽培稻麦优良品种。种子场着重培育元麦"515"品种(每年 5 月 15 日之前成熟)。该品种生长期短,适合与棉花套种,可提前移栽棉花,促进棉花早种早发高产。

1976 年,境内大队干部根据农业"八字"宪法(水、土、保、管、种、肥、密、工),培育三麦良种,实施"三圃"生产,株行圃、株系圃种植面积 12 亩,原种圃种植面积 28 亩。每年提供给大队元麦"515"种子 4000 千克,杨麦 3 号和小麦"701"种子 8000 千克。这些高产品种推广到全县后,获得好评。

1977 年,改进籼型"三系"(恢复系、保持系、不育系)杂交稻种子,在大队种子场和第

八生产队,用本地恢复系和不育系试种成功,为社会提供优质杂交稻种子 10000 多千克。

1986 年,张家港市粮棉良种繁育推广中心投资 1500 万元,在境内蒋桥集镇北侧、二干河西侧建办育种基地。基地占地面积 3.07 公顷,建筑面积 3500 平方米,1989 年投产。内设种子制种车间和轧花、剥绒车间(种子加工设备由美国进口)。该中心主要为社会繁育推广高产、无病菌的棉花种子。每年除向当地供种外,还销往江苏灌云、灌南、东辛农场和安徽、湖北省等地。年营业总额 3200 万元,利税 350 万元。1990—1997 年,连续 8 年获"张家港市双文明单位"称号。2010 年,获农业部"优质棉基地"称号。

第三节　粮食作物

一、三麦

1. 品种及更新

20 世纪 60 年代前,境内三麦均为自繁自育的地方品种,良莠并存。1964 年以后,逐步引进外地优良品种。

1949—2014 年农联村(境内)三麦品种更新一览表

表 5-6

类别	品种 时间	1963 年前	1964—1970 年	1971—1980 年	1981—2014 年
小麦		长其、白壳、水钻子、菜籽黄	矮秆红、吉利、阿夫、内乡 15	钟山、59332(安徽 11 号)、阿夫	宁麦、杨麦 3 号、旗嘉、杨麦 5 号
		铜柱头	望麦 15-17、铜柱头、菜籽黄、华东 6 号	望麦 17、华东 6 号、671、701、杨麦 2 号、杨麦 3 号、7317、宁麦	苏麦 6 号、杨麦 10 号、杨麦 11 号、宁麦 9 号
大麦		三月黄、老来蜕、白大麦、红茎四柱头、红茎六柱头	尺八、矮白杨、赶程、红茎四柱头、红茎六柱头	早熟 3 号、2-14	—
元麦		立夏黄、慈姑青、四柱头、六柱头	矮脚早、矮秆齐、萧山三月黄、六夏黄、黑六柱	矮秆齐、757、立新 1 号、2 号、立夏黄、海麦 1 号、浙-114、早熟 43 号	—

2. 栽培技术

解放前,境内三麦栽培技术落后,播种大多以穴播为主。解放后,逐步将穴播改为散播,栽培管理技术水平逐渐提高。1966 年,沙洲县政府号召全县"三麦学塘桥",主要学习塘桥麦田开沟降渍经验。到 1972 年,境内初步形成具有自己特色、比较系统的三麦高产栽培技术。

适时播种　小麦最佳播种期在 10 月 25 日—11 月 5 日,不种立冬麦。播种前,将地薄片深翻,精细整地,做好马路型阔墒头,施足基肥,开挖好深沟。麦种一般不催芽。如果超过 11 月 8 日,就要将麦种放入冷水中浸种催芽,使其早出苗、赶节令。播种做到阔墒散播、浅播、匀播。

科学施肥　麦子播种,施足基肥;麦子出苗以后,做到普施苗肥。三麦施肥的原则是重施腊肥,看苗普施拔节孕穗肥。如果冬季出现旱情,则需拍麦(敲麦)保墒,并及时以肥带水浇灌,或浇泥浆,达到麦苗叶阔基部粗,冬壮冬发。

开沟降湿　根据江南水乡雨水多、麦田渍害严重的特点,适时在田内外高标准开沟。在冬季播种时,开挖一套排水降渍的沟系。1970 年后,对麦田沟系进行"四改"(浅沟改深沟,阔沟改狭沟,一条沟改一套沟,明沟改暗沟)。由内沟通外沟、外沟通河道,实现三沟配套、四边托起、防涝防渍,确保实现三麦稳产高产的目标。

防病治虫　防治病虫害,是三麦增产的关键措施。在三麦生长期内,各个阶段的病虫害不尽相同。主要有赤霉病、黑穗病、白粉病和粘虫病,其次是叶锈病、秆锈病、纹枯病、丛矮病、立枯病和麦芽虫、地老虎等。

赤霉病　由稻桩子囊壳带菌越冬,3 月下旬子囊壳形成。三麦在抽穗扬花期,日平均气温 15℃、雨日连续 3 天以上即发病。雨日越长,病害越重。1951 年到 1985 年 35 年内,境内发生赤霉病的有 18 年,其中大发生的有 5 年。防治方法:在麦子基本齐穗、开始扬花时及时喷洒多菌灵 2—3 次,即可基本控制。

白粉病　20 世纪 70 年代,立新元麦发病严重,1981 年小麦白粉病大发生。该病始见期一般在 3 月上旬,最早发生年在 2 月中下旬,发病高峰期在 3 月底 4 月初。防治方法:用硫磺胶悬剂、粉锈宁防治,效果较好。

黑穗病　黑穗病防治方法简单,只需采用石灰水浸种,即可控制。

锈病　分条锈病、叶锈病、秆锈病三种。防治方法:因地制宜种植抗锈品种;小麦收获后及时翻耕灭茬,消灭自生麦苗,减少越夏菌源;拌种用种子量 0.03% 的立克秀,或用种子量 0.02% 的粉锈宁或禾果利拌种;大田喷药对早期出现的发病中心要集中进行围歼防治,切实控制其蔓延,大田内病叶率达 0.5%—1% 时进行普治,可用 12.5% 禾果利可湿性粉剂 30 克—35 克,或粉锈宁乳油 45 毫升—60 毫升,或选用三唑酮、烯唑醇类农药,按要求的剂量进行喷药防治,并及时查漏补喷。重病田要进行二次喷药。

粘虫　通常于 2 月底 3 月初从南方迁飞入境。2 龄幼虫期发生在 4 月下旬。防治方法:在 2 龄、3 龄幼虫期喷药,效果较好。

二、水稻

1. 品种及更新

境内水稻最初以早杂稻为主,后以单季中晚熟稻为主,适当种一些接熟早稻和糯稻。

1949—2014 年农联村(境内)水稻品种更新一览表

表 5-7

品种类别 时间	1952 年前	1953—1963 年	1964—1970 年	1971—1980 年	1981—2014 年
早稻	江西粳稻、处暑黄	处暑黄、江西粳稻	—	—	—
中稻	—	石稻、小青芒、三穗千	农垦 57、51、44、46,石稻,小青芒,沪选 19,东方红 1 号	沪选 19、东方红 1 号、南粳系、桂花黄、宇红、东亭 3 号	宇叶青、东亭 3 号、3017、复选 4-1、81633、88122
晚稻	晚八个头、牛毛黄、落霜青、凤凰稻	—	农垦 58 号(当家品种)、八五三、老来青、苏粳 1 号、苏粳 2 号、农垦 58、初霜	苏粳 1-2 号、昆稻	武育粳 2 号、9-92、9915、9522、常优 1 号、华粳 3 号
糯稻	晚糯稻、粳谷糯、早红芒糯稻、金坛糯、马金糯、香谷糯	白芒糯、红芒糯、粳谷糯、马金糯、呕血糯、早稻	红芒糯、京引 15、江丰、红糯	—	—
籼稻	杜子籼、洋籼	铁粳迷露籼、洋籼	691	—	—

2. 栽培技术

主要是选育良种、秧苗管理、大田翻耕晒垡、施足基肥、移栽后适时施肥防病治虫等。

育秧 单季晚稻,一般在 5 月 18 日开始育秧。前季稻,绿肥茬在 4 月 20 日落谷(播种的意思);元麦茬在 4 月 25 日落谷;油菜、小麦茬在 4 月 30 日落谷。后季稻在 6 月 10 日落谷。选种方法一般采用泥水选种。将清水注入大缸内,再加入适量泥土与水搅和。采用土办法测试泥浆浓度标准:把鸡蛋放入泥浆水中,浮出水面一半即可。然后把用清水洗过的稻种放至箩筐里,在泥浆缸内淘洗去杂,选出粒粒饱满的种子,确保出芽粗壮、发芽率高。接着浸种催芽。催芽方法:把已选好的稻种在清水里淘好后,浸入缸里含有药粉的水中。浸种 30—40 小时后捞出用清水清洗,放进已准备好的温开水(三开一冷)里浸热,然后放进蛇皮袋或缸内,再用绿肥包好或塞紧,让绿肥发酵增温。第二天观察稻种温度,若温度高,用冷水淋,反之,用热水淋。待稻谷上露出芽后取出,凉上数小时后即可落谷。秧田要求板块合适,不宜过阔,以便管理,并施足基肥,达到足苗壮秧。

移栽 单季晚稻,一般在 6 月 18 日,即农历夏至前后移栽。前季稻,绿肥茬 5 月 20 日移栽,元麦茬 5 月 25 日移栽,油菜小麦茬 5 月 30 日移栽,最迟不得超过 6 月 6 日。后季稻移栽 7 月 28 日开始,最迟不得超过 8 月 8 日。境内水稻的移栽均是手插秧,直至 2000 年以后,开始陆续采用抛秧式移栽。机插秧未能在境内推广。因为大田平整难以达到机插秧要求,加上机插秧漏塘多,插秧后,前期管理难度大。等到

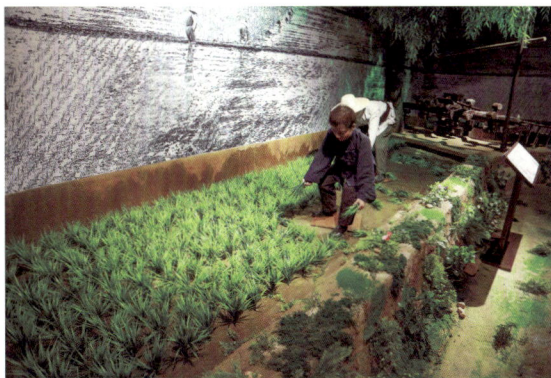

图 5-2 水稻插秧(摄于村农耕文化馆)

后来插秧机的机械水平提高,恰遇城北开发区建设,境内农田越来越少,已不适宜机插秧。

3. 管理

松土除草 水稻移栽结束到收割,要进行三四次耘耥松土、烤田、拔草三四次。1980 年后,耘耥次数逐年减少。使用化学除草剂后就不再进行耘耥,仅 8—9 月份拔 1—2 次稗草。化学除草,一般每亩用"丁草胺"100 克或"除草醚"500 克,拌细土 25 千克—30 千克,于移栽后 4 天至 5 天结合施分蘖肥进行撒施。

水浆管理 移栽时,水稻田的水不宜过大,以免影响移栽质量。移栽后不宜断水(深水活棵,浅水发棵),以免影响稻苗的成活。待稻苗成活后,为了施肥、喷药、拔草可以上水,但应时断时灌,让其分蘖到一定基数或到立秋前断水搁稻,减少水稻病虫害、控制无效分蘖。孕穗期不宜断水,以免影响灌浆。

科学施肥 移栽前,水稻田内应施足基肥。基肥应施饼肥、禽畜灰粪、草塘泥等有机肥。20 世纪 50 年代初期起,不仅施有机肥,还施碳酸氢铵、尿素等无机肥,即化肥。待稻苗发棵分蘖时再施一次追肥。后来,推广水稻高产栽培技术,改常规施肥为合理施肥,即根据水稻每个生长阶段的颜色(叶色)而定。稻苗叶色退淡时施肥,一般施 3—4 次(分蘖肥、长粗肥、拔节孕穗肥等),使稻苗达到"三黑三黄"。

4. 治虫防病

水稻移栽后的病虫害出现在生长的各个不同时间段,必须掌握每个不同时期的病虫情况,及时防治。1963 年,沙洲县启动了对病虫害的测报工作。水稻病虫害主要有三化螟、纵卷叶虫、褐稻飞虱、纹枯病、白叶枯病、稻瘟病、稻蓟马、稻苞虫、大螟、二化螟、稻螟蛉、恶苗病、干尖线虫病、小球菌核病、胡麻斑病等。

三化螟 一年发生 3—4 代。第一代成虫始见在 5 月上旬,发生高峰在 5 月下旬;第

二代成虫始见在 6 月底、7 月初,发生高峰在 7 月中旬;第三代成虫始见于 7 月底、8 月初,发生高峰在 8 月中下旬。气温偏高年 9 月发生第四代。一般年代,第四代危害较轻,第三代危害最烈。防治方法:在蚁螟盛期喷洒 2—3 次二嗪磷药粉,可免受其害。

褐稻飞虱　每年 6—7 月份随南方暖湿气流从闽、粤等地迁飞入境。第一代发生期在 6 月中下旬,第二代成虫高峰在 7 月上中旬,第三代成虫高峰在 8 月中下旬。防治方法:在每次高峰期喷洒扑虱灵药粉或撒毒土即可遏止。

纵卷叶虫　每年 6 月随南方暖湿气流从闽、粤等地迁飞入境。第二代发蛾高峰在 6 月中下旬,幼虫 2 龄盛发期在 7 月上中旬;第三代发生高峰在 7 月中下旬,幼虫 2 龄盛发期在 8 月上旬,少数年份延至中旬。防治方法:在幼虫 2 龄盛发期喷杀,可免其害。

稻蓟马　主要危害单季稻、后季稻以及移栽后返青期的秧苗。防治方法:用快杀灵农药适时防治,可基本控制其害。

纹枯病　主要危害前季早稻和单季稻。防治方法:封行(从上往下看,看不到行与行之间的空间)以后用"井冈霉素""稻脚青"等农药防治,效果较好。

第四节　经济作物

一、棉花

1950 年前,境内种植中棉(小棉花),产量较低。1951 年开始,引进科字棉,俗称洋棉花。1954 年引进岱字棉 15 号,在条播麦田直播。1973 年后,试种露地营养钵育苗移栽。1975 年开始,大面积推广营养钵小棚薄膜育苗移栽。1978 年,普遍采用营养钵尼龙棚育苗与条播麦相配套的栽培方法。

棉花是境内大宗经济作物,栽培技术主要有以下两种。

1.直播栽培

适时播种争全苗。播种前严格要求抓备耕。冬春结合三麦管理,翻土施肥,熟化土壤,同时进行人工选种。播前 5—7 天晒种,药剂拌种。4 月中旬开始播种,每亩播种量 5 千克—7.5 千克。"谷雨"前后播种结束。

苗期管理　精细管理促早发。麦子收割前苗期"六抢":抢扶麦炼苗、抢松土、抢施肥提苗、抢间苗补缺、抢排水畅通、抢防病治虫;麦子收割后"六抢":抢施出垄肥,抢防病治虫,抢空间松土,抢中耕灭茬,抢开沟、理沟,抢补棵、定苗。简称麦前"六抢",麦后"六抢"。每亩定苗以 5000 株为标准,8 尺畦、宽作行,行距 2 尺、株距 0.6 尺即可。瘦田、高峰田密度略高,肥田、稻茬麦田则密度略低。

蕾期管理　及时中耕松土,早去雄枝防荫蔽、增光照、求稳长。

花铃期管理　为防早衰,需适时打顶(掐去棉花苗主枝上端的头)争高产,合理施肥求稳长。按照棉花全生育期的生长规律,采取先促后控,做到普施基肥、早施苗肥、稳施蕾肥、重施花铃肥、补施盖顶肥。每亩总用肥料折标准肥(硫酸铵)40千克左右,其中有机肥约占50%,达到苗期促早发、争早蕾、蕾期控旺长、争早桃和铃期防早衰、夺高产的目的。

2.营养钵栽培

苗床准备 按照10亩大田1亩床地的比例留足床地,冬季翻耕晒垡,熟化土壤,施足有机肥料。翌年2月,精细整田,做好苗床。

选种播种 1950年前,境内的中棉品种主要有常阴沙黑籽棉、长白山籽棉、星籽棉、鸡脚棉、紫荆花棉和常阴沙白籽棉等。1951年起,兆丰棉花良种管理中心推广科字棉,1954年推广岱字棉15号。20世纪70年代,部分生产队先后引进鄂光棉、沪棉204、通棉5号、徐州142等品种。其中"岱字棉"成为境内棉花的当家品种。1979年,从河南省引进抗菌棉"86-1"试种成功,逐年扩大种植面积。1983年,86-1抗菌棉成为当家产品。

图5-3 棉花营养钵育苗(摄于1972年)

3月末或4月上旬播种。播种前2—3天用各种肥料配合的肥土做好营养钵,棉籽用多菌灵浸拌。播种时每钵放2—3粒种籽,用竹片搭好棚架,上盖尼龙薄膜保温。

苗床管理 四五月份,气候多变,播种后要保温出苗。齐苗后要及时间苗和揭膜炼苗,防冷伤苗,防热烧苗。5月上旬,进行假植蹲苗,培育健壮苗。

适时移栽 营养钵棉苗的移栽,元大麦地、绿肥田、蚕豆地一般在公历的5月20日开始,小麦地、油菜地5月底结束。

3.大田管理

移栽后的大田管理与直播棉大致相同

防病治虫 狠抓防病治虫保"三桃"(即伏前桃、伏桃、秋桃)。境内棉花的主要病虫害有棉红铃虫、棉铃虫、红蜘蛛、棉蚜虫、盲蝽象和棉枯萎病、褐斑病、炭疽病、立枯病,以及金龟子、叶跳虫、地老虎、蜗牛和黄萎病等虫害。

枯萎病 1974年开始在境内逐渐扩散蔓延,危害极大。防治方法:种植抗病品种"86-1"效果显著。

棉红铃虫 第一代成虫盛发期在6月下旬到7月上旬;第二代成虫始盛发期在7月下旬到8月上旬初,高峰期在8月上旬;第三代成虫始盛期在8月底、9月初,高峰期在9月上中旬。危害以二、三代为重。防治方法,对棉花仓库进行药剂熏蒸,消灭越冬红铃虫;在红铃虫发生期,及时喷洒"敌杀死"等菊酯类农药,反复使用,效果比较明显。

棉铃虫 1971、1978 年,境内两次大发生,造成棉花减产。防治方法:抓住卵孵盛期喷洒药剂,效果较好。

棉蚜虫、红蜘蛛、盲蝽象 每年发生代数多,危害较重。其中红蜘蛛繁殖快、危害时间长。盲蝽象的危害主要在棉花蕾铃期。防治方法:用有机磷农药喷洒,效果比较显著。

图 5-4 采摘棉花(摄于 1972 年)

褐斑病、炭疽病、立枯病 主要危害在棉花苗期。防治方法:用药剂拌种和在棉苗期及时喷药,即可控制。

抗旱防涝 境内秋旱较夏旱为多,平均 2—3 年发生 1 次。1959—1984 年的 26 年中,发生秋旱的年份为 1959、1960、1962、1964、1966、1967、1969、1973、1979、1983、1984 年共 11 个年份。秋旱会引起棉花后期早衰。

由于境内地势南高北低,一到雨季,北区、西区就会遭受不同程度的涝灾。1949、1954、1962、1974、1977 年涝灾严重。中华人民共和国成立后,特别是 80 年代开始,政府十分重视水利建设,境内基本消除旱涝之灾,农业生产得到保障。

1957、1977、1989 年境内棉花产量一览表

表 5-8

年份	品　种	面积(亩)	单产(千克)	总产(吨)	备注
1957	科字棉(岱字棉)	2198.00	76.25	167.60	籽棉
1977	"86-1"	3054.90	37.80	115.48	皮棉
1989	"86-1"	2732.00	50.40	137.69	皮棉

二、油菜

油菜的栽培技术主要是:

1. 育苗

做好苗床,翻土施肥,熟化土壤,床面平整,不宜太阔,以便管理。播种期控制在 9 月下旬。出苗后适时匀苗,以防苗挤苗而形成高脚苗。合理施苗肥,适时施硼肥,适时喷多效唑,让每株菜苗达到 5—6 张健壮有力的叶片。移栽前喷一次农药,确保秋苗无虫害带到大田。

2. 适时移栽

一般在 11 月上旬开始移栽,旱地略早,水稻地略晚。条栽每亩移栽 1 万棵苗左右为宜。

3. 科学施肥

1950 年,境内开始推广使用氯化铵、硫酸铵等化学肥料,但用量极少。1952 年起,油菜移栽时推广用过磷酸钙做基肥,平均每亩使用量为 30 千克—40 千克。60 年代开始使用氯化钾,平均每亩使用量不到 2 千克。70 年代起,大量使用碳酸氢铵。1979 年开始使用复合肥。1983 年起,硼肥开始应用在油菜上。

4. 田间管理

冬季中耕培土防冻害,及早开沟,春季防渍害;施好抽苔肥,3 月中旬每亩再补施 5 千克—7.5 千克尿素作淋花肥,同时用好硼肥,提高结实率。

5. 防病治虫

境内危害油菜的病虫害也较多。主要病虫害有霜霉病、菌核病、蚜虫、小菜蛾、龙头病等。这些病虫,有的影响苗期,有的危害开花,有的危害结实,必须做到及时防治。境内农民一般采用人工防治和药物防治,收到较好的效果。

霜霉病一般发生在冬前,造成死苗;菌核病、龙头病主要影响结实。防治方法:除开沟降湿,在始花期剪除下部老叶外,主要喷洒多菌灵、代森铵,防治效果较好。

蚜虫和小菜蛾的危害主要在苗期,潜叶虫的危害主要在开花结实期。防治方法:用菊酯类农药喷洒,效果较好。

1957、1977、1989 年境内油菜籽产量一览表

表 5-9

年份	品 种	面积(亩)	单产(千克)	总产(吨)
1957	老花菜	11.00	41.36	0.45
1977	宁北油菜、胜利油菜	481.00	68.15	32.78
1989	宁油、苏油和嘉油	730.90	210.00	153.49

1957—2013 年农联村(境内)粮食作物产量一览表

表 5-10

年份	粮食总产	三麦			水稻		
		面积(亩)	单产(千克)	总产(吨)	面积(亩)	单产(千克)	总产(吨)
1957	1090.38	4256.00	96.25	409.64	2221.00	306.50	680.74
1958	1198.28	4273.00	98.25	419.82	2221.00	350.50	778.46
1959	1245.89	4273.00	135.25	577.92	2221.00	300.75	667.97

（续表）

年份	粮食总产	三　麦			水　稻		
		面积(亩)	单产(千克)	总产(吨)	面积(亩)	单产(千克)	总产(吨)
1960	1013.27	3684.00	90.00	331.56	2178.00	313.00	681.71
1962	968.87	3684.00	97.50	359.19	2162.00	282.00	609.68
1963	975.72	3652.00	86.50	315.90	2098.00	314.50	659.82
1964	1218.82	3648.00	104.50	381.22	2094.00	400.00	837.60
1965	1395.84	3586.00	154.15	552.78	2076.00	406.10	843.06
1966	1279.91	3555.00	129.40	460.02	1991.00	411.80	819.89
1967	1296.02	3555.00	135.50	481.70	1991.00	409.00	814.32
1968	1407.54	3555.00	165.75	589.24	1991.00	411.00	818.30
1969	1271.14	3555.00	121.50	431.13	1991.00	421.50	839.21
1970	1414.98	3555.00	156.50	556.36	1991.00	431.25	858.62
1971	1731.46	3555.00	208.00	739.44	1991.00	498.25	992.02
1972	1511.68	3555.00	184.85	657.14	1991.00	429.20	854.54
1973	1624.95	3555.00	170.10	607.55	1991.00	511.00	1017.40
1974	1758.65	3555.00	237.80	845.38	1991.00	458.70	913.27
1975	1581.89	3555.00	198.55	705.85	1991.00	440.00	876.04
1976	1823.81	3555.00	228.35	811.78	1991.00	508.30	1012.03
1977	1473.89	3879.50	121.25	470.39	1988.50	504.65	1003.50
1978	2365.69	3879.50	277.65	1077.14	1988.50	648.00	1288.55
1979	2309.56	3879.50	306.70	1189.84	1988.50	563.10	1119.72
1980	2090.05	3994.55	319.15	1274.86	1988.50	409.95	815.19
1981	1884.36	3994.55	241.50	964.68	1988.50	462.50	919.68
1982	2131.60	3994.55	244.70	977.47	1988.50	580.40	1154.13
1983	2258.40	3977.30	242.75	965.49	1988.50	650.20	1292.92
1984	2285.40	3996.90	256.3	1024.41	2089.80	603.40	1260.99
1985	2418.27	4149.34	267.30	1109.12	2098.00	624.30	1309.15
1986	2277.63	4149.34	251.20	1042.31	2129.50	580.10	1235.32
1987	2205.65	4149.34	243.50	1010.36	2129.50	561.30	1195.29
1988	2225.14	4140.30	238.35	986.84	2129.50	581.50	1238.30

（续表）

年份	粮食总产	三 麦			水 稻		
		面积（亩）	单产（千克）	总产（吨）	面积（亩）	单产（千克）	总产（吨）
1989	2436.00	4132.10	286.50	1183.85	2129.50	588.00	1252.15
1990	2207.20	4110.10	236.70	973.04	2018.30	611.50	1234.16
1991	2309.00	4010.20	266.50	1068.63	2016.40	615.10	1240.37
1992	2091.00	3918.20	227.10	889.85	2009.30	597.80	1201.15
1993	1922.00	3918.20	187.80	735.86	1987.60	596.80	1186.14
1994	2020.00	3918.20	211.20	827.69	1987.60	599.90	1192.31
1995	2378.00	3918.20	292.60	1146.55	1987.60	619.60	1231.45
1996	1648.00	3918.20	170.80	669.40	1987.60	492.40	978.60
1997	2598.00	3918.20	319.20	1252.30	1986.30	677.50	1345.70
1998	2005.00	3825.70	210.80	806.29	1906.40	828.80	1198.71
1999	2307.00	3825.70	287.20	1098.69	1906.40	622.80	1208.31
2000	2194.00	3825.70	283.50	1084.69	1901.30	683.50	1109.31
2001	1987.00	3103.40	285.30	885.40	1900.70	579.60	1101.60
2002	1150.00	2715.70	164.40	438.33	1268.00	561.30	711.67
2003	1602.00	2715.90	283.60	770.22	1268.00	656.00	831.78
2004	1569.00	2715.90	295.60	743.36	1268.00	651.10	825.64
2005	1476.00	2023.50	296.70	600.37	1268.00	690.60	875.63
2006	1409.00	1912.00	296.70	567.29	1268.00	663.80	841.71
2007	1001.00	1255.30	294.20	369.30	970.80	650.70	631.70
2008	1001.00	1204.50	2978.00	358.70	990.70	648.30	1204.5
2009	1001.00	1165.70	299.60	349.24	1014.10	642.70	1165.7
2010	411.00	—	—	—	650.70	631.60	411.00
2011	387.00	—	—	—	619.50	624.70	387.00
2012	225.00	—	—	—	362.60	620.60	225.00
2013	114.00	—	—	—	186.80	610.20	114.00

注：① 1961 年无详细数据。

② 2014 年起，粮食不作统计。

③ 2015 年，因城北开发区建设，全村耕地被全部征用、租用。

1957—2009 年农联村(境内)经济作物产量一览表

表 5-11

年份	油 菜			棉 花		
	面积(亩)	单产(千克)	总产(吨)	面积(亩)	单产(千克)	总产(吨)
1957	11.00	41.36	0.45	2198.00	76.25	167.60
1958	114.00	43.84	4.998	3149.00	95.00	299.16
1959	192.00	46.80	8.99	3149.00	107.50	338.52
1960	288.00	69.90	20.13	3149.00	105.25	331.43
1962	312.00	45.00	14.04	3128.00	55.30	172.98
1963	350.20	38.80	13.59	3128.00	119.00	373.23
1964	341.20	77.50	26.44	3119.00	165.00	514.64
1965	389.00	110.80	43.10	3110.00	52.30	162.65
1966	434.00	103.50	44.92	3067.00	66.15	202.88
1967	434.00	103.50	44.92	3067.00	66.95	205.34
1968	434.00	112.00	48.61	3067.00	72.50	222.36
1969	434.00	100.50	43.62	3067.00	63.50	194.75
1970	434.00	201.5.00	87.45	3067.00	51.65	158.41
1971	434.00	118.90	51.60	3067.00	46.75	143.38
1972	434.00	107.35	46.59	3067.00	48.20	147.83
1973	434.00	110.40	47.91	3067.00	59.25	181.72
1974	434.00	110.45	47.94	3067.00	39.40	120.84
1975	434.00	91.00	39.49	3067.00	48.55	148.90
1976	434.00	82.85	35.96	3067.00	39.25	120.38
1977	481.00	68.15	32.78	3054.90	37.80	115.48
1978	481.00	154.35	74.24	3054.90	37.95	115.93
1979	481.00	119.90	57.67	3054.90	60.65	185.28
1980	481.00	122.75	59.04	3054.90	42.00	128.31
1981	481.00	126.00	60.61	3054.90	32.30	98.67
1982	481.00	234.30	112.70	3048.90	71.25	217.17
1983	481.00	201.00	96.68	3040.80	91.03	276.80
1984	481.00	251.00	120.73	3020.60	90.50	273.36

（续表）

年份	油　菜			棉　花		
	面积(亩)	单产(千克)	总产(吨)	面积(亩)	单产(千克)	总产(吨)
1985	481.00	252.80	121.21	3010.50	88.60	266.73
1986	855.80	226.00	193.50	2873.20	79.91	229.60
1987	793.80	220.00	174.64	2846.30	83.40	237.38
1988	744.70	242.00	180.22	2841.60	48.15	136.82
1989	730.90	210.00	153.49	2732.00	50.40	137.69
1990	504.80	221.00	111.57	2324.40	78.30	182.20
1991	510.70	219.30	112.00	2144.40	95.60	205.00
1992	583.30	224.60	131.00	2095.40	79.70	167.00
1993	542.70	224.80	122.00	2011.0	53.3	107.22
1994	429.20	216.70	93.00	2008.00	68.70	138.00
1995	627.30	248.70	156.00	1977.00	90.00	178.00
1996	662.00	243.20	161.00	1906.00	86.00	164.00
1997	496.60	252.30	125.30	1886.00	45.60	86.00
1998	240.80	224.30	54.00	1878.800	66.00	124.00
1999	480.30	218.60	105.00	1091.70	68.70	75.00
2000	418.90	207.70	87.00	401.10	72.30	29.00
2001	392.60	2063.00	81.00	346.80	69.20	24.00
2002	203.30	221.40	45.00	212.80	42.30	9.00
2003	224.00	214.30	48.00	212.80	18.80	4.00
2004	510.30	256.70	131.00	200.00	55.00	11.00
2005	114.50	244.60	28.00	36.40	55.00	2.00
2006	84.60	236.30	20.00	22.20	45.00	1.00
2007	54.80	237.20	13.00	22.20	15.00	1.00
2008	123.70	242.60	30.00	22.20	45.00	1.00
2009	66.50	240.60	16.00	—	—	—

注：① 1961 年无详细数据。

② 1957—1964 年以籽棉结算棉花产量，1965 年后以皮棉结算棉花产量。全境随着北城区开发，耕地逐年减少。2009 年起，棉花不作统计。2010 年起，油菜不作统计。

三、蔬菜

自古至今,境内农户习惯在家前屋后种植蔬菜,主要供自家食用。

20 世纪 60 年代初期,社员在自留地上种植的蔬菜品种有大白菜、青菜、菠菜、大蒜、萝卜、黄瓜、丝瓜、长豆、茄子等,收获后除留足自用外,多余的(特别是大白菜)用船运到上海、苏州、无锡等大中城市销售,也有外地菜贩开船到境内上门收购。

"文化大革命"开始后,种植销售蔬菜被当作资本主义尾巴而受到批判。"文化大革命"结束,政府鼓励农户在家前屋后及自留田上种植蔬菜,多余的可出售以补贴家用。

80 年代初,境内陈瑞元等 3 户成为种植蔬菜专业户,种植蔬菜总面积 10 亩。他们采用大棚种植技术,提高了产量和效益。90 年代中期,有的蔬菜专业户改大棚种植为用天膜、地膜、中层膜种植,以增高地温,使蔬菜提前成熟,提高销售价格。他们还根据气候多变、空气湿度大等特点,种植反季节蔬菜。主要品种有大白菜、青菜、生菜、韭菜、长豆、黄瓜、扁豆、西红柿、花生、包菜、丝瓜、慈姑、冬瓜、荸荠、菠菜、大蒜、葱、荠菜、菜椒、香菜、药芹、水芹、萝卜、茄子、雪里蕻、四季豆、茭白等。

四、瓜果花卉苗木

中华人民共和国成立初,境内农民有种植香瓜、西瓜、南瓜的习惯。种植面积少则几分田,多则几亩田。主人在田里搭上个看瓜棚,白天、黑夜看瓜防偷。"大跃进"时期和国民经济暂时困难时期,农民无自留田,不再种植瓜果。1962 年开始,境内以生产队为单位,集体种植西瓜、香瓜,成熟采摘后分给社员或上市交易,收入归生产队集体所有。"文化大革命"开始后,以粮为纲,停止种植西瓜、香瓜。实行家庭联产承包责任制以后,农民除种瓜类外,还开始种植果树,且逐步发展,涌现出一批种植果树的专业户。2008 年,村民孟立凡经营桃园 25 亩;徐卫东经营葡萄园 40 亩;季建芹经营枣园 10 亩。此外,大部分农户在宅基前后种植桃、梨、柿子、石榴、枣子等果树,或在自留地上种植少量的西瓜、香瓜、牛萝瓜等。

2005 年,境内西区建成花卉苗木种植基地。2006 年,北区村民冯振祥租地 7 亩,种植花卉苗木;2007 年,南区村民陈耀锋租用 70 亩,经营花卉苗木。该两个专业户均获得较好的经济效益。

五、食用菌

20 世纪 70 年代,境内有少数生产队利用仓库房种养蘑菇。另有少数村民将成活的枫杨树锯成段,然后在树段上打洞,将食用菌灌入洞内培育白木耳。种植这两种食用菌较好的有 6 个生产队,种植面积 81 亩,效益颇丰。1983 年后,因销路不佳,蘑菇和白木耳种养规模逐年缩小,直至消失。

80 年代中后期,境内居民开始种植平菇和香菇。开始利用空闲房屋室内种植,后来为扩大规模,改为在自留地里搭地棚种植。

第五节　肥　料

一、有机肥

中华人民共和国成立前,境内农作物使用的肥料有人畜粪、河泥、草塘泥及各种饼肥等有机肥料,使用量较少。中华人民共和国成立后,政府发动农民发展养猪、养羊,增积厩肥。1974 年,每亩施肥总量 58.55 千克(折标准肥,下同),其中有机肥每亩使用量 14.5 千克,占总量的 24.77%,无机肥 44.05 千克,占总量的 75.23%。1982 年,每亩施肥总量 138.8 千克,其中有机肥每亩使用量 26.25 千克,占总量的 18.91%,无机肥每亩使用量 112.55 千克,占总量的 81.09%。1997 年,每亩施肥总量 99.35 千克,其中有机肥每亩使用量 32.15 千克,占总量的 32.4%,无机肥每亩使用量 67.2 千克,占总量的 67.6%。

1. 厩肥

1949 年,境内农户养猪 672 头、羊 768 头、兔 706 只。1957 年,养猪 842 头、羊 964 头、兔 956 只。60—80 年代初,生产队鼓励社员养猪,给社员划分猪自留地,每出售 1 头猪,还给予一定的饲料奖励。1971 年,全境饲养生猪总数 2528 头(出售、圈存总数);1980 年发展到 7802 头。由于养殖大量的家畜,产生出大量的厩肥。

2. 饼肥

20 世纪 60 年代前,境内农民种地都施饼肥,其中有豆饼、菜饼和少量棉仁饼。

3. 自然肥

60—70 年代,大力推广放养绿萍、水葫芦、水花生和水浮莲,时称"三水一绿"。并在每年冬春季节干河积肥,将稻草拌入河泥,人工挑运到每块稻田的田头"灰仓潭"(积肥潭)内,再加入草头、青蚕豆秸等绿肥在潭内搅和、发酵,作为水稻移栽前的基肥。

4. 人造肥

1958 年,每家每户大垄千脚泥,换老墙头、老灶,捉蚴蜞,拾狗粪、鸡粪,捉蛤蟆,割青草、瓜藤,大积大造自然肥料,全年每亩耕地施用量 50—80 担。60—70 年代,政府发动各行各业割青草、铲草皮,大搞堆肥和肥料仓。在青草、草皮、泥土混合物中加入少量过磷酸钙,堆积在一起,经过发酵和腐烂,成为有机自然肥料。

生产队为弥补肥料不足,组织劳力到周边集镇清理垃圾,或帮助集镇居民拆旧房以换取老墙泥、千脚泥,再将它们用手摇农用船装回作肥料。还有的用手摇农用船到上海、苏州等大城市装运人粪做肥料。

二、化肥

1950 年,境内开始推广施用化学肥料。主要品种有氯化铵、硫酸铵等氮肥,用量极少。1952 年起,开始推广使用过磷酸钙。1958 年,平均每亩使用过磷酸钙约 5 千克。60 年代初,开始使用钾肥,主要是氯化钾,平均每亩使用量不足 2 千克。70 年代起,大量施用碳酸氢铵。1974—2013 年,氮肥、磷肥、钾肥结合使用,效果良好。

图 5-5　水田施化肥(摄于 1975 年)

1974—2013 年农联村(境内)化肥使用量一览表

表 5-12　　　　　　　　　　　　　　　　　　　　　　　　　　　　　　　　　　　　单位:千克

年份	平均每亩耕地使用量				年份	平均每亩耕地使用量			
	合计	标准氮肥	标准磷肥	标准钾肥		合计	标准氮肥	标准磷肥	标准钾肥
1974	44.05	37.51	6.37	0.17	1989	65.70	44.60	11.50	9.60
1975	40.79	34.77	5.18	0.84	1990	73.50	42.30	15.80	15.40
1976	46.52	36.55	9.13	0.84	1991	68.80	42.40	13.60	12.80
1977	52.52	45.06	7.36	0.10	1992	67.40	44.50	11.80	11.40
1978	78.87	64.46	14.11	0.30	1993	64.30	41.50	10.60	12.20
1979	112.65	96.95	14.79	0.91	1994	68.70	45.30	12.10	11.30
1980	121.18	103.27	15.48	2.43	1995	72.30	42.50	14.60	15.10
1981	108.05	92.14	12.67	3.24	1996	72.00	44.30	13.50	14.20
1982	111.95	90.21	19.08	2.66	1997	67.20	42.50	12.80	11.90
1983	115.80	97.71	15.69	2.40	1998	57.70	37.50	10.40	9.80
1984	101.24	91.26	8.47	1.51	1999	61.80	39.40	11.20	11.20
1985	87.30	78.74	7.23	1.33	2000	59.40	39.40	10.40	9.60
1986	66.90	45.20	11.20	10.50	2001	61.60	40.10	12.10	9.40
1987	65.20	43.60	11.80	9.80	2002	63.20	41.50	10.90	10.80
1988	68.10	45.80	12.10	10.20	2003	64.20	42.50	11.40	10.30

（续表）

年份	平均每亩耕地使用量				年份	平均每亩耕地使用量			
	合计	标准氮肥	标准磷肥	标准钾肥		合计	标准氮肥	标准磷肥	标准钾肥
2004	60.30	40.10	10.50	9.70	2009	59.80	38.90	10.50	10.40
2005	60.90	39.80	11.30	9.80	2010	62.40	40.20	11.20	11.00
2006	63.50	41.50	10.80	11.20	2011	60.20	39.20	10.50	10.50
2007	67.30	42.10	13.50	11.70	2012	65.00	38.20	12.50	14.30
2008	67.20	41.20	13.20	12.80	2013	64.30	37.40	12.80	14.60

注：2014年起，粮食不作统计。2015年，全村耕地因城北开发区建设全部被征用、租用。

1974—1997年境内棉田施肥一览表

表5-13　　　　　　　　　　　　　　　　　　　　　　　　　　　　　　单位：千克

年份	每亩施肥总量（折标准肥）	其中有机肥		年份	每亩施肥总量（折标准肥）	其中有机肥	
		每亩使用量	占总量（%）			每亩使用量	占总量（%）
1974	53.09	26.90	50.66	1986	110.5	30.2	27.3
1975	56.40	28.00	49.65	1987	112.3	110.7	36.2
1976	60.8	31.2	51.3	1988	122.1	35.2	28.8
1977	79.5	40.3	50.1	1989	105.2	39.6	37.6
1978	110.30	50.30	45.60	1990	98.5	40.1	40.7
1979	91.60	38.10	41.59	1991	112.3	33.5	29.8
1980	109.70	34.30	31.27	1992	108.5	29.6	27.3
1981	112.70	35.00	31.06	1993	114.8	31.2	27.2
1982	98.30	26.70	27.16	1994	105.3	38.2	36.3
1983	115.10	33.80	29.37	1995	112.3	35.1	31.3
1984	122.30	29.80	24.37	1996	107.6	31.5	29.3
1985	120.80	29.90	24.75	1997	113.2	28.4	25.1

注：1998年起，棉田不作统计。

第三章　畜牧水产业

20 世纪 50 年代,境内以养殖牛、猪、羊、家禽和鱼为主。六七十年代,随着农业机械化程度的提高,耕牛逐步被淘汰,家禽被限制饲养,淡水鱼靠自然水体放养,养殖业的重点是生猪、湖羊。同时,随着国际市场的需要,大力发展兔毛生产。养兔的农户不断增加。80 年代开始,境内个体农户养猪呈下降趋势,养猪专业户取而代之。

第一节　畜禽饲养

一、家畜

境内农家素有养牛、养猪、养羊的习惯,除此之外,少数农家还养兔。

1. 养牛

中华人民共和国成立前,大多数富裕农户耕地较多,为补充劳动力不足而饲养耕牛(以水牛为主),境内共饲养耕牛 50 余头。50 年代,增至 60 余头。1963 年,随着农业机械化的发展,境内仅剩 3 头耕牛。其中,南区 2 头、北区 1 头。2015 年,全村无牛。

2. 养猪

1949 年,南区养猪 672 头,1957 年养猪 842 头。60 年代末起,为贯彻"两条腿走路"的方针,政府提出"猪多、肥多、粮多"的口号,鼓励私人养猪,境内养猪业发展为由社员私养和集体饲养相结合的格局,生猪数量猛增。1971 年,全境饲养生猪总数(出售、圈存)2528 头;1976 年发展为 4604 头。1977 年开始,集体养猪推行"公有私养"、"四定一奖"(定任务、定产值、定饲料、定报酬、超产奖励、减产赔偿)责任制后,养猪业加快发展。1978 年发展到 5378 头,1980 年发展到 7802 头。1982 年,境内全面实行家庭联产承包责任制后,生产队停止集体养猪,取消猪饲料粮等奖励政策,社员养猪数量逐渐下降。1991—1998 年,全境每年生猪饲养量除 1991、1994、1995 年外,其余几年均不足千头。1999 年饲养 2498 头,2001 年饲养量 3355 头,2002 年减少至 925 头。至 2008 年末,全村共有养猪专业户 6 户,租用土地 6 亩,共养猪 1600 头。2012 年,全村饲养生猪由 2010 年的 1500 头下降为 892 头。2013 年起不再养猪。

在饲养生猪的同时,境内农民还饲养母猪、繁殖苗猪。人民公社化前,少数农户饲养母猪。人民公社化后,许多集体养猪场饲养母猪,由种子场饲养公猪,以繁殖苗猪,供应生产队社员饲养或上市交易,增加集体经济收入。东莱乡是全市母猪饲养数量最多的乡之一,境内南区是东莱乡母猪饲养量最多的村之一。

1971—2012 年(选年)农联村(境内)生猪饲养一览表

表 5-14　　　　　　　　　　　　　　　　　　　　　　　　　　　　　　　　单位：头

年份 \ 区名	南区	北区	西区	合计
1971	1471	557	500	2528
1972	1459	762	529	2750
1973	2182	1130	808	4120
1974	1812	965	704	3481
1975	2327	1147	839	4313
1976	1959	1831	814	4604
1977	1493	1918	615	4026
1978	2745	1764	869	5378
1979	3732	2181	1086	6999
1980	3617	2673	1512	7802
1981	1877	1633	447	3957
1990	376	264	49	689
1993	615	174	108	897
1995	671	235	128	1034
1998	715	102	180	997
2000	2000	560	520	3080
2003	1450	—	—	1450
2004	3095	—	—	3095
2008	1600	—	—	1600
2010	1500	—	—	1500
2011	1425	—	—	1425
2012	892			892

注：2012 年以后，生猪不作统计。

3. 养羊

境内农户养羊的历史较久。品种以山羊为主，湖羊少量。中华人民共和国成立前后，境内以养白山羊为主。白山羊繁殖率高，但生长期长，要跨两个年头才能养成成羊宰杀食用。20世纪60年代,境内南区引进山东大尾巴湖羊,饲养量逐年增加。湖羊生长期短、产量高、产毛多、效益好,饲养量发展较快。进入70年代,境内白山羊饲养量减少,仅占总数的5%—10%。1981年以后,境内养羊数量逐年减少。2004年,全村出栏羊532头。2005—2006年,共出栏羊1800头。2007年仅出栏羊400头。2008年,全村养羊已不足百头。2015年全村不再养羊。

4.养兔

境内历史上以饲养本地菜兔为主。1949年,全境养兔706只。解放后,境内养兔量随着国际兔毛市场需求量的增减而变化。50年代,养兔事业发展较快。1957年,全境养兔956只,1978年为1486只,1983年减少至623只。1985年,养兔量回升到1410只。2008年后,境内养兔量又逐年减少。至2015年,全村无兔。

二、家禽

境内农家饲养家禽以鸡、鸭为多,鹅少量。1950年初,境内共饲养家禽5102羽,每户平均3.1羽,以后逐年增加。1958年"大跃进",境内家禽饲养量锐减。1969年开始回升,以后几年又徘徊不前。1978年,全境饲养家禽3295百羽,1983年6715百羽,以后又逐年增加。至1985年,全境饲养家禽发展到19878百羽。其中,种子场集体饲养的"白洛克"种鸡,再将种鸡蛋销给孵坊。种子场有的员工将鸡运到无锡推销。西区八组采用公有私养形式,连续2年养鸭4百羽。苗鸭饲料由集体负责,喂食放养由专人负责,效果较好。2004年,全村家禽出栏1150百羽。2005—2006年,全村共出栏1400百羽。2007年出栏6百羽。

除了集体饲养外,还有不少村民个体饲养。境内南区二十村民小组的吴永祥自养种鸡,自嘌养小鸡,规模较大;吴永良连续养鸡15年,每年养鸡30百羽;周正良连续养鸡7年,每年养鸡20百羽;季永才连续养鸡6年,每年养鸡20百羽;季兴保、潘文保连续养鸡各5年,每年养鸡分别是10百羽和15百羽。1985年末,境内圈存家禽14678羽,户均7.9羽,其中圈存鸭1860羽,占总数的1.27%。其他家禽还有鹌鹑、野鸡、鸽子等。此外,境内南区、西区部分村民在清明节前到苏州、无锡或本地嘌养小鸡,就地销售,利润较高。

第二节 淡水养殖 水产捕捞

一、淡水养殖

境内河塘水面面积约890亩,其中可放养鱼面积374亩,其中南区245亩左右。北区河沟浅而狭,养鱼条件较差。

1949年,境内利用自然水体养鱼水面面积167亩,每亩水面面积年产鱼40千克—50

千克。其中,花、白鲢鱼占总产量的80%,草、鳊、鲤鱼等鱼种占总产量的20%。

50年代后,境内浅水养鱼有较快发展。1957年全村养鱼面积179亩,占境内可放养水面的47.86%,鱼总产量13.45吨。1961年以后,养鱼面积逐年下降,1964年起又逐年恢复。

1980年,贯彻"养殖为主、精养为主、养捕并举"的渔业生产方针。除了充分利用自

图5-6 捕鱼(摄于1989年)

然水体养鱼外,境内北区在北二环路北侧,结合建设北二环路取土开挖鱼池23亩,由专业户养殖。为充分调动专业户的主观能动性,由他们将各类养殖鲜鱼直接上市,鱼价随行就市。2004年,全村水产品总量212吨。2005年为170吨,2006年为80吨。2007年水产总量为85吨。水产品放养比例,花鲢、白鲢、草鱼和鲫鱼各占25%。2008年以后,因水质的变化和北城区的开发,河塘养鱼基本停止。

二、水产捕捞

水产捕捞有专业工具。主要有牵网、摇网、赶网、甩网、撒网及蟮笼、蟹网、簖等。捕捞时间一般以下半年居多,特别是逢农历节前,鱼价最好。年底干河(抽干河水)捕捞,可清理河塘,有利于来年养鱼。

第三节 疫病防治

境内地处长江边,南北之间苗畜、雏禽余缺调剂频繁。尤其在20世纪70年代,江西、安徽、浙江等省的猪源流入,加上检疫制度不够健全,畜禽疫病随之传入。

一、境内常见的畜禽疫病

1.共患病

有巴氏杆菌病(禽、猪、兔)、沙门氏杆菌病(猪、禽)、狂犬病、炭疽病等。如今,炭疽病已绝迹。

2.猪病

有猪丹毒、猪瘟、气喘病、传染性肠胃炎、黄痢、白痢、水肿病、红皮病,其中猪丹毒、猪瘟已控制。

3.牛羊病

主要结核病和炭蛆病。另有水牛中毒病、传染性肺炎等。

4.兔病

有梅毒病、传染性口炎、粘液性肠炎、兔瘟。

5.犬病

有犬痘,已绝迹。

6.禽病

有鸡新城疫、白痢、鸭瘟、鸡马立克氏病、鸡法氏囊病和已绝迹的小鹅瘟。

7.寄生虫

有蛔虫病、姜片虫病、兔鸡球虫病、肺丝虫兔疥癣、弓形体病,其中姜片虫病已基本控制。

二、境内禽畜疫病的防治

1.猪病的防治

20世纪70年代前,境内苗猪、生猪因患猪丹毒等各种疫病而死亡的情形比较突出。1969年,境内南区抽调陈惠民、西区抽调戴永法、北区抽调刘如元全面负责境内生猪疫病的防治工作。同时采取春3月、秋9月两次突击防疫,但防病密度不高。1980年后,推广月月防,但工作量大,效果也不理想。1984年推广45—60日龄苗猪窝防治方法。由于市防疫部门的层层把关,境内对疫病的高度重视,生猪主要疫病得到控制。

2.鸡病的防治

20世纪70年代发病率最高的是鸡新城疫,呈地方性流行。70年代末,境内对14日龄苗鸡用Ⅱ素苗滴鼻,60日龄鸡用Ⅰ系苗注射,疫情得到基本控制。

3.兔病的预防

1984年初,境内兔瘟流行,死亡率达到98%以上。5月起,凡留存的、引进的苗鸡,用兔瘟疫苗预防接种后,基本控制疫病的流行。

第四章　农机具

中华人民共和国成立前,境内农民从事农业生产,从种到收皆靠人力、畜力和传统农具。中华人民共和国成立后,在继续使用传统农具的同时,政府大力倡导改良农具,多数老式农具逐渐被农机具替代,传统农具的种类逐渐减少。50年代中期开始,耕地用木犁改用铁犁,并发展到畜力双轮双铧犁。稻麦脱粒的稻床逐步被半机械化的脚踏脱粒机替代。农用木船逐步改进为钢丝网水泥船。杭家堂向塘市潘福芹购买脚踏式脱粒机1台，这是境内最早使用的半自动脱粒机械。60年代中后期，境内南区购买30匹柴油机，用于灌溉农田、粮饲加工等。北区、西区分别向天一米厂购买30匹柴油机各1台。1975—1980年，播种、开沟、收割、运输等，基本实现机械化。1993年，全村拥有中型拖拉机7台、手扶拖拉机42台、联合收割机7台、脱粒机102台、扬谷机72台、开沟机17台，农业机械总动力1555千瓦。

1990年10月，境内各村相继成立农业服务站，农业机械由村农业服务站统一管理使用，专人负责，统一核算。做到农闲时维修保养入库，农忙时耕种收割，不误农时。90年代后期，境内工业经济迅速发展，私营企业纷纷落户村内，再加上市区扩大、北城区开发，全村耕地逐年减少。1998年冬，撤销全境各村农业服务站，联合收割机、手扶拖拉机等大型农机具转制，由专业人员管理、经营。2015年全村无耕地后，所有农机具已全部处理掉。

第一节　耕种植保机具

中华人民共和国成立前，境内传统耕种机具主要有步犁耙、钉耙（分板齿、尖齿、套齿和鸭脚齿等种类，下同）、铲、锄等传统农具，少数农户用牛拉步犁和水田耙进行翻土整田，多数农户靠用钉耙翻耕碎土。

1958年，南区试用牲畜牵引的双轮双铧犁耕田。该铁制犁因自重大、吃土深、牛力不足而停止使用。还有用绞盘车人力牵引铧犁耕田，这种犁也因费力费时而未能推广。60年代末，南区九队购进手扶拖拉机，最早实行机械耕作。1970年后，手扶拖拉机开始广泛使用，基本实现土地翻耕机械化。1990年以后，境内开始使用中型拖拉机耕作（境内属稻棉隔种区），并用于稻茬麦田开沟等。2012年，全村有中型拖拉机7台、手扶拖拉机42台、开沟机17台、种麦机9台。是年以后，全村耕地逐年减少，大中型农机具逐渐失去作用。

长期以来，境内三麦种植以使用钉耙、锄头等为主。1985年推广直播麦后始有A5型盖麦机。它与东风-12型手扶拖拉机配套，每小时碎土播种盖麦5亩至6亩，播种均匀、覆盖不露麦子。该盖麦机一直使用到2014年。水稻育秧、播种、移栽全靠人工作业。农联村因水稻种植面积少，机插秧未能推广，一直采用直播或抛秧。棉花种植全靠人工，仅在种植方法上进行改进。

中华人民共和国成立前，境内农业没有植保机具，无法防治病虫害，收成好坏基本由天气状况决定。1953年开始，使用手动喷雾机（单杆式）和手摇喷雾机喷药治螟虫等。60年代开始使用单杆式和背包式高压喷雾器（主要用于棉田粘虫）。70年代初使用手动水龙式喷雾器。1982年，农村开始使用背包式喷雾、喷粉机。由于该植保机适合于个体单人操作，很受农户欢迎。实行家庭联产承包责任制后，使用十分普遍，基本达到每户1台。1990年，全境拥有背包式高压喷雾机 1654 台、杠杆式额泵 51 台、远程喷雾机 5 台,有效地防治了农作物病虫害。

第二节　收割脱粒机具

境内稻麦收割历来使用月亮型镰刀。20 世纪 70 年代开始广泛使用锯齿型镰刀。镰刀收割工效低、劳动强度大。80 年代中期,少数农户请外地的"洋马"收割机收割水稻,效果很好。90 年代,境内南区集体租用外地桂林收割机帮助农户收割小麦。尔后南区、西区、北区相继买进中型拖拉机、配套联合收割机 7 台。农忙时,再引进部分外地收割机,水稻、小麦收割基本实现了机械化。2003 年,全村拥有中型拖拉机 7 台、联合收割机 7 台。

图 5-7　20 世纪五六十年代的脱粒机

稻麦脱粒历来使用稻床、连枷等工具,依靠人力打拍脱粒,用漏筛自然风力扬净。20 世纪 50 年代初,开始采用脚踏脱粒机。该脱粒机有木制和铁制两种,型号小的由 2 人操作,大的可供 4 人操作。60 年代末,开始使用 12 匹马力小型柴油机(S195)带

图 5-8　联合收割机(摄于 2012 年)

动"条丝龙"脱粒机,配合电动扬谷扇,实现机械动力脱粒作业。1974 年,电动机逐步替代柴油机,脱粒作业更方便。1982 年以后,农村实行家庭联产承包责任制,脱粒机械趋向小型化。1990 年,全境拥有小型电动脱粒机 270 台、扬谷扇 151 台。1990 年以后,由于联合收割机(稻、麦)广泛使用,农田锐减,小型电动脱粒机逐步被淘汰。

第三节　农机管理与服务

农业合作化以后,境内农机具的维修以人力压缩喷雾机、人力龙骨水车为主。境内各区指定 1—2 名小五金师傅和木工师傅作为兼职维修工。农闲时,请有经验的木匠对人力车进行维修,再用桐油油好,妥善保管。

随着农业机械化程度的不断提高,1976 年建立设立于境内的东莱农机站。该农机站兼

管境内农机管理、维修、培训农机手,推广使用农业机械,提高农机使用率,直接为农业生产服务。境内各大队均建立农业服务站,由农业副社长和生产队农机手负责农机管理、保养和简单维修。

1990年10月,经市农工部、农业局、水利局联合验收,境内三个村的农业服务站全部达标。农业服务站是管理本地区农机的一个机构,有专人负责机房(排涝站),管理制度配套齐全。农忙时,机械一旦出现故障,一般都能去农业服务站得到维修。东莱镇农机站经常派员到境内各村巡回检查、维修,确保农业机械正常作业。农忙结束时,农业服务站将农机入库维修、保养、妥善保管。

20世纪末,由于北城新区的开发,境内耕地面积急剧减少,农机的服务功能萎缩,农机转制给私人经营,农业服务站撤销。

第五章　农田建设

第一节　平整土地

境内耕地长期处于个体农民无计划垦殖,致使土地田块凌乱、形状各异、大小不一,地面七高八低,对农田排灌和机械作业十分不利。农业合作化后,零星田块开始得到平整。20世纪60年代后期,个别生产队进行小范围的土地平整,但是面积极少。1970年后,提倡良种当家,扩大种植面积,改造低产田建设。1972年,南区平整土地土方22525立方米。1973年,境内三个大队相继成立平整土地指挥部,分别把平整土地土方任务分配到各生产队(土方任务可以抵扣明年水利任务)。生产队把土方任务分配到各个劳动力。是年冬季,仅南区九队境内的老盐铁塘、乌沙港南段、桥头河、南泾头旁的高岗地和低洼地平整,就完成土方60315.7立方米。1975年12月,在南区窑厂附近、杨鹿公路南侧、匡家堂东、西两侧,十二生产队杨鹿公路北侧,以及北区第十生产队东侧等地,平整土地总面积850亩,完成总土方74157.5立方米。原来大小不一、高低不平的田块分格成方,达到"排得快、灌得畅、降得下、易管理"的园艺化标准。既改善了生产条件,又增强了抗灾能力,成为旱涝保丰收的良田。

1976年12月,境内率先着手规划建设农业丰产方。在上年平整土地基础上,格田成方;开挖完成鹿杨公路向北500米长的排灌渠10条,及东西向、长2000米的排灌渠道2条,建成16米宽、100米长的方格田。开沟完成总土方69209.9立方米。

第二节　丰产方建设

境内农业丰产方示范基地始建于 1976 年 12 月。1980 年前后,开挖 3 条南北向、长 300 米和东西向、长 240 米的排灌渠道,建成长 100 米、宽 16 米的 15 块方格田,达到雨停田干的要求,增强抗灾能力,确保旱涝丰收。1983—1984 年,南区投资 15 万元,建设 1480 米长的永久性沟渠,做到路渠配套。1991 年,丰产方水稻单产 628 千克,小麦单产 312 千克;1994 年,水稻、小麦单产分别比 1991 年增长 7%、6%,达到粮食年产吨粮的目标。2000 年以后,因北城区的开发和城乡一体化建设,丰产方停止种植。

1975—1976 年境内平整土地、开沟挖土工程量一览表

表 5–15　　　　　　　　　　　　　　　　　　　　　　　　　　　　单位:立方米

施工队	1975 年平整土地地址	工程量	1976 年平整开沟地址	工程量
定丰	农联大队北窑厂前	5935.00	鹿杨公路之北	3774.50
合丰	不在境内平整土地	—	农联大队鹿杨公路南北 500 米内	5526.90
交通	不在境内平整土地	—	农联大队鹿杨公路南北 500 米内	5487.00
庆东	不在境内平整土地	—	农联大队鹿杨公路南北 500 米内	2051.50
黑桥	不在境内平整土地	—	农联大队鹿杨公路南北 500 米内	2052.70
民庆	农联大队北匡家堂东侧	5483.00	农联大队鹿杨公路南北 500 米内	6562.90
东莱	南桥大队 10 队东侧	6980.40	农联大队鹿杨公路南北 500 米内	3019.50
叶家桥	农联大队匡家堂东侧	3909.00	农联大队鹿杨公路南北 500 米内	2068.50
寿兴	不在境内平整土地	—	农联大队鹿杨公路南北 500 米内	1750.00
西闸	不在境内平整土地	—	农联大队鹿杨公路南北 500 米内	2002.00
定丰	农联大北窑厂前	5935.00	鹿杨公路之北	3774.50
合丰	不在境内平整土地	—	农联大队鹿杨公路南北 500 米内	5526.90
交通	不在境内平整土地	—	农联大队鹿杨公路南北 500 米内	5487.00
庆东	不在境内平整土地	—	农联大队鹿杨公路南北 500 米内	2051.50
黑桥	不在境内平整土地	—	农联大队鹿杨公路南北 500 米内	2052.70
民庆	农联大队北匡家堂东侧	5483.00	农联大队鹿杨公路南北 500 米内	6562.90
东莱	南桥大队 10 队东侧	6980.40	农联大队鹿杨公路南北 500 米内	3019.50
叶家桥	农联大队匡家堂东侧	3909.00	农联大队鹿杨公路南北 500 米内	2068.50
寿兴	不在境内平整土地	—	农联大队鹿杨公路南北 500 米内	1750.00

（续表）

施工队	1975 年平整土地地址	工程量	1976 年平整开沟地址	工程量
西闸	不在境内平整土地	—	农联大队鹿杨公路南北 500 米内	2002.00
二圩	农联大队匡家堂东侧	4982.30	农联大队鹿杨公路南北 500 米内	3187.00
永协	农联大队窑厂公路南侧	7909.00	农联大队鹿杨公路南北 500 米内	4380.50
福东	农联大队窑厂前西侧	5750.00	农联大队鹿杨公路南北 500 米内	3628.40
福前	农联大队匡家堂前公路南	7125.50	农联大队鹿杨公路南北 500 米内	3302.00
乌沙	农联大队匡家堂东面、西面	3849.90	农联大队鹿杨公路南北 500 米内	2200.00
南桥	南桥大队第 10 生产队部东	6833.40	农联大队鹿杨公路南北 500 米内	3027.00
农联	农联大队 12 队公路北	15400.00	农联大队鹿杨公路南北 500 米内	4860.00
大丰	不在境内平整土地	—	农联大队鹿杨公路南北 500 米内	4312.50
黎明	不在境内平整土地	—	农联大队鹿杨公路南北 500 米内	6017.00
合计	—	74157.50	—	69209.90

第六编　工　业

境内工业从纺织业起步。早在明代,就有农妇们"黄昏始织,三鼓方睡"之说。明末清初,随着农业、商业的发展,境内土纺土织、铁木与粮油加工、酿酒等小作坊逐渐兴起。境内港西自然村就有9户村民在新庄集镇上开设手工业作坊。民国初,手工业生产有较大发展。新庄、蒋桥等小集镇开设有粮油加工、纺织、印染、金属加工等私营工厂。但因受封建制度制约及地处偏僻、交通不便,工业发展十分缓慢。

中华人民共和国成立后,境内私营工业和手工业在人民政府扶持下得到恢复和发展。人民政府对私营工业和个体手工业实行"利用、限制、改造"的方针,鼓励、扶植合作社工业。1952年开始,走合作化道路,建立手工业生产联社。国民经济和社会发展第一个五年计划(以下简称"五年计划")期间(1953—1957年),对私营工业和个体手工业进行社会主义改造。至1956年,全境90%以上个体手工业者参加合作组织,私营工业企业全部实行公私合营。是年开始,农联村(境内)工业经历了四个不同阶段。

1957年至1977年为社队工业起步阶段。1957年起,部分高级农业生产合作社兴办小加工业,社(农业生产合作社)队(大队)工业开始萌芽。1959年后,贯彻"小、土、群"方针,大办大队工业。境内先后建办缝纫合作社,土水泥、土农药、土化肥、小砖窑、粮饲加工和黄纱加工等队办企业。1967年后,又相继建办粮饲加工厂、综合厂、化工厂、织带厂、服装厂。1970年后,贯彻中央北方农业会议精神,队办工业纷纷上马,进入新的发展阶段。

1978年至1997年为村(队)办集体工业发展并达到鼎盛阶段。1978年,农村经济体制改革开始,调整产业结构,队办工业逐步发展壮大。1980年,全境有13家队办工业企业。进入90年代,直至1997年,全境村办工业快速发展,村办企业达到35家。

1998年至2010年为农联村(境内)民营(股份合作企业、联营企业、有限责任公司、股份有限公司)、私营(私营独资企业、私营合作企业、私营有限责任公司、私营股份有限公司)工业发展腾飞阶段。1998年至1999年,境内村办企业实行产权制度改革,全部转为私营企业。2003年11月,南桥村、乌沙村并入农联村,全村私营工业企业进一步发展壮大。是年末,全村工业总产值42331万元。2010年,全村私营工业企业发展到139家。

2010年起为农联村工业企业迁移缩减阶段。农联村地处杨舍城郊,为服从城乡一体化建设需要,2010年开始,不少企业陆续迁移出境。至2015年,全村共有68家私营工业企业,总资产243787.1万元,完成销售收入222393万元,实现利税8000多万元。

第一章 所有制结构

第一节 私营、个体工业

中华人民共和国成立前,境内个体手工业有纺织业、铁木业、竹器业、制鞋业、制伞业、修理业等10多个行业。

中华人民共和国成立后,境内有各类手工业作坊50多家,私营企业4家。"文化大革命"期间,境内个体私营手工业受到严重冲击。1978年中共十一届三中全会后,境内个体私营手工业得以恢复。80年代初,全境有南区(原农联大队)九队的拉链厂、十三队的眼镜螺丝加工厂、十七队的蚊烟条生产工场和二十二队的油封弹簧加工厂等个体私营企业。其中,九队的拉链厂发展较快。该厂在今徐丰村租厂房500平方米建生产车间,后又租田自建厂房6500平方米。2008年,该厂有职工84人,固定资产366万元,工业产值1494万元,销售收入1394万元,实现利税84万元。产品畅销国内外。

2000年,全境有各类企业123家,有纺织、针织、化工、服装、染色、皮件、五金工具等8个行业,产品100多种。固定资产达7685万元,完成工业销售收入38200万元,实现利税1935万元。2008年,全村工业企业发展到133家,有职工5446人,固定资产4347万元,工业销售收入168736万元。其中规模较大的有张家港市港城针织有限公司、张家港市华宇毛纺有限公司、江苏爱博纳集团有限公司、张家港市王牌网架土木钢结构有限公司和张家港市诚信印染有限公司等12家。2009年,全村有张家港市港城针织有限公司、张家港市华宇毛纺有限公司、江苏爱博纳集团、张家港市王牌网架土木钢结构有限公司、张家港市诚信印染有限公司等133家私营工业企业。职工总数5446人,完成销售收入168736万元。2010年,全村有私营工业企业139家,工业产值225727万元。2010年以后,由于城乡一体化建设需要,不少企业陆续迁至境外。2015年,全村仅有68家私营工业企业,职工总数4106人,完成销售收入222393万元,实现利税8000多万元。

2010 年农联村企业一览表

表 6-1

序号	企业名称	创办时间	注册资本（万元）	经营项目或主要产品	负责人
1	市蒋桥印铁制罐厂	1985.03	28	金属罐制造，五金制造、加工，金属表面喷塑，马口铁、油漆销售	钱永希
2	市冶金矿山机械厂	1988.04	10	专用设备制造业	刘胜法
3	市腾龙机械有限公司	1988.05	30	离心机、脱水机制造销售	李 平
4	苏州正亿皮件有限公司	1989.08	200（万美元）	生产各种规格皮票夹、包袋、皮面薄册等制品，销售自产产品，并从事计算器、笔等文具用品的批发及进出口业务	蔡明翰
5	市裕华针织有限公司	1990.03	50	针纺面料、服装制造及原辅材料经营销售	陆国才
6	市东莱蒋桥锯板厂	1990.05	10	木材加工和木、竹、籐、棕、草制品业	季福林
7	市华联塑料制品厂	1990.07	10	塑料制品制造、金属加工、模具制造	唐正德
8	市鑫钢工业设备安装有限公司	1990.07	300	非标设备、工艺管道制作、安装；机电设备工程安装	杭新刚
9	市东莱特种通风设备厂	1993.04	10	通用设备制造业	宋志刚
10	市东惠皮件有限公司	1993.06	21（万美元）	生产销售皮带及其他皮革制品	肖胜高
11	市港隆化工实验厂	1995.06	100	化工产品	曹新龙
12	市江帆特种绒线有限公司	1996.03	30	特种绒线	刘文华
13	市阳光毛线染整有限公司	1996.04	50	毛线制造、毛线染色加工	朱卫忠
14	市江帆毛线染整有限公司	1996.04	50	毛线及各种纱线染整、销售	陈梅娣
15	市东莱西闸饮料厂	1996.06	5	饮料类加工	张中琪
16	市华宇毛纺有限公司	1996.08	500	毛纺织品加工、制造、销售，自营和代理各类商品及技术的进出口业务	张金良
17	市东莱耐熔金属厂	1996.08	10	稀有金属加工	刘瑞芳
18	市沙洲船用阀门制造有限公司	1997.05	10	船用阀门制造	季建坤
19	市匡大建筑设备租赁有限公司	1997.06	50	租赁业	匡忠明
20	市建设钢模板厂	1997.08	50	钢结构、紧固件、建筑设备、钢模板出租	陈振东
21	市五联化工厂	1997.9	50	化学原料和化学制品制造业	季士贤
22	市宏星机械制造厂	1997.12	50	机械配件制造、销售	许洪泉

（续表）

序号	企业名称	创办时间	注册资本（万元）	经营项目或主要产品	负责人
23	市东莱棉胎加工坊	1998.03	5	中孔棉、棉胎	戴永飞
24	市蒋桥乳制品有限公司	1998.03	10	食品制造业	谢增希
25	市东莱福利毛线厂	1998.05	10	纺织业	钱关祥
26	市农联铸造厂	1998.06	10	黑色金属冶炼和压延加工业	唐仁忠
27	市罗南铝材有限公司	1998.06	250	铝合金制品	许永明
28	市东莱港城化工设备厂	1998.06	30	专用设备制造业	景如鹤
29	市华盛家居有限公司	1998.07	100	纺织服装、服饰	余 民
30	市新特利制罐有限公司	1998.07	150	金属罐、印铁制造、销售	钱仁民
31	市宝盾安防设备厂	1998.07	10	零售业	倪志林
32	市沙莎服饰厂	1998.07	10	纺织服装、服饰	沙红娟
33	市凯陆模压锻件有限公司	1998.07	10	金属制品	方 敏
34	市东莱宏立机械工程队	1998.08	10	机械挖土、运输	唐 荣
35	市东郊松紧线厂	1999.03	40	松紧线、织带制造、销售	朱雪刚
36	市恒盛药昌化学有限公司	1999.03	20	化学制品加工、销售	盛金星
37	市科力包装有限公司	1999.03	350	包装装潢印刷品印刷、其他印刷品印刷；塑料制品、橡胶制品、塑料包装制品、服装辅料制造、加工、销售	徐惠新
38	市耀华织带有限公司	1999.04	50	松紧带、纱带、拉链、纽扣、服装辅料制造、销售	季耀芳
39	市中源印染有限公司	1999.06	50	各种纱线、散毛、散纤、散棉染整,销售	陈梅华
40	市新丽印刷厂	1999.06	40	印刷加工及印刷品销售	郭浩新
41	市联群织带有限公司	1999.06	30	松紧带、纱带、拉链、纽扣、服装辅料制造、销售	周建军
42	市蒋桥商标织带厂	1999.07	80	商标织带、绳、线制品、花边、服装辅料制造、销售	吴月祥
43	市东发毛纺材料有限公司	1999.07	50	毛纺原料销售；自营和各类商品及技术的进出口业务	殷仲凯
44	市鑫华织带厂	1999.07	40	织带制造、销售	李云庆
45	市阳光倒筒厂	1999.08	5	通用设备制造	王锦德
46	市东莱反光布厂	1999.08	40	反光布、冶金辅助材料制造、销售	许进高

（续表）

序号	企业名称	创办时间	注册资本（万元）	经营项目或主要产品	负责人
47	市兴达油墨制品厂	2000.03	5	油墨制品	姜兴南
48	市国泰华创制衣有限公司	2000.03	300	服装及面料制造、加工,纺织原料、针纺织品购销,自营和代理各类商品及技术的进出口业务；会议及展览服务	赵寒立
49	市亚青机械制造有限公司	2000.03	368	弯管、切管、管端成型,铆接设备制造、机械加工、销售;自营和代理各类商品及技术的进出口业务	陈亚平
50	市国耀毛纺有限公司	2000.03	10	针纺织品加工、制造；纺织原料购销	卢国耀
51	市东莱合成化工厂	2000.04	50	化学原料和化学制品制造	曹 平
52	市宇城拉链制造有限公司	2000.05	50	拉链、服装、服装辅料及装饰品制造、加工、销售；销售橡胶包纱、织带	顾学峰
53	市新兴塑料容器厂	2000.05	12	橡胶和塑料制品	许龙兴
54	市永年起重机械工程公司	2000.05	10	通用设备制造	吴元兴
55	市王牌网架土木钢结构有限公司	2000.06	200	钢结构制造	唐春华
56	市宏华机械厂	2000.06	30	专用设备制造	常海东
57	市致元金属制品有限公司	2000.06	50	民用铝型材、工业铝型材、五金制品制造、加工、销售	范义东
58	市德丰医疗有限公司	2000.06	300	医疗器械研发,医疗器械（需领取许可证的除外）、机械设备及零部件、五金工具、纺织品购销	
59	市国泰华夏制衣有限公司	2000.08	300	纺织服装、服饰	李 忠
60	市飞曼纺机有限公司	2000.08	50	纺织机械及配件购销	梅 冬
61	市宝质安防设备厂	2000.08	30	消防安全产品销售	倪志林
62	市泰光纺业有限公司	2000.08	300	纺织品制造；化纤、羊毛条购销；自营和代理各类商品及技术的进出口业务	赵建军
63	市焕新沙线厂	2000.08	300	化纤纺纱,线制造、加工,纺织原料、针纺织品、服装鞋帽及辅料购销	钱汉新
64	市港盛毛纺业有限公司	2000.08	20	纱线制造、加工、销售,纺织原料购销	李志祥
65	江苏省通达化工有限公司	2000.08	1000	危险化学品（按许可证所列范围经营）；纺织原料、装饰装潢材料、金属材料、五金、交电、化工、木材、日用百货购销	李 勇
66	张家港科鑫包装有限公司	2000.11	10	造纸和纸制品	路 涌

（续表）

序号	企业名称	创办时间	注册资本（万元）	经营项目或主要产品	负责人
67	张家港市金盛五金工具制造有限公司	2000.11	50	五金工具、园林工具制造、销售；自营和代理各类商品及技术的进出口业务	张金良（北区）
68	市增辉塑料厂	2001.01	10	橡胶和塑料制品	钱立增
69	市双吉机械有限公司	2001.01	50	塑料机械、机械配件、电器产品制造、加工、销售；五金加工	张吉成
70	市盛达拉链有限公司	2001.03	50	拉链制造，服装及辅料、面料购销	顾学军
71	市平润金属薄板开平厂	2001.03	10	金属制品	唐福兴
72	市华佳纺织有限公司	2001.03	20	纺织品	徐建忠
73	市欧陆艺术家俬有限公司	2001.04	15	建筑业和建筑装潢	许伟明
74	市宝来机械有限公司	2001.05	50	塑料机械、化工设备、印刷机械、轻工机械制造，五金加工，机械配件、电工器材、建筑五金、纺织原料、钢材购销	沈建雄
75	市宇阳皮件有限公司	2001.05	50	皮革制品及辅料制造、加工、销售，服装辅料购销	张弘涛
76	市中豪服装进出口公司	2001.06	20	服装制造、加工、销售	戴正平
77	市中天铸件有限公司	2001.07	5	铸件锻造	钱士龙
78	市东莱天旺布厂	2001.08	10	纺织品	浦天健
79	市可立福服饰有限公司	2001.08	20	纺织服装、服饰	赵立刚
80	市佳艺服饰辅料有限公司	2002.01	5	服饰辅料加工、销售；货运经营	钱建红
81	市未来网页有限公司	2002.01	50	丝、线、绳、网、网眼布及制品制造、加工、销售，纺织原料购销	王天平
82	市格兰玻璃制品有限公司	2002.03	50	玻璃制品	季亚芳
83	市中邦门窗厂	2002.03	10	金属制品	黄国献
84	市港城针织有限公司	2002.03	300	纺织品、针织品、服装制造、销售；自营和代理各类商品及技术的进出口业务	张建高
85	市亨得利水泥制品厂	2002.03	40	预制水泥管、道板，窨井盖座制造、加工、销售	朱建刚
86	市合力毛绒有限公司	2002.04	50	人造毛绒织造、购销及纺织原料购销；服装、鞋帽、工艺品加工、销售	朱永华
87	市明明针织厂	2002.04	50	针织品制造；来料加工；服装购销	朱明华
88	市天成毛纺有限公司	2002.05	50	毛纱、化纤纱线制造、加工、销售，纺织原料、针纺织品购销	屈锡成

（续表）

序号	企业名称	创办时间	注册资本（万元）	经营项目或主要产品	负责人
89	市鑫亿达特种针织纱线有限公司	2002.05	10	纺织品	朱建平
90	市黎明鞋材有限公司	2002.05	50	鞋材、高温加热器、塑料制品销售；五金加工	李明
91	市共创皮件厂	2002.06	50	皮革制品制造、加工、销售；皮革原辅材料、纺织品及原料、服装、鞋帽、箱包、日用百货购销	胡麟
92	市怡峰花边织造有限公司	2002.08	10	纺织品制造；化纤、羊毛条购销	匡建东
93	上海炬弘板业有限公司	2002.08	100	彩钢板加工、制造、销售，建筑装潢材料、化工原料及产品（除危险品）、五金交电、橡塑制品、百货、一般劳保用品销售	张文峰
94	市伟博针织有限公司	2002.08	200	针纺织品、针织服装、针织帽、围巾手套制造、加工、销售；纺织原料购销	王建石
95	市信达印染有限公司	2002.08	30	毛条、化纤条染色加工	田燚
96	江苏国泰国际服装有限公司	2002.11	300	服装及面料制造、加工，纺织原料、针纺织品购销，自营和代理各类商品及技术的进出口业务；会议及展览服务	陆浦荣
97	市中大纺织有限公司	2003.03	50	氨纶纱线制造、加工、销售；纺织品、纺织原料、服饰、鞋帽、工艺品、电子产品、建材购销；自营和代理商品及技术的进出口业务	冯爱东
98	市江帆瑞丰织带有限公司	2003.03	40	织带加工、销售	匡瑞忠
99	市盛鑫棉料加工厂	2003.03	30	通用设备制造	陈维勇
100	市苏尔丽毛纺染整公司	2003.04	500	毛纺织制品生产	林如纳
101	市诚信染整有限公司	2003.04	500	高纺真面料、针织品、纺织品制造、加工、销售；化纤坯布染色整理、加工；纺织品及纺织原料销售；自营和代理各类商品和技术的进出口业务	郭良
102	市新业印染有限公司	2003.04	120	纱、线、棉布染色、水洗、加工	徐满兴
103	市爱华染色有限公司	2003.04	50	毛条、化纤条染色加工；纺织品制造、销售；自营和代理各类商品及技术的进出口业务	闵新华
104	市宝泰服装有限公司	2003.04	10	纺织服装、服饰	钱伟
105	市恒源制衣有限公司	2003.04	10	服装加工	钱文豪

（续表）

序号	企业名称	创办时间	注册资本（万元）	经营项目或主要产品	负责人
106	市嘉华炉业有限公司	2003.04	2000	高氢和全氢罩式光亮退火炉、连续式光亮退火炉、热浸镀锌生产线、辊底式热处理炉、斜底加热炉、转底式环型热处理炉、台车式热处理炉、推钢式加热炉、网带式连续退火炉、特殊钢球化退火炉；高压金属容器热处理线；不锈钢管固熔炉、焚烧炉、玻璃制品退火炉；炉用特种风机，风力发电设备及水工金属构件，大型电机和变压器结构件制造、加工、销售（除压力容器）；自营和代理各类商品及技术的进出口业务	宋志刚
107	市嘉信薄板有限公司	2003.04	100	薄板加工销售	宋志刚
108	市盈科科技有限公司	2003.04	200	汽车制动液、防冻液、润滑油、清洗剂研究、开发、制造，销售；化工原料（除危险品）购销	赵静珍
109	市鸿杨针织有限公司	2003.05	50	经纬针织制品制造、针织品购销	杨忠良
110	市海潮纺织有限公司	2003.05	10	纺织品	李文忠
111	市亨利邦纺织有限公司	2003.05	300	纺纱、织布，纺织原料购销	邹维耀
112	市江帆特种纱线印染有限公司	2003.06	50	毛条、化纤条染色加工	曹国兴
113	市创新线业有限公司	2003.06	300	化纤纺纱，线制造、加工，纺织原料、针纺织品、服装鞋帽及辅料购销；自营和代理各类商品及技术的进出口业务	季建法
114	市海达兴纺机有限公司	2003.06	300	纺织机械及配件、汽车配件、矿山机械配件制造、销售	李建溪
115	市海达纺织有限公司	2003.06	50	针纺织纱线制造、加工、销售；针纺织品、纺织原料购销	赵兴安
116	市伟伟汽配有限公司	2003.08	1000	整车维修（小型客车）；保险代理：机动车辆保险、机动车辆保险暂保单；汽车、汽车配件、建筑材料、电器销售；建筑机械修理；停车服务	钱 伟
117	市吉余纸业有限公司	2003.08	80.7	纸加工，塑料制品购销	徐少华
118	市江联印染有限公司	2003.08	50	涤纶、散棉染色，水洗服装制造、加工、销售	张 青
119	市杨舍吸塑制品有限公司	2003.09	779	吸塑制品、塑料制品、纸制品、五金工具、机电产品制造、销售，自营和代理各类商品及技术的进出口业务	陈 泉

（续表）

序号	企业名称	创办时间	注册资本（万元）	经营项目或主要产品	负责人
120	市亚大毛条有限公司	2003.09	50	制条、纺纱(除棉纱),纺织原料购销	施平华
121	市百喆纳毛纺有限公司	2004.01	300	毛纺织制品生产	林如元
122	市鑫盛染色有限公司	2004.03	50	毛条、化纤条染色加工	吴士法
123	市宝得利毛衫织造有限公司	2004.03	50	人造毛绒织造、购销及纺织原料购销	庄新华
124	市冠雄帽业有限公司	2004.03	50	针织帽、布帽制造、销售,针纺织品购销;自营和代理各类商品及技术的进出口业务	匡 明
125	市新华皮件有限公司	2004.03	10	皮件加工、皮革辅料销售	吴雪娣
126	市渊昌毛纺有限公司	2004.03	50	纱线制造、加工、销售,纺织原料购销	吴静娟
127	市华宏装饰装潢有限公司	2004.04	10	大理石加工、销售、安装	刘建华
128	市江帆水洗厂	2004.05	20	服装水洗	樊跃平
129	市东丰特种风机有限公司	2004.08	318	通风设备、风机、工业炉窑制造、销售;自营和代理各类商品及技术的进出口业务	宋志刚
130	市佳惠机械铸件厂	2004.08	20	铸件、风机、纺机配件制造;五金加工	杜惠刚
131	苏州港隆科技有限公司	2004.08	868	研发热模锻压制品;精密热模锻压件(汽车精密零部件、工程机械精密零部件)制造、加工、销售;泵、液压油缸、阀门、耦合器、风机、钢结构制造、安装、维修、销售;机电设备的制造、安装、维修、销售;建筑机电安装工程;金属材料的购销	施月萍
132	市杨舍佳宇服饰针织印花厂	2004.11	30	纺织服装、服饰	熊玉霞
133	市繁华塑胶有限公司	2005.02	10	橡胶和塑料制品	季建达
134	市佳宇染色有限公司	2005.06	60	纱线喷染及染色加工;纺织原料、化工原料(除危险品)购销	朱士元
135	市双祥纺织有限公司	2005.06	52	针纺织品加工、制造;纺织原料购销	朱祥兴
136	市同信毛纺线业有限公司	2006.03	50	纱线制造、加工,纺织原料购销	季建斌
137	市志瑜特种纱有限公司	2006.04	10	纺织	朱志瑜
138	张家港九源铝业有限公司	2006.07	250	铝型材制造、加工、销售;机械设备购销	严小东
139	市联丰纺业有限公司	2007.06	50	针织品、服装制造、销售	祁惠丰

第二节　村(队)办工业

1957年起,部分高级农业生产合作社兴办小加工业,社(农业生产合作社)队(大队)工业开始萌芽。

1958年成立人民公社后,南区(农联大队)党支部将个体裁缝组织起来,带领他们走集体化道路,建办农联缝纫工场,这是境内第一个大队办集体企业。1959年春,南区第七生产队建砖窑。1967年8月至1968年9月,境内三个大队和部分生产队先后建办粮饲加工厂和竹器、石器、柳条加工厂。1972—1979年,北区(南桥大队)先后建办综合厂和粮饲加工厂;南区先后建办综合厂和蒋桥织带厂;西区(乌沙大队)先后建办废纱纺织厂、化工厂与服装厂。主要产品有手套、柳条编织品、花边织带、丝织被面、服装、塑料、横机针织品、电热圈、砖瓦、仪表弹簧、焦钾等。至1980年,全境共有10家大队办企业,职工1279人。

进入80年代,工业发展由铺摊子、求数量转向上管理、上技术、上质量、提高经济效益上来。境内村办骨干企业沙洲县第二织带厂、毛线染整厂等企业得到发展壮大。1992年8月,创办中外合资苏州洛克斯宝燃器具有限公司(1997年3月转往南京)。以后又创办了张家港市江帆毛线染整厂(后更名为张家港市宏图毛线厂)等大中型村办企业。1998年4月,村办企业开始实行产权制度改革。至1999年末,境内南区(原农联村,下同)、西区(原乌沙村,下同)、北区(原南桥村,下同)共10家村办企业分别转为股份有限公司、有限责任公司、私营独资企业或私营合伙企业。

1980年境内大队办工厂一览表

表6-2

区名	厂　名	建厂年月	经营项目	职工数	负责人
南区	农联砖瓦厂	1963.03	砖瓦	60	杭满生
	农联综合厂	1975.07	电热圈、塑料、竹业、铁业、建筑工程	170	陈彩文
	蒋桥织带厂	1979.01	编织带	250	周仁龙
北区	五联综合厂	1972	手套、钣金、服装、砖瓦	71	唐俊高、杜宏林
		1973	手套、钣金、服装、塑料	55	钱国宝
		1975	手套、钣金、服装、塑料、横机、针织	135	吴文千
		1980	手套、带子、横机、钣金	147	陶志林
西区	砖窑厂	1975.04	砖瓦	21	周阿达、李仁元
	废纺厂	1963	纺黄纱	40	陆小弟、黄正祥
	仪表弹簧厂	1972	仪表、弹簧	8	陆小弟、黄正祥

（续表）

区名	厂　名	建厂年月	经营项目	职工数	负责人
西区	粮饲加工厂	1968.09	轧麦粞、轧米、轧糠	8	周全生
	化工厂	1977.08	焦钾	5	李颂元
	服装厂	1980.05	服装	45	周志义

第三节　产权制度改革

1996年10月，东莱镇先后成立经济体制改革办公室和产权制度改革资产评估小组，开始对境内村办企业进行调查摸底和资产评估工作。1998年4月开始，境内村办企业开始实行产权制度改革，推行劳动与资本相结合的股份合作制形式。凡符合条件的转为有限责任公司或股份有限公司（习惯上称"民营企业"），弱小企业则转为私营独资企业或私营合伙企业。境内采用先小后大、先易后难、一步到位、分类分批完成的方法，有步骤、有计划地实施村办企业产权制度改革。其中，南区（原农联村）张家港市花边织带总厂（160万元资产）、张家港市江帆精纺厂（110万元资产）、张家港市宏图毛线染整厂（30万元资产）、张家港市特种绒线厂（105万元资产）、张家港市冶金矿山机械厂（20万元资产）、张家港市农联铸造厂（18万元资产）、张家港市蒋桥印铁制罐厂（28万元资产）等7家村办企业用招标的形式，分别转制给吴玉祥、张金良、朱卫忠、刘文华、刘胜法、唐仁忠和钱永希等7名个人。北区（原南桥村）共转制2家村办企业。其中一家为张家港市东莱第二毛线厂，该厂评估总资产105万元，其中的92.5万元资产转制给宋代宗个人，12.5万元资产转制给李永泉个人；另一家张家港市耐熔金属厂零资产转制给刘瑞芳个人。西区仅剩张家港市经纬编厂1家村办企业，零资产转制给陆国才个人。至1999年末，全境10家村办企业全部实行产权制度改革，集体共收回净资产576万元。

第二章　工业门类

明、清时期，境内土纺土织业开始兴起并逐步发展，供自用或上市销售。民国时期，境内工业主要是小手工业和以农副产品为原料的小型加工业，无明确的行业门类。中华人民共和国成立后，境内粮油加工、纺织、金属加工、建材等行业逐渐形成。20世纪90年代后，经济体制改革逐步展开，产业结构不断调整，市场经济体系日臻完善。至2015年，全村工业已形成纺织印染、轻工、机械和化工等工业门类。

第一节　纺织印染工业

境内纺织印染工业始于传统的土纺土织。早在明代，境内纺纱织布就较为普遍，几乎家家户户都有木制纺车和木制织机，大部分农家妇女会纺纱织布。中华人民共和国成立前，农户自产的土纱土布除自用外，多余的还到集市出售。有的农户还为商家纺黄纱、纺石棉。

中华人民共和国成立后，境内纺织印染工业发展较快。有个别村民购入手摇袜机和缝纫机，自产自销棉纱手套和袜子。土纺土织业逐步走上半机械化和机械化道路，形成了纺织、针织、印染和原料加工相配套的纺织工业新格局。1978—1986年，境内先后建办沙洲县第二织带厂、张家港市毛线染整厂、张家港市东莱第二毛线厂和张家港市第二经纬编厂。其中，南区（农联，下同）经济合作社出资1494.39万元，建办张家港市毛线染整厂和精纺厂。该两厂占地面积4.33公顷，总投资1376万元，职工450人。北区（南桥，下同）经济合作社出资68.18万元，建办张家港市东莱第二毛线厂。该厂占地面积1.28公顷，总投资125.72万元，职工

图6-1　村办毛线染整厂10周年厂庆（摄于1997年）

180人。西区（乌沙，下同）在蒋桥集镇建办张家港市第二经纬编厂，主要生产经纬编布，年平均产值1000多万元。1991年搬至西区。2010年全村印染纺织企业发展到59家。2010年开始，因城乡一体化建设需要，部分企业迁至境外，印染企业全部迁出。

2015年，全村有纺织企业37家，分别是张家港市华宇毛纺有限公司、张家港市港城针织有限公司、张家港市百喆毛纺有限公司、张家港市联丰纺业有限公司、张家港市中大纺织有限公司、张家港市合力毛绒有限公司、张家港市宝得利毛衫织造有限公司、张家港市江帆瑞丰织带有限公司、张家港市蒋桥商标织带厂、张家港市耀华织带有限公司、张家港市鸿杨针织有限公

图6-2　华宇毛纺厂车间

司、张家港市天成毛纺有限公司、张家港市鑫亿达特种针织纱线有限公司、张家港市同信毛纺线业有限公司、张家港市海达纺织有限公司、张家港市海潮纺织有限公司、张家港市亨利邦纺织有限公司、张家港市联群织带有限公司、张家港市双祥纺织有限公司、张家港市国耀

毛纺有限公司、张家港市鑫华织带厂、张家港市怡峰花边织造有限公司、张家港市泰光纺业有限公司、张家港市焕新纱线厂、张家港市志瑜特种纱有限公司、张家港市华佳纺织有限公司、张家港市渊昌毛纺有限公司、张家港市东莱福利毛线厂、张家港市港盛毛纺业有限公司、张家港市东莱反光布厂、张家港市裕华针织有限公司、张家港市天旺布厂、张家港市明明针织厂、张家港市亚大毛条有限公司、张家港市创新线业有限公司、张家港市东效松紧线厂、张家港市伟博针织有限公司。2015年,这37家企业职工总数8432人,产值164325万元,占全村工业总产值的33.1%。

由港城针织有限公司生产的涤纶、全棉、氨纶、锦纶布(含印花布)等毛纺产品和华宇毛纺有限公司生产的T/T纱、A/P纱、仿兔毛、仿羊绒、曲节纱、夹花纱、混纺、全毛等各种规格的毛纺产品,远销美国、加拿大、日本、新西兰等50多个国家和地区。

第二节 轻工业

中华人民共和国成立前,境内轻工业主要有服装加工、柳条编织、家具制作等,规模都很小。中华人民共和国成立后,私营作坊和个体手工业户逐步走上集体化道路。1958—1972年,境内先后成立服装缝纫和竹器、柳条编织等合作工场,生产规模逐渐扩大。

进入20世纪80年代,境内淘汰部分轻工业小厂,逐步向规模型转移。服装加工由缝缝补补的小加工业向生产服装、帽子、皮件、塑料制品等产品转移。时有10家工厂,其中规模较大的有张家港国泰华创制衣厂、张家港市冠雄帽业有限公司、苏州正亿皮件有限公司和华联塑料制品厂。2008年,张家港国泰华创制衣厂、张家港市冠雄帽业有限公司共有职工总数395人,固定资产1143万元,工业产值5099万元,销售收入4999万元,实现利税500万元。苏州正亿皮件有限公司有职工250人,固定资产1348万元,工业产值2241万元,销售收入2241万元,利税200万元。华联塑料制品厂的主要产品为塑料制品,后兼营印刷。2010年,全村有轻工企业61家。

图6-3 国泰华创制衣有限公司

2015年,全村有轻工企业16家,分别是张家港市宇城拉链制造有限公司、张家港市黎明鞋材有限公司、张家港市兴达油墨制品厂、张家港市伟伟汽配有限公司、张家港市繁华塑胶有限公司、苏州正亿皮件有限公司、张家港市东惠皮件有限公司、张家港市德丰医疗有限公司、张家港市新特利制罐有限公司、张家港市未来网页有限公司、苏州港隆科技有限公司、张家港市全盛五金工具制造有限公司、张家港市华宏装饰装潢有限公司、张家港市中天铸件有限公司、张家港市东莱棉胎加工坊、张家港市科力包装有限公司。是年,该 16 家企业主营业务总收入 25430.44 万元,利税 2000 多万元。

第三节　机械工业

境内机械工业始于金属制品业。原为加工和修理铁制小农具、生活用具,如钉耙、锄头、铁锨、铲刀、火钳、菜刀等,以满足农民生产和生活的需要。随着纺织工业的发展,境内金属制品业逐步向生产各类通用、专用机械过渡。20 世纪 70 年代,南区(原农联村,下同)创办队办机械配件制造厂。至八九十年代,境内有机械配件制造厂、腾龙机械厂、东丰特种风机有限公司、江苏爱博纳集团和张家港市王牌网架土木钢结构有限公司等机械加工制造企业。2008 年,爱博纳集团与张家港市王牌网架土木钢结构有限公司销售总额 65693 万元。

2015 年,全村有机械工业企业 15 家,分别是张家港市冶金矿山机械厂、张家港市农联铸造厂、张家港市嘉华炉业有限公司、张家港市嘉信薄板有限公司、张家港市亚青机械制造有限公司、张家港市腾龙机械有限公司、张家港市海达兴纺机有限公司、张家港市东丰特种风机有限公司、张家港市佳惠机械铸件厂、张家港市宏华机械厂、上海炬弘板业有限公司、张家港市王牌网架土木钢结构有限公司、张家港市凯陆模压煅件有限公司、张家港市东莱耐镕金属厂、张家港市宏星机械制造厂。是年,该 15 家企业实现销售总额 390725.1 万元。

图 6-4　爱博纳重工装备产业园(摄于 2012 年)

图 6-5 张家港市海达兴纺机有限公司(摄于 2013 年)

张家港市嘉华炉业有限公司有三种名优产品:其一是电加热光亮罩式退火炉,主要用于钢卷及板垛的退火处理,也可用于其他金属材料退火、回火处理;其二是液化石油气(天然气)强对流光亮罩式退火炉,主要用于有色金属和黑色金属产品光亮退火,退火后产品亮度好、能耗低、寿命长,便于维护等特点;其三是 RQZSL 型热煤气罩式光亮退火炉,由煤气发生炉和罩式退火炉两大部分组成,可满足钢带及其他种类产品的光亮退火工艺要求,外罩采用耐火纤维内衬,具有重量轻、能源消耗少等特点。

张家港市嘉信薄板有限公司生产的冷轧薄板、冷轧钢卷板,主要有 Q 195、SPCC、SAE 1006、08 AL 等钢种。其中,冷轧薄板厚度为 0.15 mm—3 mm;钢卷板厚度为 0.25 mm—3 mm、宽度 40 mm—750 mm。产品广泛用于精密光亮焊管、制桶专用料、五金冲压件、镀涂用材料、家用电器、电池配件和车辆制造等行业。

市腾龙机械制造有限公司生产的 TLZ–1500/1800 型系列工业自动脱水机,采用变频调速、平衡技术制造复驱式专用电机,具有结构紧凑、容量大、能耗小、自动化程度高等特点。全机零件采用不锈钢制造,适用于印染、漂洗等纺织行业。

冶金矿山机械厂生产的 TLZ 1500–1800 型全自动大容量工业脱水机,具有结构紧凑、容量大、耗能小、自动化程度高等特点,并有配套进出落布架和定时、防震、安全控制等系统,便于操作。全机零件采用不锈钢制造,是广泛应用于印染、漂洗等织物行业的先进脱水设备。

第四节　化学工业

20 世纪 50 年代后期,境内有的生产队先后办起了一批生产土农药、土化肥和工业助剂的小化工厂。由于设备简陋、技术力量不足,队办小化工厂生产的土农药、土化肥质量达不到要求而先后倒闭。至 70 年代,境内有西区(乌沙)和北区(南桥)2 家小化工厂,分别生产焦钾和 DA 分散剂(溶剂)。改革开放后,境内化工企业获得发展。2008 年,西区化工厂发展并更名为张家港市港隆化工实验厂;北区化工厂发展并更名为张家港市五联化工有限公司。至 2012 年,全村共有 4 家化工企业,分别是江苏省通达化工有限公司、张家港市港隆化工实验厂、张家港市东莱合成化工厂、张家港市五联化工厂。是年,该 4 家化工企业主营业务收入 770.22 万元,利税 103 万元。2012 年以后,为保护农联村环境,村内化工企业全部动迁。

第三章　企业管理

农联村(境内)的村(队)办企业初创于 20 世纪 50 年代后期。当时队办企业的管理都是按照农业的管理方式,仅制定简单的现金保管制度、财物保管制度、职工出勤记工评分制度和值班保卫制度等,且都不完善。人民公社化中后期,队办企业由分管工业的副大队长负责管理。1983 年政社分设后,由行政村经济合作社负责村办企业的管理。1998 年村办企业实行产权制度改革以后,各企业自主经营,自行管理。

第一节 企业管理机构

一、村级管理机构

人民公社化前期,境内村办企业由公社工业办公室指定专人管理。1978 年后,境内各生产大队设分管工业的副大队长管理队办企业,各队办企业实行厂长负责制。1983 年政社分设,行政村设经济合作社,设社长 1 名及若干名副社长,其中明确 1 名副社长管理村办企业,称"工业副社长"。1998 年后,因村办企业全部转为私营企业,行政村不再对私营企业进行管理,只对企业提供各种服务。

21 世纪初,境内工业快速发展,涉及企业转制、规划、土地等问题,南区建立专门班子,负责土地报批,水、电、气的供给,安全生产,财务监督和基础建设。

二、企业管理机构

20 世纪 80 年代开始,境内村(队)办企业均建立厂级企业管理领导小组。一般由正、副厂长和主办会计等成员组成。厂部设供销科、生产科、财务科、后勤保卫科、供应科。厂长除抓全面工作外,兼抓产品质量、掌握市场讯息、了解供销情况;副厂长分管供销科、生产科、财务科、后勤保卫科和供应科。

第二节 企业内部管理

农联村(境内)队办企业创办之初,企业内部制订了现金、财物保管制度及职工出勤记工评分制度,坚持"节约开支、勤俭持厂"原则。在业务活动中,规定企业干部无权调度资金,平时开支包括一些机械费用支出,只能按借支处理,到年终分配结算时统一结算。

1978 年,境内队办企业贯彻国务院颁发的《工业三十条和发展社队企业三十条》,推广塘桥公社社队企业经营管理经验,健全企业管理制度,强化企业内部管理,壮大集体经济。1983 年开始,境内村(队)办企业管理水平明显提高。各厂建立和健全财务管理制度、供销责任制度和厂长、车间主任岗位责任制、职工考核制。

1984 年,村办企业开始实行"三定、二包、一奖"集体承包责任制。1986 年又改为"三包"(包产品产量、产值、销售收入,包产品质量及合格率,包物资消耗、原材料利用率)、"三定"(定资金基数、上缴税金、职工工资总额,定经济效果、劳动生产率、人均创利,定文明建设、全员出勤率、安全无事故、文明卫生、计划生育、职工培训等)。1987 年开始,南区(原农联村,下同)经济合作社与各村办厂签订承包责任制合同。一是定产值、销售收入、三项资金占有比例,以及产销率、利润率、资金周转天数、上交利润、管理费、建农金和业务费、工资总额等;二是确定考核办法,对承包指标、各项管理指标进行考核;三是明确报酬结算办法,根据考核结果及产、销、利、税完成情况,确定工资总额和厂长报酬。11月,张家港市毛线染整厂投产后,推行"厂长责任制"。

90年代开始,境内企业管理主要以张家港市毛线染整厂、张家港市第二织带厂、张家港市第二经纬编厂和张家港市第二毛线厂等骨干企业为主,加强开发新品种、提高产品质量、降低原辅材料消耗,强化企业经营管理;执行科室、车间人员的岗位考核制度,打破"大锅饭",做到每月评定考核计分、按月结算、奖惩分明。

1991—1993年,南区成立江帆集团,实行政企分开,加强自主经营,集团公司董事长有权处理公司一切事务。集团下属企业厂长向集团公司承包,集团公司向村委承包,村部向镇农工商总公司承包。集团公司开展争先创优活动,调动广大职工的积极性。每年年终,都要自下而上评定先进集体(车间或科室)、优秀职工、先进供销员及出席乡镇表彰大会的先进个人等,并给予现金或物质奖励。1999—2002年,南区在给村办企业下达生产指标时,要求企业诚实守信、科学管理,承诺质量第一、信誉第一,争做"重合同守信用"、有资质、有证书、有等级的企业;重视人才开发,出新品,引外资,搞好自营出口;抓现有,增后劲,力争企业上规模,有更大发展;健全企业内部各项管理制度,明确岗位责任制,强化效益观念,大幅度提高产销率、利润率。

2003年三村合一开始直至2015年,全村村办企业本着"质量第一""信誉第一"的宗旨,均建立岗位责任制并完善全面质量管理体系,强化基础管理和生产现场管理。村办企业管理走上正轨。

第三节　工资　福利

一、职工工资

20世纪六七十年代,境内对在企业工作的劳动力坚持"亦工亦农、农忙务农、农闲务工"的原则,报酬一律采取"做工在厂、分配在队、厂队结算、适当补贴"办法。外出务工的"五匠"(木匠、泥瓦匠、箍桶匠、裁缝、篾匠等的通称)报酬实行缴钱记工(按生产队工分价,根据所缴钱数折合工分,年终参加生产队分配)、农副工统一分配的工资形式和结算原则,到年终由生产队按前五名正劳力平均工分,参加生产队经济分配和劳动粮分配。1982年起,不再实施缴钱记工。一部分村(队)办企业推行计件工资制。有的是完全计件工资,规定完成1件产品的质量指标、消耗指标和工资指标,多劳多得。有的是规定各个工种的产量或工时、质量、消耗三项指标数,全部达标,可得基本工资;不达标者,按完成比例扣减基本工资;超额完成者,分别得产量或工时奖、质量奖和节约奖。

60年代下放的城镇职工要向所在生产队缴纳工资收入的10%作为生产队积累(公积金、公益金、生产费基金),享受生产队平均口粮。

社队企业亦工亦农的学徒工一般为三年,第四年开始定级,即开始向生产队缴钱记工。农村"五匠"学徒工,学徒期满拿工资起即开始向生产队缴钱记工。1982年农村实行家庭联产承包责任制后,生产队不再统一分配,亦工亦农人员缴钱记工制度随之取消。

1984年起,逐步推行基本工资加浮动工资制,工资直接发给职工本人。2000年以后逐步推广养老保险,职工退休后由社会保障局支付退休金。

二、职工福利

1970年以前,境内队办企业职工基本没有福利待遇。1971—1979年,多数企业每月或每季发肥皂、毛巾、手套等劳动保护用品。1980年以后,随着村(队)工业的快速发展,职工福利待遇基本达到乡镇企业职工标准。

境内村(队)办企业职工实行8小时工作制,大部分企业无星期天。职工工伤发给基本工资,厂领导批准的职工病、事假和婚丧假,假后,不作旷工,也不发工资。医药费与村民(社员)同等处理。

2000年以后,企业执行劳动法,村办企业职工享受休假和加班工资,并享受农村合作医疗待遇。外来人员医疗费自理,吃住有企业安排,工伤医药费全部由企业负担。高温季节,企业每年给职工发100元冷饮费及劳动保护用品。对机械、铸件、电焊等行业职工发工作服、皮鞋或绝缘鞋,一般每两年发1套,有的三年发2套。毛巾、肥皂(洗衣粉)、手套每月发放1次。对轻纺行业职工发放衣袖套、饭单、帽子等劳动保护用品。

职工因公或非因公死亡,企业根据死亡职工家庭实际生活水平,酌情一次性发给1000元—1200元不等的抚恤金,对家庭经济困难的年终再给予适当补助。死者生前供养的直系亲属,每人每月享受抚恤金30元左右,直至受供养人失去供养条件为止(死者子女年满18周岁有独立生活能力或受供养人逝世)。1995年以后,按照《劳动法》规定的工伤事故处理标准处理。

村办企业干部、职工,女满50周岁、男满60周岁退休后,每月领取生活补贴,有10元、15元、20元、35元、45元等五个档次,平均25元。2011年,提高到每月86元。2012年,增至每月140元。至2015年,全村企业退休人员的每月补贴为240元。

第四章 工业园区

农联村工业园区分为南区和北区两块。占地总面积 28.67 公顷，厂房建筑总面积 546961.49 平方米。至 2010 年，两个工业园区共入驻企业 84 家。是年开始，南区工业园的土地逐步被征用，园内企业陆续迁出。至 2015 年，南区工业园不再存在，北区工业园有入驻企业 68 家。

第一节 南 区

原南区工业园位于村域南部，于 2000 年 8 月建成。区域东至蒋锦公路，南沿张杨公路，西至匡家堂自然村，北至原青草巷农副产品批发市场旁河道，占地面积 10 公顷，厂房建筑面积 299840.29 平方米。至 2010 年，该工业园区内共驻有 42 家企业，其中有 5 家规模型企业。2010 年起，南区工业园土地陆续被征用，企业相继迁往北区工业园或境外。至 2015 年，南区工业园土地全部被征用，原入驻企业全部迁出。

规模型企业简介：

1. 张家港市江帆集团有限公司

1992 年，境内张家港市毛线染整厂、江帆精纺厂、张家港市第二织带总厂、洛克斯宝、农联制罐厂、蒋桥轻工设备厂、东莱农联铸件厂等 7 家企业联合组成张家港市江帆集团有限公司（以下简称"江帆集团"）。

张家港市毛线染整厂是江帆集团的核心成员厂。该厂原名张家港市宏图毛线染整厂，创办于 1987 年。该厂生产设备齐全、化验设施配套。主要设备有染缸、蒸箱、脱水机、烘箱（房）、锅炉、蘑菇型水塔和污水

图 6-6 江帆民营经济技术开发区（摄于 2016 年）

处理等设备。主要经营纺纱、染色等业务，可承接来料加工。1998 年 4 月，实行产权制度改革，推行股份合作制。是年销售总额 834.4 万元。2007 年，拥有 1600 锭针梳机 4 台套、"593"纺绒纱设备，摇扛机、捻线机、摇梭机各 2 台，B530、B610 并线机、倒筒车各 1 台，

6400锭生产线4条。2008年,该厂固定资产600万元,销售收入2500万元,利税120万元。有职工400人。

江帆集团的另一骨干企业是张家港市第二织带厂。该厂创办于1978年。初创时仅7间小平房,投资1万元购置2台织机。80年代,规模不断扩大。至1988年,该厂拥有纺机120台、织布机24台、提花丝织机6台、提花织带机36台、圆盘机40台、

图6-7 江帆集团毛线染整厂(摄于2012年)

平带机163台、商标机2台。1990年,织带厂固定资产总值800万元,销售收入1100万元。2010年固定资产2600万元,实现销售收入5300万元。2012年,该厂迁至区外。

2.张家港市港城针织有限公司

原名张家港市沪港针织有限公司,成立于2000年。占地2.67公顷,建筑面积50000平方米。是集面料生产、染整、印花、成衣于一体的一条龙生产骨干企业。2002年获张家港市商业总会授予的"诚信企业"荣誉称号。2003年获中华人民共和国出口企业资格证。公司与江南大学技术合作,成立港城经编研发中心,研究和开发生产工艺技术。2006年,被江苏东宇国际咨询评估

图6-8 张家港市港城针织有限公司(摄于2012年)

有限公司评为企业资信等级AAA级企业。2007年,进口经编机20台,印花平网机、圆网机各1台,各种后整理设备30多台。是年,公司通过ISO 9001:2000国际质量管理体系认证。产品远销加拿大、日本、美国、新西兰等50多个国家和地区。2008年,实现销售收入9566万元、利润总额296万元,上交税金268万元。2012年,该企业迁至区外。

3.张家港市苏尔丽毛纺印染有限公司

该公司创建于2002年,属股份制企业。该公司不断完善生产配套设施、更新生产设备,从原来以整理为主的加工型企业逐渐发展成集纺纱、织布、后整理于一体的综合性集团公司。该公司是国内专业粗纺大型生产企业之一,是中国流行面料入围企业,与700多家厂商建立伙伴关系。公司积极

图6-9 苏尔丽毛纺有限公司奠基(摄于2002年)

拓展国际市场,年生产高档粗纺面料 400 多万米。其中 30% 的产品出口到日本、韩国、俄罗斯、法国等国家和地区。2008 年,完成销售总额 10944 万元、利税 675 万元。先后荣获 21315 国际质量信用 AAA 等级证书、中国流行面料荣誉证书、国际质量管理体系 ISO 9001:2000 证书。董事长林如纳获"爱国企业家"荣誉证书。2012 年,该企业迁至区外。

4. 张家港市"王牌"网架土木钢结构有限公司

该公司原址位于张杨公路境内段南侧。前身是 1993 年创办的张家港市第二镀锌波纹瓦厂。占地 2.8 公顷,建筑面积 20000 平方米。注册资金 850 万元,固定资产 1.5 亿元,有员工 180 人。初创时,有 4 条钢结构生产流水线设备,生产彩钢板、钢结构、钛合金等产品,销往全国各地。2001 年 4 月 12 日,更名为张家港市"王牌"网架土木钢结构有限公司。公司多次被张家港市政府授予重合同、守信用企业。2003 年,获江苏省工程管理安全生产许可证。2004 年,经江苏省建设厅资质论证,获钢结构工程专业承包二级资质证书。2008 年,企业完成销售收入 4150 万元、利税 249 万元。2014 年实现销售收入 21520.3 万元、利税 414 万元。2015 年,该企业迁往区外。

5. 张家港市诚信印染有限公司

该公司成立于 2002 年 5 月。占地 0.83 公顷,注册资金 500 万元。公司主要为纺织企业印染加工全棉、化纤、涤纶、锦氯等产品。公司始终坚持"诚信与你同行,辉煌与你同创"精神和"质量第一、信誉第一、用户第一"的宗旨,注重抓好企业的内部管理,提高产品质量。2015 年,拥有固定资产 1250 万元,实现销售收入 4718 万元、利税 283 万元。有职工 108 人。2015 年,该企业迁往区外。

第二节　北　区

北区工业园位于村域北部。区域东临蒋锦公路,南至港西、分港巷、吴巷里、北李家和季家堂自然村,西靠杨锦公路,北沿沙漕河、吴巷里和北李家自然村。占地 18.67 公顷,厂房建筑面积 247121.2 平方米。

2000 年,农联村在村域北部投资建设经济开发区。区内筑造一条"美上美"主干道,浇筑水泥混凝土路面 3500 平方米。该路东起蒋锦公路,西至杨锦公路,全长 1000 米,宽 45 米,其中绿化带宽 10 米。至 2001 年 3 月,供水、排水、供电、通讯、路灯等实现"七通一平",其他硬件设施配套齐全。4 月 5 日,经报请东莱镇农工商总公司批准,开发区定名为东莱镇(江帆)民营经济开发区。2003 年 3 月全面竣工后,更名为张家港市杨舍镇江帆民营经济开发区。

在招商引资过程中,农联村不断出台一系列优惠政策,革除一切不符合市场经济发展规律的老框框,始终把优质服务放在首位。外来投资者从立项、报批到领取营业执照,实行一条龙服务,并妥善处理好企业与地方、企业与职工之间的各类矛盾。开发区内增设警务站、安全岗,实行保安、民警全天候巡逻,构筑安全稳定的生产和生活环境。

开发区外来职工比较多,为解决他们的后顾之忧,2005年5月,农联村在区内批办了一所具有一定规模的外来民工子女学校——红蕾学校,方便外来民工子女就近入学。农联村给予学校物质上的支持,改善学校办学条件。开发区优良的投资环境、优质的服务,吸引了外来投资者。至2015年,该工业园区内共驻有68家企业,其中有5家规模型企业。

规模型企业简介:

1. 江苏爱博纳集团有限公司

该公司始创于1993年。原是一个3000元起家的民营企业,生产特种风机、工业窑炉、机床装备和精轧金属板、双金属复合板等。2006年6月,由张家港市东丰特种风机有限公司、张家港市嘉华炉业有限公司、张家港市嘉信薄板有限公司、张家港市嘉信机械有限公司和张家港市爱博纳贸易有限公司(专业外贸)组成江苏爱博纳集团有限公司。主要产品有玻璃制品行业专用风机、工业窑炉专用风机、光亮罩式退火炉、冷轧精板、磨砂板、镀锌板、铝板、彩钢板、镀铜管等产品。集团公司是一家集科研开发、生产制造、销售贸易为一体的大型民营集团企业,是ISO 9001国际质量管理体系和ISO 14001国际环境质量体系双认证企业。公司所产"东风"牌鼓风机系列产品被认定为全国鼓风机十佳品牌。2006年至2008年,集团公司连续获江苏东宇国际咨询评估有限公司颁发的AAA信用等级证书、苏州市工商行政管理局颁发的重合同守信用企业证书,并获张家港市颁发的"青年文明号"和杨舍镇颁发的"五星文明企业"等荣誉称号。

2008年,集团公司占地37.82公顷,总资产1.8亿元,职工420人。完成销售总额24475万元、利税657万元。2011年,拥有总资产2.4亿元,实现销售53498万元、利税2793万元,有职工710人。2013年,该企业迁往境外。

2. 张家港市华宇毛纺有限公司

该公司创建于1991年。占地2.5公顷,建筑面积10000余平方米。拥有固定资产2500多万元。有纱锭15000锭,员工270人。主要生产T/T纱、A/P纱、仿兔毛、仿羊绒、曲节纱、夹花纱以及混纺、全毛等各种规格的中高档毛纱。产品畅销国内及加拿大、日本、美国、新西兰等国外市场。1999年,销售总额达8000万元。2003年,公司荣获中华人民共和国进出口企业资格证书,被张家港市授予"诚信企业"荣誉称号。2004年起,先后获得北京市中航哈佛德质量认证有限公司颁发的质量管理体系认证证书、江苏东宇国际咨询评估有限公司颁发的企业资信等级AAA级证书、苏州市纤维检验所颁发的质量证书、张家港市消费者协会颁发的消费者信得过单位证书等荣誉。2008年,完成销售总额7817万元、利税469万元。2015年,实现销售收入12456.79万元、利税772万元。

3. 张家港国泰华创制衣有限公司

该公司成立于 1996 年 1 月,是江苏国泰集团亿达实业有限公司下属的生产企业。公司占地面积 1.85 公顷,建筑面积 12000 平方米。注册资金 500 万元,固定资产 1000 多万元,企业员工 500 人。公司设有经营部、生产部、财务部、后勤保障部等 4 个部门。公司从事多种类型的男装、女装、童装、睡衣等服装的加工生产和绣花、水洗及特种织物加工,并顺利通过多家国际知名品牌的验证审核。产品销往美国、加拿大、法国、英国、西班牙等欧美国家和地区。2015 年,该公司完成年销售总额 4632 万元、利税 278 万元。

第七编　商贸服务业

民国时期,境内仅有少数农民做些小生意,从事商贩活动。中华人民共和国成立初,境内倪家堂、蒋家桥等地办有经营酱油、食油、火油、食盐、肥皂、火柴等生活用品的个体小商铺。随着水陆交通条件的改善和工农业经济的发展,在蒋桥集镇办有合作商店和一些服务性的摊位,初步形成蒋桥商业街。"文化大革命"中,在极"左"思潮影响下,个体商贩被取缔。改革开放后,境内商贸服务业获得发展良机,蒋桥集镇商贸渐成规模。1995—2015年,境内先后创办张家港市青草巷果品农副产品批发市场、五金机电广场、农民商贸街,商贸服务业获得较大发展。

第一章　商　业

第一节　蒋桥街区

旧时,境内地处张家港市腹地,较为偏僻,交通不便。农民常去周边街市售粮卖菜。20世纪60年代,随着杨鹿公路和蒋锦公路的通车、二干河的开挖,境内蒋桥成为水陆交通的区域性枢纽,东莱、乘航公社在该地开设供销社门市部、合作商店、饭店、旅馆、客运汽车停靠点等,集市逐渐形成。1992年筑通张杨公路后,在蒋桥西区建成占地7.2公顷的张家港市青草巷果品副食品批发市场和温州(五金机电)商城,一批小百货商店、副食品商店、五金门市部及饮食、茶馆、旅馆、理发、修理等服务性商店先后开办,逐渐形成了蒋桥商业街区。2005年起,蒋桥商业街区驻有银行分理处、工商所、交警中队等部门,有各类商店803家(含青草巷批发市场和温州商城经营户)。街区市场繁荣、客商云集。以后,蒋桥商业街区逐步扩大服务行业的经营门类。至2015年,街区内除传统理发业外,新增足疗、按摩、茶座、舞厅、溜冰场、棋牌室、麻将馆等10多家门店。

第二节　农民街

进入 21 世纪,境内商贸交易发展快速。为满足商品交易的需要,南区于 2001 年筹建农民街。分前后三期工程,2005 年建成。农民街由东西向、南北向两条街组成:东西街东起倪匡路,西至青草巷农副产品批发市场,长 176 米;南北街南起张杨公路,北至青草巷农副产品批发市场粮油门店,长 104 米。农民街临街建筑为两至三层的两开间商业门店,总建筑面积 10818 平方米。有各

图 7-1　农联农民街

类门店 90 多家,分别经营粮油、副食品、日用品、饮食、冷冻、南北货等商品。另有杂货店、理发店、棋牌室等 10 余家。

第三节　商业网点

1958 年人民公社化后,每年夏收夏种、秋收秋种期间,东莱供销社与其他商业部门组织力量送货下乡至境内,把日常生活用品送到社员家门口、场头和田头。60 年代初期,东莱供销社在境内 3 个村设有供销社的下伸店(亦称"代销店")。下伸店一般设在大队部附近,由两名工作人员轮流值班。经营的品种有食油、盐、酱、醋、食糖、火柴、火油、香烟、咸萝卜、乳腐、纸张、肥皂、文具以及竹木柄、扁担、绳索等日常生活用品和农用品。营业员工资由供销社发放。在计划经济物资紧缺时期,食油、火油、肥皂和食糖等需凭证计划供应。70 年代,代销店转给大队经营,称"双代店",由大队副业干部兼"双代店"负责人。营业员实行工分制,大队按工分报酬转给其所在生产队结算分配。80 年代初,农村商业网点有了较大的变化。下伸店被供销社收回,取而代之的是村民开办的个体小商店。2008 年末,在蒋桥集镇、青草巷农副产品批发市场、农民街、乌龙路沿线、五金机电广场、农联小学附近等处,设有通信器材、药品销售、食品日用品超市等商业网点。

第二章　服务业

第一节　餐饮业

中华人民共和国成立前,境内有三家小吃店,其中唐家糕饼店制作的拖炉饼较有名气。

60 年代中期,开办"蒋桥商业饭店",为境内第一家饭店。1980 年后,随着交通条件的改善和工农业经济的发展,境内先后建办了一批餐饮服务店。其中有蒋桥羊肉店、康乐饭店、"张杨"饭店、"六七"饭店等,全天供应面、饭、酒菜。1991 年蒋桥集镇改造后,餐饮业布局更趋合理,饭店服务也上了档次。新开有聚金饭店、新雅饭店和钱永福夫妻饭店。1995 年,境内餐饮行业中规模最大的港城大酒店开业。该酒店占地面积 0.33 公顷,建筑面积 3280 平方米。内设包厢 10 个、大餐厅 2 个,能容纳 500 人同时就餐。并设有旅馆,供客人住宿。1997 年,村民张利平、匡新和在蒋桥集镇合伙开办"东门饭店",后更名为"新东门饭店"。1998—2000 年,青草巷农副产品批发市场有"老孙饭店""建兴饭店""新特利大酒店",农民街有"毛家家常菜馆"。2009—2011 年,随着境内民营企业的增多,在青草巷农副产品批发市场和市五金机电广场的周围开有 20 多家小吃店、饭店、面店、熟食店等,经营酒、菜、饭、面、馒头、包子、千层饼、豆浆等,营业人员 70 多人。2014 年,农联村村委旁开有"沙上人家"饭店。2015 年末,全村有大小餐饮店 53 家,从业人员 130 多人。

境内唐家糕饼店始创于民国时期,老板唐培龙是唐家糕饼店第四代传人。该店制作的拖炉饼远近闻名。其原辅材料为上等面粉、白糖、净板油(加工过的猪油)、荠菜、芝麻及桂花等。该拖炉饼采用传统工艺制作,外形饱满,色泽金黄,酥层清晰,清香可口,风味别具一格,深得周边群众喜爱。2013 年,拖炉饼及其制作技艺被张家港市非物质文化遗产保护办公室列为张家港市非物质文化遗产。

第二节　劳务 运输业

一、劳务

长期以来,境内人多地少,劳力充裕。富余劳力大多从事装卸搬运、泥木工、缝纫、水电安装等。农业合作化以后,农村部分农民亦工亦农。70 年代,农民工外出务工受到种种限制,外出打工人员相应减少。1978 年改革开放后,从事外出务工的农民迅速增加。2015 年,全村有 2485 人外出务工,占全村劳动力总数的 86%。

二、运输业

运输业是境内服务业收入的重要行业。20世纪六七十年代,每个生产队都拥有手扶拖拉机,农忙时,利用手扶拖拉机耕田,农闲时挂车拉货搞运输,增加副业收入。七八十年代,有农用车、三轮卡车、摩托车、噗噗车(单汽缸小三轮车)和电瓶三轮车等运输工具,用以从事个体客货运输。1987年,南区运输总收入27万元,占全区经济总收入的3%。1999—2007年的6年(不含2002、2004、2005年)中,全村(境)运输总收入3684万元。2007年,全村运输总收入950万元。2008年,全村运输总收入652万元,占全村总收入的0.38%(2008年以后不再统计)。

第三节　其他服务业

一、旅馆

20世纪70年代初,蒋桥商业饭店办有境内首家旅馆,80年代初停办。90年代中后期,在市区东门和蒋桥集镇先后开办了农联旅社、江帆旅社、张杨旅社及停车场上的"阿二旅馆"等。2000年初,青草巷农副产品批发市场西侧的"新特利"大酒店内设有旅馆。2015年,全村共有5家旅馆。

二、浴室、足疗

2000年前,境内一直无浴室。2001年,浙江客商租用铸件厂原办公楼开设蒋桥休闲浴室。2008年,全村共有5家浴室、1家足疗店。2015年,全村有16人从事浴室、足疗业服务。

三、理发店

20世纪60年代前,境内无理发店,仅有几名理发师(亦称"剃头匠")走村串巷上门理发。至70年代才有2家理发店。80年代,随着境内务工人员的增多,理发店也随之增加。2008年,境内共有36家理发店,其中30家是外地客商开办的。2015年,境内有80多人从事理发服务业。

四、照相馆

20世纪80年代中期,蒋桥有1家照相馆,但不久停业。90年代末,外地客商在青草巷批发市场开设了1家照相馆,从业人员2人。2015年,境内有2家照相馆。

五、修理店

1960 年初,在蒋桥开设有自行车修理行、皮匠摊、白铁冷作店和修理农用喷雾机的门市部。70 年代,随着工农业经济和商贸业的发展,境内各种修理店铺随之增多。1980 年末,境内共有 12 家修理店铺。90 年代,境内各种车辆修理店铺增多。2008 年末,全村共有各种大小修理店 38 家。2015 年,境内各种修理店铺发展到 45 家,从业人员 60 多人。

六、批发零售业

1995 年青草巷农副产品批发市场建立后,境内有些居民进入市场搞零售经营或采购批发,其中有 4 家规模较大的蔬菜批发店。每天夜里,他们驾驶汽车到常州批量采购菜椒、毛豆、萝卜、冬笋等农副产品,凌晨回到市场批发出售给小贩或食堂。还有几家中等规模的,到外地采购鸡、鱼、虾、猪脚等冷冻食品、批发给小吃店、小卖部。另有一些小商贩,在市场上批量收购少量农副产品,就地设摊或到其他市场转手贩卖,既搞活市场、方便群众,又赚取一定利润。2015 年,全境共有批发零售店 68 家(不含青草巷农副产品批发市场)。

第三章　市　场

境内的集贸市场主要有青草巷农副产品批发市场和张家港五金机电广场两家。

第一节　青草巷农副产品批发市场

市青草巷农副产品批发市场原址位于境内青草巷,始建于 1995 年 6 月。其前身为市土产果品总公司下属果品批发部,是市供销合作总社的直属企业。该市场占地面积 11.5 公顷,营业面积 10 万平方米,其中营业用房 8 万平方米,大棚经营区面积 2 万平方米。有固定摊位 1000 余个,从业人员 5000 余人。拥有蔬菜、水产、家禽、果品、副食粮油、南北货、日用百货、小商品等八大批发交易区,是集农副

图 7-2　青草巷批发市场(摄于 2009 年)

产品加工、运输、贮藏、销售于一体的规模型综合交易市场。市场以全市 40 余个农贸市场为主销售窗口,并向无锡、江阴、常熟、靖江、南通等周边县市延伸,成为连接城乡、辐射苏锡常地区的农副产品营销中心和集散中心。2005 年,新建水产专业合作社 5 家,挂钩生产基地面积 291 公顷;新建种养殖基地 5 家,挂钩生产供应基地 18 家,基地总面积 140 公顷。是年,市场交易总额 18.54 亿元,其中本地农副产品销售额 2.3 亿元。2008 年,投资 5670万元,征地 57.37 亩,扩建粮油交易区营业房 6000 平方米、仓储房 1.5 万平方米,新增水产经营面积 7200 平方米,增设储量 2000 吨的冷库,储藏冷冻区建筑面积 3000 平方米。升格改造蔬菜露天广场、果品交易区等,新建蔬菜、果品等高架大棚营业区面积 1.9 万平方米。实现年成交额 16.6 亿元。2014 年 11 月,因城市发展规划需要,市场整体搬迁到原址向北约 4.5 千米处的锦丰镇洪桥村。

青草巷农副产品批发市场多次荣获中国商业联合会、国家统计局授予的"全国百强市场""全国供销系统农业产业化重点龙头企业"及"江苏省重点农产品批发市场"等荣誉称号。

第二节　张家港五金机电广场

张家港五金机电广场位于境内南区。原名张家港市温州商贸城,由张家港市钱江实业有限公司投资开发。商贸城总投资 1.8 亿元,占地面积 10.6 公顷。2004 年 2 月开工建设,2005 年 1 月,建筑面积 6.2 万平方米的一期工程竣工;8 月,建筑面积 4.2 万平方米的二期工程竣工。10 月,温州商贸城改名为五金机

图 7-3　张家港五金机电广场(摄于 2007 年)

电广场。该机电广场推出两年免收租金、第三年减半收取租金的优惠措施,市场招商工作在短时间内取得成功。2005 年 12 月,五金机电广场开始营业。2015 年末,五金机电广场有 205 家客商入驻,其中比较著名的有东旭线缆五金有限公司、江苏标一阀门有限公司、晋亿实业股份有限公司张家港分公司、苏州北人轴承销售有限公司、苏州大山电器有限公司、苏州阀拓机电设备有限公司和无锡绿友园林机械有限公司等。

第三节　农贸市场

中华人民共和国成立前至 60 年代初期,境内农民出售农副产品,大多在沿路两侧摆摊出售。80 年代初期,随着蒋桥地区工业企业的发展、人口流动量的增加,蒋桥集镇初步形成

规模。境内南区及邻近蒋东、乘航蒋桥村等地的农民,纷纷将自产的蔬菜、瓜果及捕捞的鱼、虾、蟹等农副产品,到蒋桥路旁销售,逐渐形成一个露天农产品交易市场,朝集午散,无规范管理。境内南区匡家堂(十六组)利用篾竹工场和集体零星土地,在蒋桥集镇创建了境内第一个农贸市场。设有 20 多个农副产品交易摊位,摊位费列入村民小组(生产队)集体收入。交易品种主要有蔬菜、瓜果、粮油、禽蛋、豆制品、鲜肉、水产品等。市场常年供应各种蔬菜种子,春秋两季还有瓜果蔬菜苗秧出售。东莱供销社在蒋桥农贸市场开设店铺销售日用百货、腌腊和南北货等。后因建设张家港市花边织带总厂,农贸市场迁移至蒋桥北侧。1995年创建青草巷批发市场后,蒋桥农贸市场日趋衰落,直至消亡。

第四章　房东经济

第一节　民房出租

20 世纪 80 年代,农联境内村组办企业迅速发展,外来务工人员激增,企业周围村民出租住房,收取租金,发展房东经济。90 年代,蒋桥集镇发展快速,外来经商务工人员猛增。居住在大路附近的村民将住房改装成门面房出租,大量空闲房屋成为外来人员的新居。1995 年,全境约有 5000 户农户出租私房,每户租金月均 100 元,全年收入约 600 万元。2000 年以后,村民利用责任地、自留地、边角地、房前屋后等零星空地搭建简易棚,出租给外地人住宿。全村(境)简易棚占地总面积约 150 亩,每年租金收入约 45 万元。村民年人均增收约 1200 元。

2015 年,全村有出租户 338 户,年房租金收入 80 余万元,人均年增收入约 380 元。

2015 年农联村民房出租一览表

表 7-1

													合计
南区	队别	1	2	3	4	18	19	20	—	—	—	—	合计
	出租户数	18	26	30	20	24	3	11					132
北区	队别	1	2	3	4	5	6	8	9	10	13	14	—
	出租户数	20	24	14	11	10	7	13	19	43	10	19	190
西区	队别	1	—	—	—	—	—	—	—	—	—	—	
	出租户数	16	—	—	—	—	—	—	—	—	—	—	16
总　计													338

第二节 集体房屋出租

　　1990 年代,境内南北两区先后建成工业园区,占地约 28 公顷。南北两个工业园区内驻有大中型工业企业 10 余家,有职工 3000 余人。为满足外来务工人员的居住需要,南北两区先后投资建集体房出租。2012 年,全村集体房出租面积 16.61 万平方米,租金收入 1993.2 万元。2013 年,集体房出租面积 22.5 万平方米,租金收入 2700.3 万元。2014 年,集体房出租面积 21.42 万平方米,租金收入 2569.95 万元。2015 年,集体房出租面积 20.89 万平方米,租金收入 2506.3 万元。2012—2015 年,集体房租金总收入 9769.75 万元。其中,2013—2015 年 3 年租金总收入占村可用财力的 64.29%。

第八编　党政 社团

　　农联人民具有反帝、反封建、反剥削压迫的革命传统。在长期的革命斗争中,境内青年农民在地下党和武工队影响下,舍己为人、舍家为国,投身到抗日战争、解放战争的洪流中去,为民族解放、建立中华人民共和国作出了卓越的贡献。

　　解放初,中共沙洲区委员会和驻各小乡土地改革工作队十分重视建党对象的培养教育工作。1951 年 8 月至 9 月,东莱小乡选拔境内及其他村共 30 多名建党对象,分两批参加常熟县在东张举办的党训班,为建各小乡党支部作准备。1953 年,境内优秀青年农民李龙保光荣地加入中国共产党,成为境内南区第一个党员。从此以后,境内党员队伍逐渐发展壮大。1956 年 12 月,建立农联(今属南区,下同)高级社党支部,有 15 名党员。1958 年改名为农联大队党支部,有 18 名党员。"文化大革命"中,党组织一度瘫痪。经整党后的 1970 年 7 月,恢复党组织生活。1977 年,境内有 3 个党支部。1993 年 8 月,南区成立党总支,下设 3 个支部;2004 年 7 月 1 日,成立中共农联村委员会。2008 年,村党委下辖 15 个党支部。2015 年,村党委下辖 10 个党支部,共有党员 307 名。

　　1949 年 10 月,境内废除保甲制,建立行政村,各村均成立农民协会自治组织。1958 年 9 月,境内分别成立农联、五联两个大队。1968 年 4 月,境内各大队相继成立革命委员会。1983 年 8 月,境内各大队统一改称村,并成立村民委员会(以下简称"村委会")。2008 年 4 月,成立农联村村管江帆社区。

　　中华人民共和国成立后,境内先后成立共青团、妇代会、贫下中农协会、老年人协会、关心下一代工作委员会等群众团体。它们在党组织的领导下,发挥各自的职能作用,成为党和政府的得力助手。

第一章 党的基层组织

第一节 党 员

1951 年 8 月至 9 月,常熟县在东张举办两期党训班,组织全县建党对象学习党的基本知识,时间 1 个月。境内第三村李龙保属第一批参训对象,学习后在东莱乡政府任民兵中队长。在土地改革、抗美援朝和农业合作化运动中,境内党员队伍逐渐发展壮大。1954 年,唐才保、匡永林等 7 人加入了党组织。1956 年 12 月建立农联高级社党支部,时有党员吴掌法、唐才保、匡永林、周连保、季留兴、倪升平、朱荣贵、李龙保、季荷娣(女)、李友才、季才茂、钱世林、钱阿金、匡永康、曹协义(乡下派干部)等 15 名。

1958 年初,发展陈彩文、杭满生、陈万兴 3 名党员。"文化大革命"初期,境内党组织一度呈瘫痪状态。1970 年,恢复党组织生活。1973 年开始,境内各大队党支部注重在无党员的生产队和非党员生产队长中发展党员。1977 年后,党支部把发展党员的重点放在大队一般干部和基层干部中。1978 年中共十一届三中全会以后,围绕经济建设这个中心,注重在队办企业中培养发展党员。从此,发展新党员工作步入正常轨道。1986 年,境内有 70 名党员,其中 24 名从事农业,46 名从事工业。1996 年 10 月,南区成立党总支后,更加重视党的建设。每年均制定发展新党员的年度计划,并结合党员年龄偏大的实际,有重点地培养在一线工作的 35 岁以下的年轻干部、带头改革的个体户和其他积极分子入党。1997 年,全境有党员 90 名。2003 年 10 月,全境共有党员 246 名。11 月,乌沙村、南桥村 2 个党支部并入农联村党总支。是月"三村合一"后至 2008 年的 5 年中,农联村共发展新党员 29 名,有效改变了党员队伍的年龄结构,为党组织注入了新的活力。2008 年末,全村党员总数发展到 283 名。2015 年末,党员增至 307 名。其中 60 岁以上的党员有 123 名,占全村党员总数的 40.07%。

2002—2015 年农联村(境内)发展党员一览表

表 8-1

支部名称	党员总数(人)	男(人)	女(人)	发展党员总数(人)	各年发展数(人)													
					2002	2003	2004	2005	2006	2007	2008	2009	2010	2011	2012	2013	2014	2015
农联一支部	45	32	13	21	2	3	1	2	—	2	1	4	2	1	3	—	—	—

（续表）

支部名称	党员总数(人)	男(人)	女(人)	发展党员总数(人)	各年发展数(人)													
					2002	2003	2004	2005	2006	2007	2008	2009	2010	2011	2012	2013	2014	2015
农联二支部	59	46	13	19	1	2	1	—		1	1		4	3	4	1		—
南桥支部	91	75	16	17		6		—		1		1	5	2		2		—
乌沙支部	43	34	9	7	—	1	1		—	1		—	1	2		1		
江帆工业支部	20	11	9	14	—	3	1		1	—	3	1		—	—		2	3
江帆社区支部	5	2	3	4	1	—										1	1	1
农联家园支部	36	30	6	9	1					1	1			3		2		
华宇支部	8	3	5	7						1	4					2		
合　计	307	233	74	98	5	15	4	4	6	5	7	7	11	11	9	7	3	4

第二节　党的组织

解放前,境内未建立中国共产党的基层组织。解放后,随着形势的发展和斗争的需要,党组织逐步建立、发展壮大。1956年,建农联高级社党支部。1959年5月,农联高级社党支部改称农联大队党支部。

1966年"文化大革命"初期,境内党组织受到冲击,党内活动被迫停止,党组织呈瘫痪状态。1969年整党,1970年7月恢复党的组织生活。10月,恢复各大队党支部。1983年改称农联村党支部,下辖14个党小组。

图8-1　中共农联村党委成立大会(摄于2004年7月)

1993年8月,南区农联村建立党总支,下设农业1个支部和工业2个支部。2003年11月4日,乌沙村党支部和南桥村党支部并入农联村党总支。

2004年7月1日,中共农联村委员会成立,下设农联2个支部和乌沙、南桥、江帆集团各1个支部。

2008年10月,村党委下辖南区(2个支部)、北区、西区、江帆社区、江帆集团、爱博纳集团、华宇毛纺、港城针织、开发区、合力、盛大拉链、亚大毛条、王牌网架和钱江实业等15个党支部。

2008 年以来,由于城乡一体化建设,工业(企业)党支部相继搬迁离境。至 2015 年,全村仅剩农联、南桥、乌沙、江帆社区等 10 个党支部。

1956—2015 年农联村(境内)党组织正副书记、委员任职一览表

表 8-2

届次	党组织	书记	任职时间	副书记	任职时间	委员	任职时间
一	支部	曹协义	1956.12—1958.01	—	—	—	—
二	支部	周连保	1958.01—1968.04(1966 年 5 月"文化大革命"开始,党组织瘫痪)	—	—	吴掌法 倪升平 朱荣贵 匡全林	1958.01—1966.05 1958.01—1966.05 1958.01—1966.05 1958.01—1966.05
三	支部	—	—	倪升平 倪育明	1970.07—1972.01(副书记,主持工作) 1970.07—1972.01(1970.07 恢复党组织)	朱荣贵 匡全林 陆耀生 顾瑞珠	1968.04—1972.01 1968.04—1972.01 1968.04—1972.01 1968.04—1972.01
四	支部	倪升平	1972.01—1977.06	朱荣贵	—	匡全林 陆耀生 顾瑞珠	1972.01—1977.06 1972.01—1977.06 1972.01—1977.06
五	支部	周连保	1977.06—1979.10	匡建东 李育才	1977.06—1979.10 1977.06—1979.10	张继良 匡全林 匡永源 钱仲达 李勤法 陆耀生	1977.06—1979.10 1977.10 调出 1977.06—1979.10 1977.06—1979.10 1977.06—1979.10 1977.06—1979.10
六	支部	张继良	1980.12—1983.09	张继良 匡建东 李育才	1979.11—1980.11(副书记,主持工作) 1979.10—1983.10 1979.10—1983.10	匡永源 钱仲达 匡全林 周仁龙 倪荣林 杭祖林 陈彩文 李永才 陈堂保	1979.10—1983.10 1979.10—1983.10 1979.10—1983.10 1979.10—1983.10 1979.10—1983.10 1979.10—1983.10 1979.10—1983.10 1979.10—1983.10 1979.10—1983.10
七	支部	匡建东	1983.11—1984.10	李育才	1983.11—1984.10	杭祖林 周仁龙 李永才 倪荣林 匡凤兴	1983.11—1984.10 1983.11—1984.10 1983.11—1984.10 1983.11—1984.10 1983.11—1984.10

（续表）

届次	党组织	书记	任职时间	副书记	任职时间	委员	任职时间
八	支部	周仁龙	1984.11—1986.06	李永才 李育才	1984.10—1986.06 1984.10—1986.06	杭祖林 倪荣林 陈堂保 匡凤兴	1984.10—1986.06 1984.10—1986.06 1984.10—1986.06 1984.10—1986.06
九	支部	匡建东	1986.06—1989.01	周仁龙 倪荣林	1986.06—1989.01 1986.06—1989.01	杭祖林 匡凤兴 李永才 季耀龙	1986.06—1989.01 1986.06—1989.01 1986.06—1989.01 1986.06—1989.01
十	支部	倪荣林	1989.01—1989.08	李永才	1989.01—1990.08	匡凤清 季耀龙 刘胜法 张保洪	1989.01—1993.08 1989.01—1993.08 1989.01—1993.08 1989.01—1993.08
十一	支部	倪荣林	1989.08—1993.08	杭祖林 匡凤兴	1989.08—1993.08 1990.10—1993.08	匡凤清 季耀龙 刘胜法 张保洪	1989.01—1993.08 1989.01—1993.08 1989.01—1993.08 1989.01—1993.08
十二	总支	倪荣林	1993.08—1994.12	杭祖林 匡凤兴	1993.08—1994.12 1993.08—1994.10	匡瑞忠 季耀龙 刘胜法 匡建平	1993.08—1994.12 1993.08—1994.12 1993.08—1994.12 1993.08—1994.12
十三	总支	杭祖林	1994.11—1996.10	匡瑞忠 匡建平 匡凤清	1994.11—1996.10 1994.11—1996.10 1994.11—1996.10	张保洪 季耀龙 李正球	1994.11—1996.10 1994.11—1996.10 1994.11—1996.10
十四	总支	赵建军	1996.10—1999.10	杭祖林 匡瑞忠	1996.10—1999.10 1996.10—1998.03	季耀龙 匡凤清 匡建平 李正球	1996.10—1999.10 1996.10—1999.10 1996.10—1999.10 1996.10—1999.10
十五	总支	赵建军	1999.10—2002.10	杭祖林	1999.10—2002.10	季耀龙 匡凤清 匡建平 张金良 李正球	1999.10—2002.10 1999.10—2002.10 1999.10—2002.10 1999.10—2002.10 1999.10—2002.10
十六	总支	赵建军	2002.08—2003.11	杭祖林	2002.08—2003.11	季耀龙 匡凤清 匡建平 唐永德 李正球	2002.08—2003.11 2002.08—2003.11 2002.08—2003.11 2002.08—2003.11 2002.08—2003.11

（续表）

届次	党组织	书记	任职时间	副书记	任职时间	委员	任职时间
十七	总支	赵建军	2003.11—2004.06	杭祖林 钱关祥 王妙定 匡凤清	2003.11—2004.06 2003.11—2004.06 2003.11—2004.06 2003.11—2004.06	季耀龙 匡建平 唐永德 李正球	2003.11—2004.06 2003.11—2004.06 2003.11—2004.06 2003.11—2004.06
十八	党委	赵建军	2004.07—2005.10	匡凤清	2004.07—2005.10	季耀龙 匡建平 唐永德 李正球 钱关祥 王妙定 李雪东	2004.07—2005.10 2004.07—2005.10 2004.07—2005.10 2004.07—2005.10 2004.07—2005.10 2004.07—2005.10 2004.07—2005.10
十九	党委	赵建军	2005.10—2008.10	匡凤清 唐永德 李雪东	2005.10—2008.10 2008.03—2008.10 2008.03—2008.10	季耀龙 匡建平 唐永德 李正球 钱关祥 王妙定 李雪东	2005.10—2008.10 2005.10—2008.10 2005.10—2008.03 2005.10—2008.10 2005.10—2008.10 2005.10—2008.10 2005.10—2008.03
二十	党委	赵建军	2008.10—2010.10	唐永德 李雪东 吴国建	2008.10—2010.05 2008.10—2010.10 2008.10—2010.10	匡凤清 匡建平 李正球 戴晓华 钱颂法	2008.10—2010.10 2008.10—2010.10 2008.10—2010.10 2008.10—2010.10 2008.10—2010.10
二十一	党委	赵建军	2010.10—2013.10	李雪东 吴国建 钱文伟	2010.10—2013.10 2010.10—2013.10 2010.10—2013.10	匡凤清 陈士明 吴菊红 季利本 黄 平	2010.10—2013.10 2010.10—2013.10 2010.10—2013.10 2010.10—2013.10 2010.10—2013.10
二十二	党委	赵建军	2013.10—2015.12	李雪东 吴国建 钱文伟	2013.10—2015.12 2013.10—2015.12 2013.10—2015.12	吴菊红 陈士明 季利本 周 超 黄 平	2013.10—2015.12 2013.10—2015.12 2013.10—2015.12 2013.10—2015.12 2013.10—2015.12

注：2003年11月，三村合并组成新农联村，合并前此表中内容指老农联村（南区）。

链接：

　　匡建东　1953年8月生，杨舍镇农联村南区八组（原匡家堂自然村）人。1969年12月响应党和国家号召应征入伍，在南京军区警卫独立营南字329部队服役。1970年加入中国共产党。1975年4月退伍,11月由上级抽调至沙洲县党的基本路线教育工作队后塍组工作。1978年7月负责大队工业生产并兼任综合厂厂长。1979年负责创办张家港市第二花边织带总厂,产值、销售、利润连年翻番,促使大队工业经济连年名列全公社第一。1982年12月任农联村党支部书记。1984年10月任东莱乡工业公司经理。1986年6月任东莱公社经济联合会副主任,兼任南区党支部书记,负责创办江帆染整厂,为村级经济的发展打下坚实基础。1989年1月任东莱乡经济联合会副主任、工业公司经理。8月,任东莱乡经济联合会主任。1992年10月任张家港市纺织工业公司党支部书记、总经理(正局级)。1994年4月任张家港市羊毛衫厂党支部书记、厂长。1996年9月任张家港市鹿苑镇党委书记。2001年9月任张家港市经济贸易委员会党组副书记、副主任。2002年3月兼任张家港市驻温州办事处主任。2004年被评为苏州市招商引资民营企业先进个人。2007年9月退居二线,任江苏省张家港市工业经济联合会、江苏省张家港市企业联合会和江苏省张家港市机械装备行业协会秘书长。2013年8月退休。

1993—2015年农联村(境内)基层党支部正副书记、委员任职一览表

表8-3

支部名称	职 务	姓 名	任职时间	备 注
农村支部	书 记	杭祖林	1993.08—1996.10	—
		匡建平	1996.10—1999.10	
	副书记	匡建平	1994.12—1996.04	
		匡凤清	1996.04—1996.10	
	委 员	匡凤清	1993.08—1996.04	
		匡建平	1993.08—1994.12	
		季耀龙	1993.08—1994.12	
		季耀龙	1996.04—1996.10	
		匡凤清	1996.10—1999.10	
		匡仁浩	1996.10—1999.01	
染整厂支部	书 记	匡凤兴	1993.08—1994.12	1994年12月,支部撤销
	委 员	匡永源	1993.08—1994.12	
		钱关兴	1993.08—1994.12	
织带厂支部	书 记	匡瑞忠	1993.08—1994.12	1994年12月,支部撤销
	委 员	刘胜法	1993.08—1994.12	
		景菊芬	1993.08—1994.12	
		匡仁浩	1993.08—1994.12	

（续表）

支部名称	职　务	姓　名	任职时间	备　注
工业一支部	书　记	季耀龙	1994.12—1996.04	—
		赵建军	1996.04—1999.10	
	副书记	匡瑞忠	1996.04—1999.10	
工业二支部	书　记	匡瑞忠	1994.12—1996.04	1999年10月，工业一、二支部合并建立工业支部
		匡建平	1996.04—1996.10	
		匡瑞忠	1996.10—1998.03	
	委　员	刘胜法	1994.12—1996.04	
		倪巧生	1996.04—1999.10	
		倪继林	1996.10—1999.10	
农村一支部	书　记	匡凤清	1999.10—2002.08	由原农村支部分设
		杭祖林	2002.08—2003.11	
	委　员	季耀龙	1999.10—2002.08	
		唐永德	1999.10—2002.08	
		李正球	2002.08—2003.11	
		李雪东	2002.08—2003.11	
农村二支部	书　记	杭祖林	1999.10—2002.08	由原农村支部分设
		匡凤清	2002.08—2003.11	
	副书记	季耀龙	2002.08—2003.11	
	委　员	李正球	1999.10—2002.08	
		李雪东	1999.10—2002.08	
		唐永德	2002.08—2003.11	
工业支部	书　记	张金良	1999.10—2002.08	原工业一、二支部合并而成
江帆支部	书　记	匡建平	1999.10—2002.08	—
		赵建军	2002.08—2003.11	
	副书记	匡建平	2002.08—2003.11	
农联一支部	书　记	杭祖林	2003.11—2005.10	—
		匡凤清	2005.10—2008.11	
		唐永德	2008.10—2010.05	
		钱文伟	2010.10—2015.12	

（续表）

支部名称	职务	姓名	任职时间	备注
农联一支部	副书记	唐永德	2005.10—2008.09	—
	委员	李正球	2003.11—2005.10	
		季耀龙	2005.10—2015.12	
		刘培元	2008.10—2010.10	
		吴菊红	2010.10—2013.10	
		匡建平	2013.10—2015.12	
农联二支部	书记	匡凤清	2003.11—2005.10	—
		匡建平	2005.10—2008.10	
		李雪东	2008.10—2015.12	
	副书记	季耀龙	2003.11—2005.10	
		李雪东	2005.10—2008.10	
	委员	李正球	2005.10—2015.12	
		匡建平	2008.10—2013.10	
		季瑛	2012.10—2015.12	
南桥支部	书记	钱关祥	2003.11—2008.10	2003年11月,原南桥村支部并入
		吴国建	2008.11—2015.12	
	副书记	唐永德	2003.11—2005.10	
	委员	徐和英	2003.11—2013.10	
		季培元	2003.11—2005.10	
		李志祥	2005.10—2008.10	
		陈士明	2008.11—2015.12	
乌沙支部	书记	王妙定	2003.11—2008.10	2003年11月,原乌沙村（北区）党支部并入
		戴晓华	2008.11—2015.12	
	副书记	李雪东	2003.11—2005.10	
	委员	陈巧英	2003.11—2008.10	
		黄利华	2003.11—2015.12	
		黄晓英	2008.11—2010.10	
		周建龙	2010.11—2013.10	
		王锦德	2013.11—2015.12	

（续表）

支部名称	职　务	姓　名	任职时间	备　注
江帆支部	书记	匡建平	2003.11—2005.10	2003年11月原乌沙村（北区）党支部并入
		倪继林	2005.10—2010.10	
		季利本	2010.10—2013.10	
		黄平	2013.10—2015.12	
华宇支部	书记	张金良	2005.10—2015.12	新建
港城支部	书记	张建高	2005.10—2015.12	新建
合力支部	书记	朱永华	2005.10—2008.10	2005年10月新建，2013年10月支部撤销
		季利本	2008.11—2010.10	
		朱华	2010.10—2013.10	
开发区支部	书记	朱建平	2005.10—2013.10	新建
		吴菊红	2013.10—2016.09	
爱博纳支部	书记	宋志刚	2013.10—2015.10	新建
	副书记	黄彬	2008.10—2010.10	
钱江实业支部	书记	黄平	2008.10—2010.10	2008年10月新建，2013年10月支部撤销
		刘建忠	2010.10—2013.10	
亚大毛条支部	书记	匡建平	2008.10—2010.10	2008年10月新建，2013年10月支部撤销
		李正球	2010.10—2013.10	
盛达拉链支部	书记	季耀龙	2008.10—2010.10	2008年10月新建，2013年10月支部撤销
		钱颂法	2010.10—2013.10	
王牌网架支部	书记	钱颂法	2008.10—2010.10	2008年10月新建，2013年10月支部撤销
		匡建平	2010.10—2013.10	
江帆社区支部	书记	匡凤清	2008.11—2015.12	新建
	委员	蒋正才	2008.11—2015.12	
		徐和英	2008.11—2010.10	
		朱翠华	2008.11—2010.10	
		姚彬	2010.10—2015.12	

1955—2003 年 10 月北区党支部历任正副书记、委员一览表

表 8-4

届次	书记	任职时间	副书记	任职时间	委员	任职时间	备注
一	王士南	1955.06—1958.09	—	—	—	—	未设党支部副书记及委员
二	王士南	1958—1962.03	钱国保	1958.10—1962.03	—	—	未设党支部委员;1962 年 3 月 20 日,夏振芳调任乌沙大队党支部书记;李凤根调任五联大队党支部书记
			季金龙	1958.10—1962.03			
			夏振芳	1958.10—1962.02			
			李凤根	1958.10—1962.02			
三	钱国保	1962.04—1962.10	刘如松	—	—	—	未设党支部委员;1962 年 3 月 20 日,刘如松调任五联大队党支部副书记兼大队长
四	刘如松	1968.11—1971.09	—	—	唐俊高陈金生袁祖高吴玉娣徐林保	—	未设党支部副书记;"文化大革命"期间党组织瘫痪,组建革命领导小组
五	刘如松	1971.10—1978.08	刘瑞芳	1978.08	陶志林	1978.04—1978.08	—
					顾才根	1971.07—1972.08	
					谢桂松	1971.07—1978.08	
六	刘瑞芳	1978.09—1980.03 副书记主持工作1980.03—1998.07 任书记	刘瑞芳	1978.03—1984.04	陈振东	1978—1984	—
			缪炳芳	1986.03—1994.05	谢桂松	1978.02—1983.07	
			季士贤	1996.09—1998.07	陶志林	1978.09—1984.05	
			陈士良	—	缪炳芳	1986—1994.05	
				—	常阿祥	1984.09—1998.07	
				—	朱洪良	1993.06—1998.07	
					季士贤	1996.09—1998.07	

（续表）

届次	书记	任职时间	副书记	任职时间	委员	任职时间	备注
七	钱关祥	1998.08—2003.10	—		陈士良	1998.09—2000.10	未设党支部副书记；2003年10月并入农联村
					徐和英	2002.09—2003.10	
					季雪芹	1998.09—2002.10	

1956—2003 年 10 月西区党支部历任正副书记、委员任职情况一览表

表 8-5

届次	书 记	任职时间	副书记	任职时间	委 员	任职时间	备 注
一	李凤根	1956.03—1958.10	—	—	—	—	1958年10月以后并入五联大队党支部
二	夏正芳	1962.03—1964.05	李凤根	1962.03—1963.04	周彩成	1962.04—1964.05	李凤根1963年4月调出
三	吴掌法	1964.05—1965.06	—	—	周兴全	1964.05—1965.06	—
					周彩成	1964.05—1965.06	
四	夏振芳	1965.07—1970.07	—	—	周兴全	—	1967年1月党组织瘫痪，干部靠边
					季惠生	—	
五	夏振芳	1970.08—1985.10	—	—	周兴全	1970.08—1978.10	—
					周彩成	1970.08—1975.04	
					季惠生	1970.08—1976.03	
					李仁元	1975.05—1980.06	
					陆叙才	1980.04—1985.10	
					缪关明	1977.02—1979.12	
六	王妙定	1986.08—1990.02	—	—	陆叙才	1986.08—1990.07	—
					季忠才	1986.08—1990.07	
七	李永才	1990.08—1991.02	季茂根	1990.12—1992.1	陆叙才	1990.08—1991.02	—
					夏林安	1990.08—1991.02	
八	朱友良	1991.03—1994.04	—	—	季茂根	1991.03—1994.04	—
					陆叙才	1991.03—1994.04	
					高忠明	1991.03—1994.04	

（续表）

届次	书　记	任职时间	副书记	任职时间	委　员	任职时间	备　注
九	王惠兴	1994.05—1996.02	—	—	季茂根	1994.05—1995.04	—
					夏林安	1994.05—1996.02	
					周建平	1995.01—1995.12	
十	陆国才	1996.02—1998.10	—	—	夏林安	1996.02—1998.10	—
					王利华	1996.02—1998.10	
十一	王妙定	1998.11—2003.10	—	—	王利华	1998.11—2003.10	—
					陈巧英	1998.11—2003.10	

第三节　党务工作

一、宣传工作

20 世纪 50 年代,中共沙洲区委员会派宣传委员会负责党员教育工作。东莱等 7 个小乡副乡长具体抓党的宣传工作。主要围绕"土地改革、抗美援朝、镇压反革命"三大革命运动及"统购统销""农业合作化""人民公社化""整风反右"等进行宣传。宣传从工人、农民中评比出来的先进生产者、劳动模范等积极分子的优秀事迹。1956—1957 年夏,境内高级社党支部建立后,各由 1 名支部委员具体负责,宣传各个时期党的路线、方针、政策。60 年代宣传内容主要是中共中央《农村人民公社工作条例》、落实农民各项经济政策、大力开展社会主义教育、大办农业、农业学大寨、学习毛泽东思想等。

70 年代,主要宣传"农业学大寨""工业学大庆",并结合"批林整风"和中共十一届三中全会精神进行宣传教育。

80 年代,宣传内容主要围绕中共十一届三中全会精神,坚持以经济建设为中心,宣传家庭联产承包责任制、扩大企业自主权、进一步完善企业内部各种承包责任制、外向型经济、横向经济联合等,对干部群众进行形势和党的基本路线教育。

90 年代开始,以贯彻邓小平南方谈话精神为契机,宣传在抢抓机遇,实行外向带动战略中涌现出来的新人新事,勤政廉政、密切联系群众,为民办实事好事的优秀基层干部。学习邓小平建设具有中国特色的社会主义理论,宣传张家港精神。结合香港回归祖国,宣传爱国主义和讲学习、讲政治、讲正气"三讲"的重大意义、总书记江泽民"三个代表"重要思想。宣传创建省级卫生村、全面推进精神文明、物质文明、政治文明三个文明建设的重要性和迫切性。

2001—2015 年,围绕三个文明建设,宣传科学发展观、改革开放以来全村的新变化、产业发展的新成果和党员干部勤政廉政、艰苦奋斗的新作风。

二、党员教育

1."三会一课"

1960 年起,全境基层党组织建立"三会一课"(支部党员大会、支部委员会、党小组会和党课)制度。定每月 10 日为党员活动日,每月召开支部党员大会、支部委员会、党小组会,上好一次党课,及时对党员进行形势和党的路线、方针、政策教育。1970 年以后,在每年党的生日这一天,公社党委组织党员、干部上大党课,基层党支部则利用"三会一课"进行党的基本知识和党性教育。1990 年起,境内 3 个村党支部陆续建立党员活动室和党员中心户制度,利用党员活动室和党员中心户对党员进行教育。1986 年至 2003 年,全境各党支部共计开展党员教育活动 54 场次。2004 年至 2015 年,每年建党节前后,村党委组织全体党员分别到南湖、上海、北京、延安、西柏坡、淮安等革命纪念地上特殊党课,对党员进行先进性教育。此外,农联村党委不定期召开专题民主生活会,党委班子成员聚焦"四风"(形式主义、官僚主义、享乐主义和奢靡之风),以整风精神开展批评和自我批评,增强党组织的凝聚力、向心力和战斗力。

图 8-2 党员先进性教育大会(摄于 2006 年)

图 8-3 在西柏坡重温入党誓词(摄于 2011 年)

2.冬训班

20 世纪 60 年代末以后,每年冬天,境内全体党员干部要参加公社组织的党员冬训,学习党的路线方针、政策和中央有关文件,学习党的基本理论和知识,交流总结当年工作,制定下年农、副、工三业目标任务。冬训时间一般 3—5 天。至 2015 年,全境党员干部共参加了 38 期冬训班,参训党员干部共 5700 多人次。

3.选送外出培训

1951 年 8 月,在土改全面结束的基础上,境内选送南区李龙保、北区季官根两人(第一批建党对象)到常熟东张党训班(县办)学习 1 个月,接受党的基本知识和基本理论教育。1963—1964 年,境内选送 3 名党员干部参加沙洲县组织的整社整风学习。1980—1985 年,境内选送 5 名党员干部分别到沙洲县委党校和电大教学班(1982 年称苏州广播电视大学沙洲县管理站,1987 年 5 月称苏州广播电视大学张家港分校,2002 年 5 月升格为江苏广播电视大学张家港学院)培训学习。1996 年至 2015 年,全村(境)选送到江苏省电视大学、市委党校、沙洲职业工学院、市人才中心、市农科所参加培训的党员干部 36 人次。学习内容主要有邓小平理论、"三个代表"重要思想、科学发展观、经济管理、财会、农技、法律法规等。学习结束后,全体学员都分别获得结业证书、大专毕业证书和初级会计师、初级农技员资格证书。

4. 教育活动

1950—1954 年,对土地改革、镇压反革命、统购统销、"三反""五反"、抗美援朝、"一化三改造"、整风反右等运动中涌现的积极分子进行阶级教育、路线教育和党的基本知识教育,并分期分批地吸收优秀分子入党。

1958 年,境内各个党支部号召全体党员高举"总路线、大跃进、人民公社"三面红旗,积极投身到各项社会主义建设事业中去。党的宣传教育工作,虽然激发了广大党员干部的革命热情,但由于当时政策上的偏差,一定程度上酿成工作中的失误和经济上的重大损失。

60 年代初期,在贯彻"农业为基础,工业为主导"的发展国民经济总方针中,东莱公社党委认真总结 1960—1962 年三年国民经济暂时困难时期的经验教训,教育广大党员干部要十分重视调查研究,克服官僚主义、盲从主义,从而纠正了一些"左"的倾向。1964 年至1966 年 4 月,全境开展面上"四清"(清政治、清经济、清组织、清思想)运动,对党员干部的官僚主义、盲从主义、脱离群众、损公肥私等思想行为进行批评教育。但是,这场运动还是受到一些"左"的影响,对党员干部打击太大,挫伤了他们的工作积极性。

1966 年 5 月"文化大革命"开始,党组织瘫痪,各项工作被迫停顿。直到 1970 年 10月,党组织才逐步恢复,党员教育工作逐步走向正常。1973 年冬,遵照毛泽东关于"路线是个纲,纲举目张"的指示,东莱公社党委在全社基层党支部中开展党的基本路线教育。教育内容主要是围绕与林彪反革命集团的斗争,结合党的基本知识,联系阶级斗争、革命斗争和生产实践,对党员进行思想政治路线教育和中共十大通过的新党章教育。

1978 年 12 月中共十一届三中全会召开。遵照中共中央关于加强党的建设的一系列重要指示,全境党员教育工作围绕"一个中心,两个基本点"[以经济建设为中心,坚持四项基本原则(社会主义道路、人民民主专政、共产党的领导、马列主义、毛泽东思想)]的基本路线,从思想上、作风上、组织上解放思想、拨乱反正。

1990 年,境内陆续建立党员活动室,为经常化、制度化的全体党员进行教育培训提供了一个好场所。2000 年,在全境党员干部中开展"三讲"(讲学习、讲政治、讲正气)和"两思"(致富思源、富而思进)教育。2001 年,在全境党员干部中开展了"三个代表"(中国共产党必须始终代表中国先进生产力的发展要求、代表中国先进文化的前进方向、代表中国最广大人民的根本利益）重要思想学、教活动。2005 年 7 月，在全村党员中开展保持共产党员先进性教育活动。2014 年 3 月，为扎实推进党的群众路线教育实践活动，农联村组织全体党员干部前往香山烈士陵园，进行"缅怀革命先烈，弘扬民族精神"为主题的教育活动；4 月，农联村组织两委班子成员及财会、基建部门的年轻干部等 30 余人到市看守所自觉接受廉政警示教育，全体村干部接受了一次廉洁自律、拒腐防变的生动教育；6 月，农联村组织两委班子成员观看《焦裕禄》和《周恩来的四个昼夜》两部电影，让村干部受到一次深刻的党性锻炼和群众路线教育。2015 年 6 月，全村党员干部开展"三严三实"专题教育活动。

三、纪律检查

1952 年初至 1965 年，境内的纪检监察工作由大队（村）党支部书记主管，分工 1 名党支部委员具体抓。"文化大革命"期间，党组织处于瘫痪状态，党支部纪检监察工作中断。20 世纪 70 年代后期，党内纪检监察工作恢复，由 1 名支部委员专门负责。至 2015 年 12 月，全村有 2 名党员受到党纪处分，其中 1 名被开除党籍。

第二章　村（居）民自治

第一节　村民代表大会

互助合作化时期，村里有大事要事都要召开村民代表大会，一般每户 1 人参加会议。1958 年 9 月成立人民公社后，大队不定期召开社员代表大会，所有参加生产队评工记分的劳动力都要参加会议。通常由大队书记作形势报告，传达上级有关农村工作方针政策等；大队长向社员报告全大队农业生产情况及经济分配方案。夏秋两个大忙季节前的社员代表大会，则由大队主要领导作大忙动员［包括"双抢"（抢收、抢种）］，向社员明确大忙时间节点与要求，以及农田水利建设、粮食征购等方面的规划及目标任务等。"文化大

图 8-4　农联村村民代表大会（摄于 2015 年）

革命"时期,大队党组织瘫痪,大队干部靠边站,社员代表大会一度中断。1981 年 7 月恢复大队,社员代表大会制度同时恢复。1983 年 8 月政社分设后,实行乡村制,大队改称村,生产队改称村民小组。村设立村民委员会(以下简称"村委会"),并建立村民代表大会制度,各村民小组按人数多少选举产生 1—3 名村民代表。村民代表有选举权和被选举权,享有村里大事、要事的议事权和建议权。

《中华人民共和国村民委员会组织法》规定,村委会换届的同时,村民代表大会亦即换届。村民代表大会按照村委会的工作需要,组织召开村民代表大会。村民代表大会一般每三年召开 1 次,称一届。1984 年至 2015 年,农联村(境内)共召开 10 届村民代表大会。每届村民代表大会上,由上届村委会主任代表村委会报告任期内的主要工作以及对上届村民代表大会决议的执行和落实情况,并请村民代表评议;按宪法规定进行换届选举,选举新一届村委会主任、副主任及委员。

第二节　村民委员会

村委会是村民自我管理、自我教育、自我服务的基层群众性自治组织,村委会由主任、副主任和委员 3—7 人组成。村委会班子成员由所在村年满 18 周岁以上的村民民主选举产生,每三年换届(选举)1 次,任何组织或个人不得指定、委派或者撤换村委会成员。村委会成员不属于国家干部,其产生的依据为《中华人民共和国村民委员会组织法》。村委会实行民主选举、民主决策、民主管理、民主监督。村委会的主要职责是办理所在村的公共事务和公益事业,调解民事纠纷,协助维持社会治安,向人民政府反映村民的意见、要求和建议,起到桥梁和纽带作用。

2013 年 11 月,农联村进行第十届村委会换届选举,李雪东当选村委会主任,钱文伟当选副主任,唐静、陈士明、黄利华当选委员。

1949—1954 年境内各村村长、农会主任一览表

表 8-6

村别	二村	三村	四村	五村	六村	七村	八村
村长	吴锡林	倪保兴	匡永林	陈万兴	周汉清	顾才根	钱国保
农会主任	季保如	姚桂香	钱阿金	杭佰龙	周银才	杜庭芳	周枝华

农业合作化时期境内初级、高级社正副社长、治保主任、主办会计一览表

表 8-7

高级社					初级社				
社名	社长	副社长	治保主任	主办会计	社名	社长	副社长	主办会计	所属自然村
农联高级社	吴掌法	吴锦文 匡永林	倪升平	朱荣贵	第一初级社 第二初级社 第三初级社 第四初级社 第五初级社 第六初级社 第七初级社	吴掌法 匡永林 吴锦文 李友才 倪升平 钱仲良 李龙保	季留兴 张凤玉	周连保 匡永源 吴云庆 李厚甫 朱荣贵 钱鼎之 吴兴	港西分港巷 匡毛家堂 张家港 前后吴巷里 李家堂 钱家堂 倪家堂青草巷 王家湾北李家
五一高级社	陈万兴	—	陈彩文	钱惠祥	第一初级社 第二初级社 第三初级社 第四初级社	杭满生 陈才兴 汪召基 陈彩文	—	王香保 钱惠祥 杭祖明 陈坤明	王四房桥 泾头上 杭家堂 陈山房
五联高级社	钱国保	—	顾才根	刘如松	第一初级社 第二初级社 第三初级社 第四初级社 第五初级社	季金龙 杜庭芳 常阿根 吴才福 钱国保	—	季凤娣 吴益明 周枝华 陈万程 陶志林	11、12、17队 1、13、14队 6、7、8、9、10队 1、2、3、15队 4、5、16队
永宁高级社	周全生 夏正芳	—	季仁兴	周银才	注：未成立初级社，直接进入高级社（初级社只能算1个）	—	—	—	—

1983—2015年农联村（境内）村委主任任职一览表

表 8-8

农联（南区）		南桥（北区）		乌沙（西区）	
村主任	任职时间	村主任	任职时间	村主任	任职时间
李育才	1983.04—1984.07	缪炳芳	1983.04—1986.05	夏振芳	1983.09—1986.04
杭祖林	1984.08—1989.02	陈士良	1986.06—1987.07	夏林安	1986.05—1999.12
季耀龙	1989.03—1990.08	陈阿祥	1987.08—1988.10	陈巧英	2000.01—2003.10
杭祖林	1990.09—1994.10	朱洪良	1988.11—1998.07	2003年11月并入农联村（南区）	
匡建平	1994.11—1999.09	陈士良	1998.08—2000.09		
匡凤清	1999.10—2009.10	季培元	1998.10—2003.11		
李雪东	2009.10—2015.12	2003年11月并入农联村（南区）			

第三节 社区居民委员会

江帆社区居委会位于农联村域西南部,因区内江帆花苑而名。2006年6月22日,经市政府批准成立,属农联村村管社区。辖区东至杨锦公路,南至张杨公路,西至华昌路,北至中兴东路,总面积0.34平方千米。社区成立之初,东莱办事处党工委派钱关祥全面负责社区居委会工作。2008年4月,社区领导班子重新组建,由匡凤清任江帆社区居委会负责人(因未经选举,故只能临时指派"负责人")。2010年10月,江帆社区居委会进行第一次换届选举,匡凤清当选主任,薛正才当选副主任。2013年11月,江帆社区居委会进行第二次换届选举,季利本当选主任,薛正才当选副主任。

2015年,江帆社区辖江帆花苑东区、西区、中区和北区4个独立区域,共有居民楼122幢3741套。社区内建有一站式全能服务大厅、议事厅、舞蹈房及各类活动室。2008—2015年,江帆社区居委会多次被评为杨舍镇十佳文明社区、张家港市文明社区,并先后荣获"苏州市绿色社区""苏州市民主法治示范社区"等荣誉称号。社区调解委员会获"苏州市规范化村(社区)人民调解委员会"荣誉称号;社区档案工作达到"江苏省机关团体企业事业单位档案工作规范化"二星级标准。

图8-5 江帆社区居委会(摄于2016年)

第三章 社会团体

解放后,境内先后建立农民协会、工会、共青团委、妇女联合会、老年协会和爱心基金会等群团组织。

第一节 工 会

境内南区、西区和北区工会成立时间参差不齐。工会成立最早的是南区的江帆集团,1997年7月就成立工会,工会主席钱颂法。2001年3月至5月间,全境三个村相继成立工会组织。其间,江帆集团工会与南区工会合并。

工会的主要职责是依法维护职工合法权益,切实关心职工生活,扶贫济困;组织职工参与民主管理、民主监督,贯彻实施工会法、劳动法等法律法规;组织开展各种业余文化体育活动;组织开展劳动竞赛、技术培训等。

江帆集团工会把职工的劳动保护和福利事业作为一项重要工作。先后建职工集团宿舍3800平方米、职工食堂152平方米,男、女浴室150平方米,医务室120平方米,职工之家90平方米,以及乒乓球室、篮球场等,免费为女职工检查妇女病。

2003年11月成立新的农联村后,村工会组织企业职工开展以增产节约为中心的劳动竞赛;每年在企业中评选"五好"班组、"五好"车间和"六好"职工;不定期组织职工开展岗位练兵和操作竞赛等活动;组织职工参加短期技术培训180多人次;组织职工开展节日读好书征文比赛、演讲比赛、歌咏会、拔河比赛、乒乓球赛、象棋赛、篮球赛等文体活动。

1997年至2015年,村(全境)工会积极组织企业职工开展扶贫济困活动,先后捐衣2000余件、捐款8.12万元。其中,向灾区捐衣200余件,捐款5.68万元;为全村(境内)困难职工、失学儿童、孤寡老人捐款1.78万元。

1997—2015年农联村(境内)历任工会主席任职一览表

表8-9

农联(南区)		南桥(北区)		乌沙(西区)	
工会主席	任职时间	工会主席	任职时间	工会主席	任职时间
钱颂法	1997.07—2001.09	陈友才	2001.03—2003.10	陆小妹	2001.05—2003.10
吴菊红	2001.10—2007.02	2003年11月并入农联村(南区)		2003年11月并入农联村(南区)	
吴菊红	2007.03—2015.12				

第二节　共青团

1940年7月至9月,境内农村进步青年成立青年抗日协会(简称"青抗会"),积极组织青年参加兴修水利、发展生产;发动青年办夜校、学文化;开展抗日宣传,禁烟、赌,取缔赌场、烟馆;配合经济反封锁,组织缉私队到交通要道、港口码头查截走私贩卖。1941年10月,因日伪"清乡",境内青抗会活动停止。

1957年东莱大乡建立后,成立东莱乡团委,境内南区、北区、西区相继建立团支部。三个团支部积极组织青年开展文化体育活动,各自成立文娱宣传队,利用晚上时间排练小型锡剧,不计报酬为群众演出。除了在境内演出外,还被邀请到周边乡村演出,深受群众欢迎。此外还组织团员青年成立篮球队参加篮球赛。70年代,南区有农联篮球队,西区有红艺篮球队,两个球队在杨舍地区小有名声,曾在多次地方赛事中夺冠。

20 世纪 60 年代初,境内各团支部紧紧围绕党在各个时期农业生产的中心工作,组织团员青年"大积大造"自然肥料,参与兴修水利(挑望虞河)、围岸(合作三圩)、植树造林、改造低产田。团支部组织团员青年大种样板田,以种"三田"(种子田、高产田、试验田)为基础,大搞科学试验活动。

"文化大革命"开始后,团支部活动停止。1971 年恢复共青团组织。1976 年起,境内各区团支部每年 3 月组织团员青年开展"学雷锋见行动"主题月活动。

各区团支部在组织团员青年开展各项活动的同时,积极发展优秀青年加入共青团组织,壮大团组织队伍。1978—1986 年,境内三区共发展团员 125 名,占全境青年累年平均总数的 9.5%。

1990 年,各区团支部组织团员青年开展小发明、小革新、小改造、小设计、小建设等"五小"和争"三优"(优秀管理论文、优秀革新小组、优秀青年厂长或经理及争创红旗团组)活动。并且根据农村青年求知、求富、求乐的特点,建立了青之家,广泛开展青年志愿者等多种有意义的活动。1991 年,各区团支部组织团员青年开展"祖国在我心中""党在我心中"和"三热爱"(热爱党、热爱社会主义、热爱集体)教育活动。

1997 年,南区团支部升格为团总支。2004 年 7 月,农联村团总支升格为团委,下设 22 个团支部。是年,全村共有青年 1327 人,占总人口的 23.1%。共有团员 587 名,占青年总数的 44.24%。

农联村团组织始终把共青团视为中国共产党的有力助手和后备军,致力于向党组织输送人才,把团员中的优秀分子输送入党。不少团员入党后,踏上重要岗位,有的还当上了领导干部。

2012 年以后,因农联新镇建设,大部分企业迁往境外,团支部数和团员数大幅减少。2015 年,农联村团委设有 5 个团支部,团员总数 167 名。

1957—2015 年农联村(境内)团组织书记任职一览表

表 8-10

农联(南区)		南桥(北区)		乌沙(西区)	
团支部书记	任职时间	团支部书记	任职时间	团支部书记	任职时间
吴洪高	1958.08—1964.04	王振铬	1957.10—1968.09	周瑞珍	1962.04—1964.07
毛协全	1967.05—1968.05	刘瑞芳	1968.10—1975.11	陆叙才	1964.08—1966.09
钱仲达	1968.06—1970.12				
张继良	1971.01—1978.10				

（续表）

农联（南区）		南桥（北区）		乌沙（西区）	
团支部书记	任职时间	团支部书记	任职时间	团支部书记	任职时间
匡凤清	1978.11—1986.10	缪炳芳	1975.12—1985.06	王振祥	1966.10—1974.02
钱建国	1986.11—1989.04	陈士良	1985.07—2003.10	周新华	1974.03—1976.05
匡 明	1989.05—1992.03			王岳荣	1976.06—1986.12
殷国忠	1992.04—1997.03			周建龙	1987.01—1990.12
钱丽娅	1997.04—1999.04	2003年11月并入南区			
吴菊红	1999.05—2004.06			1991年以后不设团支部书记，2003年11月并入南区	
季利本	2004.07—2015.12				

第三节　妇代会

1941年2月，境内建立"妇女抗日协会"（简称"妇抗会"）。妇抗会发动妇女做军鞋慰问部队，开展抗日活动。在抗日民主政府的支持下，妇抗会禁止虐待妇女，反对买卖婚姻，争取妇女解放。是年10月初，因日伪军在澄锡虞地区大规模"清乡"，妇抗会活动停止。

1962年12月15日，沙洲县妇女联合会（以下简称"妇联"）成立。1963年上半年，境内南区、北区、西区三个大队相继成立大队妇女代表大会（简称"妇代会"），成员有季瑞芳、陈秀英、季维芬。"文化大革命"时期，妇女组织一度瘫痪，活动停止。1973年，境内大队妇代会组织恢复，妇女工作逐渐恢复正常。大队妇代会按照职能组织妇女重点开展以下工作。

组织开展劳动竞赛和创建"五好"家庭等活动。20世纪60—70年代，组织妇女开展"学文化、学技术"竞赛。80—90年代，随着乡镇企业的飞速发展，许多妇女进工厂当工人，妇代会组织企业妇女开展操作比赛、巾帼文明岗竞赛，开展争创"三八"红旗手活动和双学双比（学文化、学技术，比成绩、比贡献）活动。在农村则开展勤劳致富竞赛、创建"五好"家庭等活动。1981年以来，在全境妇女中开展以"认真学习好，遵守法律好，爱国家爱集体、积极生产劳动好，尊老爱幼、家庭和睦、勤俭持家、教育子女好，文明礼貌、邻里团结好，实行晚婚晚育计划生育好"为主要内容的争创"五好"家庭活动，每年都组织评比。1999年，全境共评选出"五好"家庭93户。

组织开展"争三好"活动。1996年，境内南区、北区、西区妇代会组织所在地妇女开展"争三好"（争当好媳妇、好婆婆、好妈妈）活动。全境三个区分别评选出好媳妇、好婆婆、好妈妈各8人。此活动每年都组织评比，一直坚持到2015年。

保护妇女合法权益。1991年至2015年,全村(境内各区)妇代会接待并处理信访63人次,共处理纠纷58件。其中虐待老人3件、婚姻纠纷27件,其他家庭事务、财产纠纷28件。在有关部门配合下,所有纠纷都得到了全部解决或基本解决。此外,妇代会还配合卫生部门开展对妇女病的普查和防治工作,落实"四期"(月经期、怀孕期、待产期、哺乳期)保护措施。

图8-6 农联村第十一次妇女代表大会(摄于2016年)

1950—2015年农联村(境内)妇女主任任职一览表

表8-11

农联(南区)		南桥(北区)		乌沙(西区)	
妇女主任	任职时间	妇女主任	任职时间	妇女主任	任职时间
季荷娣	1950.10—1957.12	王兰娣	1955.02—1957.10	周菊芬	1962.05—1970.06
季瑞芬	1958.01—1968.10	陈秀英	1957.10—1968.06	周惠球	1970.07—1972.10
倪秀美	1968.11—1970.09	吴玉娣	1968.07—1969.07	季维芬	1972.11—1982.01
顾瑞珠	1970.10—1977.08	季雪芹	1969.08—1978.09	陈杏英	1982.02—1994.05
季瑞芬	1977.09—1982.02	徐珍娣	1978.10—1981.11	陈巧英	1994.06—2003.10
许秀玲	1982.03—1994.12	耿云娣	1981.12—1998.07		
李正球	1995.01—2010.12	徐和英	1998.08—2003.10	—	
唐 静	2011.01—2015.12	—			

第四节 农民协会与贫下中农协会

1950年8月,新庄乡(当时境内属常熟县新庄乡)选派地方积极分子(三四个村选派1人)去常熟县宝岩寺学习农会组织法,历时15天。学员学习期满后,分派到各地担任农民协会(以下简称"农会")大组长,组建各村农会。各小乡以及各村设农会主任1名,行政组设农会小组长1名。参加农会的会员,大多是贫农、雇农以及少数中农。当时入会的手续很简单,只要向农会主任报个名,就算是农会会员了。

土地改革(以下简称"土改")运动中,农会会员是主力军。过去保甲制度的一切权力,全归农会掌管。农业互助合作化运动中,农会会员是走合作化道路的中坚力量。随着农业互助合作化道路的发展,农会干部大多担任农业合作社的骨干,农会干部由农业合作社干部取代。

1964 年,境内开展社会主义教育运动,上级要求要确立贫下中农的阶级优势,公社成立贫下中农委员会,村建立贫下中农协会(以下简称"贫协")。贫协设正副主任 1—3 人、委员若干人,生产队设贫协组长 1 人。贫协的主要任务是监督社队各级领导班子的工作,定期审查财务项目;监督和改造"四类分子"的各项活动;带头搞好生产,维护集体经济。"文化大革命"期间,贫协组织活动处于停顿状态。1974 年,沙洲县及各公社相继成立贫协组织,各大队贫下中农以户为单位登记造册,生产队由贫下中农选举贫协组长,每队选出出席公社的贫协代表 2—3 人。1978 年 5 月,东莱公社召开第三届贫下中农代表大会后,"贫协"逐步停止活动。1979 年以后,"贫协"自行消失。

1964—1979 年境内贫协主任任职一览表

表 8-12

农联(南区)		南桥(北区)		乌沙(西区)	
贫协主任	任职时间	贫协主任	任职时间	贫协主任	任职时间
倪永才	1964—1968	唐永生	1964—1968	周全生	1964—1968
陈彩文	1969—1979	钱福林	1969—1979	陆叙才	1969—1972
—		—		王永生	1973—1979

第五节　老年协会

1989 年 11 月,东莱乡老年协会(1992 年改称老龄工作委员会,简称"老龄委")成立后,境内各村相继建立老年协会,并设有老年活动室。村级老龄工作一般由 2—3 人负责,村老年协会主任由村民委员会主任兼任。村老年协会每年都要组织开展有益于老年人的活动:年终给老年人发放过节费;聘请越剧、锡剧、评弹等团队到村(社区)为老年人演出;慰问亡故老人家属;组织老年人到医院免费体检,到理疗馆康复理疗;组织理发师为老年人免费理发等。一切费用都由村里支付。2003 年三村合一后,农联村建有 360 平方米的老年活动室,建有占地面积 4 公顷的小游园,以及振兴路两侧的带状公园和健身路径等。村管江帆社区专门设有老年协会议事厅,老年人休闲区,老年人舞蹈室、排练房,老年人戏曲厅、棋牌室、健身房、亲子活动室、书画厅等,总面积 800 多平方米。这些设施设备为老年人文化娱乐活动和健身提供了优越的条件。2003—2012 年,农联村老年协会由朱荣铨任会长;2013 年至 2015 年 12 月由杭祖林任会长。2015 年,农联村老年协会创建成规范化管理达标村

1A级老年协会。

第六节　关心下一代工作委员会

1997年11月,境内各村均建立关心下一代工作委员会(以下简称"关工委")。由村委会主任兼任关工委主任,团支部书记、妇代会主任、治保主任、民兵营长为委员。关工委的主要职责是抓好辖区内贫困学生的扶贫助学,关心青少年健康成长,防微杜渐,预防青少年失足等工作。1998年以来,境内各村关工委遵循张家港市关工委提出的要求,对各自辖区内6周岁到18周岁以下的未成年人进行调查摸底,登记造册,掌握第一手资料。

2003年11月三村合一、组成新的农联村后,原三个村的关工委合而为一。2005年4月,农联村关工委组织机构调整。由村民委员会主任任名誉主任,老干部李正球任主任,退休教师朱荣铨任常务副主任,村团委书记和1名退休老干部为委员。并设有报告、宣传、辅导、科技、帮教等5支辅导员队伍。

村党委、村委会高度重视关心下一代工作,舍得投入。1997—2015年,投入总额510多万元。其中每年支出20多万元,用于困难学生的帮扶助学和发放优秀学生的奖学金。1997年11月,南区投入30万元建造青少年文化娱乐中心。2007年,农联村又建造了融文化、体育为一体的高标准青少年活动中心。

由于村党委、村委会对关心下一代工作的高度重视,农联村关工委达到"五有五好"的高标准:"五有"即有一套领导班子、有一支素质较好的报告员队伍、有一套健全的工作制度、有一个较高标准的活动阵地、有充足的经费保障;"五好"即思想道德教育好、配合有关部门活动好、帮困助学工作好、家长学校办得好和老同志作用发挥好。2006年,农联村关工委被杨舍镇评为先进集体。2007年,农联村关工委顺利通过张家港市关工委高标准"五有五好"关工委的考核验收。

农联村(境内)关工委18年如一日,充分发挥五支辅导员队伍的作用,充分发挥家长学校和老党员、老干部、老教师、老工人、老模范这"五老"的作用,坚持不懈抓紧抓实青少年思想道德教育、革命传统教育、法制教育和张家港精神教育。定期派员到学校调查摸底,对后进学生,落实人员进行帮教。每年寒暑假,村关工委组织农联籍在校学生开展校外教育活动,对他们进行热爱中国共产党、热爱社会主义祖国、热爱家乡、尊老爱幼、遵纪守法等教育。1997—2015年,全境开展多种形式的知识竞赛活动20多次,共有2万多人次参加。

第七节　农联爱心基金会

2004年7月25日,张家港市首家村级爱心帮扶基金会——江帆民营企业爱心帮扶联合会成立,由村党委书记赵建军任会长兼秘书长。2008 年 8 月,经江苏省民政厅批准,江帆民营企业爱心帮扶联合会升格为张家港市农联爱心基金会,并在村委三楼会议室举行成立大会。农联爱心基金会设会长、副会长、秘书长、理事、监事。赵建军任理事长,村委主任匡凤清兼任副会长和秘书长。

2008 年,制定《张家港市农联爱心基金会章程》(以下简称"章程")。章

图 8-7 农联爱心基金会成立大会(摄于 2008 年)

程共 7 章,分别是第一章"总则"、第二章"业务范围"、第三章"组织机构和负责人"、第四章"财务管理和使用"、第五章"终止和剩余财产处理"、第六章"章程修改"、第七章"附则",共有细则 53 条。农联爱心基金会的宗旨是积极开展赈灾救难、爱心帮扶、助孤安老、助医助学等。

农联爱心基金会的基金来源主要是社会各界的捐助。2004 年至 2015 年,农联爱心基金会每年接受企业法人、自然人、知名人士捐助达 900 多万元。先后有因病致贫和孤寡老人、孤贫儿童 1824 户(人)得到了帮扶,有 423 名贫困学生得到了帮助。

2004—2015 年农联爱心基金会理事会任职一览表

表 8-13

序号	姓 名	性别	理事会职务	任职时间
1	赵建军	男	理事长	2004.07—2015.12
2	李 勇	男	副理事长	2004.07—2015.12
3	李雪东	男	秘书长	2004.07—2015.12
4	张建高	男	理事	2004.07—2015.12
5	黄国华	男	理事	2004.07—2015.12
6	宋志刚	男	理事	2004.07—2015.12
7	钱仁明	男	理事	2004.07—2015.12
8	张金良	男	理事	2004.07—2015.12
9	朱建峰	男	监事	2013.05—2015.12
10	黄 平	男	监事	2014.05—2015.12

第九编 治安 军事

民国时期,境内地方治安由常熟县国民政府警察局及所属有关机构负责。中华人民共和国成立初期,境内建立治保组织,设治保主任。社会治安由民兵组织负责,同时配合上级政府剿匪肃特、镇压反革命、取缔反动会道门,查禁吸毒、贩毒、娼妓、赌博,整顿社会秩序,保卫新生的人民政权。1958年建立人民公社后,境内3个大队成立治安小组。1959年,3个大队分别成立民兵营,生产队成立民兵班排组织。1964年,民兵按年龄段划分为基干民兵和普通民兵。在巩固和发展治安保卫组织的同时,3个大队都建立调解委员会,协调解决民事纠纷。"文化大革命"中,治保、民事调解、民兵等组织一度瘫痪。1971年,境内3个大队分别恢复治保组织,重点做好监督"四类分子"(地主、富农、反革命、坏分子)和协助公社治保委员会做好"四防"(防火、防盗、防毒、防敌特)工作。1981年,境内3个大队分别建立治保委员会,民兵工作步入正常轨道。1982年以后,境内企业中的民兵工作得到进一步加强。1984年,实行以义务兵为主体的义务兵与志愿兵相结合、民兵与预备役相结合的兵役制度。1986年,境内3个村分别建立联防队。1994年,境内3个村分别成立社会治安综合治理领导小组,加强社会治安和外来人口管理工作。2003年11月,乌沙村、南桥村并入农联村,成立农联村人民调解委员会。2015年,全村建立综合治理体系。

第一章 治安 调解

第一节 治安管理

一、组织机构

1918年,常熟县警察局在西塘桥(今塘桥)设立警察分所,新庄乡境内部分属该警察分所管辖。1929年2月,常熟县公安局设第五分局,负责境内治安。1931年9月,常熟县公安局在西港镇设第二分局,在西塘桥设立第六分驻所,管理境内治安。1937 年,日军入侵,国民党区、乡警务人员全部撤走。翌年 7 月,新庄乡境内部分属沙洲伪警察分驻所管辖。1942 年 5 月,境内属十二圩区伪警察署管辖。1944 年 10 月,十二圩区伪警察署撤销。翌年 10 月,常熟县国民党政府复建警察局、所,境内治安属西塘桥警察所管辖。1946 年 7 月,属港口警察分驻所管辖。翌年 5 月,属西塘桥警察分局管辖。1948 年 8 月,属鹿苑警察分局管辖。翌年 1 月,鹿苑警察分局撤销,改属西塘桥警察分局管辖。

1949 年 4 月 22 日,境内解放。5 月,常熟县公安局在鹿苑设立公安分局,分管新庄乡境内部分的公安保卫工作。中华人民共和国成立初期,社会治安保卫工作由民兵负责。1951 年 5 月,常熟县公安局在东界港集镇设立检查站。1958 年 12 月,境内 3 个大队均成立治安小组,由各副大队长任组长。

1962 年 1 月建沙洲县后,东莱公社建立由公安特派员任组长的人保科(组)。1963 年,境内 3 个大队均成立治安保卫委员会(简称"治保委"),均设治保主任 1 人、委员若干人,全面负责大队的治安工作。各生产队设治保小组,由民兵排长兼任组长。1964 年社会主义教育"四清"(清政治、清思想、清组织、清经济)运动后,治保组织的主要职责是监管"四类分子"(地主、富农、反革命分子、坏分子,下同)。"文化大革命"期间,治保组织一度瘫痪,对"四类分子"实行群众专政。1971 年 10 月,境内 3 个大队恢复治保组织。1981 年,境内 3 个大队建立治保委员会,设主任 1 人、委员 3—5 人,各生产队建立治保小组。1988—1990 年,境内 3 个村设联防值勤队,每个村民小组配 1 名义务值勤人员,进行防范巡逻。1991 年,境内 3 个村均组建治安联防队,由村民担任联防队员。1993 年江帆集团公司成立后,集团治保委专门建立保卫科,配备 5—6 名保卫人员,负责巡逻和夜间值勤。1994 年,境内 3 个村成立社会治安综合治理领导小组,设立综合治理办公室(简称"综治办"),具体负责治安和外来人员管理,村党支部副书记兼任综治办主任和联防队队长。1998 年后,东莱派出所组建联防队负责村的治安保卫工作,张家港市农副产品批发市场和张家港市机电广场各自组建联防队,负责所在单位的治安保卫工作。

图 9-1　农联家园保安巡逻(摄于 2016 年)

2003 年 11 月并村后,农联村组建联防队,队长由村党委副书记或综治办主任兼任。2015 年,全村已形成综治办、民事调解办、联防队、警务室、驻村法官室和杨舍镇流动人口服务中心农联村服务站"五位一体"的综合治理新格局。

二、安全防范

20 世纪 50 年代初至 70 年代末,境内安全防范工作主要是防火、防敌特和防坏分子破坏。1979 年后,随着改革开放和工业经济的发展,安全防范工作转移到安全生产和社会的治安上来。农村的安全防范工作主要由村(大队)联防队负责,工厂、企业的安全防范工作由保卫干部、门卫负责,联防队员进行配合。1991 年,根据社会治安、安全防范工作要求,开展了以创建合格门卫、合格财务室、合格仓库、合格车间的"四合格"活动,规范了门卫、财务室、车间和仓库的管理制度。

从 1993 年开始,每年年初,村民委员会都要与境内各单位负责人签订安全防范责任合同。平时进行督促检查,每季度召开一次安全生产、安全防范工作例会,定期对职工进行消防、安全防范知识培训教育。

2000 年后,境内企业门卫实行保安人员着装上岗。2007 年,投入资金成立警务室。2012 年,设驻村法官室,警务室改称警务站。是年,全村安装 16 个治安监控探头,建立和完善人防、物防、技防结合的治安防控体系,加大安全防范和对违法犯罪行为的打击力度,有力的遏制了治安刑事案件的发生。2015 年,安全防范工作进一步强化,监控探头增至 102 个,全村未发生治安刑事案件。

三、综合治理

解放前,境内地痞流氓横行,偷窃、抢劫、打架、奸淫妇女等刑事案件时常发生,吸毒、赌博等恶习屡禁不绝,社会秩序混乱。

解放后,通过镇反、肃反、禁毒、禁赌,打击犯罪活动以及加强对旅馆客栈、车站码头等公共场所的治安管理,社会治安秩序渐趋稳定。

20 世纪 70 年代后期,赌博歪风死灰复燃,致使夫妻反目、家庭破裂;偷窃、抢劫、行凶、斗殴等刑事案件亦时有发生,社会治安形势十分严峻。80 年代,贯彻落实中共沙洲县革命委员会、县公安局发出的《禁赌通知》和《关于严禁赌博活动的通告》等文件,广泛发动群众再次开展禁赌活动,对屡教不改的分别进行拘留、没收赌资和罚款等处理。

90 年代初,境内 3 个村成立社会治安综合治理小组,协助配合公安派出所处理社会突发事件。

2005 年,建立村联防队、老年值勤巡逻队,护村、护楼,在辖区内主要干道、重点场

图 9-2　防诈骗宣传(摄于 2016 年)

所安装 10 多只电子监控探头,对路面状况实行 24 小时实况录像监控。2008 年,推进创建"平安农联村"活动,新建农联村警务站,新增 2 个治安岗亭,加强和提高了村联防队的整体实力和装备水平。2011 年,继续完善大防控格局,投资 10 万元,在辖区内新增 8 个电子监控探头。2014 年,根据市公安局决定,撤销村联防队,原联防人员的工作由当地派出所安排,原联防队职能由派出所负责。农联村认真贯彻"预防为主、打防结合"的原则,积极参与镇村 10 次联合巡防、值勤、排查等行动,减少了不安定因素,维护了社会稳定。

第二节　户政管理

1932 年,常熟县国民政府推行保甲制,新庄乡政府把境内各保、甲户籍登记造册,上报区、县。按《各县编查保甲户口条例》规定,"户籍登记分籍别、身份、迁徙三类登记"。籍别登记有设籍与除籍之分。身份登记分出生、死亡、死亡宣告、结婚、离婚、认领、收养、监护、继承等 9 种。迁徙登记分迁入、迁出及流动等 3 种。1934 年,江苏省颁布《各县户口异动查报暂行办法》,规定户口异动分出生、死亡、婚姻、继承、收养、分居、迁徙、佣雇等八种。日伪时期(1937—1945 年),多次变更户口和变动查报办法,颁发"良民证"调查户口,进行户籍管理。抗日战争胜利后,常熟县国民政府重编保、甲,加强户籍管理。1948 年,新庄乡政府对境内农民颁发"中华民国国民身份证"。

中华人民共和国成立后,境内开始废除保甲制,划区分乡,建村设组。1953 年,全国第一次人口普查摸清了境内人口户籍情况,为户籍管理提供了依据,境内开始户籍登记管理。1960 年,上级有关部门对境内从事非农业生产的农业户陆续发放户口簿。1962 年沙洲县建立后,境内户籍由东莱公社民政部门负责。同年 10 月,开始登记人口出生、死亡、迁入、迁出等情况,以大队为单位建立户口册,以生产队为单位建立花名册,花名册登记内容为户主、家庭成员、性别、年龄、文化程度等。

1982 年,第三次全国人口普查结束后,境内颁发新户口簿。由户籍民警开展户口调查,建立和充实户口资料,健全户口管理制度。1984 年,境内户籍管理工作由东莱乡派出所接管,配备户籍警具体负责。通过国家户籍制度改革,城乡户口差异逐渐淡化。至 2015 年,派出所对村民户口迁移手续进一步简化。

1995 年,市青草巷农副产品批发市场建立后,大批外地务工经商人员涌入境内,农联村综合治理小组配合公安机关强化对外地人员的暂住证管理。2008 年,东莱派出所在农联村设立警务室,协同村计生办、治保组织,以租赁房屋为重点,加强对流动人口落脚点管理。镇综治办、私房出租户和外来暂住人员三方签订"治安、卫生、计划生育"责任书,监管和约束外来人员的责任行为。2009 年,农联村联防队与东莱派出所驻农联村外管中心合署办公,形成以派出所民警为主、以专职协管员为辅、以村联防队为依托的外来流动人口管理网络。2015年,全村有外籍经商务工暂住人员7641人。

第三节　民事调解

中华人民共和国成立前,境内民事纠纷一般都由民间调解。家庭纠纷由亲属长辈、娘舅公亲出面依宗谱家训说合,劝解调停。族内纠纷按宗族传统,由族长召集本族有关人员解决。群众中较大的纠纷,则由乡长、保长、地方贤达及当事人在茶馆公议解决,俗称"吃讲茶",失理者一般要付茶款。重大

图9-3　普法宣传(摄于2013年)

纠纷则诉之于法,由法院判决,俗称"打官司"。但是旧社会"八字衙门朝南开,有理无钱莫进来",地方上贪官恶霸横行,"打官司"吃亏的往往是穷苦老百姓。

中华人民共和国成立后,境内民事纠纷由村农会干部负责调解处理。调解有困难的,会同区民政助理员共同解决。1952年,乡、村设民事调解委员会和调解小组。农业合作化后,农业合作社设民事调解委员会。调解人民群众中发生的诸如财产分割、遗产继承、房屋基地、婚姻、赡养等方面的矛盾纠纷。调解工作坚持"调防结合、以防为主"方针。

1958年,境内3个大队成立民事调解小组。1959年,调解小组与治保小组合并。1964年,大队调解小组改称"调解委员会",建立纠纷调解登记制度。"文化大革命"初期,大队调解组织瘫痪。1973年,大队调解组织恢复。调解工作遵循一个原则,民间纠纷一般先由生产队、大队进行调解,生产队、大队不能解决的,再由公社民政助理员调解处理或由法庭裁决。1985年,调解委员会主任由村主任兼任。1987年,村调解委员会更名为民事调解委员会,委员由村主任、团支部书记、治保主任、民兵营长、妇女主任等组成,村主任兼民事调解委员会主任。2003年,民事调解委员会更名为人民调解委员会。

2003—2015年,全村调解民事矛盾纠纷125起,调解成功率100%。2015年,全年调解劳资纠纷和房屋拆迁矛盾8起,所有纠纷均在村内解决,无一起上访事件。

2004—2015 年农联村民事调解一览表

表 9-1

年份	总件数	邻里纠纷		财产纠纷		婚姻纠纷		赡养老人纠纷		其他纠纷	
		件数	占总数（%）	件数	占总数（%）	件数	占总数（%）	件数	占总数（%）	件数	占总数（%）
2004	67	17	25.4	11	16.4	10	14.9	11	16.4	18	26.9
2005	61	15	24.6	9	14.8	9	14.8	12	19.7	16	26.2
2006	56	12	21.4	8	14.3	10	17.9	10	17.9	16	28.6
2007	53	10	18.9	7	13.2	9	17.0	9	17.0	18	34.0
2008	48	10	20.8	6	12.5	10	20.8	10	20.8	12	25.0
2009	46	9	19.6	5	10.9	11	23.9	9	19.6	12	26.1
2010	42	8	19.0	5	11.9	10	23.8	8	19.0	11	26.2
2011	45	10	22.2	4	9.0	9	20.0	8	17.8	14	31.1
2012	43	8	18.6	6	14.0	10	23.3	7	16.3	12	27.9
2013	39	8	20.5	6	15.4	9	23.1	6	15.0	10	25.6
2014	35	8	22.9	5	14.3	8	22.9	5	14.3	9	25.7
2015	31	7	22.6	4	12.9	8	25.8	6	19.4	6	19.4
小计	566	122	21.5	76	13.4	113	20.0	101	17.8	154	27.2

第二章　民兵与兵役

第一节　民　兵

一、民兵组织

中华人民共和国成立初期,境内建立民兵分队。民兵分队的具体任务是维持群众会议秩序,值班、巡夜保护村庄安全,农忙季节义务帮助烈军属收割耕种。

1958 年,中共中央发出大办"民兵师"的号召,全国掀起"全民皆兵"运动。东莱公社成立民兵团,大队建立民兵营,生产队建立连、排、班组织。民兵组织分基干民兵、普通民兵和武装民兵三种。基干民兵,男性 17—25 岁,女性 16—25 岁;普通民兵,男性 26—45 岁,女性 26—36 岁。基干民兵中的退伍军人,年龄延至 30 岁。1964 年,境内按上级规定撤销武装民兵。1966 年,"文化大革命"初期,境内民兵组织陷于瘫痪。1968 年 4 月建立革命委员会后,民兵组织恢复。1978年,东莱公社建立民兵团,境内3个大队建立基干民兵排。

1981年,加强民兵组织和制度建设,把民兵制度建设和预备役制度建设结合起来,把平时民兵工作和战时民兵工作结合起来。东莱公社建立基干民兵营,境内3个大队建立普通民兵营和基干民兵排。2015年,农联村民兵营有基干民兵140人、普通民兵288人,民兵中有退伍军人37人、预备役人员7人。

二、军事训练

20世纪50年代初,民兵训练主要利用冬季农闲季节,由乡组织村民兵分队集训3—4天。1955年《中华人民共和国兵役法》颁布后,民兵每年军事训练时间增至7—9天。1958年起,采用小型、就地、因地制宜、劳武结合的方式开展民兵训练。

1962年以后,大队武装民兵每年由县人武部组织训练1—2次。训练内容有射击、刺杀、爆破、投弹等单兵作战技术,后又增加学习反空降、防原子弹和防化学细菌武器等基本常识。通过训练,大多数民兵能熟练掌握手中武器的构造、性能、使用方法和保养知识,并学会单兵、班排战术。1964年,中央提出民兵工作“三落实”(即组织落实、政治落实、军事落实),广泛开展民兵整组和民兵训练活动,在民兵训练中特别强调贯彻实战要求。境内基干民兵积极参与县人武部组织的多次规模不等的近似实战的军事训练,成为平时的生产骨干、战时的武装力量。

1973年起,境内民兵营连长和基干民兵排长每年参加由县人武部组织的训练10—15天,武装民兵每年参加由公社人武部组织的训练15天左右。1980—1981年,突出以基干民兵为重点的军事训练,加强干部组织指挥和军事技术训练。1984年以后,基干民兵每年训练不少于26天,由县人武部统一组织,分片设点训练。

1995年以后,民兵训练以民兵军事训练大纲为依据、以提高民兵军事训练质量为核心,坚持走基地化、规范化、科学化的训练道路,着重训练民兵干部、应急分队、专业技术分队和保障人员。2015年,境内参加军事训练的民兵有253人。

三、政治教育

20世纪50年代至60年代初,基干民兵每月1次参加由乡(公社)人武部组织的政治学习。境内民兵营结合征兵、民兵整组、军事训练和庆祝建军节等活动,对民兵进行党的路线方针政策和国家法律法规教育,学习毛泽东人民战争思想,明确民兵的性质、任务。

“文化大革命”开始后至70年代末,境内组织民兵学习毛泽东著作,进行阶级斗争教育、战备教育。政治教育的时间占军事训练总时间的10%。1981—1984年,规定基干民兵每月上1堂政治课,由民兵营组织实施。1985年始,民兵政治教育改为每季度1堂政治课,由乡人民武装部组织实施。普通民兵每年结合征兵工作进行形势教育、国防教育和兵役法教育。

1986 年开始,境内民兵政治教育改为刊授(学习材料)教育,每个基干民兵连订阅 1 份《中国民兵》《国防》《东海民兵》等杂志。镇人武部每季度出 1 期刊授读本,结合民兵整组、军事训练、征兵等活动集中上课,并组织基干民兵进行 1 次开卷考试,检查教育效果。

2005 年开始,民兵政治教育仍采用刊授教育与集中政治学习相结合的方法。2015 年,民兵政治教育重点是整出好队伍、锤炼好作风、塑造好形象,使民兵履行好"平时服务应急、战时冲锋陷阵"的双重职责。

1958—2003 年境内 3 个大队(村)民兵营长任职一览表

表 9-2

南区(农联村)		北区(南桥村)		西区(乌沙村)	
姓　名	任职时间	姓　名	任职时间	姓　名	任职时间
倪升平	1958.08—1967.02	顾才根	1958.08—1975.02	季仁兴	1958.18—1968.07
钱叙金	1967.03—1970.04	缪炳芳	1975.03—1978.08	周杏兴	1968.08—1983.04
钱仲达	1970.05—1983.02	陈士良	1978.09—1984.04	夏永兴	1983.05—1987.05
吴锦凡	1983.03—1984.03	钱永高	1984.05—1998.07	周建龙	1987.06—1990.07
匡凤清	1984.04—2000.04	黄　平	1998.08—2003.11	祁仁庆	1990.07—1998.07
唐永德	2000.05—2003.11	—	—	黄利华	1998.08—2003.11

2003 年 12 月—2015 年 12 月农联村民兵营长任职一览表

表 9-3

村　名	姓　名	任职时间
农联村	唐永德	2003.12—2008.05
	钱文伟	2008.06—2015.12

第二节　兵　役

一、预备役制

中华人民共和国成立前,国家没有完善的预备役制度,仅靠一些乡兵、民团组织人员作为预备兵员,需要时拉壮丁以补充部队。中华人民共和国成立后,建立并逐步完善预备役制度。

1954 年,国家颁布《中华人民共和国兵役法》(修正草案),建立人民预备役制度,1955 年开始在全国实施。根据《兵役法》第十三条规定,预备役分一、二类:军人服役期满复员后转为一类预备役,18—40 周岁的公民编为二类预备役。1956 年,常熟县兵役局设登记站,对一、二类预备役人员进行登记。预备役人员填写预备役卡登记入档,并向他们颁发《兵役证》。《兵役证》中的《预备役军人守则》规定预备役官兵都要忠实履行保卫祖国的光荣义务,拥护人民政府,遵守宪法、法令,遵守和执行兵役登记的一切规定,参加集训,参加生产,维护地方治安,随时准备响应祖国号召。1957年7月13日,根据中央军委对预备役登记工作决定,暂停预备役登记。

图9-4 欢送新兵入伍(摄于2009年)

1958年1月7日,根据上级军事部门决定,以普通民兵制度代替预备役制度,吸收预备役军官加入民兵组织,19—25周岁的二类预备役人员编入基干民兵。1962年下半年,根据中央军委指示,对1950年1月1日至1954年12月31日期间转业、复员的副排级以上干部及1955年1月1日至1962年8月期间被授予准尉以上军衔的复员、转业干部进行预备役军官登记,境内进行登记的预备役军官有4人。1981年3月,根据国务院、中央军委通令恢复预备役制度,全面开展调查、登记工作。18—35周岁的基干民兵为一类预备役,18—35周岁的男性普通民兵为二类预备役。1982年1月,预备役登记工作结束。

1984年5月31日,第六届全国人民代表大会第二次会议通过了新的兵役法,规定基干民兵为一类预备役、普通民兵为二类预备役。未建立民兵组织的单位,退伍军人按年龄编为一类或二类预备役。

二、兵役制

1.志愿兵役制

抗日战争时期,抗日民主政府实行志愿兵役制。境内曹俊宝等爱国进步青年,积极自愿参加抗日队伍。1943年,曹俊宝在无锡西南与日军作战时负伤牺牲。

1952—1953年,境内南区唐根庆、北区季士真和西区周银才等15名进步青年响应"抗美援朝,保家卫国"的号召,积极报名参加中国人民志愿军,奔赴朝鲜战场。其中,时任排长的季士真于1953年12月在朝鲜战场上光荣牺牲。

1946—1956年境内志愿兵一览表

表9-4

区别	姓 名	出生年月	入伍年月	退伍、复员年月	备 注
南区	唐根庆	1928.03	1951.08	1953.12	—

（续表）

区别	姓　名	出生年月	入伍年月	退伍、复员年月	备　注
南区	唐炳荣	1932.06	1951.08	1953.10	—
	季永清	1929.04	1952.05	1956.08	—
	李勤生	1933.05	1952.05	1963.05	—
	殷兰保	1930.03	1952.05	1955.08	—
	陈仁保	1927.10	1953.12	1956.12	—
	胡坤祥	1935.08	1951.03	1964.07	—
北区	季士真	1925.05	1946.03	—	1953 年牺牲
	陈万程	1929.07	1953.04	1956.07	—
	陈金保	1925.08	1950.08	1954.03	—
	蔡正林	1925.03	1950.06	1953.08	—
	陈玉祥	1932.08	1952.10	1955.11	—
	孙炳全	1932.01	1952.10	1955.11	—
	王志林	1933.01	1951.09	1954.03	—
西区	周银才	1927.11	1951.01	1951.12	—

2. 义务兵役制

1955 年 7 月 30 日，第一届全国人民代表大会第二次会议通过《中华人民共和国兵役法》，境内开始实行义务兵役制。凡年龄在 18—23 周岁的适龄青年进行兵役报名登记，经政治审查和身体检查合格批准入伍。1955—2015 年，境内共有 250 人参军服役。1979—1984 年，境内义务兵季立新、刘振华、吴祥兴、戴正峰、唐永贤、吴国建、曹仁玉、朱耀刚、周建龙等人积极参加对越自卫反击战，其中季立新在反击战中光荣牺牲。

3. 义务兵与志愿兵相结合的兵役制

1984 年 5 月，国家颁布新的兵役法，实行以义务兵为主体的义务兵与志愿兵相结合的兵役制。规定义务兵服役年限：陆军 3 年，海空军 4 年。义务兵按不同兵种服役期满后，由本人申请，部队师以上机关批准，可以转为志愿兵。1998 年 12 月，经第九届全国人民代表大会常务委员会第六次会议修改后的兵役法规定：陆海空三军义务兵服役年限一律为 2 年。义务兵服现役期满，根据军队需要和本人自愿，经团级以上机关批准，可转为志愿兵。志愿兵实行分期服役制度。服役的年限从转为志愿兵之日起，至少 3 年，一般不超过 30 年，年龄不超过 50 岁。

三、征兵

1. 兵役登记

兵役登记工作通常由基层人武部组织实施。根据兵役法和征兵工作条例,每年12月31日前,年满18周岁的男性公民,在当年9月30日前,按照上级兵役机构的安排,进行兵役登记。依法确定应征、缓征、不征三类人员。村(大队)设立兵役登记站进行登记,对特殊人员上门登记,对长期外出的务工人员及在校学生利用春节假期或寒暑假进行登记。对拒绝或逃避兵役登记,经教育后仍不履行登记手续的,将依法给予处罚。

2. 兵役征集

1978年前的征兵工作,十分重视应征青年的家庭出身和社会关系。1988年中共中央十三届三中全会以后,对非劳动(指非体力劳动)人民家庭出身的和有在海外从事正当劳动的直系、旁系亲属的适龄青年,也可进行选征。80年代后期开始,注重应征对象的个人表现。每年征兵工作一开始,上级党委、政府成立征兵领导小组,具体领导征兵工作。在宣传发动的基础上,境内各区(村、大队)组织应征青年自愿报名。选拔思想道德好、文化程度符合要求、身体健康的适龄青年送乡镇卫生院初步体检。然后根据征兵总数和送检数的1:2.5—1:3的比例,择优送县(市)征兵体检站正式体检。体检结束后,经政审,确定合格对象,再由镇(乡、公社)与村(大队)和接兵部队初步确定出兵对象,最后由县(市)征兵办公室会同接兵部队代表、镇(乡、公社)党委领导、人武部长召开定兵会议,逐个过堂,择优定兵。经批准的应征青年,发给入伍通知书,然后分批欢送入伍。

农联村(境内)从1955—2015年,共有250名优秀青年参加中国人民解放军。2015年末,全村有10名现役军人。

第十编　民政　社会保障

境内老百姓历来有拥军优属的光荣传统。1950年,朝鲜战争爆发,有15名青年参加中国人民志愿军。至2015年,农联村累计有274人应征入伍,其中南区129人、北区94人、西区51人,安置复退军人250人。每年春节前,村民委员会(大队)都要慰问烈军属。

2003年,农联村共有无法定赡养人的老人3人,他们在村委关心下,衣食无忧,生活安定。2015年末,农联村共有175名登记在册的残疾人,他们生活都有保障。是年,全村有93人享受困难补助,困难补助总金额27.59万元。《农联村村民自治章程》规定,从2004年起,凡是农联村户籍的入园幼儿直至大学毕业生均可享受500元至5000元不等的助学金。2008年起,每年重阳节,村委给80周岁以上的老年人每人发放200元慰问金;2010年起,每年春节前给65周岁以上的老年人发放春节慰问金,至2015年,共发慰问金2033.48万元

1978年,境内推行城镇职工养老保险(以下简称"城保")制度。1992年,境内推行农民基本养老保险(以下简称"农保")制度。至2015年,全村参加农保总人数6404人。

2003年,农联村推行城镇职工基本医疗保险办法。至2015年,全村参加城镇医疗保险的有1150人。

2004年开始,农联村80周岁以上的老年人可享受村发给的老年补贴。至2015年末,农联村共有243人领取老年补贴。是年,农联村建立新型合作医疗制度。至2015年,全村有3297人参加新型合作医疗,覆盖率100%。

1997年,境内贯彻《张家港市城乡居民最低生活保障实施办法》。至2015年,农联村共有低保户19户,38人享受最低生活保障待遇;共有低保边缘户12户,12人享受低保边缘户最低生活保障待遇。

第一章　民　政

第一节　优抚安置

一、拥军优属

境内老百姓历来有拥军优属的光荣传统。抗日战争和解放战争时期,就有村民为子弟兵送军粮、做军鞋、护伤员、父母送子女上前线、妻子送丈夫去当兵的动人事迹。有的青年参加中共地下党组织,秘密从事党的地下工作;有的参加新四军和中国人民解放军。凡为抗日救亡和中国人民的解放事业作出贡献者,其本人或家属均能得到党和政府的奖励或抚恤。

中华人民共和国成立后,境内拥军优属的光荣传统得到进一步发扬,并成为村委一项重要工作。每年春节前,村委组织人员敲锣打鼓、挨家挨户慰问烈军属、退伍军人,并送去慰问品或慰问金。

1950年,朝鲜战争爆发,境内群众响应政府"抗美援朝、保家卫国"的号召,节衣缩食、发展生产,"捐献飞机大炮"。季士真等15名青年,主动报名参加中国人民志愿军赴朝作战。其中季士真英勇牺牲在朝鲜战场上。至2015年末,全村(境内)共有272名青年应征入伍。

60年代,慰问烈军属一般向他们赠送毛主席画像、毛主席像章以及新春对联等慰问品。80年代改为赠送慰问金。村(大队)不定期召开烈军属座谈会,了解他们的困难并及时帮助解决。

根据上级民政部门的规定,境内将烈军属、复员退伍军人、残疾军人列为优抚对象。

中华人民共和国成立初期,优抚对象的抚恤金、优待金由县、区级民政部门发放。行政村对优抚对象在生产上、生活上提供力所能及的帮助。土地改革以后,有的优抚对象地多人少,缺少劳动力,行政村组织人员为他们代耕全部或部分土地。1956年开始,代耕土地改为

图10-1　村党委书记慰问烈士家属(摄于2016年)

优待劳动日。对军属和其他优抚对象的补助标准：在同等劳动力的基础上提高 10%，烈属高于同等劳动力的 20%。优待的原则是"多劳不少补，少劳不多补，困难大的多照顾，困难小的少照顾，没有困难的不照顾"。经费由村、高级社（公社）统一平衡，从公益金中支出。

1965 年，境内按照沙洲县民政局《关于进一步做好农村优抚户、五保户、困难户的优待供给补助工作的报告》精神，优抚对象享受生产队社员的平均生活水平。对丧失劳动能力的孤老、烈军属、残疾军人，在享受生产队社员平均生活水平的基础上增加 15%—20%。

1980 年起，境内实行新的优抚办法，现役军人按生产队同等劳动力全年收入补助50%—70%。吃粮烧柴有困难的可照顾"虚工分"（只分粮食柴草，不给钱）。优抚对象中有特殊困难的家庭，在民政局下发的优抚经费中支付解决。

1982—1984 年，随着农村家庭联产承包责任制的推行，境内采用统筹优抚办法，适当提高优抚标准。军人服役第一年每人补助 300 元，第二年每人补助 400 元，第三年每人补助 450 元，第四年后均为 500 元。

1985 年 10 月 22 日，按沙洲县人民政府颁发的《城乡义务兵优待、奖励、退伍安置暂行办法》的规定发放优待金。境内义务兵，年优待金按乡镇企业职工年平均收入的 70% 发放。义务兵家属凡需自建房屋的，按农村建房规定实施，村委优先给他们安排宅基地，优惠供应建筑材料。

1986 年开始，义务兵的优待金用市、镇、村均衡负担的办法筹集。境内义务兵的优待金年人均 350 元，1990 年为 1980 元，1993 年为 4800 元。1994 年，境内各村委成立军人服务小组，对义务兵家属承诺 3 个 100%：100% 发放优待金；退伍后一个月内 100% 安排工作；100% 参加养老保险。

农村实行家庭联产承包责任制后，村委组织人员对现役军人家庭的责任田进行"三帮"（帮种、帮管、帮收）。1995 年，境内义务兵的优待金人均 5100 元；2000 年，境内义务兵的优待金人均 8500 元；2005 年，全村义务兵的优待金人均 51000 元。

2015 年，全村新兵入伍，由杨舍镇人民政府统筹资金，一次性发给每个义务兵优待金39084 元，一次性补助 65139 元，义务兵津贴 15600 元，合计 119823 元。村两委对 11 名优抚对象（烈属 3 户、残废军人 7 名、病故军人 1 名），不仅赠送慰问品，而且给每人发放慰问金 500 元。是年，全村发放优抚总金额 140556 元。

2004—2015 年农联村军属优待金、慰问金发放一览表

表 10-1

项目 年份	义务兵家属优待金		新兵入伍慰问金			建军节慰问金		
	人数(人)	合计(元)	人数(人)	元/人	合计(元)	人数(人)	元/人	合计(元)
2004	6	48000	3	500	1500	7	200	1400

（续表）

项目 年份	义务兵家属优待金		新兵入伍慰问金			建军节慰问金		
	人数(人)	合计(元)	人数(人)	元/人	合计(元)	人数(人)	元/人	合计(元)
2005	7	51000	3	500	1500	6	200	1200
2006	8	58000	2	500	1000	5	200	1000
2007	6	42900	2	500	1000	4	200	800
2008	4	21000	2	1000	2000	6	200	1200
2009	4	37300	6	1000	6000	8	200	1600
2010	10	95036	3	1500	4500	9	300	2700
2011	9	111000	3	1500	4500	6	300	1800
2012	7	134368	2	1500	3000	5	300	1500
2013	6	71453	2	2000	4000	4	500	2000
2014	4	58312	4	2000	8000	6	500	3000
2015	2	140556	5	2000	10000	9	500	4500

二、复员退伍军人安置

中华人民共和国成立后,境内复员退伍军人的安置工作,由县民政部门会同乡(镇)人民政府统一安排。

1979年前,除1971年因国家建设需要,复员退伍军人由国家统一安排工作外,其余年份,城镇户籍的复员军人由民政、劳动部门统一安排就业,农村户籍的复员退伍军人一律回原籍务农。

1979年以后,随着镇社企业的发展,境内绝大多数复员退伍军人被安排在镇社企业工作。在安置过程中,各级领导除对他们加强思想教育工作外,还积极帮助他们解决住房、口粮、婚姻、医疗、子女读书等方面的问题。

1985年,境内执行征兵、优抚、安置"三位一体"的优抚方针,在给新兵发送《入伍通知书》的同时,把优抚和安置工作一起落实。服役期满回乡后,再征求本人的意愿,根据接收单位的需求和本人的专业特长,在一个月内给予安置。对没有固定收入的复员退伍军人,给予一定的生活补助。

2001年开始,对应征入伍的青年颁发《入伍新兵安置证》。退伍后,凭证由市镇人民政府负责安置。

2004年起,农联村退伍士兵按照"以货币安置为主,就业安置为辅,强化配套服务"的办法安置。退伍士兵可一次性领取退役金。2015年退伍的两年义务兵,可一次性领取退役金 145500 元。

1955—2015 年,农联村(境内)共安置复员退伍军人 250 名,安置率 100%。

1992—2015 年农联村(境内)复员退伍军人安置选年一览表

表 10-2 单位:人

年份	复员退伍人数	安置人数	年份	复员退伍人数	安置人数
1992	1	1	2004	—	—
1993	4	4	2005	4	4
1994	4	4	2006	—	—
1995	3	3	2007	1	1
1996	3	3	2008	2	2
1997	7	7	2009	2	2
1998	3	3	2010	2	2
1999	3	3	2011	6	6
2000	2	2	2012	3	3
2001	6	6	2013	3	3
2002	2	2	2014	1	1
2003	9	9	2015	3	3

第二节　社会救助

一、临时救助

20 世纪 60 年代,东莱公社管理委员会规定三类人员为临时救助对象:一是遭天灾人祸的社员;二是 1957 年前参加工作、1961—1962 年国营企事业单位下放的老职工,因病全家达不到当地生活水平,经县民政局批准,按月发给其原工资的 40%;三是临时发生特殊困难的社员。1963 年,境内 15 户临时救助对象获得救助金共 370 元。

70 年代,境内共遭到 9 次强台风及暴雨袭击,共有 1160 亩农田受淹、22 间房屋倒塌、62 户农民受灾,均由上级民政部门分门别类发放现金或减免农业税予以救助。同时,上级政府根据境内受灾程度每次下拨 8000 元至 13000 元不等的救灾金。大队、生产队每次从公益金中分别支付 300 元至 500 元,及时帮助受灾农民安排生活。1973—1980 年,境内亡故农民的部分火葬费由生产队公益金列支,标准为每人 10 元。1990—1998 年,境内有人亡故,各区均一次性发给家属慰问金 200 元。1999—2015 年,亡故家属慰问金提高到 1000元。

2000—2008 年,农联村(境内)和上级民政部门出资 162 万元,帮助全村(境内)21 户建房特困户建楼房 38 间、平房 20 间。2002 年开始,对重病村民,由村委给予 1000 元至 5000 元不等的一次性补助。至 2015 年,全村共支付重病村民一次性补助金 11.6 万元。

二、困难补助

20 世纪 50 年代后期至 70 年代,每年的寒冬腊月,政府为境内特困户发放救济粮、补助金和寒衣、被褥等。对一般困难户,由生产队召开社员大会讨论提名,报大队批准,方可在生产队公益金中支付适量现金予以补助。1980 年后,数目不大的困难补助从村级经费中支付。90 年代中后期,随着村级经济的不断壮大,补助力度随之增大。对特困户每季度给予补助,对一般困难户年终一次性给予补助。

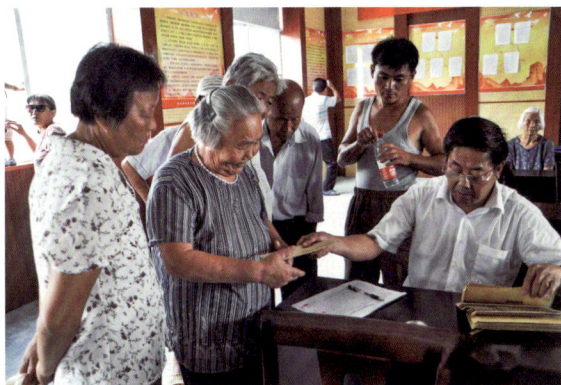

图 10-2 发放生活困难补助(摄于 2010 年)

2004—2015 年农联村困难户、贫困生补助款发放一览表

表 10-3

年份	困难户补助		贫困生补助	
	户数(户)	金额(元)	人数(人)	金额(元)
2004	92	88390	—	—
2005	105	119777	—	—
2006	150	135623	37	122200
2007	155	388861	32	121150
2008	159	151040	22	48100
2009	215	257600	20	40900
2010	186	320650	52	99050
2011	171	398700	42	98000
2012	182	357095	44	113000
2013	126	277400	42	101500
2014	161	320700	43	94500

(续表)

年份 金额 项目	困难户补助		贫困生补助	
	户数(户)	金额(元)	人数(人)	金额(元)
2015	122	335500	42	98500
合计	1824	3151336	376	936900

三、献爱心募捐活动

改革开放前,境内经济发展缓慢,居民收入偏低,社会募捐极少。1980年起,集体经济逐步壮大,人民生活水平不断提高,扶贫济困献爱心成为境内居民的自觉行动。2003年,陕西省白云、子洲两县均遭特大雪灾,境内群众捐献棉衣280套、单衣312套、现金6万元。2008年5月12日,四川省汶川发生8级地震后,农联村266名党员在献爱心募捐大会上缴纳特殊党费6.36万元,支援汶川灾区人民。2010年4月14日,青海省玉树藏族自治州玉树县发生7.1级地震。22日,全村278名党员缴纳特殊党费5.36万元,支援玉树灾区人民。1991—2015年,农联村(境内)村民各类捐款共计13万元。

第三节 社会福利

一、五保户供养

解放后,把无劳动能力、无法定赡养对象的孤寡老人称为"五保户"(保吃、保穿、保住、保医、保葬)。1963—1980年,境内有李和生、陆叙根、谢土生等15户"五保户"。其中南区6户、北区6户、西区3户,均由所在生产队负责保养,供给他们生活所需的口粮、柴草等,每月还从公益金中支付每人零用钱2元至3元。

1994年,境内贯彻国务院发布的《农村五保户供养工作条例》,确定"五保"对象应当由村民本人申请或由村民小组提名,经村民委员会审核,报乡(镇)人民政府批准,发给《五保供养证书》。五保对象的生活水平不低于当地普通村民的平均生活水平。供养五保户的经费从村民小组的公益金中支出。

"五保"供养的形式有集中供养和分散供养两种。集中供养由乡镇人民政府投资建办敬老院。分散供养由受委托人、村民小组代表、"五保"对象签订五保供养协议。一旦"五保"对象有了供养能力的法定赡养人,重新获得了生活来源,或有了劳动能力,村民小组即停止对五保户的供养。"五保"人员死亡后,其遗产归村民小组所有。有供养协议的按供养协议处理。至2015年,除李永法仍由集体供养在泗港敬老院外,原有的五保老人均已离世。

二、残疾人员安置

中华人民共和国成立前,境内残疾人员一般由家庭供养。中华人民共和国成立后,党和政府关心残疾人员,生活有困难的残疾人员由民政部门给予适当补助。70年代中后期,沙洲县开始创办社会福利厂,境内部分有劳动能力的残疾人员得到了安置,自食其力,生活安定。80年代,社会福利企业增多,境内进社会福利厂的残疾人员随之增多。无劳动能力的残疾人员,由社会福利企业发给生活费,并给其办理城镇养老保险和医疗保险。2008年,全村共有残疾人员143人,除年老、年幼82人未安置外,其余61人都得到妥善安置。2015年,全村残疾人员175人,其中9人仍安排在福利企业工作,每月工资(含养老保险金)1820元。其余人员均享受年终慰问金300元。

三、爱心助学

2003年制订的《农联村村民自治章程》(以下简称《章程》)规定,自2004年起,每年对入园幼儿至大学研究生中的困难学生进行补助。2008—2015年,受补助入园幼儿和学生共376名,村委共给他们发放补助金693550元。

图10-3　困难学生领取助学金(摄于2012年)

2008—2015年农联村幼儿、中小学生助学金发放一览表

表10-4

年份 \ 类别/人数	入园幼儿		小学生		初中生		普高生		职高生	
	人数(人)	金额(元)	人数(人)	金额(元)	人数(人)	金额(元)	人数(人)	金额(元)	人数(人)	金额(元)
2008	—	—	3	1500	2	2600	6	12000	—	—
2009	—	—	3	1500	3	2400	3	6000	—	—
2010	5	3500	5	5000	4	4000	8	9700	1	150
2011	1	1000	8	8000	3	3000	7	14000	—	—
2012	6	10000	4	6000	—	—	8	14500	—	—
2013	2	4000	12	18000	2	4000	8	14000	2	4500
2014	3	6000	17	25500	6	12000	4	8000	3	5000
2015	2	4000	13	19500	7	14000	1	2000	3	3000
合计	19	28500	65	85000	27	41000	45	80200	9	12650

2008—2015 年农联村中专及以上学生助学金发放一览表

表 10-5

学校\年份	中专生		大专生		本科生		研究生	
	人数(人)	金额(元)	人数(人)	金额(元)	人数(人)	金额(元)	人数(人)	金额(元)
2008	—	—	—	—	11	33000	—	—
2009	—	—	—	—	11	31000	—	—
2010	2	1000	13	22100	14	53600	—	—
2011	2	2000	5	12500	16	57500	—	—
2012	4	7500	7	30000	14	42000	1	3000
2013	1	2000	2	10000	13	45000	—	—
2014	—	—	3	15000	7	23000	—	—
2015	4	8000	3	15000	8	30000	1	3000
合计	13	20500	33	10460	55	168600	2	6000

四、老年人福利

农联村党委、村民委员会十分关心老年人的生活。从 2004 年起,每年重阳节、春节前,村两委均要召开专门会议研究发放老年人福利事宜。

2015 年,全村共有 816 名 70 周岁以上的老年人。凭江苏省老龄委员会发放的老年人优惠卡,可在张家港市内免费乘坐公交车,进公园、博物馆等场所。

2008 年开始,每月底,村志愿者服务队为 60 周岁以上老年人免费测血糖、量血压,为 65 周岁以上老年人免费理发。

农联村籍老年人除享受免费体检、免交合作医疗基金个人承担部分外,还享受以下待遇:个人医疗费用自付部分超过 2 万元(含 2 万元)以上者,凭镇合作医疗管理办公室审核意见,村给予 30％ 的补助;享受民政意外保险金者,在享受保险金的基础上,村里再给予

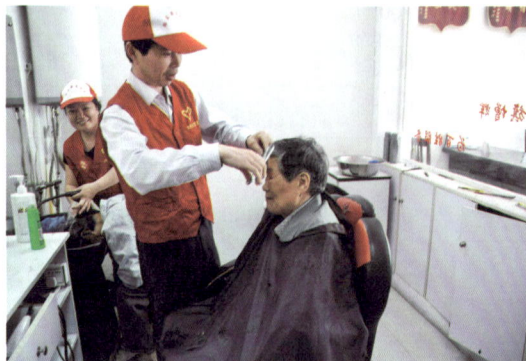

图 10-4　为 65 周岁以上老人免费理发(摄于 2013 年)

图 10-5　喜领老年慰问金(摄于 2013 年)

50%的补助。

2010年开始,65周岁以上的农联籍村民,每人每年享受春节慰问费500元。2014年,该慰问费增至5000元。2008年开始,80周岁以上农联籍村民,每人每年享受重阳节慰问金200元。

90年代初开始,农联村籍老人离世,村民委员会向死者敬献花圈1个,发给家属慰问金100元,后逐步增至1000元。2015年末,村两委研究决定,从2016年1月起,慰问金调至1500元。农联籍共产党员离世,另发慰问金3000元。

2004—2015年农联村65周岁以上老年人春节慰问费发放一览表

表10-6

年份	人数(人)	人均(元)	发放金额(元)
2004	710	100	71000
2005	747	100	74700
2006	774	200	154800
2007	795	200	159000
2008	817	200	163400
2009	862	200	172400
2010	880	500	440000
2011	905	1500	1357500
2012	960	3000	2880000
2013	1008	4000	4032000
2014	1066	5000	5330000
2015	1100	5000	5500000
合计	—	—	20334800

第二章　社会保障

第一节　养老保险

一、城镇职工养老保险

中华人民共和国成立前,境内一些为私营工商企业打工人员,到年老体弱、丧失劳动能力时,业主一般给予少量解雇费后打发他们回家。

中华人民共和国成立后,党和政府十分重视职工的养老问题,逐步颁发和修订《职工养老保险条例》。

60 年代,全民、大集体企业均实行劳动保险。境内在全民、大集体企业工作的职工很少,享受这一待遇的人员占的比例很低。

1985 年,境内企业根据政府有关文件精神,在招收的合同制工人中,实行养老保险,保险金由企业和职工按不同比例缴纳。境内有少数农民因集体土地被征用而安排到张家港市饲料厂、市棉种厂、市港口机械厂等全民或县办大集体单位,均参加城镇职工养老保险。

1986 年,有关政策规定:"1960—1961 年下放到农村的 1958 年前获得城镇户口的老居民可返回城市,恢复城镇居民户口。在校就读的子女可随父母同样处理;如父母不愿意恢复城镇居民户口,可由其在农村的子女顶替转为城镇居民户口。"根据这一规定,境内 28 人转为城镇居民户口以后,均安排到全民或大集体企业,随即参加城镇职工养老保险。1995 年,张家港市政府规定,个人每年缴纳 2400 元,到退休时缴费满 15 年者,可将农村养老保险转为城镇养老保险,境内有 1960 人享受此待遇。2008—2009 年,全村参加城镇职工养老保险职工 1142 人,全年每人平均缴纳养老保险金 6456 元(平均每人每月缴纳 538元)。

至 2015 年末,农联村累计参加城镇职工养老保险的村民有 6404 人(含境内企业职工)。

1991—2015 年农联村(境内)参加城镇职工养老保险一览表

表 10-7

年份	1991	1992	1993	1994	1995	1996	1997	1998	1999	2000
人数(人)	14	17	23	28	31	29	35	36	90	51
年份	2001	2002	2003	2004	2005	2006	2007	2008	2009	2010
人数(人)	78	79	216	141	158	120	203	185	957	652
年份	2011	2012	2013	2014	2015	—	—	—	—	—
人数(人)	891	579	567	623	601	—	—	—	—	—

二、农民基本养老保险

1992 年 10 月,境内各村贯彻执行《张家港市农村社会养老保险暂行办法》,开始推行农村社会养老保险。农村社会养老保险费采取"个人缴费为主、集体补贴为辅、国家政策扶持"的办法筹集,实行社会保险与家庭养老相结合。

1994 年,农村养老保险统一由社会保障部门管理。1995 年 5 月,境内各村贯彻执行修改后的《张家港市农村社会养老保险暂行办法》(以下简称《办法》)。该《办法》规定,单位

可根据经济承受能力和农民的收入情况
缴纳养老保险费,可按照全市上年农村年
人均收入的 2%—8% 的比例选择缴纳养
老保险费,养老保险费由单位和个人共同
承担。同时建立个人养老保险账户,记录
单位和个人的缴费金额。男满 60 周岁、
女满 50 周岁即可领取养老金。每月领取
养老金的计算办法以个人账户养老保险
金的余额除以 120 计算。

图 10-6 社保扩面专题会议(摄于 2009 年)

2000 年 3 月,张家港市政府进一步改革农村养老保险制度。4 月 1 日起,境内各村贯
彻执行修订颁布的《张家港市农村养老保险暂行办法》。农村养老保险金的计算,按个人
养老保险账户余额除以 160—200 计发,女性参保人员的退休年龄,可延长至 55 周岁。缴
费时可适当提高缴费基数,但最高不得超过上年度农村人均收入的 300%。

2002 年 12 月,《张家港市农民养老保险办法》出台后,从 2003 年 1 月 1 日起,农联村
年满 18 周岁的农村劳动力(除企事业单位务工人员和已退休的人员外),实行农民养老保
险制度。参保人员按上年农村人均收入的 16% 缴纳养老保险费。缴纳的养老保险费由集
体和个人共同承担。所缴养老保险费总额的 90% 计入个人养老保险账户,10% 划入农民
养老保险统筹基金。男满 45—60 周岁,女年满 40—55 周岁,且以种植承包土地为主要经
济来源或被列为农村最低生活保障对象的农民,个人需缴纳的养老保险费可由集体给予补
助。

2003 年 12 月,《张家港市农民养老保险的补充意见》出台。从 2004 年起,农联村将
18 周岁以上的纯农民纳入农保范畴,养老保险费由市、镇、个人三方面共同负担。对参保的
纯农民实行分年龄段补助:男 46 周岁不满 60 周岁、女 41 周岁不满 55 周岁的,市镇财政补
助 60%,个人负担 40%;男 18 周岁不满 46 周岁、女 18 周岁不满 41 周岁的,市镇财政补
助 40%,个人负担 60%。被列入农村最低生活保障的对象,个人不缴费,分别由市、镇财政
各负担 50%。

至 2015 年末,农联村共有 832 人参加农民基本养老保险,有 748 人领取养老保险费。

三、老年农民养老补贴

2004 年 1 月起,张家港市政府开始实行老年农民社会养老补贴制度。凡在 2003 年末
之前,男年满 60 周岁、女年满 55 周岁的老年农民,每人每月享受 80 元养老补贴费。是年,
农联村共有 751 人享受老年养老补贴。张家港市政府对老年农民养老补贴标准作了多次
调整。至 2009 年末,男年满 60 周岁、女年满 55 周岁的老年农民,每月享受养老补贴 100

元；男年满 70 周岁、女年满 65 周岁的老年农民，每月享受养老补贴 110 元；男年满 80 周岁、女年满 75 周岁的老年农民，每月享受养老补贴 130 元。是年，全村共有 177 人享受养老补贴。

2013 年，老年农民的养老补贴再次调整。是年末，男年满 60 周岁、女年满 55 周岁的老年农民，每月享受养老补贴 140 元；男年满 70 周岁、女年满 65 周岁的老年农民，每月享受养老补贴 150 元；男年满 80 周岁、女年满 75 周岁的老年农民，每月享受养老补贴 170 元。是年，全村共有 133 人享受养老补贴。

2015 年，养老补贴标准进一步提高。是年末，男年满 60 周岁、女年满 55 周岁的老年农民，每月享受养老补贴 190 元；男年满 70 周岁、女年满 65 周岁的老年农民，每月享受养老补贴 200 元；男年满 80 周岁、女年满 75 周岁的老年农民，每月享受养老补贴 230 元。是年，全村共有 408 人享受养老补贴。

四、失地农民养老保险

20 世纪 60—70 年代，集体土地被征用后，由政府安排的劳动力，称土地工。

1992 年起，被征地农民撤销所在的村民小组，由农村户口转为城市居民户口，符合安置条件的征地人员，由户口所在地乡镇负责安置，也可以自谋职业。凡没有在市属企业安排工作的征地人员实行货币安置，由征地单位给每人补偿 4800 元，一次性汇入养老基金统筹办公室专用账户，到退休年龄后按国家规定的最低生活保障标准，按月领取生活费。

1994 年，张家港市政府规定：凡因征地撤销村民小组转为城镇居民后，老年保养补助金每人每月 45 元，1995 年改为 60 元，此款由市民政局发放。

1997 年 12 月起，凡符合办理撤组转居的征地保养人员，由征地单位按每人每月 140 元，一次性向市民政局缴纳 20 年征地保养人员的保养金 3.36 万元，此款仍由市民政局发放。

2000 年，政策规定：对被征耕地全部补办征用手续或征地后，且人均耕地不足 0.1 亩（含 0.1 亩）的农户可转为非农户。境内的十、十九、二十 3 个村民小组，经核实批准撤销村民小组建制，将原有的农户（十组 45 户 143 人、十九组 29 户 87 人、二十组 33 户 81 人）全部转为非农业户。其他村民小组有关劳力亦按此规定安置，纳入保养。

2001 年起，对需要安置的被征地农业人口，按年龄段分为被抚养人、剩余劳动力、保养人员 3 种。其中剩余劳动力安排由征地单位负责，向市社保局一次性投保医疗保险费每人 5000 元。

2003 年起，征地撤组后被安置的农业人口，按照《张家港市征地补偿和被征地农民基本生活保障暂行办法》规定，实行基本生活保障：第一年龄段（不满 16 周岁）人员一次性领取 6000 元生活费；第二年龄段（男 16—45 周岁、女 16—35 周岁）人员，建立被征地农民保障个人账户，其金额为 2 万元及耕地补偿费的 70％，到法定退休年龄后，按月享受最低退职待遇；第三年龄段（男 46—59 周岁、女 36—54 周岁）人员，每人每月领取 180 元的生活补助费；第四年龄段（男 60 周岁以上、女 55 周岁以上）人员，每人每月领取 200 元征地保养金。

2005 年 7 月，张家港市政府颁发《张家港市征地补偿和被征地农民基本生活保障暂行办法》规定。2007—2008 年，全村失地人员 1050 人，其中，29 人安置就业，其余享受社会保障（在校学生可以领取现金：15 周岁以下每人 6000 元，其余每人 2 万元）。

2013 年以后，根据省 93 号文件精神，制订新的征地政策：青苗费每亩补偿 1500 元；土地费中，非耕地每亩补偿 14400 元，耕地每亩补偿 24000 元。劳力安置实行货币安置，分三个年龄段：1—15 周岁；16—60 周岁；60 周岁以上。第一年龄段享受一次性补助 1.5 万元；第二、三年龄段按征地当年可支配收入的 20％ 除以 12、乘以 1.1 倍，再乘以 190 元（其中乘以 51 元归属统筹账户，乘以 139 元属个人账户）。统筹账户和个人账户可支配收入不是固定的，随每年可支配收入变化而变化。在校学生只能领取 2.6 万元，剩下的余额汇给社保基金，支付个人承担部分的社保基金费用，直至个人账户支付完。原有退休工资的人员可以领取现金。绝对不允许一个人享受两种退休金或补助金。

至 2015 年末，农联村享受失地养老保险的共有 2498 人。

第二节　医疗保险

一、职工医疗保险

1997 年 1 月，张家港市政府颁布《张家港市职工医疗保险暂行办法》（以下简称《办法》），对机关事业单位的公费医疗制度、企业单位医药费报销制度进行改革。改革的重点是初步建立医疗保险统筹基金和个人账户相结合的新机制。该《办法》规定：医疗保险费的缴费比例占职工上年工资总额的 12％，其中个人缴费的比例为 1％，单位缴费的比例为 11％。个人所缴的费用建立个人医疗账户，单位所缴的费用建立医疗保险统筹基金。企事业单位退休人员不再缴纳医疗保险费。医疗保险基金由企事业单位和社保基金管理中心共同管理。

2000 年 4 月，境内各村贯彻《张家港市城镇职工基本医疗保险办法（试行）》（以下简称《办法》），明确划定医疗保险统筹基金和个人账户资金各自支付的范围。参保人员符合规定的门诊医疗费用在个人账户（IC 卡）中报销，报销以个人账户核定的金额为限额。患特定病种的参保人员，在用完全年个人医疗基金的基础上，符合规定的门诊费用，可在统筹医疗基金中支付部分医疗费用。2000 元以内的部分，可在统筹基金中报销 70％，退休人员报销 85％；2001 元以上的医疗费用不予报销。参保人员住院，在支付起付线后，统筹基金和参保人员实行分段按比例负担。分段报销的比例为：超过起付线至 10000 元，在职职工自负 20%，退休人员自负 10%；10001 元—20000 元，在职职工自负 16%，退休人员自负 8%；20001 元以上的部分，在职职工自负 10%，退休人员自负 5%。参保人员年累计统筹基金支付总额不得超过本市上年城镇职工社会平均工资收入的 4 倍，超过的部分不予支付。

2001 年 7 月 1 日起，单位缴费比例提高 1%，个人账户记入比例提高 1%，住院自负比例降低 4%，参保人员的保障水平逐步提高。

2002 年以后，市政府不断调整医疗保险支付标准，以减轻参保人员的医疗费用负担，真正体现医保政策"向大病、重病倾斜"的原则。

至 2015 年末，农联村参加职工医疗保险的有 1150 人。

二、大病医疗互助

2000 年 9 月，张家港市社保局和总工会联合出台《张家港市城镇职工大病医疗社会互助实施办法（试行）》，在全市范围建立大额医疗费用社会互助基金。各企事业单位每个参保人员按每人每月 3 元标准缴纳大额医疗互助基金。参保人员住院或大病门诊，发生的超过封顶线自付的医疗费部分，可从大额医疗互助基金中报销。报销比例为 80%，最高限额为每人每年 4 万元。2001 年 7 月起，报销比例提高到 90%，最高限额为每人每年 15 万元。至 2015 年末，农联村参加大病医疗互助的有 3297 人。

三、农民医疗保险

农民医疗保险也称农村合作医疗保险。具体分为福利型合作医疗、福利风险型合作医疗、大病风险型合作医疗、新型合作医疗以及困难人群医疗救助等类型。

1. 福利型合作医疗

1969 年，境内开始建立福利型农村合作医疗制度。1987 年 3 月，市政府颁发的《关于加强农村合作医疗和村卫生室建设的意见》，进一步改革完善合作医疗制度，加强对村级卫生室建设，稳定乡村医生队伍。1990 年，张家港市政府提出至 2000 年实现"人人享有卫生保健"的战略目标。境内各村合作医疗建设开始步入改革、完善、发展、提高的新阶段。境内共选拔、培训赤脚医生 25 人，并建立合作医疗基金。该基金采用集体出大头、个人出小头的办法筹集。个人筹集的比例原则上为当地人均年收入的 1.5%—2%，集体按每人每年 15 元的标准筹集。基金由合作医疗管理委员会统一管理。病员每年最高可获得 500 元左右的补偿。因资金不足，医疗费补偿较低，不能解决村民因大病造成的经济困难。

2. 福利风险型合作医疗

1992 年，境内开始推行福利风险型合作医疗制度。是年，东莱镇建立福利风险型合作医疗基金，基金收缴标准为每人每年 15 元—50 元不等。合作医疗分成福利型、风险型两块。福利型基金报销门诊、住院的医疗费用,补偿额从 350 元—500 元不等。风险型基金是大病补偿,以镇为单位核算,全镇统筹,用于解决重病、大病患者全年医药费超过 1000 元以上部分的补偿,最高补偿额从 1750 元—4800 元不等。

3. 大病风险型合作医疗

1995 年,张家港市政府颁发《张家港市大病风险合作医疗制度实施意见》,建立镇级大病风险合作医疗基金,统一全市大病风险基金缴费标准为人均每年 10 元。大病患者药费的起报点为 1001 元,限报点为 10000 元,最高补偿额为 5400 元。1997 年,东莱镇调整大病风险型合作医疗基金的收费标准,由年人均 22 元提高到 45 元(个人缴 30 元、村委补贴 10 元、镇补贴 5 元)。全境 1647 人参加大病风险合作医疗。医疗基金设专门账户,用于医疗费在 1001 元—10000 元之间的补偿,最高补偿 6000 元。

1997 年春,市政府颁发《张家港市大病风险合作医疗管理试行办法》。是年 7 月 1 日起,市财政局拨专项经费,在全市实施市、镇两级立体保障的农村大病风险合作医疗新模式。

镇级大病风险合作医疗基金,在总基金中按每人每年 10 元标准提取,由镇合管所单独设立账户,以镇为单位,全镇统筹统支,自负盈亏。镇级大病风险合作医疗基金,用于病员药品费在 2001 元—10000 元的补偿,最高补偿 3400 元。

市级大病风险合作医疗基金,由市财政按农村人口每人每年 1 元划拨,镇按辖区总人口按每人每年 1 元的标准上交市合作医疗管理委员会办公室,由市合作医疗管理委员会办公室单列账户,专款专用,以市为核算单位,全市统筹统支,自负盈亏。市级大病风险合作基金,用于病员药品费在 10001 元—30000 元的补偿,最高补偿 9850 元。

1999 年,张家港市政府对参加合作医疗的办法作出新的规定,参加对象可选择 40 元和 120 元两种基金标准,前者最高补偿限额为 10500 元,后者最高补偿限额为 13825 元。同时改变基金的收缴方式,农民个人承担的合作医疗基金,在"两金一费"中扣缴,村集体承担的合作医疗基金,由镇经营管理办公室负责代办,镇上缴的合作医疗基金,由市财政在征收农业税、地税时代收。

2002 年,市政府颁发《关于市镇两级大病风险合作医疗基金征收标准的补充意见》,提高市、镇两级基金缴费标准,提高大病风险合作医疗的补偿办法,降低起报点,增加补偿项目。大病风险合作医疗补偿范围调整为 7001 元—27000 元,最高补偿额提高到 11000 元。

至 2015 年末,农联村参加上述医疗保险的共有 3297 人。

4. 新型合作医疗

2004 年 1 月 1 日,张家港市政府颁布《张家港市新型合作医疗实施意见》(以下简称《实施意见》)。农联村贯彻市政府《实施意见》,扩大参保范围,除参加城镇职工医疗保险和市直机关、事业单位儿童统筹医疗外的所有在籍人员,均可参加新型合作医疗。非农联村籍居民,在当地从事农副业生产且持暂住证 1 年以上者,也可以纳入新型合作医疗的对象。

参加新型合作医疗的人员,以户为单位设立账户,实施市、镇、户三级核算,统一新型合作医疗基金标准。2004 年的基金标准为每人每年 110 元(个人缴 40 元,市、镇财政各补贴 35 元)。医疗费用的补偿限报点,由原来的 30000 元提高到 50000 元,最高补偿额由 15200元提高到 30150 元。特困群众的补偿比例,在一般居民补偿比例的基础上提高 10%,最高补偿额为 35200 元。对符合补偿范围的 5 万元以上的医疗费用,按 50% 的比例补偿,每人每年最高补偿金额为 10000 元。是年,农联村参加新型合作医疗的有 3957 人,共筹集资金435270 元。其中,个人集资 158280 元,市、镇财政各补助 138495 元。

2005 年 3 月,张家港市建立新型合作医疗信息化管理系统。设立数据中心、杨舍镇合作医疗结报中心、各社区卫生服务结报点,市镇各医院通过电信 VPN 专网与市合作医疗信息化管理系统完成计算机联网,实现一级统筹、一级核算、分级管理。

2005 年,新型合作医疗的基金缴费标准提高到每人每年 120 元,个人缴费标准为每人每年 40 元,市、镇两级财政按每人每年各 40 元的标准补助。

新型合作医疗基金以市为单位实行统筹,参保居民持 IC 卡,在定点医疗机构就诊,实时结报。

2004—2015 年的 12 年中,新型合作医疗的年缴费标准从 120 元提高到 750 元,个人缴费的标准从每人每年 40 元提高到每人每年 210 元。农联村个人缴费部分由村集体承担。

2015 年,农联村有 3297 名村民参加新型合作医疗,覆盖率 100%。

2004—2015 年农联村新型合作医疗参保一览表

表 10-8

年度 \ 类别	参保人数（人）	年人均基金缴费标准(元)	其 中		
			个人缴费(元)	镇财政补助(元)	市财政补助(元)
2004	3957	110	40	35	35
2005	3745	120	40	40	40
2006	3891	120	40	40	40
2007	39972	200	60	70	70
2008	3992	280	70	105	105
2009	3317	280	70	105	105
2010	3482	420	100	160	160
2011	3571	420	100	160	160
2012	3408	600	150	225	225

（续表）

年度＼类别	参保人数（人）	年人均基金缴费标准（元）	其　中		
			个人缴费（元）	镇财政补助（元）	市财政补助（元）
2013	3851	600	150	225	225
2014	3327	650	170	240	240
2015	3297	750	210	270	270

5.困难人群医疗救助

2004年11月，农联村贯彻张家港市政府颁发的《张家港市特困人群医疗救助暂行管理办法》，单独建立特困人群医疗救助制度。特困人群指无法定赡养人、无经济来源、无劳动能力的“三无”人员，以及农村的“五保”人员、城乡的低保人员。其发生的医疗费，由东莱办事处合作医疗结算中心按新型合作医疗政策进行补偿，对其符合规定的自负部分医疗费再给予70%的补偿。每人每年最高救助限额为25000元。

2005年9月，农联村贯彻市政府办公室颁发的《张家港市困难人群医疗救助实施细则》，进一步明确救助范围，除“三无”“五保”“低保”人员外，将“低保边缘”人群纳入特困人群，并将其符合补偿规定的自负部分的医疗费的补偿比例从70%提高到80%。尿毒症病人的透析费按95%的比例报销，恶性肿瘤、白血病人的放疗费、化疗费按90%的比例报销。每人每年的救助限额提高到3万元。

2010年，农联村贯彻张家港市人力资源和社会保障局、卫生局、民政局联合出台《关于加强张家港市困难家庭大病年度救助工作的实施意见》（以下简称《意见》）。《意见》规定了大病年度救助的对象：参加张家港市城镇职工基本医疗保险的人员，参保年度内，个人自负医疗费用超过当年家庭收入且达到3万元以上，医疗费用的市级补偿率低于70%，造成生活特大困难的大病或重病患者。

《意见》规定了大病年度救助的标准：参加张家港市城镇职工基本医疗保险的对象，医疗费用的补偿率低于70%，个人自付超过3万元的部分，实行分段比例救助。自负医疗费用在30001元—50000元的救助比例为65%，最高救助13000元；自负医疗费用在50001元—100000元的，救助比例为70%，最高救助金额35000元；自负医疗费用在100001元—200000元的救助比例为80%，最高救助金额为80000元；自负医疗费用在

图10-7　为村民免费医疗服务（摄于2013年）

200001 元以上，救助比例为 85%，最高救助额为 170000 元。困难家庭的大病救助金额每人每年不得超过 20 万元。大病年度救助的实施时间从 2010 年开始。

2013 年，有 1 人得到困难家庭大病年度补助，共获得救助金额 3 万元。至 2015 年，农联村累计有 1824 人得到医疗救助，共获得救助金额 3151336 万元。

第三节　最低生活保障

1997 年 12 月，境内各村贯彻市政府颁发的《张家港市城乡居民最低生活保障制度实施办法》（以下称《办法》）。《办法》规定，持有本市城乡常住户口的居民，家庭成员月人均收入低于本市城乡居民最低生活保障（以下简称"低保"）标准的，属于低保对象。符合下列条件的均可申请享受低保待遇：无生活来源、无劳动能力、无法定赡养人的居民；因家庭成员患有重病、死亡、残疾、年老体弱，无法维持基本生活，且又无其他经济来源的居民；领取失业救济金期间未能重新就业，家庭人均收入低于本市低保标准的居民；在职人员、下岗人员或退休人员，在领取工资或退休金、养老金后，家庭成员月人均收入仍低于本市城乡居民低保标准的居民。

境内各村于 1998 年 1 月实施《张家港市城乡居民最低生活保障暂行办法》，农村居民低保的起步标准为每人每月 100 元。2001 年，根据经济发展的实际情况，境内农村居民的低保标准提高到每人每月 135 元。

2003 年，农联村将"三无"（无家可归、无依无靠、无生活来源）对象、残疾人家庭、重症病人家庭、失地农民符合低保条件的居民，列入低保范围，享受医疗、教育、水电、住房、法律救助等 10 个方面的优惠，实现了应保尽保和低保工作制度化、规范化。2004 年，农联村低保标准由 2003 年每人每月 135 元上调到 152 元。

2005 年，农联村根据市政府颁发的《关于进一步完善全市城乡社会救助体系的实施意见》，将家庭月人均收入在本市城乡居民低保标准两倍以下的患癌症、白血病、尿毒症的对象，列入低保边缘户。凭民政部门发放的救助证，可以得到生活、医疗、教育、住房、法律等方面的救助。低保标准提高到每人每月 200 元，并且进一步完善低保对象（含低保边缘户）的医疗、教育、住房、就业等专项救助。2007 年，农村居民低保标准提高到每人每月 220 元。2008 年，全村有低保户 55 户 158 人，全年补助金额 304716 元。低保边缘户 17 户 17 人，全年补助金额 46752 元。2009 年，低保标准提高到每人每月 310 元。2010 年，该标准提高到每人每月 370 元。2011 年 7 月 1 日起，张家港市城市低保和农村低保并轨，城镇居民和农村居民的低保标准统一为每人每月 500 元。2012 年 10 月，张家港市政府下发《关于调整全市社会救助（补助）标准的通知》，将全市城乡居民的低保标准提高到每人每月 600 元。2015 年，城乡居民的低保标准提高到每人每月 750 元。低保边缘户的救助标准参照低保标准的两倍执行,无收入的低保边缘户实行全额补助,其他对象实行差额补助。

村民要享受低保,先要向村委提出书面申请,并提交申请人身份证及本人工作单位出具的工资收入证明。因病致贫的,需提供县市级以上医院的疾病诊断证明、病历、医药费等相关单据。有子女在校读书的要提供学校出具的证明材料。然后由村委正副主任、村工会主席、村主办会计、办公室主任组成的低保户评议小组,对照政策初步确定享受低保的人员,并张榜公布听取群众意见,最后审定名单,报送上级主管部门备案。村低保户评议小组每个季度对低保户复评1次,不具备条件的取消其享受低保的资格。至2015年末,农联村有低保户19户38人、低保边缘户12户12人。

2003—2015年农联村低保户、低保边缘户一览表

表 10-9

类别 年度	低保户			低保边缘户		备 注
	低保月人均 补助标准(元)	低保户数 (户)	低保人数 (人)	低保边缘户 户数(户)	低保边缘户 人数(人)	
2003	135	92	274	—	—	低保边缘户的 补助标准:为 低保户生活标 准2倍以内
2004	152	87	256	—	—	
2005	165	83	241	8	8	
2006	186	71	205	11	11	
2007	215	63	184	11	11	
2008	260	60	180	15	15	
2009	310	58	173	16	16	
2010	370	57	172	17	17	
2011	500	53	161	19	19	
2012	600	38	98	19	19	
2013	670	31	87	13	13	
2014	700	27	65	11	11	
2015	750	19	38	12	12	

第十一编 教育 文化 体育 卫生

第一章 教 育

　　境内的教育起始较早。清光绪后期,有识之士钱仲英、钱志英在蒋桥新庄港西岸创办崇德书院。清光绪三十四年(1908),书院改为崇德初等小学堂。1912年,乌沙里(自然村名)名士缪召予创办永宁初级小学。

　　中华人民共和国建立后,境内的教育事业迅速发展。1952年9月,蒋桥小学增设初中补习班。1958年2月,创建农联小学。1969年9月,建办五联初级小学。1979年9月,蒋桥初级中学并入东莱中学。1983年9月,普及学前三年教育和初中教育。2002年2月,建办农联幼儿园。2005年9月,建办外来职工子弟学校——红蕾学校。2012年9月,农联幼儿园及农联小学易地新建,分别更名江帆幼儿园、江帆小学。2013年9月,张家港市第二中学北校区在境内落成。2015年,全村有1所幼儿园、2所小学、1所中学,共有64个班级、2793名学生、152名教师。

　　境内扫盲、成人教育与普通教育同步发展。1993年,扫盲率99.8%。至2015年,全村参加各类培训的人员1500多人次,其中5人先后获得江苏省电视大学等单位颁发的函授毕业证书,24人获得张家港市鹿苑农科所颁发的培训结业证书。

第一节 旧 学

　　清代,境内教育的主要机构是私塾和书院。私塾皆为私人办学,每塾一般有10多名学子,旨在启蒙,无学制,无固定教材,以学习《百家姓》《大学》《中庸》《论语》《孟子》等为主。境内著名人士缪召予、缪镜源等都在私塾接受过启蒙教育。书院是准备科举的场所,由山长(院长)主持,延聘名儒学者任教,每月3课,教授内容为《四书》、《五经》、"策论"及诗文。书院注重学员自学和自由研讨,平时命题作文,限期交卷,由山长或讲师评卷。每年举行 1 次考试。清光绪后期,钱仲英、钱志英等在境内蒋桥新庄港西岸崇德善堂创办崇德书院,收富家子弟入学。清光绪三十三年(1907),崇德学堂改为崇德初等小学堂。

第二节　学前教育

境内学前教育始于民国初年。一般是初级小学附设幼稚班,春季招幼儿 10—20 名,编入半年级,学制半年。半年后升入一年级。秋季继续招生,为常年幼稚班,学制 1 年。1912 年后,境内崇德小学、永宁小学均附设春季招生的幼稚班,学制半年,又称半年级。

解放初期,境内幼儿教育基本保持原状。蒋桥小学设 1 个幼稚班,有 36 名幼儿、1 名教师(兼保育员)。1958 年 9 月,有 10 余名幼儿与一年级学生共 42 人一起上课。是年,境内各区致力于发展学前教育事业,开办幼儿园,选聘有文化的优秀中青年妇女担任幼儿教师。1980 年,境内农联、五联、乌沙 3 所小学中共设 4 个幼儿班,入园幼儿 165 名。

1981 年起,幼儿教育纳入国家教育事业规划。幼儿园的业务由东莱公社中心幼儿园负责辅导。2002 年 2 月,附设在农联小学的幼儿班与学校分离,单独设立农联幼儿园。2003 年,该园扩建改造,占地 0.26 公顷,建筑面积 960 平方米。2005 年 5 月,为解决东莱周边外来职工子女入学难的问题,市政府在农联村建造红蕾学校并附设幼儿园,开设 9 个幼儿班,有 458 名幼儿、25 名教师。2012 年,因城乡一体化建设,农联幼儿园易地新建,更名江帆幼儿园。该园占地 1 公顷,建筑面积 5680 平方米。

2015 年,全村有江帆和红蕾 2 所幼儿园,共有班级 21 个,入园幼儿 901 名,教师、保育员共 57 名。

1980—2015 年(选年)农联村(境内)幼儿园事业一览表

表 11-1

年份 \ 园名	农联幼儿园		江帆幼儿园		红蕾幼儿园		教师(人)
	班级(个)	幼儿(人)	班级(个)	幼儿(人)	班级(个)	幼儿(人)	
1980	2	65	—	—	—	—	2
2003	4	168	—	—	—	—	4
2005	5	285	—	—	2	98	5
2008	6	301	—	—	7	412	1
2013	—	—	7	178	13	618	35
2015	—	—	12	442	13	658	49

江帆幼儿园简介

江帆幼儿园位于村域西南部,东临江帆小学,南至振兴路,西接农联路,北靠弘法寺,占地面积 1 公顷,其中绿化面积 2916 平方米、建筑面积 5680 平方米。总投资 2800 万元。该园前身是农联幼儿园。2002 年 2 月,原附设在农联小学的幼儿班与学校分离,建农联幼儿园。6 月,农联幼儿园经市教育局验收合格,成为张家港市一类幼儿园。2003 年,该园扩建增容,占地 0.26 公顷,建筑面积 960 平方米、绿化面积 1130 平方米、活动场地 512 平方米。2006 年,村委投入 20 万元,改造园舍、食堂和厕所等。2012 年,农联幼儿园易地新建,更名江帆幼儿园,隶属张家港市教育局。2013 年 9 月,该园正式开园,共有 13 个教学班、553 名幼儿。有 54 名教职工,其中教师 36 人、保育员和保健老师 15 人、后勤人员 6 人。教师资格持证率 100%,其中大专学历 6 人、本科学历 30 人。全园有张家港市学科带头人 3 人、教学能手 3 人、教坛新秀 3 人、中小学一级教师 12 人。

2002 年末,该园成功创建成苏州市一类幼儿园。2004 年,分别被评为杨舍镇教育工作先进集体、张家港市幼儿教育先进村园。是年,该园幼儿在杨舍地区幼儿园投篮比赛中获女子个人第一名、团体第二名。在杨舍地区"我爱我家五颗星"文艺汇演中,由教师编导、幼儿演出的节目《祖孙情》获优秀奖。2002—2012 年,园长孙红娟连续 10 次被评为东莱镇或杨舍镇先进教育工作者。2013 年 3 月,教研组获评巾帼文明岗。2014 年 9 月,该园获评行风评议先进学校。2015 年 2 月,获评张家港市文明单位、"美丽学校"合格单位。3 月,获评张家港市教育文化建设示范学校、苏州市优质幼儿园。该园工会获评张家港市优秀工会组织。

第三节　初等教育

境内初等教育始于清光绪后期。光绪三十三年(1907)戊戌变法以后,在"废科举、兴学校""以庙产办校"等新潮流冲击下,位于蒋桥的崇德书院改为崇德学堂,招收曾在私塾读过书的孩子入学。翌年,崇德学堂改为崇德初等小学堂。有 2 名教师,单班复式,学生 36人。用商务印书馆发行的教科书作为教材。开设课程主要有修身、国文、算术、手工、图画、音乐、体操等。1912 年,受过西方教育的乌沙里名士缪召予利用村内永宁庵堂,创办永宁初级小学,设有 4 个班级、168 名学生、6 名教师。1950 年春更名为乌沙小学。

1958 年 2 月,由吴绍芳、唐根才等人发起,创办农联初级小学,招收 1 个复式班。1959年 9 月—1962 年 9 月,农联初级小学升格为完全小学。1969 年 9 月,创办五联小学。1980年,境内共有 3 所小学,建筑总面积 1359 平方米。设有 17 个班级、705 名学生。有 27 名教职工,其中公办教师 4 名、民办教师 17 名、代课教师 2 名、保育员 4 名。

1988 年 9 月,乌沙小学被撤销,师生分流至五联小学、农联小学。2000 年 9 月,五联小学被撤销,师生分流至东莱中心小学、农联小学。2005 年 5 月,建办红蕾学校。该校是一

所十二年一贯制(幼儿园三年、小学六年、初中三年)民办学校,其中小学部有 5 个班级、202
名学生。

1950—2015 年(选年)农联村(境内)小学教育事业一览表

表 11-2　　　　　　　　　　　　　　　　　　　　　　　　单位:班级(个)、学生(人)

学校\年份	乌沙小学		五联小学		农联小学		江帆小学		红蕾小学		红蕾初中		市二中北校区		教师(人)
	班级	学生	班级	学生	班级	学生	班级	学生	班级	学生	班级	学生	班级	学生	
1950	3	129	—	—	—	—	—	—	—	—	—	—	—	—	5
1958	7	306	—	—	1	—	—	—	—	—	—	—	—	—	10
1969	5	168	5	270	7	381	—	—	—	—	—	—	—	—	22
1978	5	226	5	205	8	371	—	—	—	—	—	—	—	—	24
1987	1	18	5	166	8	317	—	—	—	—	—	—	—	—	19
1990	—	—	6	138	9	321	—	—	—	—	—	—	—	—	17
1991	—	—	6	136	9	322	—	—	—	—	—	—	—	—	17
1992	—	—	6	134	9	338	—	—	—	—	—	—	—	—	17
1993	—	—	6	136	9	327	—	—	—	—	—	—	—	—	18
1995	—	—	6	128	9	340	—	—	—	—	—	—	—	—	18
1996	—	—	6	129	9	339	—	—	—	—	—	—	—	—	19
1998	—	—	6	122	9	342	—	—	—	—	—	—	—	—	20
2000	—	—	—	—	8	328	—	—	—	—	—	—	—	—	15
2005	—	—	—	—	9	342	—	—	5	202	1	30	—	—	25
2006	—	—	—	—	11	406	—	—	6	330	2	65	—	—	31
2007	—	—	—	—	11	528	—	—	8	403	3	104	—	—	35
2008	—	—	—	—	11	525	—	—	10	510	3	124	—	—	38
2009	—	—	—	—	11	495	—	—	12	590	3	126	—	—	38
2010	—	—	—	—	11	514	—	—	14	692	4	150	—	—	39
2011	—	—	—	—	12	526	—	—	14	750	4	154	—	—	40
2012	—	—	—	—	—	—	12	550	14	722	3	120	—	—	65
2013	—	—	—	—	—	—	14	630	15	716	1	36	—	—	58
2014	—	—	—	—	—	—	18	718	16	816	—	—	—	—	58
2015	—	—	—	—	—	—	20	810	16	781	—	—	3	102	88

学校简介

1. 蒋桥小学

其前身为位于蒋桥崇德善堂内的崇德书院。清光绪三十三年(1907),崇德书院改为崇德学堂,招收曾在私塾或门馆读过书的孩子入学。办学经费由崇德善堂拨百亩祖田,收取租米支付。翌年,崇德学堂改为崇德初等小学堂。当地地方绅士钱吉安、钱星吉、钱湘浦、徐永琴、秦肇西、朱星瑞、朱念安等7人出任校董事,钱锦周任校长。聘请2名教师,单班复式,学生36人。用商务印书馆发行的教科书作为教材。开设课程主要有修身、国文、算术、手工、图画、音乐、体操等。1913年,更名为新庄乡立第一初等小学,郭孙孝任校长。1921年,更名为崇德初级小学,设一至四年级各1班。1923年有3个复式班,学生102人、教师6人,实行六年制教育。1931年,学校更名为新庄乡立第一高等小学,钱人骥任校长。1932年,发展到5个班,有教师8人、学生225人。是年,学校更名为常熟县立蒋桥完全小学,先后由张旭升、钱育佳任校长。1934年,由地方富绅钱姓筹集资金,建平房13间扩充校舍。至1947年,学校发展到9个班。有教师12人、学生334人。

1950年7月,经常熟县教育局批准,学校更名为公立蒋桥完全小学,由丁纪民任校长。1958年成立人民公社后,蒋桥完全小学划归乘航公社,另建校舍于乘航境内,并随之被命名为乘航公社中心小学(1986年更名为张家港市蒋桥中心小学,1994年并入乘航中心小学)。

2. 乌沙小学

其前身为缪召予创办于1912年的永宁初级小学。学校占地面积0.73公顷,共有大小房屋12间。设有4个班级、168名学生、6名教师。首任校长缪召予。以后历任校长有缪慰黎、常汉如、常心同、李士贤、陶惠如、朱宝书、刘志清等。当时,永宁初级小学颇有影响,东至新庄港(今二干河)、南至海坝(今张杨公路路基)、西至戴巷(今属斜桥村东区)、北至南横套区域内的孩子都前往入学,在校学生最多时达到220人。1931年,学校更名为新庄乡立第三小学。几年后,学校被常熟县教育局收归为公立学校。1950年春,学校更名为乌沙小学。1986年,乌沙小学被撤销,师生分流至五联小学和农联小学。

3. 红蕾学校

位于村域东部,东至正亿皮件厂,南至分港巷河,西至国泰服装厂、苏渝金属制品有限公司,北至农联村工业开发区主干道,占地面积1.1公顷。它是一所十二年一贯制(幼儿园三年、小学六年、初中三年)民办学校,预设36个教学班,专门招收境内及周边地区新市民子女。工程分两期建设:第一期工程于2005年5月启动,由学校董事长凤良山投入368万元购置土地,建造校舍。2007年,学校顺利通过张家港市义务教育阶段外来子女示范学校验收。第二期工程于2008年启动,投入400万元扩建校舍,建造1幢五层教学楼及配套教学设施。是年末,该校有20个教学班、998名学生、42名教师、6名职工。教师学历、资格全部达标。2015年,学校共有24个教学班、1223名学生(含幼儿)、57名教师。其中,幼儿园9个班级、幼儿458人、教师25人;小学15个班级、学生765人、教师32人。学校建有教学楼、行政办公楼、食堂,并建有塑胶田径场、篮球场、排球场等体育设施。全校藏书15860册,人均藏书量16.8册。

农联村十分关心和支持该校的建设,出资帮助浇筑水泥场地200多平方米、接通消防用水、赠送价值万元的篮球架1副。每逢教师节,邀请该校教职工联欢,并向他们馈赠纪念品。2006—2015年,红蕾学校获得"张家港市外来职工子女示范学校""市常规管理先进学校""市警民共建示范学校""张家港市教育系统先进单位"等荣誉称号。

4. 江帆小学

江帆小学位于村域西南部,东依杨锦路,南临振兴路,西靠江帆幼儿园,北接中兴路,占地面积3.33公顷,建筑总面积16200余平方米。它的前身是农联小学,旧址在今农联家园内。1958年2月开学上课。有1个复式班(一年级和半年级),学生42人,教师2人。吴文保任学校负责人。1959年9月开始,蒋桥中心小学四年级以下境内南区籍学生,回到农联小学就读。以后,每年招收新生1个班级,由此学校扩展为初级小学。1962年9月,农联小学升格为完全小学。1964年9月至1966年9月,境内2个耕读班并入农联小学。1975年,农联小学搬迁至拥有10间教室的新建平房校舍内。1986年,南区发动个体老板徐正法等人捐资,将平房校舍翻建成二层楼房教学楼。1997年后,南区十分重视农联小学的改造和管理,为其拨款35万元添置教学设施。2003年,农联村出资扩建改造农联小学。经扩建改造后的校园占地面积由原来的0.34公顷扩大到1公顷。是年,投资120万元,增建"梁丽楼",翻建教学大楼、食堂、厕所等。2006年1月,农联小学成为市梁丰小学分校,有12个班级、550名学生、23名教师。2008年,杨舍镇为创建高标准现代化学校,投入200万元建"江帆楼"。学校拥有移动多媒体3套、计算机91台,并建有电脑室、自然实验室、劳技室、体育室、音乐室、美术室、图书室、师生阅览室等专用教室,标准篮球场、排球场各1片及150米长的塑胶跑道1条。学校图书室共有图书13890册。2008年,有26名教师,其中小学高级教师13名,占教师总数的50%,另有张家港市级教学能手2名。大专以上学历教师占教师总数的88%,教师学历达标率100%。1958—2011年,先后由吴文保、倪金才、朱荣铨、杭祖明、庞元兴、刘云、薛文章、唐建华、李高祥、金炜、黄东兴等11人任校长或学校负责人。2012年9月,市梁丰小学农联分校搬迁至东渡实验学校过渡一年。

2013年9月,农联小学更名为江帆小学。至2015年,学校建有"风帆楼""扬帆楼""开帆楼""千帆楼""云帆剧场",创意景点"小码头""山水湾""梦想岛""远航吧""怡然庭""棋趣园""诚信屋"及室内外网球场、室内美式少儿台球馆等体育设施。2015年,学校有20个班级、810名学生、51名教师。有苏州市名教师、苏州市学科带头人各1名,张家港市学科带头人、教学能手、教坛新秀共7名。

从 2001 年起,学校先后被评为张家港市常规管理先进学校、张家港市教育系统先进集体、张家港市现代化 A 级学校、杨舍镇先进集体、市双文明单位、江苏省绿化先进单位。教师钱丽娟、缪卫被评为张家港市教育系统先进个人,陆文英受到市教育局嘉奖。2005 年,该校学生在江苏省小学生电子技师比赛中,荣获团体一等奖;学生杨欣、刘松松荣获个人一等奖;张亚囡获全国模特大赛"未来之星"奖。中央电视台、中国教师报等新闻媒体报道学校活动 45 次。

第四节　中等教育

1952 年 9 月,境内开办蒋桥初中补习班,学制三年。有班级 2 个、学生 97 人。1963 年更名为蒋桥农业中学。1968 年,学制改革,初中由三年改为二年。1966 年,农业中学一律更名为初级中学。1969 年,境内五联小学设"戴帽子"初中班 1 个。1979 年,中学恢复三年学制。是年 9 月,蒋桥初级中学并入东莱中学。

2005 年 5 月,市政府在村内创办外来职工子女学校——红蕾学校。该校为十二年一贯制学校,其中幼儿班三年、小学六年、初中三年。规模为 36 个班级。

2013 年 4 月,张家港市第二中学北校区在村内破土动工。占地面积 3.33 公顷,建筑面积 2.6 万平方米。2015 年 9 月 1 日开学,招收 3 个初一班。有 23 名教师、102 名学生。

学校简介

1. 蒋桥初级中学

蒋桥初级中学位于蒋桥集镇东侧,东临二干河,南靠今张杨公路。1952 年 9 月,蒋桥初中补习班创办,学制三年,招收 2 个班级。1955 年 9 月,招收 2 个初一班。是月,凤凰初中补习班并入该校初三年级。1956 年 7 月,蒋桥初中补习班改称蒋桥初中文化补习学校。1957 年 9 月,改称蒋桥民办初级中学,面向常熟全县招生 6 个班。1960 年 7 月,升学考试成绩名列全县初中段第三名。1962 年 1 月,沙洲县成立,学校改属沙洲县管辖。1963 年 9 月,蒋桥民办初级中学改称蒋桥农业中学。学校增设重点课程农业基础知识,并向师生提出了"四个一"的要求:"一笔好文好字、一手农业技术、一手熟练算盘、一颗务农红心"。1966 年夏,"文化大革命"开始,学校停课。1968 年,"贫宣队"进驻学校,开始复课闹革命,学制由三年改为二年。学校实行以学工、学农、学军为主要内容的"开门办学",定期聘请境内的唐雪华、钱阿金等贫苦农民到校忆苦思甜。70 年代初,蒋桥农业中学更名蒋桥初级中学。1978 年冬,因二干河拓宽而拆除东边部分校舍。1979 年 9 月,并入东莱中学(今张家港市第八中学),剩余校舍卖给东莱商业总店。历任校长或学校负责人有钱竹士、吕鳌生、朱荣铨、夏庆祥、张宗堂等。

2. 张家港市第二中学(北校区)

该校区位于村域西部,东傍乌沙港,南依振兴路,西至江帆路,北临中兴路。2013年4月破土动工。占地3.33公顷,建筑总面积2.6万平方米,规划36个教学班。2015年9月开学,招收3个初一班。有学生102人、教师23人、员工7人。其中12名教师为中学高级教师。2015年,学校被评为张家港市文明单位。

第五节　成人教育

一、扫盲教育

解放初期,各地开办"冬学"。1949年末,新庄乡5名冬学骨干参加常熟县冬学教师培训班学习。1950年1月,以境内校舍和民间空余房屋为基地,掀起办冬学的热潮。聘请陈仁娣、陈协娣等6名回乡知识青年担任冬学教师。教学内容以时事、政策为主,兼学文化。是年,境内建办7所冬学。1952年春,冬学改称"夜校"(因教学时间大多在晚上而名)。各辅导区设专职辅导员1人,以识字扫盲为基本任务,坚持"农闲多学、农忙少学"的原则,并向常年化教学发展,成效显著。1953年春,一批农村干部摘除了文盲帽子。1956年3月,常熟县人民政府决定开展突击扫盲运动,境内各区采用集体辅导、个别包教的办法。每个四年级以上的小学生均有包教任务,他们从"油、盐、酱、醋、柴、米、元、角、分、丈、尺、寸、你、我、他、大家"等常用字词开始,到"中国共产党、人民政府、初级农业生产合作社"等常用短语,一字一句教给包教学员。4月,全县举行扫盲大会考。境内80%的学员达到识字1500个的脱盲标准,获得扫盲班结业证书。1956年末,根据县委、县政府实现"一年扫盲、半年扫尾"的指示精神,境内全面开展扫盲运动。1957年5月,经考试验收,境内青壮年文盲基本扫除。是年冬,业余扫盲暂停。

1964年,在全国人口普查时发现,境内青壮年中仍有不少文盲、半文盲,各大队决定设专职业余教育辅导员,继续开展扫盲工作。"文化大革命"开始,扫盲工作名存实亡。1974年起,各项工作步入正轨,扫盲工作继续开展。1976年,根据上级尽快扫除文盲的要求,建立学校"双包"制,即学校包大队、教师包生产队、四年级以上学生包个人,全面开展扫除青壮年文盲工作。1979年10月,经考试,南区163人脱盲,占青壮年文盲总数的89.56%。

1983年,境内由各区妇代会牵头,在青壮年妇女(以文盲为主)中开展"学文化、学技术、比成绩、比贡献"的"双学双比"活动。东莱乡妇联和成人教育办公室多次出卷抽查考核,境内各区培训合格率均为100%。是年,苏州市人民政府对沙洲县扫除文盲工作进行复核验收。经考核,境内12—40周岁者脱盲率为95.3%。

1993年,江苏省人民政府代表国务院到境内抽查验收扫除青壮年剩余文盲工作。经验收,扫盲率99.8%,全境3个村均成为国家高标准扫除青壮年剩余文盲村。

二、业余教育与专业培训

1981年,东莱公社工农教育委员会成立,以往的扫盲教育随之改为工农教育。境内各区分别举办3个学习班,学员共计90人。境内以农民文化技术学校、人口学校、妇女之家、党团员活动室、企业文化技术学校等为阵地,组织党员、干部、农民、职工认真学习政治、文化、技术等,不断提高综合素质。1983年,根据村民文化结构的变化和要求,乡工农教育委员会开展农、工、副各业技术培训,学员均为各区抓农、工、副三业的社长及农技员和农机管理员。同时组织有一定文化水平的农村青壮年干部,参加中央广播电视大学东莱班的培训学习,并对乡镇企业中"文化大革命"时毕业的初中生进行文化补课。1984年,工农教育改称成人教育,主要任务为组织村组干部和村队企业干部学习文化、培训技术。是年,境内各区会同乡成人教育中心、乡工业公司,对各区印染纺织、机械制造等村队企业骨干作了专业技术培训。南区党总支十分重视村干部的学习,1993—2001年间,有5人先后获得江苏省电视大学、常熟工艺美术学校颁发的函授毕业证书。1984—2015年,境内参加培训的各类人员有1500多人次。

第二章　文　化

境内历史文化较为悠久,群众文化丰富多彩。明清时期,长江境内段南岸筑有用以防倭抗倭的青墩和烟墩(烽火台)。自古以来,境内乡民每遇婚丧喜庆之时,素有请民间艺人吹拉弹唱渲染氛围的习俗。逢年过节,舞狮子、调龙灯、唱春、演戏等娱乐活动在境内随处可见。

中华人民共和国成立初期,东村红旗飘,西村锣鼓敲,群众文化的内涵与形式都发生了深刻变化,显现出巨大的正能量。20世纪60年代,境内各区都成立毛泽东思想宣传队,开展群众歌咏活动。1970年,实现队队通广播。1976年开始,公社电影放映队经常到境内巡回放映电影。1977年,黑白电视机开始进入农家。1980年,境内各区建办图书阅览室,共拥有各类图书1200余册。90年代,境内各区开设老年活动室。2000年,全境有线电视入户率72%。2008年7月,在村委综合大楼内开设多功能文化娱乐中心。

2015年,农联村先后邀请省评弹团、张家港市锡剧团为村民演出。江帆社区和农联家园各设阅览室,拥有各类图书5000余册。至2015年末,全村数字电视入户率98%。共有大小群众文化设施12处。

第一节 群众文化

中华人民共和国成立前,境内没有群众文化组织机构,群众文化活动多为群众自发开展,自娱自乐。活动时间主要集中在春节、庙会、灯会期间和农闲季节。中华人民共和国成立后,在党和政府的关心组织下,境内群众文化生活丰富多彩、形式多样,除保留大多数传统形式外,又增添了歌咏比赛、观看电影电视等。

一、听书

也称"听说书"。它是境内中老年居民的传统爱好。说书分"小书"和"大书"两种。"苏州评弹"称"小书",表演通常以说为主,说中夹唱。唱时多用三弦或琵琶伴奏,也有采用醒木作为道具击节拢神的形式。演唱采用的音乐曲调为板腔体的说书调,即所谓"书调"。因流传中形成了诸多音乐流派,故"书调"又被称之为"基本调"。早期演出多为一个男艺人弹拨三弦"单档"说唱,后来出现了两个人搭档的"双档"和三人搭档的"三人档"表演。境内百姓喜闻乐见的书目有《杨乃武与小白菜》《一粒米》等。"苏州评话"称"大书",是采用以苏州话为代表的吴方言表演的曲艺形式。通常一人登台开讲,道具是一把折扇、一块醒木,内容多为金戈铁马的历史演义和叱咤风云的侠士豪杰故事。其传统篇目有50多部。一类说历史故事,属讲史类,如《西汉》《东汉》《三国》《隋唐》《三枪》《岳传》《英烈》等,为"长靠书";一类是"短打书",讲英雄好汉、义士侠客的故事,如《水浒》《封神榜》《济公传》《彭公案》《施公案》《包公案》等。解放前,境内中老年居民有每天下午或晚上到书场、茶馆听书的习惯,尤其喜欢听大书。境内钱家堂及附近的新庄里、蒋家桥等自然村每年都有说书活动,每当开书,许多村民前往听书。解放后,地方上的茶馆、书场一度消失。境内听书爱好者就用收音机听书,或收看电视书场节目。20世纪80年代开始,杨舍、斜桥、东莱、福前等地先后兴建书场,境内喜欢听书的村民经常赶到各处书场听书。2008年,农联村综合服务大楼建成,其中设有能容纳400人的书场,方便村民随时听书。2015年开始,农联村每年邀请孟仲啸、陈永光、魏建安、卫毓秋、姜永春、张建明等省评弹名家,到村里连续演出数月,深受全村及周边书迷的欢迎。

图11-1 农联书场(摄于2012年)

二、看"小热昏"

"小热昏"是民间艺人的一种说唱形式。它以滑稽、夸张为特色,采用"新闻调""叫货调""三跷赋""小锣鼓""杨柳青"等各种曲调以及各种方言,伴之以小锣、莲花板等击拍,将街头巷尾五花八门的新闻轶事改编成各种笑话,令人捧腹不止。等到观众情绪高涨时,他们便暂停表演开始卖梨膏糖,续唱续卖,反复多次。作为民间艺人,必须口齿伶俐、说唱俱佳,方能吸引观众。他们在推销梨膏糖时,常用一段经典发噱的顺口溜作广告:"梨膏糖,梨膏糖,除病强身连成双。小孩吃了我的梨膏糖,夜里勿做出尿郎;老人吃了我的梨膏糖,走路勿撑拐拉棒;姑娘吃了我的梨膏糖,个个找到好情郎;木匠吃了我的梨膏糖,斧头勿砍脚板上;瓦匠吃了我的梨膏糖,墙头笔直勿塌方;瞎子吃了我的梨膏糖,眼睛马上会发光;聋子吃了我的梨膏糖,悄悄话也能听清爽……"有个艺名叫"徐屋檐"的"小热昏",不仅人长得高(自己戏称"随屋檐"),而且噱头特别好。解放前后,经常到境内各个自然村表演说唱、卖梨膏糖,深受方圆数里百姓的欢迎。"文化大革命"开始后,"小热昏"此种说唱形式自行消失。

三、唱春

境内唱春(即庆贺新春的演唱)始于明代。旧时,春节或者农闲时,唱春者挨家说唱,讨取赏钱。境内唱春先有2人搭档演唱(双档),后多为1人演唱(单档)。唱春者身背褡裢(俗称"乾坤袋""龙袋"),一手持春锣(二斤重,象征"二京",意为明代先建都南京,后又迁至北京,故谓"二京"),一手持绘有龙凤图案的敲板或无图案的素色板。板长13寸,寓意13省(明代行政区划初设12省和1个直隶,后改设13省)。唱春调有"孟姜女调""四季调"等。内容通常按月分12段,也可按四季分成4段。每段一般七言四句,也有超出7个字的。除第三句外,常押平声韵。其曲调集江南民间山歌、小调之大成,调门多达数十种。常用的曲调有老调、新调之分。老调音韵婉转、清雅流畅;新调则节奏明快、抑扬欢乐。唱春者所到之处,视不同店铺或各家各户的具体情况、不同对象,随机应变,编词颂唱。如走到药店,便用药名串联成词,祝其招财进宝、大展宏图;若主家出面的是位老人,则祝其寿比南山、福如东海;倘若遇到新婚家人,便贺夫妻恩爱、早生贵子;一般的则祝贺全家欢乐,来年好运。

旧时,境内唱春者较多。解放后,唱春者逐渐减少。80年代起,每逢村民砌房造屋、男娶女嫁时,偶有说唱者闻讯上门。他们以庆贺为名,讨取赏钱。境内倪家堂等自然村的村民不仅在本地唱春,还外出唱春,收入可观。2000年后,这些唱春者因年老体衰,不再重操旧业。但街坊邻居遇到喜庆,他们仍乐意为之服务,一显身手。

四、歌咏

境内群众历来有爱好唱山歌的传统。中华人民共和国成立前,境内流行的山歌有《耥稻山歌》《挑担号子歌》等,其内容大多是男女爱情故事。有些山歌能手能自编自唱江南小调,如《杨柳青》《无锡景》《十二月花名》等。每当夏季乘凉,男女围坐一起,你一曲,我一调,尽情欢唱。1937 年,抗战爆发,抗战歌曲在境内流行。主要有《打倒军阀》《松花江上》《大刀进行曲》《义勇军进行曲》等歌曲。

中华人民共和国成立初期,《东方红》《团结就是力量》《咱们工人有力量》《没有共产党就没有新中国》《解放区的天是明朗的天》等歌曲,境内人人会唱,逢会必唱。土地改革运动中,广泛传唱《不忘阶级苦》《谁养活谁》等歌曲。60 年代初期,广泛传唱《我们走在大路上》《歌唱祖国》等。1966 年,"文化大革命"开始,广泛传唱毛主席颂歌,歌曲总数多达 500 多首。随着学《毛选》运动的广泛兴起,境内广泛掀起大唱《毛主席语录》歌曲的活动,形成了田头唱、走路唱、开会唱、妇孺皆唱、童叟齐唱的局面。

1990—2015 年,农联村(境内)共举行文艺联欢会 102 次、歌咏比赛 15 次,参赛者 580 人次,观众达 2.2 万人次。

五、看露天电影

20 世纪 50—60 年代,境内邀请县流动电影放映队放映露天电影,每个区每年放影 2—3 次,也有部分生产队自请放映队放电影。开始时放映费用由出售门票所得支付,后由大队或生产队承担。1977—1978 年,每场收费 16—20 元,1979 年以后降为 10—16 元。1976年 7 月,东莱公社成立电影放映队,每月轮流到大队或生产队放露天电影,放映地点一般在学校操场或生产队仓库场地。放映前由大队群众业余电影服务员张贴海报,介绍所放影片的名称及主要内容。

当时农村还未通电,放映队用船将发电设备运达放映地点。电影一般在晚上 7 点左右放映,届时,观众自带凳子,前往放映场地等候。放映正片前,一般要加映幻灯片,宣传时事及当前农村中心工作。50 年代放映黑白电影,60 年代开始逐步放映彩色电影。一个放映点一般连放两个晚上,每个晚上放映 1—2 部电影。

图 11-2　看露天电影(摄于 2014 年)

当时放映的故事片有《南征北战》《古刹钟声》《上甘岭》《董存瑞》《黄继光》《铁道游击队》《地道战》《地雷战》等。舞台艺术片有《梁山伯与祝英台》《红楼梦》《天仙配》等。"文化大革命"期间,以放映样板戏电影为主,有《红灯记》《沙家浜》《智取威虎山》《奇袭白虎团》《红色娘子军》《龙江颂》《杜鹃山》《海港》等 8 部。

80 年代,随着电视机进入农民家庭,村民观看露天电影的人数逐年减少。2000 年以后,电影放映队仍坚持每年到村放映 1—2 次露天电影,观众以外来务工人员及本地老人居多。

六、文艺演出

20 世纪五六十年代,境内各区由大队团支部负责成立文艺宣传队。南区文艺宣传队将倪姓大厅作场地,用小型锡剧等形式,演出歌颂共产党、歌颂新中国、歌颂社会新风尚等内容的剧目,广大社员群众观后深受教育。1966 年"文化大革命"开始,各区建立毛泽东思想宣传队,排练《沙家浜》《红灯记》等革命样板戏,不但参加东莱公社、沙洲县会演,还到周边大队巡回演出,深受当地群众的欢迎。1980 年开始,先后邀请乘航百嘉乐越剧团、城东大众红韵戏社、东莱一家乐文艺队到境内巡回演出。2013 年,全村开展"浓浓邻里情,欢乐大家庭"戏曲进家园的惠民演出,其中锡剧《玲珑女》《阿必大》《秋香送茶》令村民赞不绝口。2014 年重阳节,村委邀请暨阳文化艺术团在江帆社区演出越剧名篇《玉蜻蜓》。2015 年中秋节,村委邀请张家港市锡剧团在农联家园演出《杨家碾坊》《真假新郎》《三篙恨》等剧目,丰富了村民的业余生活。

第二节　广播　电视

一、广播

1966 年 5 月,东莱公社广播放大站建立,其主要功能是放大传播县广播站的广播节目,全境有用于转播广播节目的舌簧喇叭 90 余只。

1968—1969 年,是农村有线广播普及时期。1970 年,全境 49 个生产队队队通广播,70% 以上的农户家中安装喇叭。从政府的号召到天气预报都由广播传送至家家户户。县广播站播放节目的时间分别为每天的早晨、中午、晚上。80 年代,南区和北区分别建立广播放大站,备有留声机及唱片。在不影响上级广播节目的前提下,大队可自行播放开会通知、文艺节目、农技常识等,也可利用广播召开社员大会。

80 年代初期,境内广播线路全面整改。方形电线杆改用圆形电线杆(均为钢筋混凝土制成);高度由 5.5 米改为 6.3 米;原来的舌簧喇叭统一更换成铜圈喇叭,音质明显提高。80 年代中期,因野外的高音喇叭影响村民休息,故全部取缔。80 年代末期,不少村民开始购买半导体收音机和收录机,电视机逐步进入农户。90 年代中期,因电视机的普及,广播功能日益衰弱而停止播放。

二、电视

境内杭家堂自然村有个在国外工作的景一新,1977年返乡探亲时带回一台电视机,在左邻右舍中引起轰动。70年代末期,黑白电视机开始进入境内农户。80年代初,购置黑白或彩色电视机的家庭越来越多,人们主要收看中央电视台和上海电视台的电视节目。1985年,江苏电视台开通,境内民众收看覆盖率达50%以上。90年代初,开通有线电视。1996年,境内各区均投入大量资金,发展有线电视事业。到1999年末,境内户户接通有线电视,可收看的电视台增加到数十个。2000年,境内村民开始安装等离子电视机。2006年,全村有线电视用户整体转为数字电视,三分之一的用户能看上高清电视、互联网电视。至2015年末,全村数字电视用户1838户,占全村总户数的98.8%,收视总人数5735人。

第三节　文化设施

境内历史上长期缺少像样的文化设施。20世纪五六十年代,文艺团体在境内演出,均由集体组织人员临时搭台布置演出场地。60年代,境内各区仅置有少量块黑板报。70年代,南区在倪家堂创建图文并茂的阶级教育展览馆。90年代末,南区建办老年活动室。2008年7月,农联村多功能文化娱乐中心正式启用。2013年,"农联好人公园"开园。2014年,江帆社区居委会专门开设老年人休闲活动区,深受居民欢迎。

一、黑板报、宣传栏

1964年,为定期宣传时事政治、好人好事及科技知识,境内各区在大队部设有1—2块黑板报,有条件的生产队在仓库墙上设置黑板报。黑板报有专人负责,不定期出刊。版面有"天下大事""当前农事""好人好事""安民告示"等。"文化大革命"开始后,黑板报主要刊登《毛主席语录》及大批判内容,成为阶级斗争的工具。1971年5月,南区成立由匡汝林(组长)、胡坤祥、倪如高、叶松、杭福才5人组成的通讯报道组。每月出3期《简报》(油印),宣传时事政治、上级重要会议精神、农技知识及好人好事等。1972年12月停办。80年代开始,先后出现宣传栏、宣传橱窗、宣传画廊、电子显示屏等宣传形式,黑板报逐步停办。

2015年末,村委综合大楼内有电子显示屏1个、橱窗4块、楼外"高炮"(巨型广告)13个、围墙宣传板20块、标语灯箱12个。南区有宣传栏5个,北区有宣传栏3个。农联家园小区设有电子显示屏1个、文化长廊4条、道旗90组、宣传栏45块、楼道宣传板310块。江帆花苑小区有道旗100组、宣传栏40块、楼道宣传栏320块。

图 11-3　村民美术作品——彩绘铅笔画

二、老年人活动场所

90 年代末,南区利用村委建筑面积约 40 平方米的旧办公室开办老年活动室。由原农联村党支部书记倪升平负责管理,免费供应茶水。2003 年 8 月,在倪家堂重建老年活动中心,建筑面积约 360 平方米。内设阅览室、棋牌室、剧场等,由朱荣祥、毛协全负责管理。2008 年 7 月,倪家堂老年活动中心并入多功能文化娱乐中心。2015 年,江帆社区居委会在办公楼一楼设老年人休闲区,供老年人看报、下棋、喝茶休闲;在二楼设老年人舞蹈、戏曲排练房,影视厅,书画厅,健身活动室等,丰富了老年居民的晚年生活。

三、多功能文化娱乐中心

设于农联村委综合办公大楼内,建筑面积 771 平方米。2008 年 7 月 1 日建成开放。其中,除设有农耕文化馆外,还设有书场、图书馆、棋牌室、舞蹈房、宣传画廊等。

四、农联江南农耕文化馆

设于农联村委综合办公大楼。始建于 2008 年 10 月,当时建筑面积仅 300 平方米。以后重新规划设计,不断完善布局。至 2015 年,建筑面积扩大到 1500 平方米。馆内陈列了境内 100 多年来的各种传统耕作和灌溉用农具、人工纺织工具和捕鱼工具等 1000 余件,以及农耕、商贸、小手工业、民俗等场景。前往参观人数共 8000 多人次。

图 11-4　农联农耕文化馆(摄于 2016 年)

五、农联好人公园

位于村域中部,东至农联路,南至中兴路,西至江帆路,北至长兴路,占地面积 4 公顷,2013 年建成开放。园内主体建筑是文化休闲广场。广场中部景观河上建有"风尚桥",西边有阅览室,东边为健身路径。广场两侧有 10 根"好人柱"、22 尊"好人"塑像,形象地传播着农联勤奋、奉献、诚信、向上的好人文化。

图 11-5 农联好人公园(摄于 2016 年)

第四节 民间娱乐活动

一、调龙灯

境内调龙灯古今流传,明清时期普及盛行。龙灯由竹篾扎成骨架,分龙头、龙身、龙尾三个部分。龙身共有 10 余节,呈圆柱状,用纱绳相连,用棉布缝制成龙衣套在骨架上,全身用重彩描绘,勾勒出层层鳞片,栩栩如生。龙头、龙尾和龙身各节下面均安装 1 根竹竿,以便供人撑举。调龙灯时,在龙身的每一节内点燃蜡烛,龙头、龙尾及各节均有 1 人执掌。另有 1 人高擎"夜明珠"作为前导,上下左右舞动。在锣鼓伴奏下,整条龙灯整齐而有节奏地舞动起来,或窜、或翻、或滚,威武雄壮。中华人民共和国成立后至 70 年代末,逐渐匿迹。1980 年后,调龙灯又作为一项传统游艺活动在境内重新兴起。

二、舞狮子

舞狮子是境内民间的文艺活动之一。旧时,每逢节日,各自然村都有舞狮表演。舞狮一般由 3 人联合表演,1 人作狮首、1 人作狮身、1 人手擎绣球戏逗"狮子"。传统节目有狮子伏蛰、狮子滚绣球、狮子登高、狮子同语、双狮摔跤、母狮训幼等。表演动作有舔毛、抖毛、搔痒,或跳或立,翻滚腾空等。解放后,境内舞狮活动渐偃,村民只能在电视节目中观看舞狮表演。1980 年起,舞狮作为传统游艺活动复又兴起。

三、放风筝

俗称放鹞子。境内放风筝历史较悠久。每年春节至清明,男女老少竞相争放。风筝形态很多,有龙、凤、鹰、燕、鸽、蜂、龟,还有蜈蚣、蜻蜓、月亮、蝴蝶等。风筝均以竹篾为骨架,扎成各种形状,表面糊上皮纸、面筋纸或其他有韧性的薄纸,大型风筝则用白细布。较大的风筝附设用藤竹篾制作的鹞琴,风吹之下,鹞琴发出悠扬悦耳之声。有的在风筝上挂一二十盏鹞灯,高悬夜空,十分壮观。解放前后,杭家堂杭桂兴、景俊标制作的蝴蝶、蜜蜂、鹰式等风筝,在方圆数里小有名气。至2015年,放风筝在村内仍较盛行。

四、元宵锣鼓

元宵锣鼓是境内民间的一项曲艺项目,属打击类音乐,因元宵佳节特别盛行,故名。元宵锣鼓的乐器由大铜锣(简称"大锣")、小铜锣(又叫"小锣")、钹(又叫"闹钹")、坡鼓(简称"鼓")四样组成。它具有声音洪亮、铿锵有力、节奏感强、曲目多样等特点。在大型的庆典活动中,可由多支锣鼓队同时敲打,再配以招展的红旗、震天的爆竹,有力烘托出现场的宏大气势。也可以在迎送队伍中边走边敲打。数百年来,经民间艺人的挖掘、整理、加工,境内流传至今的主要曲目有"花七句""双龙会""扑浪头""双刀枪""鲤鱼跳龙门""七五三一""金橄榄""银橄榄"等30余种。

五、斗黄腾

旧时,境内有不少乡民喜欢斗黄腾。黄腾学名棕头鸦雀,亦称黄鸟、黄豆鸟。境内俗称"黄腾"。其身形似小雀,毛黄、嘴坚硬,活泼好动、性烈善斗,故有"天煞星"的称号。旧时,春暖花开时节,经过一冬精心饲养的黄腾剽悍矫健,鸟主寻伴开展斗鸟活动。一般都由茶馆老板组织,同鸟主商议斗鸟中的输赢等级、地点、日期,于是便张贴广告,告知四方。斗鸟日期一到,各处养鸟爱好者提着鸟笼,云集茶馆。一对黄腾斗完,再换一对,依次轮斗。斗鸟中的得胜者有花相赠,称"送花"。黄腾高台夺魁的奖品是花,由十余朵大红绢花扎在一起,十分漂亮。花又分二种,一种叫"单花",是"优胜夺魁"奖,花枝架较大,花又多;另一种叫"拆花",双方不分胜负均得奖,称"和解"奖。解放后,境内仍有不少村民喜爱斗黄腾。80年代,民间恢复养鸟。90年代中期,杨舍镇成立雀鸟协会,并组织过2次华东地区雀鸟大赛,斗黄腾被列为大赛的主要赛事之一。境内众多养鸟爱好者前往观战。至2015年,村内已少有人参与斗黄腾。

六、斗蟋蟀

俗称"斗财积",也叫"斗花",是境内解放前常见的民间娱乐活动,也是一种赌博形式。"斗花"的"花"是金钱的代名词,即1枝"花"相当于1钱银子或2斗大米,以"花"的枝数多少决定斗蟋蟀的输赢。据说最早以馒头作赌资,赢者赢几个馒头。后来发展到金钱输赢,每枝"花"的价钱不断提高。斗蟋蟀一般都在茶馆里进行。其工具称"斗栅"。斗栅用木片竹丝制成,长25—28厘米、宽10厘米的船型扁匣,四面排嵌竹丝,中间设有横断活匣片,两端的小活门,可以开启。届时,斗蟋蟀的场所架起高台,备好酒食。参斗者先行报名登记,由中间人根据蟋蟀的体重安排交锋对象、确定赌价,以纸花做筹码,围观者纷纷压上赌注。然后,参赛者携蟋蟀登台相斗。约斗的蟋蟀,先从蟋蟀盆内提进"过笼"中,再从"过笼"进入"斗栅"。蟋蟀开斗时,双方由"牵手"执"蟋蟀草"撩拨逗引,使两只蟋蟀相互"交须",即两蟋蟀的触角相碰,随后立即开展一场激烈的搏斗。蟋蟀有"地煞星"的诨名。凶悍者能把对手咬得齿歪嘴断,或把对方摔倒栅顶,负伤者只能拼命逃窜。实力悬殊的,只需一个回合即见输赢。有时双方旗鼓相当,咬得难分难解,接连倒翻几个筋斗,也不愿甘拜下风,经几番苦斗,方能分出胜负。旧时,从白露到霜降节气期间,境内民间盛行斗蟋蟀。解放后,此种用于赌博的游戏在境内消失,近年在电视中偶有所见。

七、斗鸡

也称鸡斗斗、脚斗士,是一种人与人之间的脚力角斗游戏。玩法也很简单,两人分别以左、右手抱住一条小腿,提起至另一条腿的大腿膝部,膝盖朝前呈"金鸡独立"形。游戏时,一方膝盖向对方膝盖冲击,也可用膝盖挤压对方的膝盖,如对方不能保持平衡,双手松开所抱小腿,双脚着地即为输。至2015年,此游戏在村内男童中还很流行。

八、击鼓传花

此游戏可在室内进行,也可在室外进行。传花者可围成一个圆圈,蹲下后传花;也可站成一个长方形或正方形,站着传花。击鼓者先将眼睛蒙住,后开始以槌击鼓。传花者按顺序逐个传递,击鼓声停,传花也停。这时花落在谁的手中,谁就要到圈中表演节目,唱歌、讲故事、背诗,或学猫、狗、羊叫,以引得大家哄堂大笑,心情愉悦。至2015年,此游戏在村内中小学校班队活动或村民联欢晚会上仍较流行。

九、捉迷藏

俗称"躲猫猫""盘猫猫",常为儿童游戏。它是一种能够激发探索精神的游戏,简便易行,充满童趣。常见的捉迷藏,大致有以下两种形式:一种是捉猫猫,躲者藏身于室内屋角、柜中或室外树丛、竹林等隐蔽处,寻觅者在对方躲藏时须回避或用手蒙住自己的双眼,等到对方藏好了,便直接前去寻找。另一种是用手帕或毛巾把双眼蒙起来,然后,在事先商定的一定范围内,摸索寻找对方。还有一种"躲猫猫"是上述游戏的发展。玩的时候,众儿童围成一个圆圈,圈中两名儿童,都用厚厚的手帕蒙住眼睛。然后,其中一个人口中"喵乎""喵乎"叫一声,迅速转移位置;另一个人则循着声音,前去摸对方。要是摸着即获胜,对方便要表演一个节目。下一个回合,由原摸者为猫猫,再在儿童中挑出一人作为摸者。如此轮流反复,直到游戏结束。至2015年,此游戏在村内少年儿童中仍较流行。

十、荡秋千

昔日,民间习惯在清明节前后玩此种游戏。贵族富绅在花园内设置华丽精美的秋千架以作享受,普通老百姓则往往在空地上竖个简易木架以作消遣。农家孩子玩秋千,通常都是以树杈作架。荡秋千原是大人的游戏,旧时尤为青年女子所喜欢,现在则成了以儿童为主的健身游戏。2015 年,村内健身活动场所均配有秋千。

十一、老鹰捉小鸡

一种儿童游戏。游戏中有"老鹰""鸡妈妈"和"小鸡"3 种角色。游戏时,首先在参与游戏的儿童中选出"老鹰"和"鸡妈妈",然后"鸡妈妈"站在队伍前面,两手平举,其余"小鸡"依次站在"鸡妈妈"后面,各抓住前面儿童的衣服。"老鹰"在"鸡妈妈"的前面左窜右跳寻机抓住"小鸡","鸡妈妈"则左拦右挡保护自己的"小鸡","小鸡"随"鸡妈妈"左躲右闪,逃避"老鹰"的抓捕。"老鹰"抓住一只"小鸡",该人就出队。直到"小鸡"被全部抓完,游戏结束。也有因"鸡妈妈"保护"小鸡"有方,"老鹰"始终抓不到"小鸡",最后筋疲力尽而宣告失败。至 2015 年,村内各幼儿园仍盛行此游戏。

十二、造房子

在地上画一个长约 4 米、宽约 2 米的长方形。长方形中间纵向画一条线,横向画数条平行线,即"造房"图形。"造房子"时,一人站在长方形的一端,先把"房子"(碎瓦片)掷入一号"房"内,然后单脚提跳进入该"房"内,把"房子"内碎瓦片用脚尖踢出长方形,身体随后跳出,算是一间"房子""造"好,然后继续掷瓦片,进第二间"房"。以此类推。如果中途单脚提跳踏线,或瓦片若没有掷进规定的"房"内,或没有将碎瓦片踢出长方形、瓦片压线条,均算犯规。接着由第二人进行。直到轮换结束,看谁最先把所有的"房子"都"造"好为胜。如果所有"房子"都"造"完了,则从一号"房"再开始"造",第一间"房"可以作为休息"房",算是买了"房"。以此类推,看谁最先把所有"房子"都"买"下来为胜。至 2015 年,此游戏在村内小学生中还能见到。

十三、抽陀螺

也叫抽猢狲,境内很多孩子都喜欢玩。陀螺可自制,也可到商店买。如若自制,只需取一段木质较硬、直径三四厘米的短树棍,将其削成五六厘米高的圆锥形便成。然后找一根长度和粗细顺手的木棒,并在木棒的顶端系上长米许的纱绳做成鞭子。抽猢狲时,先用绳子绕在陀螺上,一手握陀螺垂直放在地上,同时用另一只手握着木棒向后用力拉拽,绳子从陀螺上脱下,同时带动陀螺在地上转动。随后,必须用手里的鞭子顺着陀螺转动方向接连去抽它,而且一定要抽准陀螺,这样陀螺就会快速地转动起来。不断地抽打,陀螺就不停地在地上转动。即使把陀螺抽得跳起来,等到落地时还会继续转动。抽陀螺可以几个人一起玩,或者轮番抽一个陀螺,也可以各抽一个陀螺进行对撞。至2015年,此活动仍盛行。

十四、挑花线

挑花线是境内女孩子们最喜欢的活动之一。挑花线两人一组,材料简单,只需一根长约米许的线便可。先由一人把线的头子接牢后在双手手掌上绕成圈,另一人用两手将线挑成各种花样,再将其原样转递给对方。如此往返、你挑我挑,分别变化成"桃花窗""直轮框""牛眼镜""进栏圈""乱柴窠"等花式,直到线圈乱作一团、无法再挑为止。谁挑的花样多、时间长,谁胜利。至2015年,村内仍有女孩玩此游戏。

十五、捉帖子

多为儿童玩耍。游戏前,先准备五至八粒光滑的鹅卵石或用布缝制的同样个数的小沙包,放在桌上(在室外玩可放在地上)。游戏时只能用一只手,先把一粒石子或一个沙包掷向空中,马上用同一只手把桌上的石子或沙包抓起来,紧接着翻展手掌把空中正在落下的石子或沙包接住,如果接不住就算作失败。有的规定八粒石子或沙包分二次抓起来,有的规定分三次抓起来,也有的把桌上的石子或沙包排列成一定距离,规定一次抓起来,看谁抓得快,不失误。至2015年,此游戏在村内已很少有人玩耍。

第五节　遗址古迹

一、青墩

又称望海墩。原址位于今农联村季家堂自然村。直径约20米,高约10米,四周有6米宽的围河。明嘉靖年间,为防御倭寇入侵,抗倭英雄戚继光组织军民肩扛手提,日夜奋战月余筑成此墩。因其四周长满青草,故名"青墩"。此墩建成后,为瞭望海上寇情、击溃倭寇、保卫地方安宁起到了积极作用。后因海(古称长江为"海")岸北移,望海墩功能渐失,加上自然风化,此墩逐渐变得矮小。2000年,因筑杨锦公路而铲平。

二、烟墩

也称烽火台,古时用于点燃烟火传递险情的高台,系古代为防止敌人入侵而建的重要军事防御设施。一旦遇有敌情或其他险情发生,则白天施烟、夜间点火,台台相连,利用火光和烟雾传递消息。境内烟墩,位于农联南区吴巷里自然村。占地约0.3公顷,高8米许,由砖石泥土堆砌而成。清末,太平军(境内俗称其为"长毛")被清军击败溃逃时,四处抢掠百姓财物。为保护财产安全,境内乡民在官府组织下垒筑此墩,并派人日夜在此站岗放哨,一旦发现险情,立即点燃柴火警示民众注意。境内民众见状,青壮年男子结伴御敌,老幼及时躲避。20世纪50年代,政府组织大规模平整土地时,此烟墩被夷为平地。

第三章　体　育

明代开始,境内民众就有习武、举石担、甩石锁、打沙袋等民间体育活动,以强身健体、抗倭御敌、保家安民。民国时期,境内学校逐步开展田径活动和球类比赛。1923年,境内学校把体操课改为体育课,由以兵式操为主要教学内容改为田径、体操、篮球和游戏等,新庄乡乡立第三小学(乌沙小学)开始配备专职体育教师。

中华人民共和国成立后,党和政府十分重视体育事业的发展。1958年,中小学实行《准备劳动与卫国体育制度》,但限于经济基础薄弱,境内群众体育活动不够普及。60年代,境内篮球、乒乓球、跑步、体操等体育活动全面展开。篮球运动尤为盛行,各种锦标赛、友谊赛、邀请赛常年不断。1978年,各项工作拨乱反正,体育工作随之步入正常发展轨道。1980年,境内农联、乌沙、五联三所小学操场总面积4000余平方米。1988年,境内共有标准篮球场4片。2015年,全村体育活动场地总面积36270平方米,有标准篮球场、足球场、排球场共16片,乒乓球桌16张,跑步机等健身设施20余件(套)。

第一节　体育设施

解放前,境内仅有石担、石锁、马鞍石等小型体育设备。解放初,境内民间体育设施设备基本依旧。50年代末,南区第八生产队匡全林、杭家堂杭永明两青年社员分别在自家场地上,用木材各制作一个普通篮球架。1969年,有的生产队将仓库场改造成篮球场。80年代末,境内学校和居民小区共有4片标准篮球场。2005年,红蕾学校竣工,建有长200米的塑胶跑道及田径运动场,设有篮球场、排球场、沙坑、单杠、双杠、蹦蹦床、滑梯等体育设施和设备。2014年,市二中(北校区)竣工投用,操场总面积9800平方米。建有长300米的塑胶跑道、标准田径场、面积3000平方米的足球场。室内外共有4片篮球场(室内338平方米、室外690平方米),有双杠、单杠各6副,吊环6副,乒乓球桌6张。

2015年末,全村校内外有体育活动场地36000余平方米。有健身路径8个、标准田径场3片、标准足球场2片、标准排球场2片、标准羽毛球场1片。共有各类塑胶跑道总长6800米、篮球架10副、乒乓球桌16张,单双杠、跑步机等健身设施20余件(套)。

第二节　体育活动

一、举石担

属举重运动。旧时,境内民间用两块各重约 40 千克的圆盘形石轮,安装在长约 2 米的毛竹杠两端,称石担。练举时有挺举和抓举两种方式。至 2015 年,村内仍有少数人练举石担。

二、甩石锁

石锁,由青石或花岗石等料制成,其外形似旧式铜锁,故名石锁。每把石锁的重量一般在 10—30 千克之间,练习者自行选择。甩石锁对锻炼臂力大有益处,境内青壮年男子十分喜爱。20 世纪 60 年代后,境内甩石锁运动已少见。

三、打马鞍石

即由一块马鞍型石块放置在顶牢墙壁的两根平行的竹杠上,以适中高度固定。练习时由拳手用拳重击马鞍石,使其撞向墙壁,能从墙壁弹回的称活络马鞍石,到墙壁不动的为死马鞍石。旧时,境内练习上述武术项目者较多。解放初期,仍有人练习。20 世纪 60 年代后逐渐停止。

四、车铁环

境内青少年特别喜爱车铁环。取 1 根长约 1.5 米、宽约 1 厘米的铁条制成 1 个铁环;找 1 根长六七十厘米、直径四五毫米的竹竿或铁条制成车把,一端安一个垂直于车把的小圈(如是铁条,则可直接将一端弯成一小圈),然后把铁环嵌入车把上的小圈,就可以手捏车把车铁环了。车铁环的人动作要协调,边跑边推手柄,铁环随着跑动不断向前滚动。车铁环曾作为境内学校体育比赛的项目。至 2015 年,车铁环活动已不再盛行。

五、踢毽子

踢毽子是境内青少年比较喜爱的一项体育活动。踢毽子活动不受任何条件的限制,随时随地可开展。踢毽子有多种踢法,还可开展比赛。比赛的方法大致有三种:一种是比单位时间内踢毽次数多少,也可比连续踢毽次数的多少,直到毽子落地为止,次数最多的为优胜者;另一种是 2 人对踢或多人依次轮踢,未能接踢而使毽子落地者为失败;还有一种是比踢毽花样的变化,花样变化多为优胜者。至 2015 年,踢毽子在村内仍十分流行。

六、打篮球

1949年前,境内没有此项活动。50年代中期,少数青壮年农民利用蒋桥小学的球场开始练习投篮并组织小型友谊比赛。50年代末期,南区青年农民匡全林发起组建村史上第一支篮球队——"农联"篮球队,其中部分队员是乘航蒋桥大队的篮球爱好者。球员们利用空余时间刻苦训练,积极参与周边地区举办的篮球锦标赛,多次取得较好名次。1959年,境内西区青年农民,在杭家堂

图11-6 农联村篮球队(摄于2011年)

杭永明家场上竖起1个篮球架,并成立"五一"(后改称"五联")篮球队,多次参加民间组织的锦标赛。60年代初期,上述两支球队因大部分队员年龄偏大、体力不支而解散。1964年,以吴洪高为首的一批年轻农民,重建"农联"篮球队。该球队在东莱公社举办的篮球锦标赛中曾多次获冠军;在三兴公社举办的篮球邀请赛中获荣誉奖;在鹿苑八大队举办的锦标赛中获亚军;在农联大队唐家堂球场举办的锦标赛中获冠军。60年代后期,境内不少生产队组建了篮球队,利用农闲时间,队与队之间开展友谊赛。70年代初期,因境内喜爱篮球运动的人越来越多,又组织了一支农联乙队篮球队,原农联篮球队改称农联甲队,两队均参加各地的球赛。1979年前后,农联甲乙两支篮球队因球员年龄偏大先后解散。1983年,境内再次成立"农联"篮球队。在乡(镇)举办的农民运动会和张家港市级多次篮球比赛中,"农联"篮球队均得到较好的名次。

七、跳绳

跳绳是境内普遍流行的一项健身娱乐活动,儿童、青少年尤为喜爱。跳绳有两种基本跳法:一种是跳者自己摇绳自己跳,也可加进1人,2人一起跳;另一种是由2人相对而立,摇动1根长绳,由1人或多人参跳,跳者和摇绳者可以互换。跳绳须手脚并用、动作协调,能锻炼人的反应能力和协调能力。至2015年,跳绳活动在村内青少年中仍较盛行。

图11-7 跳绳比赛(摄于2015年)

八、拔河

拔河比赛是群众喜爱的团队体育活动，一般在冬春季举行。中华人民共和国成立之初，境内各自然村都开展过拔河比赛。备1根长二三十米的粗绳索，中间系一个判断胜负的标记。比赛场地上划一道中心线和两边各一道等距离的胜负线，人数相等的参赛队分立比赛场地胜负线两旁，并使绳索上的标记对准场地中心线。一声令下，两边同时用力拔拉绳索，以绳索上的标记拉过己方

图 11-8 拔河比赛（摄于 2012 年）

胜负线为胜。如两队势均力敌，需耗较长时间方能决出胜负。有时绳子拉断，拔河者通通倒地，引起一片大笑。至 2015 年，此活动在境内学校及工厂企业中仍十分流行。

九、打乒乓球

打乒乓球是境内青少年十分喜爱的健身活动，是学校体育比赛的必备项目。20 世纪五六十年代，在校读书的学生放学回到家中，邀几位伙伴，将几张桌子拼合当作球台打乒乓球。70 年代以后，境内热爱乒乓球的人越来越来多。2015 年，境内中小学共有 16 张乒乓球桌。大多村办企业都备有乒乓球室，每逢节假日或工余时间，年轻职工都喜欢打上几局乒乓球。

2003 年后，农联村村委不定期组织乒乓球比赛，参加比赛的有企业职工、村民、村委干部。比赛项目分男女单打、男女双打，前三名可获得奖品。2005 年，全村每天参加乒乓球活动的有 200 多人次。

十、广场舞

2013 年，农联村兴起群众性的健身娱乐活动——跳广场舞。小区广场和学校门口是跳广场舞人数最多的地方。跳广场舞的主要是小区居民和外来务工人员，其中以中老年妇女居多。据不完全统计，2015 年，农联村每天参与跳广场舞的有 300 人次。跳舞者自筹资金，购买音响设备。他们以能者为师，相互学习，必要时也请专业舞蹈老师进行辅导。每天晚上，舞场上灯光闪烁，舞曲悠扬，舞姿翩翩，热闹祥和。

2004—2015 年，农联村常年开展全民健身活动，多次参加市、镇展演或比赛。2004 年 8 月，在杨舍镇农民运动会篮球比赛中，农联村篮球队获第七名。2008 年 10 月，农联村象棋队获张家港市村级象棋联赛团体第一名。2009 年 3 月，农联村举办"农联杯"乒乓球比

赛,6 人参加,2 人获奖。2010 年 6 月、2011 年 6 月、2012 年 8 月,先后举办"农联杯"羽毛球比赛,共有 18 人参加,6 人获奖。2013 年 7 月,举办"定点投篮"比赛,6 人参加,3 人获奖。2014 年 6 月,举办"和谐农联·美丽江帆"羽毛球赛比赛,6 人参加,3 人获奖。2015 年 6 月,举办"和谐农联、绳舞飞扬"一分钟跳绳比赛,6 人参加,3 人获奖。

图 11-9　参加张家港市全民健身节暨千人健步行活动(摄于 2009 年)

第四章　卫　生

　　旧时,境内属偏僻农村,缺医少药,不卫生习惯随处可见,导致常见病、传染病交替发生。不少人限于经济条件和受封建迷信思想的影响,患病后不请医生(旧时称"郎中")医治,而是搞求神拜佛、打醮驱鬼等迷信活动,贻误医治的时间,加重疫情,百姓生命毫无保障。

　　解放后,境内医疗卫生事业得到发展。1950 年,东莱地区成立爱国卫生组织,培训乡村防疫员、卫生员,发动群众开展爱国卫生运动。及时接种疫苗,有效控制传染病的流行。1958 年 10 月,东莱公社医院成立,境内卫生员得到更多更好的指导。

　　1969 年,境内各区自筹资金创办卫生室,实行合作医疗。70—80 年代,村民的卫生意识逐步强化,医疗防治措施、保健制度日臻完善,危害猖獗的霍乱、疟疾、天花、麻疹在境内绝迹,伤寒、百日咳、流行性脑膜炎和乙型脑膜炎等得到有效控制,社员群众的健康水平日益提高。90 年代中期,境内推行大病风险合作医疗制度。2002 年,南区通过省级卫生村的考核验收。2015 年,全村有卫生服务站 2 个、病床 12 张、乡村医生 5 人。

第一节　医疗卫生事业

　　中华人民共和国成立前,境内没有西医(解放后才有吴文卿、陈起凤等著名西医),治病主要靠中医中药。"郎中"(今"医生"的俗称)的医术大多出于祖传,或秉承师门。他们有的于药店坐堂门诊,有的在家自行挂牌行医,还有的游乡串门,俗称"野路郎中"。乡民患病后,重者雇佣车轿将医生接至家中诊治,轻者则直接到医生家治疗,费用相应减少。当时针灸(推拿、脉经、拔罐等)、伤科和牙科颇受民众欢迎,境内曾有"针灸能治百病"之说。有些突发头晕眼花、腰肩疼痛的病患者因怕花钱便用"刮痧""挑记尖"等土办法医治。"挑记尖"前,须在患者膀弯里用力拍打,见血管发紫,便用针尖挑破血管排出瘀血,解除疼痛。此法亦称出血疗法。

境内不少人患病后不请郎中看病,而是请道士、巫婆驱鬼消灾,也有的去寺庙烧香求佛保佑。结果只能是延误病情,严重者甚至丧命。1926年夏,境内南区吴巷里瘟疫(霍乱)大爆发,因当时政府不管不理、地方医药短缺,几天内就死去22人。

一、乡村医生

1958年下半年,东莱公社委托东莱卫生院培训卫生员,培训学习的业务大都属西医。南区匡瑞芬、北区陈春梅、西区高梅娣通过学习培训,成为合格的卫生员。1968年6月,由县卫生局牵头,东莱公社举办赤脚医生培训班。南区派钱关兴、倪仁高、倪秀芹参加学习,培训考试合格,3人均获得赤脚医生合格证。1983年初,赤脚医生改称乡村保健医生。是年开始,境内乡村保健医生医疗业务水平大幅提高,常见疾病治疗基本不用出村,不仅解决了村民看病难的问题,而且有不少外地病人慕名到境内就医。1989年12月,经市卫生局对乡村保健医生考核,换发乡村保健医生合格证书。1990年,南区聘任倪荣海为乡村保健医生。1991年9月,聘任季瑛、景江为乡村保健医生。不久,乡村保健医生改称乡村医生。2008年7月,景江、陈亚娟2人转至农联村社区卫生服务站工作。是年,农联村社区卫生服务站有季瑛、景江、陆彩亚、陈亚娟4名乡村医生,他们在2004年6月均获省卫生厅颁发的乡村医生执业证书。2015年,全村有乡村医生季瑛、陈亚娟、景江、陆彩亚、钱萍等5人。1958—2015年,农联村(境内)曾任乡村医生(赤脚医生)的还有匡瑞芬、陈春梅、高梅娣、钱关兴、倪仁高、倪秀芹、刘天保、倪荣海、顾正新、李福兔、陆玉娥、钱玲、陈学芳、陆定秀、谢汉兴、缪炳才、夏晔、缪荣建、陆惠平、王玉芹、吴玉莲等。

二、卫生服务站(卫生室)

中华人民共和国成立后,境内医疗卫生事业逐步发展。1969年10月,境内南区、西区、北区分别建立卫生室,各培训保健员2人。各区卫生室大量采集中草药,实行中西医结合治疗法。是年末,南区卫生室迁至青草巷一农户家的厅屋内,单独开设中草药房。1972年上半年,该卫生室迁至倪家堂南中心河北侧一处平房内,建筑面积约30平方米。1978年,经苏州市卫生系统检查

图11-10　农联社区卫生室(摄于2016年)

验收,该卫生室被评为苏州市示范卫生室。

1997年11月,南区投入20万元改建卫生室,建筑面积150平方米。内设诊查室、治疗室、注射室、消毒室、换药室、药房、B超室、妇幼保健室、电脑室、储藏资料室、病房等。病房有4张病床,并配有彩色电视机。

2000年,原农联村(南区)卫生室更名为农联社区卫生服务站,制定了预防、医疗、保健、康复、健康教育、计划生育技术指导、合作医疗等工作职责和药房工作制度。2003年末,农联社区卫生服务站被评为杨舍镇先进集体。2004年6月,西区卫生服务站并入农联社区卫生服务站。2005年、2006年,农联社区卫生服务站连续被评为杨舍镇先进卫生室。2008年7月,村委综合办公大楼落成,农联社区卫生服务站迁至村委办公大楼,建筑面积318.58平方米,布局合理,功能齐全。站内有接诊大厅、诊疗室、药房、观察室、治疗室、换药室、消毒室、处置室、妇幼保健室、康复室、资料室、病房等。接诊大厅设有病人候诊专用椅8张,病房有病床8张。村投入22.6万元配了多功能治疗仪、尿液分析仪、血糖仪等先进诊疗设备以及电视机、DVD、电脑、空调、冰箱等医疗服务设施。同时,为残疾人配备了康复器材,提供康复技术咨询。8月,农联社区卫生服务站被评为杨舍镇示范卫生服务站。2013年11月,江帆社区卫生服务站成立,建筑面积128平方米。内设观察室、消毒室、换药室、治疗室、药房等,共有4张病床。2015年,全村有2个社区卫生服务站。

第二节　中医中药

境内比较有名的中医有缪镜渊、缪心龙、陆仁栋、钱锦福、吴文卿、陈起凤等。其中,缪镜渊是地方名中医,缪心龙是江苏省名中医。

境内中药材主要有丝瓜筋、益母草、刺棘头草、淡竹叶、酱瓣头(马齿苋)、半枝莲、癞蛤蟆草、地丁草、鸡冠花、蒲公英、金钱草、鱼腥草、枸杞子和甲鱼壳、蝉蜕、蟾酥、蜈蚣、壁虎等。20世纪70—90年代,境内曾有少数农户饲养蚂蚁、地鳖虫等。

解放后,随着制药厂的发展,绝大部分中成药由制药厂成批生产,药店自行加工炮制的中成药逐渐减少。70年代初,境内开始创办合作医疗,贯彻勤俭办医精神,积极推行中草药、针灸、土方治病。各大队赤脚医生都参与中草药种植、采集、炮制。利用中草药材治病养生,效果极佳。

第三节　妇幼保健

一、妇女保健

境内妇女劳动保护,始于20世纪50年代。农业合作化以后,对参加农业生产的妇女实行"三调三不调"制度：经期调"干"（指劳动环境相对比较干燥）不调"湿"；孕期调"轻"（指劳动强度相对较轻松）不调"重"；哺乳期调"近"（指劳动地点离家或生产队相对较近）不调"远"，具体任务由生产队统一安排，深得妇女欢迎。

1962年，境内开展妇女病普查并建立登记册。1980—1983年，妇女进行宫颈刮片防癌检查，未发现阳性病人。1985年，县妇幼保健所开设门诊，开展普查普治妇女病工作，全境纳入普查范围。80年代中期开始，妇女病普查工作成为医务常规工作。2002年，启动妇女生殖道疾病防治工作，对已婚妇女生殖道感染普查普治，防治的主要疾病为阴道炎、宫颈炎（癌）等常见的妇科疾病。2010年开始，全村35—59周岁的妇女实行宫颈癌和乳腺癌免费检查。

2015年，农联村妇女宫颈癌、乳腺癌检查的对象由35—59周岁扩大到35—64周岁。全年完成筛查宫颈癌、乳腺癌人数679人，确诊宫颈癌、乳腺癌各2例，病者得到及时治疗。是年，继续实施妇女健康工程，全年发放《妇女健康服务手册》1255份，举办各类妇幼保健健康教育讲座4次。

二、孕产妇保健

解放前，境内妇女分娩都是老法接生。有的产妇由接生婆接生，有的产妇由家人自行处理，既不安全又不卫生，母婴死亡率较高。中华人民共和国成立以后，培训新法接生员，新法接生的比例逐年提高。同时，由传统的家庭分娩转变为住院分娩。

80年代开始，境内孕产妇开始实行围产期保健。主要内容为：早孕建卡（围产期保健卡），定期产前检查。1998年，境内实施"母亲"工程，目标是降低剖宫产率，进一步提高围产期保健服务质量。

2001年开始，境内实施农村孕妇住院分娩补助项目。对住院分娩产妇的补助标准为：参加城镇职工医疗保险的孕妇在一级医院单产，每人补助1600元，剖宫产补助3000元；在二级医院单产，每人补助2000元。参加农村基本医疗保险的孕产妇，单产每人补助1600元，剖宫产每人补助2000元。未参加保险的孕产妇，每人补助500元。境内产妇的住院分娩率、母婴安全率均达100%。对准备怀孕和怀孕3个月内的妇女免费增补叶酸，以预防神经管缺陷。

2005年，农联村孕产妇建卡率、住院分娩率均为100%。是年，流动人口孕妇接受保健服务，全部住院分娩。2010年，全村产孕妇剖宫产率43.75%，孕产妇死亡率为0%，婚前体检率100%，产前筛查率100%。

2015年，农联村孕产妇系统管理率100%、产后回访率100%、住院分娩率100%。免费发放叶酸108人次，住院分娩的孕产妇全部得到补助。

三、儿童保健

20 世纪 50 年代,境内曾对在校儿童进行视力、体重等方面的体格检查。1971—1973 年,境内各区卫生室给出生 6 个月—3 周岁的儿童,免费发放预防小儿麻痹症糖丸。1978 年起,7 岁以下儿童实行计划免疫。1979 年 10 月,对婴幼儿进行体检。11 月,12 周岁以下儿童全面口服驱虫净片,驱除肠道寄生虫。是年,对 7 岁以下儿童进行健康检查。1981 年 6 月开始,规定新生婴儿出生 42 天后,列入儿童保健范围,建立保健卡片,实行系统管理。1 岁以内的新生儿,3 个月体检 1 次;1—3 岁,半年检查 1 次;3—7 岁,1 年检查 1 次。1983 年沙洲县儿童保健协作组成立后,境内按要求对死亡的婴幼儿按月上报。

1985 年 5—7 月,境内对 7 岁以内部分儿童进行营养缺铁性贫血调查。经调查,全境 7 岁以内部分儿童贫血发病率 66.38%,初步掌握了缺铁性贫血发病的原因,并及时进行治疗。1987 年,境内开始儿童智力测试工作。1989 年,开展对婴儿贫血的监测工作。对出生 6 个月、12 个月、24 个月、36 个月的婴幼儿分别检测血红蛋白。1992 年开始,开展学生龋齿、肠道寄生虫、贫血、营养不良、沙眼、近视等 6 种疾病的防治。

2003 年,农联村社区服务站对新生儿童进行视力筛查,发现幼儿屈光不正的发病率为 0.1‰。2005 年,全村 0—6 周岁儿童全部纳入社区保健管理。2006 年,全村儿童保健管理率达到 100%。2010 年,7 岁以下儿童和体弱儿童保健管理率分别达到 99.48%、100%。

2015 年,农联村推进人口出生缺陷社会化干预工程。新生儿的疾病筛查率 100%,听力筛查率 100%,出生缺陷率 1.25%。0—6 周岁儿童系统管理率 100%,视力筛查率 98.25%,集体儿童氟离子导入防龋率 97.85%。同时,扎实开展预防艾滋病、梅毒、乙肝母婴传播等工作,取得良好效果。

第四节　疾病防治

一、预防接种

1949 年前,境内对传染病无有效防治措施,多种传染病流行。中华人民共和国成立初,人民政府组织个体医生为境内居民开展传染病的防治工作。1952 年,适龄儿童普种牛痘苗。1954 年,普发疟疾预防药,天花和疟疾得以有效控制。1957—1958 年,进行钩虫、蛔虫和血丝虫病普查普治。1962—1965 年,境内 85% 的居民连续 4 年接种霍乱菌苗。1973 年,境内普种牛痘疫苗,自此天花绝迹。1977 年,开始接种卡介苗。1978 年,对 2—8 个月的婴儿实行计划免役,接种卡介苗及百日咳、白喉、破伤风三联疫苗、麻疹疫苗和小儿服麻痹症糖丸等;对 1—7 周岁的儿童增加接种流行性脑膜炎和乙型脑炎疫苗。1980 年,全境注射霍乱菌疫苗 320 多人次。1986 年起,婴儿接种率占总数的 95% 以上。2015 年,婴儿接种率 100%。

二、常见传染病防治

1. 疟疾

中华人民共和国成立前,疟疾为境内夏秋两季多发性且流行极广的传染病。解放后,经积极预防和药物治理,此病得到有效控制。1962年,境内服药2600多人次,发病率明显下降。1979年的发病率由1973年的32.52%下降为2.49%。80年代末基本绝迹。

2. 白喉病

中华人民共和国成立前,境内时有白喉病发生,患者以幼儿为多。解放后,经预防接种白喉疫苗,有效控制了发病率,但仍时有发生。1984年,政府对儿童提供免费预防接种白喉疫苗。1990年后,境内白喉发病甚低。2015年,此病基本绝迹。

3. 麻疹病

此病往往发生在每年冬春两季,患者一般是儿童。70年代初,境内儿童注射麻疹预防疫苗。1978年起,纳入计划免疫范围,发病率直线下降。2015年,此病在村内绝迹。

4. 病毒性肝炎

病毒性肝炎有甲、乙两种,境内以甲型为多见。20世纪50—60年代发病率较低。70—80年代,发病率呈上升趋势。90年代开始,肝炎发病率逐年降低。2005年后,全村很少出现肝炎病人。

5. 流行性脑脊髓膜炎

简称"脑膜炎",冬春季流行。解放前,境内患此病者死亡率较高。解放后,境内此病虽时有发生,但未造成流行。60年代中期,沙洲县卫生防疫部门会同东莱公社卫生院组成防疫组,在境内各区发动社员开展以"四基本"(开窗通风、勤晒衣被、勤洒扫、隔离病人)为主要内容的环境卫生工作,有效控制了病情的发生。90年代开始,境内脑膜炎病例极为少见。

三、慢性疾病防治

20世纪90年代,境内多种慢性病发病率呈上升趋势,其中恶性肿瘤、心脑血管意外成为死亡的主要原因。1995年开始,境内对高血压、糖尿病、肿瘤、冠心病等慢性病进行防治知识宣传。2002年,开展慢性病的普查普治,全境1046名高血压、糖尿病患者建立了健康档案,每季度安排医生上门访查,实施综合干预。是年,随访病人5624余人次。2010年,农联村启动实施慢性病监测项目,开展对全村35周岁以上人群高血压、糖尿病普查。全村筛查村民1000人,筛查出40名高血压患者,均纳入常规管理。

2015年,农联村组织社区卫生服务站医务人员,每月1次进社区为居民免费量血压、测血糖。举行各类慢性病防治知识讲座4次,主要内容有:"如何预防冠心病""珍爱生命、远离烟草""防治脑卒中""远离乳腺癌""高血压、糖尿病的防治"等。

四、其他疾病防治

1960—1962年国民经济暂时困难时期,居民普遍缺乏营养,境内有浮肿病患者百余人、妇女闭经者60余人。经改善生活条件、减轻劳动强度和对症治疗,到1962年夏,患者全部被治愈。1978年,苏州地区精神病医院到境内进行精神病普查,查出精神病患者8例、可疑病人4例,均得到治疗。1991年开始,境内犬伤人事件每年有3起以上,但由于及时做好伤口处理,接种狂犬病疫苗,未发现狂犬病患者。21世纪以后,宠物热升温,动物伤人事件时有发生,尤其是犬伤人事件较多。至2015年,农联村社区卫生服务站结合"爱牙日""爱眼日""爱耳日""无烟日"等,每年进行4—5次健康教育,全村村民的健康意识和健康状况总体良好。

第五节 爱国卫生运动

一、组织领导

中华人民共和国成立后,人民政府十分重视爱国卫生工作。60年代,境内各区均配有1名专职卫生员,负责除"四害"工作。1969年,境内各区建立了卫生室,由大队长、赤脚医生和生产队卫生员组成卫生领导小组,开展爱国卫生、防病治病工作。1996年,在开展创建省级卫生村的运动中,境内各区分别成立以党支部书记为组长、村主任为副组长的创建工作领导小组,各村民小组长、企业负责人为第一责任人,形成了村级卫生管理网络。2003年开始,由村党委副书记、村委副主任、村办企业负责人组成卫生工作领导小组,负责村卫生工作的长效管理。领导小组负责指导全村的卫生工作,每月对各单位的卫生工作进行考核。

2013年1月—2015年12月,全村的卫生保洁工作由张家港市大德物业管理有限公司承包,由村卫生工作领导小组定期检查验收。

二、环境卫生

20世纪50年代,境内各户订立"爱国卫生公约",开展爱国卫生运动。各自然村发动群众清除垃圾、疏通阴沟、填平坑洼、清除杂草、消灭蚊蝇孳生地。1958年,境内大搞以除"四害"为主的卫生运动。1963年春季,流行脑膜炎,全境开展以"二开"(开门、开窗)"三晒"(晒衣、晒被、日光浴)为主要内容的春季爱国卫生运动。1965年,再次大搞卫生村运动。冬春两季,重点灭鼠;夏秋两季,重点灭蚊蝇。对蚊蝇孳生地定期喷洒药物。1986年,鼓励农户在家前屋后种植花草树木,绿化美化环境。1990—1997年,境内投入766万元,把各村的土质主干道改建成碎石路、水泥路,路面总面积17.02万平方米,路面硬化率100%。1995年,境内开展改厕工作,全村1892户改建了三格式化粪池,改厕率100%。1996年,农联村接通市自来水厂供水管道,自来水入户率100%。2000年,境内投入875万元,建办污水处理厂,建立工业水管道净化处理系统,企业排污问题得到妥善解决。至2015年末,改造污水浜总面积7.67公顷,建造垃圾收集房55座,村民使用抽水马桶率100%,70%农户的污水并网进入污水处理厂。种植各类花卉树木21万棵、草坪33450平方米,人均绿化面积29.5平方米。

三、饮食卫生

20世纪60年代末,境内居民大都饮用河水。70年代,生产队开挖公用水井26口,30%的居民饮用浅井水。80年代,每户人家开挖私用水井,90%的居民饮用井水。1996年开始,全村村民用上了源自长江的自来水。

80年代开始,境内农贸市场、餐饮行业贯彻执行食品卫生制度。1985年开始,饮食店、熟食店都领取卫生许可证。1997—2002年,境内每年召开食品行业卫生管理会议,举办行业培训班并组织书面考试。境内所有食品单位证照齐全,确保食品卫生。2003—2015年,农联村委每月会同工商、环保等有关部门联合执法检查,对限期整改不符合要求的单位,给予相应处罚。要求"聚金"、"新雅"和东门饭店、"港城"、"新特利"大酒店等18家餐饮企业,坚持高标准配齐防蝇、餐具清洗消毒等设备。各饮食店、食堂都安装风机,采用热能消毒,并设公用餐具,配备油气灶和餐具电子消毒柜。境内食品生产及经销单位均认真贯彻落实《中华人民共和国食品卫生法》,食品出厂都有生产日期、保质期标记;食品经销时存放符合规范,并执行索证制度。

第六节 省级卫生村创建

一、组织管理

1997年4月,东莱镇以创建江苏省卫生镇为契机,向各村提出"一年创建张家港市卫生村,两年建成苏州市卫生村,三年创建江苏省卫生村"的奋斗目标。是月,境内各区分别成立创建领导小组。南区由赵建军、匡建平、杭祖林、匡凤清、李正球等组成;西区由王妙定、陈巧英、黄利华等组成;北区由钱关祥、陈士良、季培元等组成。各村行政负责人担任组长。1997—2002年,各区创建领导小组分别召开6次工作会议,现场办公30余次,解决创建中的重大疑难问题60多个,并与各企业签订门前"五包"委托管理书,签约率100%。1996年,境内共有环境卫生保洁员12人,其中管理员2人、保洁员10人。2002年,全村保洁人员增至27人,负责51个村民小组以及村主干道路的清扫、垃圾清运、打捞河道漂浮物等日常卫生工作。2012年,全村有保洁员和管理员58人,其中村道保洁员10人、江帆社区与农联家园保洁员48人,管理员3人。2013—2015年,全村卫生工作以每年60.5万元承包给张家港市大德物业管理有限公司。共有清卫人员 19 人,其中道路保洁 12 人、河道保洁 5 人、拖运垃圾 2 人。若突击搞大环境整治,村财政每年支出 10 万元—30 万元作为有偿服务费。

二、健康教育

1997 年,境内各区建立健康教育领导小组,分别隶属各区卫生创建领导小组。每个小组有成员 5—6 人,负责制订、落实健康教育计划。先后开展"爱国卫生月""爱国卫生日""计划免疫日""世界无烟日""科普宣传月""世界环境日"等专题教育活动,并组织学生、村医务人员,做好村民卫生知识应知应会的咨询服务。境内各区健康教育入户率 100%,应知应会率 98% 以上。村队企业、学校等单位健康教育普及率 100%,健康行为形成率 90% 以上,学校健康教育开课率 100%。1999—2015 年,农联村(境内)每年对村民进行健康知识测试,年平均测试成绩均在 96.5 分以上。

三、大环境整治

1996—2001 年,全境共清除露天粪坑 233 只,累计新建、扩建公共厕所 35 座,增设垃圾箱 125 只。2001 年,投入 300 万元实施"北水南调"工程,将沙漕河水引至农联中心河,清洁河水;投入 75 万元,建成工业水管道净化处理系统,解决企业排除污水问题。2002 年,全境有设施较好的公共厕所 12 座,100 多家企业均有自流式厕所。公共场所设立垃圾箱 21 只、公用果壳箱 3 只、垃圾堆放处理场 3 处。是年,投资 150 万元,建造朱家埭中心河两侧石驳岸,总长 3500 米,清除淤泥 15000 立方米。投资 1000 万元,完成江帆污水提标升级工程,境内水质明显改善。对环境卫生管理分段划片、定人定岗。垃圾清运率 100%;垃圾集散地无污水溢流、无蝇蛆;公厕统一编号,管理制度上墙;设立监督电话,管理监督人员全天候服务。对辖区建设工地要求围栏作业,严格控制施工占用公地,不准带泥上路,勤洒水防尘,禁止乱倒建筑垃圾。

2002 年,境内农联村、南桥村、乌沙村获"江苏省卫生村"称号。

第十二编　精神文明建设

中共十一届三中全会以后,全党工作重点转移到"以经济建设为中心",开始在各个领域拨乱反正,恢复被"文化大革命"扭曲的社会秩序和社会风气,努力创造一个有利于发展国民经济、建设社会主义物质文明的良好环境。中共中央提出"要在建设高度物质文明的同时,建设高度的社会主义精神文明""要坚定地确立两个文明一起抓的指导思想"。1981年10月起,境内全面开展群众性精神文明建设活动,先后开展"五讲四美三热爱"等一系列教育活动,开展文明单位和五好文明家庭创建活动。1989年1月,开展评选"新风户"活动。1990年6月,境内各村参加东莱乡"新风村"杯竞赛活动。1994年,境内结合文明建设开展创建省级卫生村活动。1996年,全境掀起创建文明村的热潮。2003年,农联、乌沙、南桥三村合一,建立新的农联村。翌年,农联村升格为党委村后,每年对精神文明建设投入不断增加,2015年用于精神文明创建活动经费6994248元。

改革开放后,农联村村级经济建设快速发展,卓有成效;精神文明建设健康持久,深入人心,走出了一条两个文明协调发展的成功之路。至2015年,农联村先后被评为江苏省卫生村、江苏省文明村、苏州市文明村标兵、苏州市建设社会主义新农村示范村,多次被评为张家港市文明村、文明村标兵。

2010年开始,农联村发动村民广泛开展争当身边好人活动,并大力宣传身边好人的先进事迹,弘扬他们的可贵精神。2010年至2015年,每年评选10位农联村身边好人,其中5人被评为张家港市身边好人,1人获"江苏十大见义勇为好司机"提名奖。

第一章　宣传教育

第一节　学英雄学先进教育

1962年8月15日,年仅22岁的解放军战士雷锋因公殉职。1963年3月5日,《人民日报》发表毛泽东"向雷锋同志学习"的题词后,境内干部群众广泛学习雷锋精神,争当雷锋式好青年、好社员、好职工、好学生、好干部。各单位大力宣传雷锋事迹,把雷锋日记中的精华语句张贴在教室、大队办公室、企业车间和生产队会场。大队文艺宣传队把雷锋事迹搬上舞台,到生产队、学校巡回演出。"文化大革命"期间,境内学雷锋活动受到影响。1978年,中共中央再次发出向雷锋同志学习的号召,从此每年3月5日前后,境内集中开展学雷锋做好事活动。

1986年,境内广泛开展"四有"(有理想、有道德、有文化、有纪律)教育,组织干群听取"两山"(老山、谅山)英雄事迹报告。1995年5月,中共中央总书记、国家主席江泽民亲笔为张家港精神题词,全村兴起张家港精神的再教育热潮。是年10月,由江苏省委组织部、张家港市委组织部联合摄制反映张家港精神的专题片《秦振华》《狂飙》在中央电视台一套播出,境内有3200多人次收看。1997年8月,由江苏电视台、扬子江文化中心联合摄制反映张家港人精神风貌的大型纪实电视剧《张家港人》在江苏电视台播出,境内有3500多人次收看。1996年,境内各区党支部组织党员干部开展向孔繁森、曹克明学习的教育活动。1999年,组织开展"学沙钢、学沈文荣"的教育活动。1995—2010年,市委、市政府培育了一批践行张家港精神的典型,境内以先进典型人物的感人事迹,感召全境人民积极投入两个文明建设。

2015年3月5日,是毛泽东"向雷锋同志学习"题词发表52周年的日子。农联村成立学雷锋活动领导小组,部署全村学雷锋活动。召开动员会,将《向雷锋同志学习的倡议书》发到每个村民手中。设立志愿者服务帮扶卡,开展"一帮一"扶贫帮困活动,积极培育和践行社会主义核心价值观。是年3月12日植树节,农联村团委组织团员义务植树200余棵。是日,社区医生免费为

图12-1 "学身边好人　做文明先锋"青年演讲比赛(摄于2011年)

村民量血压、测血糖,宣讲防病治病常识,全村有500余人次免费享受量血压、测血糖的医疗服务。是月23日,《光明日报》头版头条刊登《身边的焦裕禄——追记张家港市赵庄村党总支书记汪明如》的长篇报道,杨舍镇党委专门下发《关于开展向汪明如同志学习活动的决定》。农联村党委书记赵建军、村民委员会主任李雪东分别在道德讲堂上作"学习杨舍楷模,弘扬时代精神"的讲座,全村村民小组长以上干部及各企业领导共145人参加听讲。

第二节 "五讲四美三热爱"教育

1981年2月开始,境内农联、乌沙、南桥各大队成立由大队书记担任组长、生产队长任组员的精神文明建设领导小组,组织开展以讲文明、讲礼貌、讲卫生、讲秩序、讲道德和心灵美、语言美、行为美、环境美为主要内容的"五讲四美"教育活动。并把这一活动与社会综合治理、为民办好事、学雷锋树新风结合起来。1982年3月,境内各区开展第一个"全民文明礼貌月"活动,参加活动的有1100余人次。

1983年1月,各区又将"五讲四美"结合"三热爱"(热爱祖国、热爱社会主义、热爱中国共产党)在村民中开展教育活动。1984年3月,境内开展"五抓五治五变"(抓思想道德建设,治旧变新;抓文化科学建设,治愚变智;抓环境卫生建设,治脏变净;抓社会秩序建设,治乱变安;抓生产发展,治穷变富)活动。村民受教育面达到90%以上。

1989年开始,境内各学校每周举行升国旗仪式,接受爱国主义教育。每年"九一八"国耻日,各学校开展以"毋忘国耻,爱我中华"为主题的歌咏、演讲比赛。1995年,境内各区结合实际,深入开展"爱祖国、爱集体、爱社会主义"三爱教育活动,组织党员干部参观沙洲中路步行街、张家港保税区等标志性工程及重大建设项目,增强党员干部对改革开放成果的感性认识和热爱家乡、建设家乡的自豪感与责任感。1997年7月1日,中国政府恢复对香港行使主权。境内各区以此为契机,紧密围绕"颂祖国、庆回归、迎七一"这一主题,开展庆祝香港回归系列活动。1998年,中共十一届三中全会召开20周年,境内以"二十年改革、二十年巨变"为主题,举办文艺晚会、演讲比赛、图片及黑板报会展。2000—2015年,农联村(境内)全体党员先后赴上海中共一大会址、南京雨花台烈士陵园、革命圣地延安等地参观,到天安门广场观看升国旗仪式,到毛主席纪念堂瞻仰领袖遗容,到周恩来纪念馆等爱国教育基地上特殊党课,受教育党员、干部4100多人次。

第三节 文明市民教育

1992年,境内农联、乌沙、南桥各村均建办市民学校,组织市民学习《张家港市文明市民读本》,并举办知识竞赛、演讲比赛,参加比赛的有 128 人次。

1993 年,境内开展学习《张家港市文明市民守则》和《张家港市民行为规范》。其中,《张家港市文明市民守则》的主要内容为"六要""十不准",即"要热爱祖国,建设港城,同心奋斗,勇于争光;要团结友爱,助人为乐,言行文明,自尊自重;要家庭和睦,邻里相亲,计划生育,拥军优属;要尊师重教,尊老爱幼,相信科学,移风易俗;要讲究卫生,美化环境,义务植树,爱护花木;要遵纪守法,维护公德,诚实守信,优质服务""不准粗言秽语,相骂吵架;不准随地吐痰,乱扔果壳、烟蒂、纸屑;不准闯红灯,妨碍交通;不准乱停车辆,挤占道路;不准乱设摊点,无证经营;不准乱搭乱建,影响村容;不准乱倒垃圾,乱堆杂物;不准乱涂乱贴,私设广告标语;不准损坏绿化,侵占绿地;不准擅自挖掘,破坏设施"。《张家港市民行为规范》的内容为"五讲十不",即"讲文明、讲礼貌、讲卫生、讲道德、讲秩序;不随地吐痰、不乱丢杂物、不损坏绿化、不损坏公物、不乱涂乱画、不吸游烟、不骑车带人、不乱停车辆、不燃放烟花爆竹、不说粗话脏话。1999 年,境内以"争做文明人,共建文明城"为主题,开展文明市民守则、文明市民公约以及"三德"(社会公德、职业道德、家庭美德)、"三礼"(礼貌、礼仪、礼节)常识教育,提高村民的文明素质。在历次文明教育中,村民受教育面为95%。至 2015 年,农联村被评为各级文明市民的有 864 人。

第四节　未成年人思想品德教育

1995 年 9 月,张家港市召开青少年教育工作会议。境内农联、乌沙、南桥各村均建立关心未成年人思想道德教育领导小组。领导小组由村委、学校、家长代表组成,具体抓未成年人的思想教育工作。

1996 年开始,每年暑假前,各村关心未成年人思想教育领导小组就对辖区内青少年的暑期活动作好安排。利用家长学校组织青少年学法律,开展法律知识竞赛。邀请东莱派出所、东莱镇司法办等部门的警官和

图 12-2 "铭记历史·圆梦中华"青少年主题演讲比赛(摄于 2016 年)

司法人员为青少年讲案说法,作如何防止电讯诈骗的专题讲座。结合青少年的兴趣爱好特点,开展法律知识竞赛、讲道德守法制手抄报比赛。组织青少年观看禁毒影片,参加拒绝毒品签字仪式。教育青少年拒绝黄、毒、赌,争做合格小公民。

2004 年,农联村关心未成年人思想教育领导小组会同公安、文化、工商等部门,开展网吧、游戏机房的专项整治,聘请退休人员担任网吧、游戏机房的义务管理员。严禁未成年人

进入网吧和游戏机房,禁止商店向未成年人出售烟酒,为未成年人成长创造良好的社会环境。

2007年,农联村被张家港市关心下一代工作委员会评为张家港市基层关工委"五有五好"创优争先先进村。

2015年暑期,杨舍镇东莱办事处携手农联村、农联小学,组织开展"快乐少年七彩追梦"暑期夏令营活动。举行夏令营开营典礼,开展七彩暑期安全教育活动、七彩暑期青少年绘画活动和七彩童年手工活动。参加活动的学生有65人。

第五节　公民道德教育

2001年10月,中共中央下发《公民道德建设实施纲要》(以下简称《纲要》)后,境内农联、乌沙、南桥各村根据东莱镇党委要求,召开学习动员会议,举行公民道德建设启动仪式。要求各村民小组和企业单位遵循"重在建设、以人为本"的方针,认真贯彻《纲要》精神,并组织开展公民道德教育"六个一"系列活动。

传唱一首歌。编创《道德规范之歌》,并制作成录音带让全民传唱,使村民将"爱国守法、明礼诚信、团结友善、勤俭自强、敬业奉献"20字公民道德基本规范牢记心中。

读好一本书。将《文明新风三字歌》顺口溜作为《公民道德建设实施纲要》的乡土教材广泛发放,共发放1890册。

展出一套漫画。用电脑将公民道德规范设计成形象、生动的漫画册,张贴在境内各宣传橱窗展览,便于村民随时观看,接受教育。

图12-3　"诵家风,传家训,扬美德"活动(摄于2015年)

建好一批公民道德文化墙。在境内村庄及交通要道、能见度好的建筑墙或围墙上,用漫画形式展示公民道德规范内容。

上好一堂课。结合学校课堂教育,在小学生中开展《国旗法》、文明礼仪、道德风尚、法律法规等教育活动;利用市民学校,在村民中开展道德规范教育;对党员、干部进行党的宗旨和公民道德教育。

推出一批文明典型。村民倪胜利、匡卫

图12-4　"文明诚信进商铺"宣传活动(摄于2016年)

见义勇为,施红芬孝老爱亲,季瑛爱岗敬业,朱荣明、朱荣铨助人为乐,他们先后被评为"张家港市身边好人"。村两委组织"身边好人"巡回演讲他们的先进事迹,使村民学有典型、赶有榜样。

至2015年,农联村先后举行公民道德规范知识竞赛20余次,并将公民道德规范内容贯穿于"春之歌、夏之吟、秋之舞,冬之书"等群众文化系列活动和各种联谊会之中,着力营造公民道德教育氛围,有90%以上的村民参加此类活动。

第六节　社会主义核心价值观教育

2011年9月,农联村组织举办以"中华好家风"为主题的系列活动。邀请市镇书法家书写家风家训;在道德讲堂举行"诵家风、传家训、扬美德"报告会,大力传播和谐、孝道、勤俭、励志等正能量内容。

2012年11月8日,中共十八大报告明确提出"三个倡导",即"倡导富强、民主、文明、和谐,倡导自由、平等、公正、法治,倡导爱国、敬业、诚信、友善,积极培育社会主义核心价值观"。

2013年开始,农联全村持续组织开展社会主义核心价值观教育活动。2015年开展"大爱农联、幸福家园"系列活动。是年1月31日,组织举行"迎新春、树家风、传家训"书法活动;2月11日,举行"浓浓邻里情"庆元宵趣味运动会;3月26日,举行清明节"缅怀革命烈士,传承革命精神"活动;6月13日,举行"'粽'爱端午·情浓家园端午节"活动;9月26日,举行中秋节"月满

图12-5　"粽"爱端午,情浓家园(摄于2015年)

中秋,幸福农联"活动;10月20日,举行重阳节"弘扬敬老美德,共建幸福家园"活动。全村参加上述活动的有1500人次。

农联村以市民学校为阵地,组织村民反复学习《公民道德家庭读本》,把诚信教育融入"五星文明家庭"和"五星文明职工"的评选活动中,进一步强化村民的诚信意识,规范村民的诚信行为,促进村民诚信习惯的养成。在农联金街119家商户中率先开展"文明诚信商户"创评活动,创建"文明诚信经营示范街"。至2015年,参加该教育活动的有5280人次。

第二章　创建活动

第一节　文明新风户与五星文明家庭评选

1980年起,境内农联、乌沙、南桥3个村在村民中广泛提倡弘扬讲文明、树新风、尊老爱幼等社会新风尚,开展"心连心,好婆媳""邻里一家亲"等活动,创建"幸福家庭""文明家庭",全村所有家庭都参加该创建活动。

1989年7月,张家港市委、市政府下发《关于深入开展创建文明新风户活动的通知》。其中明确评选文明新风户的"十要十没有"规定,即:要爱国家、爱集体、自觉执行粮棉油种植计划,没有欠交税收等其他应缴款项目和违反合同定购的行为;要遵纪守法,没有赌博、传看淫秽物和小偷小摸行为;要自觉遵守《文明市民守则》,没有不文明、不道德行为;要自觉搞好家庭内外卫生,积极消灭"四害",没有乱倒垃圾、乱堆杂物、乱拉电线和无证养犬等行为;要移风易俗,没有参与关亡、扎库、算命、做道场等封建迷信活动;要邻里相亲、团结互助,没有打架、相骂等邻里纠纷和搬弄是非。是年8月,境内各村分别成立创建活动评比领导小组,具体负责评选"文明新风户""五星级文明家庭""文化、科技、卫生三入户特色家庭"。通过创评活动,有效提高了村民的思想道德素质,民风向善,村容村貌明显改观,有力地推动了文明村创建工作。农联村在1990年至1999年的10年间,连读5次获得张家港市"双文明单位"称号。

1989年起,境内各村全面开展"文明新风户"评选活动,着力构建和谐新农村。在实施过程中,各村分别建立村"文明新风户"评比小组,挑选原则性强的老党员、老干部组成评比小组。评选采取先分片评议,然后由村评比小组集中评议,最后报上级审核备案。对评上文明新风户的家庭,大门上面挂上"文明新风户"牌子,年终给予一定的奖励。凡没有评上文明新风户的家庭由村评比小组会同村委落实帮教措施。

2001年,全境总户数1774户,其中1695户被评为"文明新风户",占总户数的95.55%。2005年,全村总户数1843,其中1490户被评为"五

图12-6　文明家庭书写家风家训(摄于2016年)

星文明家庭",占总户数的 80.85%。2015 年,全村总户数 1860 户,其中 1564 户被评为"五星文明家庭",占总户数的 84.09%。是年,还评出"党员文明示范家庭"25 户。

1989—2004 年农联村(境内)"文明新风户"一览表

表 12–1

单位：户

年份	总户数	文明新风户数	文明新风户占总户数百分比（%）
1989	1721	1631	94.77
1990	1719	1640	95.40
1991	1717	1645	95.81
1992	1718	1649	95.98
1993	1732	1654	95.50
1994	1736	1660	95.62
1995	1739	1669	95.98
1996	1748	1669	95.48
1997	1752	1653	94.35
1998	1758	1652	93.97
1999	1755	1698	96.75
2000	1761	1701	96.59
2001	1774	1695	95.55
2002	1789	1699	94.97
2003	1814	1775	97.85
2004	1830	1775	96.99

2005—2015 年农联村"五星文明家庭"一览表

表 12–2

年份	总户数	五星文明家庭户数	五星文明家庭户数占总户数百分比（%）
2005	1843	1490	80.85
2006	1858	1487	80.03
2007	1870	1492	79.79
2008	1866	1485	79.58
2009	1864	1491	79.99
2010	1858	1498	80.62

（续表）

年份	总户数	五星文明家庭户数	五星文明家庭户数占总户数百分比（%）
2011	1855	1488	80.22
2012	1850	1495	80.81
2013	1848	1532	82.90
2014	1853	1548	83.54
2015	1860	1564	84.09

第二节　文明村创建

1996 年,境内农联、乌沙、南桥 3 个村以提高农民素质、建设社会主义新农村为目标,开展创建文明村活动。各村均成立创建文明村领导小组,由村党支部(总支)书记担任组长,村委主任担任副组长,其他副职干部任组员。是年,各领导小组共召开创建文明村专题工作会议 9 次,召开村民动员大会 3 次,发放创建文明村宣传材料 1800 份,挂置宣传横幅 13条,板报联展 5 次,受教育群众 8600 人次。是年,农联村被评为张家港市文明村。

1997 年开始,根据上级决定,境内各村把创建文明村和创建省级卫生村的工作结合起来,以整顿治理村域环境卫生为重点,开展健康教育、灭蚊灭蝇、改厕改水、硬化道路等工作,做到人人参与、个个动手。三村合计投入 35 万元,填埋所有的露天粪坑。新建三格式化粪池 1500 只,补贴每只新建粪坑 200 元。投入 30 万元,新建公共厕所 43 座。投入 129万元,在村民居住点放置垃圾收集箱 105 只,新建垃圾收集房 32 间,做到垃圾定点收集、及时清运。是年,投入 45 万元,改造、新建供水管道 10.1 千米,接通张家港市自来水厂,确保村民用水安全。

1998 年,各村以"清洁家园、清洁村庄、清洁河道"为主题创建文明村,进一步开展大环境整治,并将"三清洁"列入为民办实事的工程。各村村间道路硬化面积合计10.08 万平方米,铺设下水管道合计 2.4万米,开挖窨井合计 1309 口,植树合计11.46 万棵,清理河道面积合计 5.6 万平方米。

1999 年起,各村把创建文明村作为常态化管理,建立卫生保洁队、绿化管护队、治安联防队三支专业队伍,实行专人

图 12-7 "我们的家"村史馆

专管,一管到底。

2001 年,各村印发《张家港市文明市民守则》,每户 1 册,开展"争做文明人、共建文明村"的主题活动,98% 的村民参加了该活动。2002 年,农联村被评为江苏省卫生村。

2003 年,农联、乌沙、南桥三村合一,建立新的农联村。翌年,农联村升格为党委村。是年,农联村精神文明创建工作领导小组成立,村两委主要领导分别担任组长和副组长,并下设专门办公室。以后,领导小组每年对各创建单位进行百分考核,内容涉及领导班子建设和思想教育情况、经济建设和工作任务完成实绩、为民办好事情况、开展群众性精神文明建设等方方面面情况,考核结果与"评优评先"及经济待遇挂钩。

2006 年,农联村被评为 2005—2006 年度江苏省创建文明村工作示范村。2008 年,农联村投入 2200 万元,在村委综合大楼建成江南农耕文化馆,并设有书场、图书馆、宣传画廊等。

2013 年,农联村两委对精神文明创建工作领导小组及专门办公室成员作出调整和充实。投入 80 万元,建成占地 4 公顷的"农联好人公园",展示身边好人的事迹,以便村民在提升文明素养时学有方向、赶有榜样。是年,农联村被评为 2010—2013 年度江苏省文明村。

2014—2015 年,农联村先后投入 600 万元,建成党建馆、村史馆、工匠馆,开辟道德讲堂、民生大讲堂,为文明创建打造新的特色亮点。

2015 年,农联村精神文明创建活动总经费 699.42 万元。其中,用于老年福利 556.71 万元,用于改善环境 34.5 万元,用于爱心帮扶 31 万元,用于惠民演出 26.03 万元,用于宣传推广 6.17 万元。

2003—2015 年,农联村共 13 次被张家港市委、市政府授予"文明村""文明村标兵"等荣誉称号。并先后获"苏州市文明村""苏州市文明村标兵""江苏省创建文明村工作先进村""江苏省和谐社区建设示范村""江苏省文明村"等荣誉称号。(补记:2016 年,农联村被评为全国文明村)

链接一:

农联村精神文明创建工作领导小组组织网络图

赵建军

钱文伟　　　　吴国建　　　　季　宇

翟梓均　　季利本　　黄　平　　唐　静　　周　超

链接二：

深化文明创建，共筑幸福家园

—— 农联村创建第五届全国文明村工作总结

农联村地处张家港市区东北郊，属城乡结合部。2003年11月，由原农联、南桥、乌沙三村合并而成。全村区域面积约6.02平方千米，有51个村民小组，全村常住人口约18000人，其中本地居民5746人。2004年，农联村升格为党委村，下设10个党支部，共有308名共产党员。

近年来，农联村认真贯彻落实习近平总书记系列重要讲话精神，围绕建设"实力农联、美丽农联、和谐农联"的目标，以创新、协调、绿色、开放、共享的新发展理念引领农村精神文明建设，努力实现乡风民风美起来、人居环境美起来、文化生活美起来。先后获得"国家优秀小康村""江苏省文明村""江苏省社会主义新农村建设先进村""苏州市文明村""苏州市村级经济发展标兵村"等荣誉称号。文明创建有力地提升了村民文明素质和农村文明程度，极大地促进了经济社会全面协调可持续发展。农联村综合实力始终位居全市行政村排头兵行列。2016年全村工业开票销售收入17.9亿元，利税总额3.4亿元，村可用财力5190万元，农民人均收入超4万元。在文明村创建实践中，我们做到"五个坚持"：

一、坚持"一把手抓两手"，让文明创建常态长效。始终坚持"两手抓，两手都要硬"的战略方针，把文明创建作为"一把手工程"，在抓早抓紧、抓常抓细上持续发力。一是发挥党委推动的导向作用。成立了由党委书记任组长的创建工作领导小组，8位两委班子成员分工负责，有专（兼）职人员6名，文明创建工作同村两委工作同规划、同部署、同考核，每年召开专题会议4次以上，3年投入经费逾1900万元。二是发挥顶层设计的引领作用。坚持规划先行，从实际出发，通过精心的规划设计，制定了农联新镇发展规划，切实提高村庄布局水平和民居设计水平。2012年，启动农联新镇建设，建成集餐饮、旅游、休闲、购物、居住、办公为一体的特色新镇，改善村民居住环境，提升村民的生活品质，成为加快建设宜居现代化农联的新亮点。三是发挥村民群众的主体作用。发挥好党委的主导作用和村民群众的主体作用，扩大创建活动的群众基础，积极搭建村民理事会、党员中心户、居民议事厅等村民便于参与、乐于参与的创建平台，通过"33"制楼组党建、议事会分会制、议事厅值班制、共建单位轮值制等制度，推行"小区事务大家评、小区管理大家议、小区决策大家定"的自治模式，不断提升创建活动的吸引力、感染力。

二、坚持核心价值观引领，让乡风民风美起来。核心价值观是最持久最深层的精神力量。我们以"美丽乡村建设"为主题，深化农村精神文明建设，深入持久开展核心价值观宣传教育，精心设计村民群众喜闻乐见的主题实践活动，在贯穿结合融入上下功夫，在落细落小落实上下功夫。一是培育优良家风。把家风建设摆在核心价值观建设的重要位置来抓，积极培育和树立良好的家训家风，认真组织开展"传承好家训、建设好家风"系列活动，开设"诵家风，传家训，扬美德"道德讲堂，举办"说家风，秀家训"等主题活动，征集优秀家风家训200余条。积极开展"文明家庭"评选工作。2016年，全村评选"文明家庭"1246户、"文明标兵家庭"49户、"党员文明示范家庭"25户。二是培育文明乡风。广泛开展"讲文明、树新风"公益广告宣传，大力度、常态化刊播社会主义核心价值观等公益广告。每季度开展一次道德讲堂活动，弘扬真善美，传递正能量。以"党建文化引领社区治理"为主题，高标准完成了"党建长廊""精神文明长廊""成果共享长廊"和"村民自治长廊"建设，营造浓厚的文化氛围。大力倡导移风易俗，修订完善村规民约，普及科学知识，引导村民摒弃陋习，倡导文明节俭、生态环保的新风尚，让淳风美德润泽农联。三是培育新型农民。大力倡导诚信经营理念，在农联金街119家商户中率先开展"文明诚信商户"创评活动，创建"文明诚信经营示范街"，让诚信的力量在幸福农联不断生长。组织村民积极参加"民生大讲堂""烹饪厨艺""育婴师"等培训，并依托农家书屋、市民学校等阵地，加强科学文化知识及创业技能培训。利用宣传栏、会议、讲座等形式，进行普法宣传教育，在广大群众中营造全民学法、懂法、守法的法制氛围。四是培育新乡贤文化。注重培育和弘扬乡贤文化，发挥村中德高望重的贤人志士在美丽村庄建设中的才能和作用，让乡贤人士在美丽村庄建设中起到较好的引领作用。3年来，累计推选乡贤25名，并将6名乡贤故事通过宣讲、事迹展等形式进行广泛宣传，发挥乡贤示范引领作用。五是培育好人文化。通过"榜样引领·文明绽放"等活动载体，广泛开展好人评选活动，涌现出一大批农联身边好人。3年来，累计推荐上报好人21名，入选张家港市"身边好人"6名。新建好人主题公园，通过"中国好人"雕塑、好人立牌、"善行义举榜"、宣传栏等途径，对"身边好人"事迹、农联爱心基金会爱心捐助榜名单定期宣传公布。通过举办学习先进座谈会、先进典型巡展等形式，让良好风尚渗透到每个家庭。

三、坚持环境综合整治，让人居环境美起来。在推进文明创建中，做好"美丽村庄"篇章，走出了一条经济发展与人居环境改善双赢的可持续发展道路。一是完善配套设施，公共服务资源丰富。坚持需求导向，优先安排建设与群众切身利益相关的基础设施，把惠民项目与农民群众需求更好地对接起来。村里设立了卫生服务中心、老年活动室、理疗馆、篮球场、农家书屋、农资超市等，为村民的生活提供了便利；投资600万元建立党建馆、农耕文化馆、村史馆和工匠馆，为文明创建打造新的特色亮点。二是打造洁美家园，人居环境焕然一新。建立文明村，创建卫生管理制度，全面开展"洁美家园"村庄整治行动。针对垃圾乱倒、棚舍乱搭、墙体乱涂、杂物乱堆等问题，进行全面整治，呈现"洁齐美"新面貌；在醒目位置设立宣传标语，引导村民养成文明卫生的生活习惯，并实行村干部网格员分片包干制，坚持长效管理，有效提升管理水平和农民人居环境。本村村庄建设达到三星级康居乡村标准。三是加强环境保护,生态环境绿化美化。本村辖区内的住宅、活动场所及企业单位实行"门前三包"责任制管理。本村将卫生工作纳入"文明家庭"评选活动中,动员村民适当承担相应的卫生保洁义务,杜绝焚烧秸秆,实现村庄环境美化、农家庭院净化、村容村貌整洁的目标。

四、坚持文化繁荣发展,让文化生活美起来。以传承优秀传统文化为主要内容,努力创新文化活动形式,丰富群众精神文化生活,使群众置身美的环境、拥有美的心灵、共享美的生活,让"美丽农联"更具魅力。一是弘扬传统文化。利用村综合文化服务中心、文化活动广场,开展"剪窗花,迎新春""粽情端午,情暖家园"等各类群众喜闻乐见的民俗文化活动24次。二是拓展文艺团队。组建村民文艺团队5个,挖掘民间艺人6名、文化能人7名。邀请20名农民文艺骨干,组织举办"月满中秋,幸福农联"文艺晚会,举办"榜样引领·文明绽放"颁奖暨迎新年文艺演出,参加区镇"幸福网格乐翻天"才艺pk赛等。三是丰富文化生活。为了丰富村民的业余文化生活,本村建立农家书屋、乒乓球活动室、健身路径、篮球场等文化服务活动场所,为村民学习生活、健身娱乐提供了良好的设施基础。通过大戏台开展评弹、锡剧等惠民演出,为村民送上精神大餐。四是关爱未成年人。在青少年中深入开展社会主义核心价值观宣传教育和实践活动。一方面,开展"学八礼四仪,做文明少年""文明礼仪伴我行""心存感恩,孝敬父母""诵家风,传家训,扬美德""争做勤俭节约好少年"道德讲堂、演讲比赛、图书漂流等活动;另一方面,组织学生开展暑期特色夏令营活动,在丰富学生科普知识的同时,加强未成年人的思想道德建设。

五、坚持创建惠民利民,让群众共享创建成果。始终把惠民利民作为文明创建的出发点和落脚点,推动文明创建成为最大的惠民工程。一是增强民生福祉。2016年,本村给65岁以上老人每人发放福利费5000元,比2010年提高了10倍。同时,村里设有居家养老服务中心,免费为老人理疗、理发服务,弘扬爱亲孝老的传统美德,营造关爱老人的浓厚氛围。此外,为村民全额缴纳合作医疗费用,实施村民大病救助制度和民生两险补充救助制度,并为全体村民购买意外、重疾综合险,让老百姓不会因病致贫、因病返贫。二是实施"科教强村"。设立了奖学金制度,从村级集体经济收益中拿出专项资金,对考取重点初中、高中、本科、研究生、博士生等各类优秀学生发放奖学金,截止到目前,共奖励优秀学子253名,培养了4个留学生、5个博士生、38个研究生、120个大学本科一类生,发放奖学金300余万元。2004年,成立了全市首家村级爱心帮扶会——农联爱心基金会,每年从基金会中拿出部分资金做好贫困学生帮扶工作,每年帮扶相对贫困家庭超300人次,发放帮扶资金每年不低于50万元,并实施高中学费全额补贴制度,激励青少年成长成才。三是创新服务载体。设立"便民工作岗""邻里互助岗""家庭和谐岗"等十个乡风文明志愿岗,率先成立了全市首家"便民工作岗",做到服务百姓"零距离"。常态化开展"阳光助老,奉献爱心""红色驿站、助力未来""缤纷假日,低碳我行""睦邻里、暖暖爱"四大志愿服务项目。其中,"红色驿站"志愿项目,4年来,为流动儿童免费辅导百余次,受到了新市民的广泛赞誉。

文明永无止境,创建没有终点。下一步,农联村将继续把精神文明建设作为一项提升村民文明素质和现代文明程度的民生工程摆在更加突出的位置,锲而不舍,与时俱进抓好文明创建工作,努力让生活在农联的人更有自豪感、获得感、幸福感,使农联新家园更美丽、更文明!

(选自农联村《创建第五届全国文明村材料汇编》)

第三章　身边好人

第一节　见义勇为

季梅生出生于农联村南区十九组(港西自然村),1978 年 12 月,应征入伍至内蒙古霍林河某部队服役。1980 年 5 月 9 日凌晨,内蒙古科尔沁草原发生火灾,上级命令季梅生所在部队速去执行紧急救火任务。从上午 7 时开始,直到下午 4 时许,火焰才被基本扑灭。在灭火过程中,季梅生不顾个人安危,多次冲向火海。他的面部、双手等部位被严重烧伤,后经医院全力救治,方脱离生命危险。季梅生奋不顾身为民灭火的英勇事迹在军内外广为传颂,被誉为"灭火英雄",其所在部队为他记三等功 1 次。是年 7 月加入中国共产党,并被评为一级伤残军人,享受民政部"一级伤残军人抚恤优待护理"待遇。2010 年,季梅生被补评为农联村身边好人,其事迹在农联好人公园张贴宣传。

农联村南区十五组(倪家堂自然村)的倪胜利,2010 年被评为苏州市文明市民标兵。2011 年 5 月 30 日下午 5 点光景,倪胜利正在自家经营的小杂货店整理物品,突然听到外面有人大声呼喊:"快来人啊,有人掉河里了!"他听见呼救声后立即冲出店门,赶到出事地点。只见一条河的东头有个小孩正在水中挣扎着。当时,现场围观群众大都是老人和妇女,加上石驳岸既高又陡,一时无人下河救援。66 岁的倪胜利毫不犹豫,纵身一跃,跳入河中。他用尽全力游到小孩身边。这时,小孩因挣扎喝下不少水,开始下沉。倪胜利抓住小孩,拼命将他托起,然后把小孩推到岸边。倪胜利顾不得疲劳,在岸上群众协助下,采取各种措施帮助小孩将水吐出,落水小孩终于获救。事后,落水小男孩全家带上礼品到倪胜利家感谢救命之恩。倪胜利笑笑说:"不用谢,这是我应该做的。"并要求孩子家长将礼品带回。倪胜利见义勇为抢救落水小孩的事迹刊载于当年《张家港日报》。2012 年 5 月,倪胜利获评张家港市身边好人。

匡卫是农联村南区八组(匡家堂自然村)人。2010 年 4 月 29 日下午,匡卫开车行驶在沙洲东路,遇上红灯便停下来与副驾驶座上的妻子聊着闲话,只觉一个黑影一闪而过,随即就听到前方传来女人的叫喊声。原来,刚才那抹黑影是一辆急速行驶的摩托车。车主违反交规闯红灯,并撞倒一辆电瓶车后快速逃逸。此时,电瓶车女车主被甩出 1 米多远,躺在地上按着受伤的左脚拼命叫喊:"你别跑,别跑!"匡卫见此情形,怒火中烧:光天化日之下,驾车撞人后逃跑,还有点做人的基本素质吗?于是,绿灯刚亮起,匡卫就踩上油门追赶肇事的摩托车,不一会就追上了。

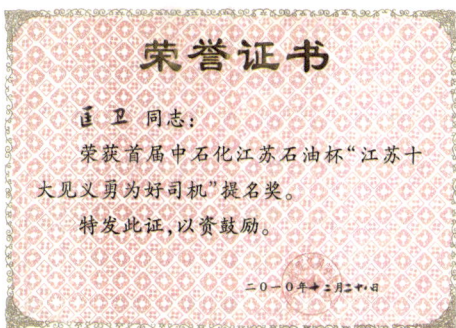

图 12-8 匡卫见义勇为证书

匡卫摇下车窗,大声喊道:"你把人家撞伤了,快回去看看!"摩托车主侧头看了看他,不仅没停车,反而加速前行。匡卫怒火中烧,加大油门。匡卫的妻子有孕在身,害怕惹祸上身,就劝丈夫不要多管闲事。匡卫握了握妻子的手,说了句"放心",就风驰电掣地往前追赶。不一会就将摩托车逼停。车刚停稳,匡卫就下车来到摩托车旁,一把拽住车主厉声呵斥,并马上报警。交警赶到现场,经查肇事方不仅闯红灯、撞人逃逸,还是无证行驶。匡卫随即主动配合交警做了笔录。匡卫见义勇为的事迹在张家港迅速传开,并刊载于当时的《张家港日报》。2010 年 12 月,经逐级上报、层层筛选,匡卫获"江苏十大见义勇为好司机"提名奖。

第二节　助人为乐

农联村北区十六组(朱家圩自然村)的朱荣明,曾担任杨舍镇农联村五联小学校长,是名有 31 年党龄的老党员。1995 年退休后,在东莱镇关心下一代工作委员会工作。2009 年,因身体不适,朱荣明在家休养。然而,闲不下来的他在自己家中办起家庭文化辅导站,免费辅导外来务工人员子女。屋子中央放有 4 张书桌、10 余张椅子,旁边还搁着小黑板和书报架。暑假期间,朱荣明利用周一至周五上半天时间,为附近外来务工人员子女免费辅导功课。除了辅导孩子们完成暑期作业,朱荣明还组织孩子们开展一些智力和健身活动,以丰富孩子们的暑假生活。为了让孩子们全面发展,朱荣明还特地购买了唐诗宋词内容的字帖和习字簿,让孩子们一边练习硬笔书法,一边背诵唐诗宋词。租住在朱荣明家隔壁、来自安徽的宋俊杰、宋巧玉、宋金宝姐弟仨,也是朱荣明的辅导对象。他们的父亲宋先生逢人便乐呵呵地说:"以前 3 个孩子不是跟我们去工地就是在家玩,哪有时间认真学习?""可自从去了朱老师的家庭辅导站,不仅认真完成了暑假作业,还变得懂事多了。"早在 2008 年,朱荣明家便是农联村的党员中心户,是周边 10 余名党员的活动基地。后来,党员中心户与家庭辅导站合二为一,成了红色家庭辅导站。在朱荣明的带动下,中心户的其他党员纷纷加入辅导行列,他们共同用爱心去帮助"小候鸟"们健康成长。朱荣明乐于助人、主动关爱民工子弟的事迹刊载于当年《张家港日报》。2011 年 9 月,朱荣明获评张家港市身边好人。

　　朱荣铨是农联村南区七组(钱家堂自然村)人,退休前一直从事教育工作。2004年退休后,出于对教育事业的热爱和对青少年的关心,朱荣铨爽快应邀担任农联村关工委副主任。朱荣铨常说:"青少年是祖国的花朵,需要多方的呵护,光有家庭、学校的关心还不够,更需要社会力量,关工委就要在这方面不遗余力。"寒、暑假期间,许多家长忙于工作,没有太多时间关注孩子,朱荣铨就尽量想办法让孩子们的假期过得丰富而有意义。他为孩子们制订详细的寒暑假活动计划,并认真付诸实施。朱荣铨认为,学习是学生的基本任务,只有在完成此项任务的基础上才可以做其他的事情。他组织学生们集中到学校保质保量做完寒暑假作业,并耐心地为学生解答疑难问题。除此之外,朱荣铨还邀请民警为学生进行安全法制、交通法规、预防青少年犯罪等法制内容的教育,要求学生学法、懂法、守法。农联村的不少家长都说,孩子让朱老师教,我们都放心。朱荣铨不仅主动发挥余热,做好关心青少年工作,还热心做好邻里家庭纠纷的调解工作,并主动向村委反映民意,充当村委与村民的"连心桥"。朱荣铨的事迹刊载于当年的《张家港日报》。2013年7月,朱荣铨获评张家港市身边好人。

第三节　敬业奉献

　　农联村南区十七组(青草巷自然村)的季瑛,1991年从张家港市卫校毕业后,便在农联村卫生室工作。1998年,季瑛通过自己的努力取得乡村医生执业证书。23年来,季瑛一直从事农村基层医疗服务工作,在平凡的岗位上,时刻牢记职业赋予的神圣使命,恪守医德,坚持以病人为中心。只要有人打电话求诊,季瑛就背着医药箱上门服务,深得村民的信任。1996年春天的一个早晨,一名中年男子急匆匆地赶到季瑛家中,说自己的父亲发烧了,想请季瑛上门诊疗。当时,季瑛正在家里做早饭,听到这个消息,连忙背上医药箱,骑着摩托车赶到中年男子家里。给老人看完病后,季瑛直接去卫生室上班,不料在途中遭遇车祸,右脚脚踝骨折。然而,季瑛只在家中躺了一个星期,就带伤上班。2008年冬天,季瑛接到江帆花苑小区一名孕妇打来的电话,得知孕妇正处于怀孕初期,需要每天打保胎针,试问季瑛能不能上门打针。接到电话时,已经是晚上9点多了。"你现在身体怎么样?需不需要我马上到你家去帮你检查?"季瑛在电话里问道。了解到对方身体无大碍之后,季瑛答应每天上门为这名孕妇打针。然而,给孕妇打针没几天,就遇上雪灾。季瑛每天下班后,深一脚浅一脚踏雪步行去孕妇家为她打针,然后再回家吃饭,就这样一直坚持了1个月。2003年,农联村与乌沙村、南桥村三合一后,前往农联村卫生服务站看病的老人特别多。他们大多患有冠心病、糖尿病、高血压等慢性疾病。季瑛对病员坚持定期上门走访,还邀请大医院的医生、教授到村里为老年人作保健讲座。2013年5月,村里在老年过渡房建立便民工作室。每个星期天,卫生服务站的工作人员去便民工作室值班,为老年人免费提供体检服务。工作室开放后,前往体检的老人特别多,季瑛经常忙得连喝口茶的时间都没有。季瑛行医20多年,始终把病人当成自己的亲人朋友,工作一丝不苟,服务热情周到。村民称赞她是白求恩式的好医生。季瑛敬业奉献的事迹刊载于当年的《张家港日报》。2014年4月,季瑛获评张家港市身边好人。

第四节　孝老爱亲

农联村北区六组(钱家埭自然村)的施红芬家庭是一个特殊家庭,三代五口人之间没有血缘关系。1984年,胡进发的前妻因病去世,留下一个6岁的女儿胡玉芬。经人介绍,施红芬与胡进发结合,翌年便有了儿子。施红芬有两个婆婆,一个是丈夫的生母,另一个是丈夫的继母。胡进发在腹中时父母就离异,后来法院将其判给父亲,由继母带大,并一直与父亲和继母生活在一起。胡进发生母改嫁后与儿子一直保持联系。施红芬嫁入胡家30多年,对两个婆婆都很好,将他们都视作亲妈对待,从未红过脸。丈夫的继母年纪大后,施红芬就不让她下地干活。胡进发在单位当供销员,常年出差在外,家中里里外外全由施红芬操持。平时,她对丈夫的亲生母亲尽力照应,逢年过节总要带上慰问品前往探视。施红芬生病住院后,两个婆婆多次赶到医院去照顾她。施红芬对两个子女一视同仁,家里养的鸡下了蛋,两个孩子每人一个;邻居给了一颗糖,两人一人一半。胡进发前妻的女儿胡玉芬高考成绩离分数线差了点,要出万余元赞助费,施红芬毫不犹豫地拿出这笔钱。胡玉芬与继母无话不谈,感情特深,她常夸奖继母比亲妈还亲。胡玉芬孝老爱亲的事迹刊载于《张家港日报》。2013年8月,胡玉芬获评张家港市身边好人。

补记:

2016—2017年张家港市级身边好人

姓　名	性别	出生年月	荣誉级别	荣誉类型	获得荣誉时间	事迹登载何报刊
陆惠忠	男	1949.10	张家港市级	助人为乐	2016	《张家港日报》
唐卫芹	女	1956.08	张家港市级	助人为乐	2017	《张家港日报》
丁桂红	女	1971.03	张家港市级	助人为乐	2017	《张家港日报》
季耀龙	男	1949.12	张家港市级	敬业奉献	2017	《张家港日报》
周洪兵	男	1970.08	张家港市级	敬业奉献	2017	《张家港日报》
景　江	男	1972.10	张家港市级	敬业奉献	2017	《张家港日报》

第十三编　人物 荣誉

　　农联村人杰地灵,才俊辈出。本编人物部分收录 2015 年 12 月 31 日前在农联村和外地工作的农联籍各界知名人士。设人物传记、人物简介和人物名录。其中,人物传记收录革命烈士、学校创办人、正科级以上干部、省名中医及其他已故名人;人物简介收录副处级以上干部、省条线以上先进人物、正高级知识分子及其他贡献突出的在世人物;人物名录收录获得张家港市级以上荣誉人物、副科级以上干部、军界副营级以上干部、中级以上技术职称知识分子和境内有较大影响的人物。收入传记和简介中的人物不再列入名录中。

　　农联村,在漫长的创业路上,敢于争先,持续发展,成绩显著,誉满海内。本编荣誉部分主要收录农联村(全境)1989—2015 年获得的张家港经济技术开发区(杨舍镇)级以上各种集体荣誉,共 125 项。

第一章　人　物

第一节　人物传记

　　立传人物 12 人,其中革命烈士 3 人、党政干部 3 人、地方知名人士 6 人。以卒年为序,去世年月相同的按姓氏笔画排列。

　　缪召予(1891—1941)　出生于农联村西区八组(原北汤家桥自然村)一个富户家庭。早年毕业于日本东京大学,回国后,鉴于地方教育落后,立志创办学校。1912 年,为方便乡里孩子上学读书,他决定将校址设在乌沙里自然村中央的"永宁庵"内,以便借助庵中房屋,利用庵外土地。永宁庵有 18 亩土地、3 间瓦房。然而,掌管此庵的人不同意在庵中办学。后经缪召予及当地群众据理力争,有关方面终于答应出让永宁庵用于办学。当将庵舍改造成校舍的经费有较大缺口时,缪召予边组织施工边筹集资金,并自己带头捐款,使校舍改造工程得以按时竣工。是年末，占地 0.73 公顷、拥有 12 间校舍的"永宁初级小学"竣工投用，缪召予任校长。学校招生范围东至新庄港（二干河），南至海坝（张杨公路路基），西至戴巷，北至南横套。在校学生最多时超 200 人，是周边地区具有较大影响的学校之一。抗战时期，缪召予曾任新庄乡乡长。其间，他曾主持境内乌沙港拓浚延伸工程，造福一方。1941 年秋，缪召予因婉言拒绝日军小头目的蓄意挑衅之邀，遭该小头目雇凶杀害。

曹俊保（1923—1942）　农联村北区九组（老圩自然村）人。革命烈士。1934 年，他刚读完初小就因家贫而辍学务农。全家老少多口人挤在两间破旧的茅草房中，没有一寸自己的土地，仅靠父子俩租种地主的几亩薄地度日，经常吃了上顿没下顿，遇到灾荒，生活更加艰难。1937 年 8 月日军占领东莱镇后，时常"清乡"，烧杀抢掠，无恶不作。曹俊保亲眼目睹日军罪行，暗中积极参加抗日活动，为此多次遭到日军的追捕。1941 年春，在当地地下党的引导下，曹俊保说服家人毅然参加新四军，奔赴抗日前线。以后，随部队转战苏锡常一带，与日军、伪军展开正面斗争。他积极上进，作战勇敢，多次受到首长和战友的赞扬。翌年末，在无锡某地与日军的一次遭遇战中，为掩护部队撤离，曹俊保身负重伤，仍坚持作战，最后与敌人同归于尽，壮烈牺牲。后被民政部评定为革命烈士。

缪镜渊（1898—1942）　农联村西区八组（原北汤家桥自然村）人。他少年学医，师从塘市名医张宿辉。不久，张病逝，又投师妙桥金村名医金兰升。学成回乡行医，在虞（常熟）西北（今塘桥、杨舍、锦丰、乐余一带）、锡（无锡）北、澄（江阴）东等地颇有名声。1926 年，境内及周边地区霍乱流行，患者上吐下泻，迅速脱水，死亡无数，单吴巷里自然村就有 22 人病故，以致夜无行人，满目萧条。缪镜渊冒着被传染的风险，日夜出诊，针灸、汤药并施，救活许多濒临死亡的危重病人。在诊治过程中，他深入浅出地宣传防治霍乱病知识，并将处方印好后分发给乡民，此举惠及地方众多百姓。缪镜渊师承金兰升后，以治疗伤寒而闻名。1931 年冬，有一浙江米商到江阴陆家桥天一米厂洽购，不料患上伤寒，高烧不退，神志昏迷，胡言妄语，经当地医生治疗无效。此时，有人介绍缪镜渊在治疗伤寒方面技高一筹，米厂徐老板急忙派人到汤家桥延请。缪镜渊到陆家桥后，即对病人诊断，认定是夹痰热伤寒，必须用"马宝"方能治愈。徐老板命人连夜求购，果然药到病除。从此，缪镜渊在陆家桥、长泾、陈墅等地声名鹊起，求医者络绎不绝。缪镜渊不仅医术高超，而且医德高尚，对贫苦患者经常不计报酬。一次他到吴家巷出诊，得知病家无钱抓药，当即在开好的药方上签字，标明药资记在自己账上，病家只管去指定药店取药，乡民闻之，无不感佩。缪镜渊受金兰升影响，书法喜翁体，气概轩然。缪镜渊曾著有多篇论文，刊载于 20 世纪 30 年代的《光华医药杂志》等刊物。现仅有手抄《柳宝治温热逢源》及《元明诸家医话》等传世。

季士真（1924—1953）　农联村北区二组（水涝圩自然村）人。革命烈士。1946 年 3

月,季士真因抗拒国民党抓壮丁而参加革命活动。他主动帮助当地地下党收集情报,宣传发动群众,建立人民政权。1950年10月,朝鲜战争爆发。是年末,季士真积极响应党和政府"抗美援朝,保家卫国"的号召,参加中国人民志愿军。他入伍后,不负家乡人民的重托,积极要求上进,苦练杀敌本领,作战骁勇,立功1次,成为所在连队标兵。后历任班长、排长。1953年12月,季士真在一次敌众我寡的恶战中,双腿被炸伤后仍顽强作战,最后英勇牺牲。后被民政部评定为革命烈士。

季士真

赵　根(1914—1961)　出生于农联村二组(吴巷里自然村)一户贫苦农民家庭。1949年10月—1953年5月,任东莱乡乡长。1947年12月,经同村九组的好朋友顾炳龙介绍,赵根冒着生命危险,开始为中共地下党传递情报。1948年3月,赵根配合顾炳龙,分化瓦解了驻鹿苑的国民党青年军。不久,这些被分化的国民党青年军中有数人弃暗投明,加入共产党领导的沙洲武工队,壮大了革命力量。1949年7月,赵根发动同乡进步青年成立独轮车运输队,将政府收缴的公粮运到鹿苑和塘桥,转运到前线,支援解放全国。是年10月,赵根当选为东莱乡乡长。1950年朝鲜战争爆发后,

赵根

赵根积极动员乡亲们有钱出钱、有力出力、有人出人,以实际行动抗美援朝。他会同乡民兵中队长李龙宝先后多次到辖区(当时东莱小乡辖第一至第九村,其中第二至第八村属今农联村)动员唐炳荣(唐庆庆之子)等15名青年赴朝鲜抗美援朝,超额完成出兵任务,受到上级嘉奖。1957年年底东莱地区整风反右派运动中,赵根被错划为右派,1958年上半年被发配到青海省巴洛滩(巴仓)农场劳改。1961年8月病故于青海省巴洛滩(巴仓)农场。1979年上半年,党和政府对被错划为右派的人员纠错平反,撤销对赵根的原定结论,恢复他的名誉。

季立新(1957—1979)　农联村北区二组(水涝圩自然村)人。革命烈士。1970年加入共青团。1971年初中毕业,回乡务农。不久,担任生产队农技员。他刻苦钻研农业科学技术,多次解决生产中的难题,成为种田好手。1972年,他加入东莱公社基干民兵组织,在历次考核中均获得优异成绩。1974年,他利用休息时间,配合大队开展扫盲工作,年末被评为大队扫盲积极分子。1976年3月应征入伍。1978年5月加入中国共产党,年末任中国人民解放军某部队副班长。1979年2月17日,中越边境自卫还击战打响,季立新随部队开赴前线,投入战斗。他与战友们蹲在狭窄、阴暗、潮湿的猫耳洞里,轻伤不

季立新

下火线,誓死坚守阵地。是年 3 月 23 日,在越南六六高地阻击战中,季立新身负重伤后仍继续英勇奋战,最后壮烈牺牲。后被民政部评定为革命烈士。

钱锦标(1924—1987)　农联村南区十二组(原泾头上自然村)人。出生于一个贫苦农民家庭,从小勇敢机智,爱憎分明。青年时代,正值日军大肆侵略中国。钱锦标对日军到处烧杀抢掠的罪恶行径恨之入骨,决心暗中与日军展开斗争。一次,他去乘航集镇与几个志同道合的青年开展抗日宣传活动,不料被日军发现,当即被捕。在押往日军驻地途中,钱锦标乘敌人一时疏忽巧妙逃脱。日军发现后紧追不舍,眼看要被敌人追上,钱锦标急中生智钻进牛尾巴湾一条抽水船的洋龙管子(抽水管)内。日军追近突然不见人影,无奈撤离。次日,几个日军赶到泾头上附近,发现钱锦标正跑

钱锦标

往家中,便立即赶到钱家,问钱侄儿有否看见钱锦标,钱侄儿机智地回答:"从后门走了。"其实,钱锦标躲在自家房屋的龙梢(房顶隐蔽处)里。日军找不到钱锦标,悻悻离去。第三天,日军再去钱家搜捕钱锦标,但依旧扑空。日军恼羞成怒,将钱父吊起毒打一顿。日军的暴行激发了钱锦标抗战到底的决心。1945 年 3 月,他在无锡梅村参加新四军,奔赴抗日前线。8 月,抗战胜利,他便随部队转战苏北。1949 年 4 月,钱锦标参加渡江战役,在解放江阴的战斗中立功受奖。5 月,随部队继续南下。福建解放后,钱锦标先后任福建省莆田县驻军营长、副团长。1960 年 8 月转业至苏州玩具厂任厂长。1961 年 10 月,钱锦标调回家乡,任沙洲县供销社副主任。1963 年 3 月至 1967 年 3 月,任沙洲县民政局副局长。1967 年 3 月,受"文化大革命"波及,被迫停职。1969 年 3 月至 1974 年 3 月,下放至东莱公社农联大队务农。1974 年 4 月,任沙洲县物资局副局长。钱锦标身经百战,出生入死,身上留有数十处弹痕伤疤。他转业地方工作后,不忘初心,负重拼搏,积劳成疾。1987 年因患直肠癌逝世。

王同元(1932—1988)　农联村西区三组(原王家堂自然村)人。1950 年初任东莱供销社会计。1953 年任合兴供销社会计。1954 年 5 月加入中国共产党。1955 年任常熟县商业局副局长。1956 年至北京财经学院进修 1 年。1957 年任常熟县税务局局长。1959 年至 1966 年,任常熟县财政局局长。"文化大革命"开始,被迫暂停工作。1975 年恢复工作,任常熟县工业局局长。1980 年,调任常熟县外经委主任。1988 年 12 月病逝。

张继良(1949—1998)　农联村十组(原张家巷自然村)人。1965 年 7 月初中毕业后,因家庭经济困难放弃升学,回乡务农。

王同元

他白天和社员一起劳动,夜间认真看书学习,并积极参加大队团支部活动。1977 年加入

中国共产党。1971年7月至1980年12月,历任东莱公社十七大队团支部书记、大队党支部委员、农联大队党支部书记。1983年9月至1992年10月,历任东莱乡经联会主任、乡党委副书记、党委书记、张家港市外事办公室主任。1998年6月19日,为市领导去江苏省外事办公室办理签证手续,在沪宁高速公路镇江段发生车祸身亡。

张继良

顾炳龙(1915—1999) 农联村九组(原王家湾自然村)人。1946年起,以屠户身份掩护中共地下党人开展革命活动。翌年12月,与中共地下党员杨民奇、张克华接上关系,负责传送情报。是月,他为顾全大局,主动将组织给自己防身用的一支2号驳壳枪交给中共沙洲县委特派员

顾炳龙

赵惕义使用。1948年3月22日,在宜兴开展地下工作时被国民党青年军逮捕,先后被关押在无锡、常熟、鹿苑镇等地。随后,其父亲、妻儿相继被拘留。顾炳龙在狱中多次经受严刑拷打,但始终没有泄露党的秘密。随后,敌人许以官职、金钱,要求顾炳龙为国民党青年军做事。顾炳龙设法通过其姐将此情况转告杨民奇。杨民奇指示顾炳龙随机应变,打入敌人内部。他利用合法身份,不失时机分化瓦解国民党青年军。后有数名青年军士兵弃暗投明,加入革命队伍。1949年4月23日,国民党海军第二舰队某部5艘汽艇从长江经二干河逃窜,不料在东莱境内段搁浅。顾炳龙得知情况后,马上组织刚投诚的青年军士兵卯莫测、石建生、边赞平等人会合中共沙洲县武工队员包围汽艇,迫使敌人缴械投降。此战共缴获轻重机枪各2挺、步枪100多支和若干弹药。1982年后,顾炳龙享受国家离休干部待遇。1999年9月病故。

缪心龙(1926—2011) 农联村西区八组(原北汤家桥自然村)人,缪镜渊之子,江苏省名中医。自幼随父学医,耳濡目染,背汤头歌诀,读中医经典,孜孜不倦,颇有心得。其父去世后,师从华墅良医郭继凡。1956年,作为调干生,以其原有的医学功底和临床经验,顺利考入上海中医学院。六年后毕业,成为中华人民共和国培养的首批中医本科生。1962年,在上海港务局下属的上海港湾医院工作。1963年,在沙洲县东莱卫生院工作。是年,被评为沙洲县首批名中医。1964年,调至沙洲县人民医院中医科,与陆善仲、林济青并称县人民医院中医科的"三驾马车"。1976年,沙洲县中医医院

缪心龙

成立,调入该院工作,并兼任沙洲县医学会中医组组长,直至退休。缪心龙在多年诊疗实践中,博采众长,不拘一格。既刻苦钻研前人经典论著,又十分注重汲取当代中西医最新研究

成果,用以治疗内科疑难杂症,尤其是肝胆疾病,每见奇效。缪心龙在治疗肝胆病的长期实践中,根据张仲景《金匮要略》中"鳖甲煎丸"配方,增加三棱、莪术、地鳖虫等药物,精心加工,研制出治疗慢性肝炎和肝硬化的中成药"和络舒肝片"。该药有活血化瘀、补养肝肾、消化湿热、疏肝理气的功能,对治疗慢性迁延性肝炎、慢性活动性肝炎有一定疗效,经临床验证,总有效率达到79.7%。1983年,"和络舒肝片"由苏州雷允上制药厂投入批量生产,后因其疗效显著而获得张家港市科技进步一等奖。缪心龙善于总结经验,勤于笔耕,撰写了不少论文,用于学术交流或公开发表。其中《奇经理论治疗杂病》等发表于《上海中医药杂志》。他还留下数百页的手抄本,记载了特殊病例及他人的经验。缪心龙谨遵祖训,淡泊名利,退休后常给慕名而至的患者免费诊治,深得患者好评。2011年病逝。

缪慰时(1929—2015)　农联村西区八组(原北汤家桥自然村)人。生于书香门第,高级工程师。1950年上海工专机械系夜大毕业。1952年就读上海俄语专修学校。毕业后历任江苏省无锡装卸机械厂技术科总工程师、厂长,无锡县机电局技术科工程师,深圳市一和实业有限公司总工程师,国际控股台湾友嘉集团杭州友佳精密机械有限公司总工程师,并兼任江苏省机械工程学会物料搬运委员会秘书长、中国轻小型搬运机械行业协会秘书长、中国重型机械协会停车设备委员会专家组专家、中国管理工程研究院特约研究员。其研究成果"三支点式电动叉车的设计和制造"获无锡市科技进步

缪慰时

三等奖,"纵向搬运汽车的工业机器人""折叠机架随车式搬运机器人""具有独立夹持和抬升机构搬运汽车的机械手""采用链板输送器的塔式或仓储式停车设备"等分别获国家发明专利。缪慰时曾参与GB 17907–1995《机械式停车设备通用安全要求》、JB/T 10477–2004《巷道堆垛类机械式停车设备》、JB/T 8909–1999《简易升降类机械式停车设备》等项目国家标准的起草工作,并在专业报刊上先后发表《轻小型装卸机械固定式门架的受力分析》《轻小型搬运机械国内情况的研究》《住宅区停车场建设的特点及造型》《机械式停车库的汽车交接设备研究》《有轨巷道堆垛机水平运引机构设计》等论文,均获奖。2015年12月病逝。

第二节　人物简介

简介人物15人,其中党政军干部9人、先进人物4人、正高级知识分子2人。以生年为序。

黄顺达　1932年9月生,农联村西区四组(乌沙里自然村)人。全国优秀教师。1960年7月毕业于江苏师范学院化学系。8月,由国家分配至江苏省靖江县中任教。1975年

8 月调入张家港市锦丰中学任化学教师。1978 年 8 月调至张家港市沙洲中学任高三化学教师。1979 年,被评为全国优秀教师。1986 年,被评为中学高级教师。后多次兼任张家港市中学高级教师评委会委员。黄顺达长期从事中学化学教学,理论联系实际,讲究教学方法,教学、教研成果突出。曾在《江苏教育》杂志上先后发表《增强化学直观教学效果的一些做法》《冰醋酸稀释过程中导电性变化的演示》等论文。黄顺达在校工作期间,曾当选张家港市第五、六届人大代表。黄顺达还被收录于中国人事出版社出版的《中国专家大辞典》。

缪士良

缪士良 1937 年 7 月生,农联村西区八组(原汤家桥自然村)人。1956 年 2 月应征入伍。8 月被部队选送至空军第六航空学校读书。在校期间,被评为优秀学员、部队标兵,并出席广州军区空军积极分子代表大会。1958 年 9 月毕业,回部队任无线电员。1959 年开始,先后任无线电师、无线电分队长、航空兵团无线电主任、航空兵师电子主任、广州军区空军航空工程部电子科科长(正团级),并被评为高级工程师。其间,获三等功 2 次,获中国人民解放军科技成果二等奖 1 次、三等奖 1 次、四等奖 2 次、五等奖多次,并被广州军区授予"先进科技工作者"荣誉称号。1960 年 4 月加入中国共产党。1978 年 3 月转业,先后任沙洲县电子工业公司书记,张家港市广播电视局副局长,市科学技术协会副主席。1997 年 7 月退休。

丁俊法 原名石永明。1941 年 6 月生,农联村南区一组(分港巷自然村)人。中共党员,大学本科学历,高级工程师。1955 年 9 月至 1961 年 7 月,就读于常熟县西塘桥中学。1961 年 7 月应征入伍。1965 年 10 月加入中国共产党。1961 年 7 月至 1968 年 2 月,在西安军事电讯工程学院(今西安电子科技大学)学习通信载波知识。1968 年 3 月至 1973 年 7 月,任江苏省军区空军通信总站技师、副连长。1978 年 11 月任连长。其间,他带领连队在参加南京军区组织的专业技术比赛中,荣获全军区"载波专业"第一名,连队集体记二等功 1 次,并被评为"硬骨头六连"式连队。他个人记三等功 1

丁俊法

次。1978 年 12 月至 1981 年 3 月,在南京军区通信总站任作战处训练股股长,获三等功 1 次。1981 年 4 月,任南京军区通信总站总工程师。1984 年 1 月至 1985 年 1 月,在北京国防大学进修,参加海陆空三军合成军事作战指挥培训。1986 年,他主持研制的长途电缆气压遥测仪荣获军队科学技术进步奖三等奖。1988 年被评为高级工程师。是年,他主持研制的载波二次复用设备电瓶自动控制仪荣获军队科学技术进步奖三等奖。1988 年 5 月被授予上校军衔。1991 年 7 月晋升为大校军衔。从 1988 年起,先后担任南京军区专家组成员、南京军区专业技术工程系列高级评审委员会委员、南京军区司令部专业技术工程系列中级评审委员会副主任。2001年退休,享受副军级待遇。

　　杭正义　1941年9月生,农联村二十二组(杭家堂自然村)人。中共党员,研究员级高级工程师。1961年7月高中毕业于沙洲中学,并以高分考入上海同济大学。1966年7月毕业,被分配至中国电子工程设计研究院工作。1982年加入中国共产党。1995年任中国电子工程设计院上海分院副院长,主要负责电子工业设计、工程管理、项目承包等工作。2001年9月退休后,被中国电子工程设计研究院留用。2008年获陕西省彩色电视项目设计奖(部级),2009年获陕西省彩管上海天马项目设计奖(部级)。

杭正义

吴忠良

　　吴忠良　1946年3月生,农联村南区一组(分港巷自然村)人。沙洲县乘航初中毕业。1964年11月应征入伍,在中国人民解放军北海舰队服役。1965年1月至1972年4月,在海军岸炮独立二营一连任战士、班长、排长、副政治指导员;1972年4月至1975年11月在海军古迹顶观察通信站任政治指导员;1975年11月至1978年11月任海军威海水警区政治部干部科干事;1978年11月至1985年4月任海军政治部干部部任免处干事、副处长;1985年4月至2001年4月任海军学院(后更名为海军指挥学院)政治部干部部副部长,干部处处长,军事指挥系政治委员,政治部副主任等职。1967年7月加入中国共产党,党内曾先后任党支部书记、党委副书记、党委书记等职。1983年至1985年入海军政治学院政工专业学习,大专学历。1996年至1997年,中央党校海军班进修。从军以来,先后参加过备战执勤、国防施工、抢险救灾等危重任务,并多次受奖,被评为先进标兵。其所在连队被评为海军和济南军区连队建设标兵。1969年5月出席中共海军第四次党代表大会,受到了毛泽东等中央领导的亲切接见。1970年10月,代表连队出席济南军区先进连队先进个人代表大会。1995年被选为江苏省第九届人民代表大会代表。正师职级军官,海军大校军衔。2001年,经中央军委批准退休。

　　耿云娣　女,1946年5月出生于常熟福山。1967年入嫁今杨舍镇农联村北区四组(戴家圩自然村)。1974年春担任其所在生产队队长。1978年,她根据南横套南岸具有"夜潮地"的特点,要求社员种植棉花时合理密植,促使棉花通风透光,提高棉花单株结铃率,从而达到高产的目的。是年,她所在生产队的皮棉平均亩产100千克,位居东莱公社第一。1979年5月获"全国三八红旗手"

耿云娣

称号。12月加入中国共产党。1981年春,耿云娣从娘家引进利用营养钵尼龙育棉苗及移栽地膜棉的先进技术,使棉花成熟早、产量高,获得皮棉亩产115千克的好收成,位居沙洲县前列。翌年,该项种棉先进技术在全县推广,收效甚佳。1983年再度获得"全国三八红旗手"称号。1984年3月参加东莱乡妇女代表大会,当选乡妇代会委员。4月当选中国人民政治协商会议沙洲县第四届委员会委员。5月任南桥大队妇女主任,主管全大队的计划生育工作。1990年被张家港市人民政府评为市计划生育先进个人。1998年8月退休。

陆叙林

陆叙林 1948年11月生,农联村西区九组(原界柱头自然村)人。1965年8月参加中国人民解放军。1969年8月加入中国共产党。在部队期间,先后被派到解放军济南医学高等专科学校(药剂专业)、北京医科大学(药学系)深造。毕业后历任主管医师、药械科(后改为医工科)主任。1993年12月被评为高级工程师。2005年9月获少将军衔。陆叙林平时刻苦钻研专业技术,带头搞科学研究,先后获得济南军区科技进步奖三等奖4项、四等奖6项,获国家专利22项,出版专著1部、合作出版专著2部。曾任全军医药工程卫生装备专业委员会常委、全军国防军事计量委员会委员、济南军区卫生装备专业委员会主任委员、《全军常规医疗设备》杂志编委、《实用医药杂志》编委、国家医疗器械产品评审专家并进入有关专家库。创建了全军卫生装备维修中心及军事计量检测中心,并担任两个中心的主任。陆叙林获联勤部授予的三等功1次,受嘉奖20余次,并多次被评为联勤部十分部优秀共产党员。2003年5月被评为全军军事计量先进个人。2012年12月退休。翌年,被聘任为全军卫生装备部副主任委员,全国卫生环保专业委员会副主任委员,山东、河南、江苏三省科技厅科研成果评审专家。

缪关金 1951年8月生,农联村西区八组(原北汤家桥自然村)人。1969年12月应征入伍,至南京军区司令部警卫二营一连服役。1971年5月加入中国共产党。1973年6月任南京军区司令部警卫二营五连事务长。1977年11月任南京军区军政干部干校分训大队管理处助理员。1984年5月任南京军区分训大队队务处副处长。1987年9月至1999年9月,历任陆军指挥学院分训系副主任、总务处副总务长、院务部副部长。1988、1994年,先后在陆军指挥学院学习军事指挥专业、在中央党校学习经济管理专业。2003年12月获军事技术6级,被授予大校军衔。缪关金分别于1978、

缪关金

1979、1991年获嘉奖各1次。1990年12月荣获三等功1次。2007年4月退休。

朱金龙 1953年7月生,农联村北区一组(水涝圩自然村)人。1970年7月东莱中学高中毕业后回乡务农。是年9月任教于东莱中学。1973年9月作为工农兵学员被推荐进

朱金龙

入苏州大学政治历史系读书,毕业后被分配到新塍中学任教。1976年10月加入中国共产党,后任新塍中学党支部委员、校团委书记。1981年8月调至沙洲县党校,历任教员、副校长、党支部书记。1986年2月起,先后任沙洲县(张家港市)委宣传部副部长、常务副部长、三兴乡党委书记。1991年5月任张家港市委宣传部常务副部长、市精神文明建设办公室主任。1993年2月任苏州市委宣传部副部长、苏州市人民政府新闻办公室主任。1998年7月在江苏省领导干部研究生班进修,获研究生硕士学位。2001年至2008年任文汇报江苏办事处主任、记者站站长,为正处职干部。2013年7月退休。

赵建军　1957年8月生,农联村南区二组(吴巷里自然村)人。助理经济师,农联村党委书记,全国劳动模范。1985年5月参加工作,先后任市花边织带厂供销员、供销科长。1987年4月起,先后任市毛线染整厂厂长、市江帆精纺厂厂长。1993年1月,任江帆集团董事长兼总经理。是年末,获"1993年度苏州市明星青年乡镇企业家"称号。1996年9月,任东莱镇农联村党总支书记。2004年3月,农联村升格为党委村,任农联村党委书记、经济合作社社长,属杨舍镇副镇级干部。赵建军担任村书记20年中,先后获"江苏省劳动模范""江苏省农村基层党建工作突出奖""苏州市劳动模范"

赵建军

"苏州市新农村建设先进个人""苏州市建设社会主义新农村带头人""苏州市优秀党务工作者""张家港市劳动模范""张家港市十佳党组织书记""张家港市优秀共产党员"等荣誉称号。2015年4月,被党中央和国务院授予"全国劳动模范"称号,并受到习近平等党和国家领导人的接见;6月,被江苏省委表彰为全省优秀党务工作者;9月3日,受党中央和国务院邀请参加在北京举行的中华人民共和国纪念抗日战争胜利七十周年阅兵观礼。1992年至2015年,赵建军兼任江帆民营经济爱心帮扶联合会会长、张家港市农联爱心基金会理事长、杨舍镇农联城乡一体化发展有限公司董事长。1992年始,曾6次当选张家港市人大代表。2007年,当选苏州市第十四届人大代表。2012年3月,当选张家港市十三届人大常委会委员。9月,当选苏州市第十二次党代会代表。(补记:2017年1月,当选张家港市十四届人大常委会委员,兼任该届人大法制委员会委员)

季宗　1963年11月生,农联村南区十九组(港西自然村)人。1985年8月毕业于苏州教育学院。9月任中国共产主义青年团张家港市委员会常委,兼任青工部部长。1989年10月加入中国共产党。1992年9月调任市政法委调研科副科长。1996年11月至2002年2月,历任大新镇副镇长、镇党委委员、镇人武部部长、镇党委副书记、镇纪委书记、镇资产经营公司监事会主席、镇长、镇农工商总公司副董事长。2002年3月至2003年7

月,历任德积镇党委副书记,农工商总公司副董事长、总经理,镇党委书记、镇农工商总公司董事长,资产经营公司董事长。2003年8月任张家港市沿江经济技术开发区管委会主任、书记,兼任长江资源开发总公司董事长、总经理。2004年2月任张家港市沿江经济技术开发区党工委书记、管理办公室主任。2005年9月任张家港市国土资源局党组书记、局长。2006年,被评为省特一级档案管理先进个人和苏州市开发区建设先进个人。2008年7月兼任张家港经济开发区管委会副主任。2013年被评为苏州市城乡一体化改革发展先进个人。2015年任张家港市经济和信息化委员会党委书记、主任。

季宗

浦永祥　1963年12月生,农联村北区十三组(三圩自然村)人。中共党员,高级工程师。1987年毕业于北京轻工业学院(自动化与自动控制专业)。1988年7月至1996年6月,先后担任轻工业部人事司科员、副主任科员、主任科员。1996年6月至1998年2月,任河北省廊坊开发区管委会副主任。1998年2月至2004年5月,历任中国轻工业联合会人事教育部副主任,轻工业人才交流培训中心主任,中国轻工珠宝首饰中心副处长、处长。2004年6月至2009年6月,任中国轻工业联合会人事教育部副主任。2009年7月至2013年5月,任中国陶瓷工业协会秘书长。2013年6月至

浦永祥

2015年任中国陶瓷工业协会副理事长。

戴正峰　1964年6月生,农联村北区一组(水涝圩自然村)人。1981年10月应征入伍,服役于中国人民解放军某部。1984年5月任班长。12月,赴中越边境驻守若险山区某地,因战绩卓著,他带领的班立集体一等功。1985年2月18日,在执行任务时被地雷炸去双腿,获二等功1次,被评为一等伤残军人。是月加入中国共产党。1987年4月复员回乡后,自强不息,刻苦锻炼,在省市残运会上屡创佳绩。1996年5月参加在大连举办的全国第四届残疾人运动会,以10.96米的成绩打破铅球世界纪录,荣获金牌;在铁饼、标枪比赛中各获铜牌。10月参加美国亚特兰大残奥会,荣获铅球

戴正峰

金牌。1997年4月参加澳大利亚悉尼世界残疾人锦标赛,获铅球、铁饼金牌,标枪银牌,并打破铅球世界纪录。10月14日,被评为苏州市十佳新闻人物。1998年,参加在英国举办的世界残疾人锦标赛,分别获铅球金牌和铁饼、标枪铜牌。1999年1月,参加在泰国举办的第四届远东及南太平洋地区残疾人运动会(亚运会),获铅球、铁饼金牌,标枪银牌,并打破

铅球世界纪录。是年，被江苏省人民政府记一等功1次，获省"新长征突击手""优秀运动员"荣誉称号。2002年，获全国"十佳优秀运动员"荣誉称号。2003年，参加江苏省第六届残疾人运动会，获得2块金牌、1块银牌。是年，参加在南京举办的第六届全国残疾人运动会，获得2块金牌、1块银牌，获苏州市"十佳新闻人物"荣誉称号。2008年，被评选为奥运会"火炬手"。

吴卫东

吴卫东　1966年8月生，农联村北区九组（中圩自然村）人。1990年7月毕业于中国人民大学。1997年11月加入中国共产党。1990年8月至2000年11月，历任江苏省测绘局管理处科员、办公室科员、办公室副主任科员、测绘管理处副主任科员、测绘管理处主任科员。2000年12月至2004年8月，任江苏省测绘管理处副处长。2004年8月至2007年11月，任江苏省测绘局测绘管理处处长。2007年11月至2009年8月，任国家测绘局行业管理司（政策法规司）副司长。2009年8月，任国家测绘局法规职业技能鉴定指导中心副主任、国家测绘局副司长。2011年5月至2015年，任国家测绘局职业技能鉴定指导中心副主任。

严义君　1969年6月生，农联村北区一组（水涝圩自然村）人。中共党员，高级工程师。1987年8月至1991年7月，在中国人民解放军国防科技大学电磁场与微波技术专业学习，获学士学位。1991年8月至2013年11月，历任电子工业部第二十八研究所工程师、高级工程师、研究员级高级工程师，并先后担任室主任、科技处副处长、所办公室主任、规划计划处处长。其间，于2004年3月至2007年3月在东南大学控制工程专业学习，获工程硕士学位。2013年11月至2015年10月，先后任中国电子科技集团公司军工部经理、处长。2015年11月起任中国电子科技集团公司经济运行部副主任。

严义君

先后获省部级科学技术特等奖1次、一等奖1次、二等奖2次，集团公司科学技术特等奖3次，省部级管理创新一等奖1次。

第三节　人物名录

　　人物名录共收录74人，其中先进人物7人、干部18人、知识分子43人、地方名人6人。先进人物以获得荣誉先后为序（1人获两项以上荣誉者除外），其余以生年为序。

农联籍市(县)级以上先进人物一览表

表 13－1

姓名	性别	获得荣誉时间	荣誉称号	授予单位	获得荣誉时工作单位及职务
匡全林	男	1980	沙洲县劳动模范	沙洲县政府	东莱农科站站长
李志祥	男	1986	张家港市劳动模范	张家港市政府	南桥第二毛线厂厂长
吴永兴	男	1991	张家港市劳动模范	张家港市政府	东莱镇第一毛巾布厂厂长
杭祖林	男	1987	张家港市计划生育先进工作者	张家港市委、市政府	农联村村民委员会主任
		1993	张家港市拥军优属先进工作者	张家港市政府	农联村党总支副书记、村民委员会主任
匡凤清	男	2004	苏州市村务公开民主管理先进工作者	苏州市政府	农联村党委副书记、村民委员会主任
景　林	男	2007	苏州市税务系统三等功	苏州市政府	国税局乐余分局副局长
匡　卫	男	2010	江苏十大见义勇为好司机	江苏省见义勇为基金会	个体橱柜店老板

农联籍副科级以上干部一览表

表 13－2

姓　名	性别	出生年月	家庭住址	工作单位	职　务
周桂林	男	1921	西区四组	东莱公社	公社副社长
钱彩成	男	1925.06	南区十七组	云南省边防蒙自军分区	科长
吴培之	男	1927.08	北区二组	后塍镇	镇党委委员、派出所所长
季勤秋	男	1932.07	南区七组	黑龙江生产建设兵团	25团供应股股长(正营级)
季协源	男	1934.12	分港巷南区一组	张家港市中百公司	营长
周金保	男	1936.05	北区7组	市财政局	副局长
缪士良	男	1937.07	西区八组	张家港市科学技术协会	副主席
唐炳如	男	1938	南区三组	东莱公社	公社革命委员会常委
吴祖根	男	1939	南区三组	东莱公社	公社革命委员会委员
周金祥	男	1939.11	南区二十组	中国人民银行张家港支行	行长
景阿丰	男	1945.06	南区二十二组	济南军区炮兵司令部	营长
倪荣林	男	1948	南区十五组	东莱镇	镇农工商总公司副总经理
季士清	男	1951.02	南区七组	鹿苑镇	镇党委委员、纪委副书记

（续表）

姓　名	性别	出生年月	家庭住址	工作单位	职　务
王利刚	男	1964.08	南区七组	张家港市国资办	副主任
吴彦芳	女	1967.12	南区二十组	中国银行张家港支行	副行长
许啸文	女	1969.01	南区二十二组	张家港市财政局	副局长
吴彦刚	男	1970.01	南区二十组	张家港市经信委	副主任
吴彦飞	男	1972.01	南区二十组	张家港市委接待办公室	副主任
钱　宇	男	1977.03	南区24组	苏州市发改委经济协作办公室	主任

农联籍中级职称以上知识分子一览表

表 13-3

姓　名	性别	出生年月	家庭住址	毕业院校	工作单位	职称
周颂尧	男	1932.11	西区五组	无锡财会学校	第一机械工业部	高级经济师
夏庆祥	男	1935.02	西区二组	常熟师范学校	梁丰小学	小学高级教师
朱荣明	男	1935.09	北区十六组	沙洲中学	五联小学	小学高级教师
孟琴玉	女	1936.01	西区四组	太仓师范学校	合兴中心小学	小学高级教师
袁永顺	男	1937.06	南区七组	常熟师范学校	农联小学	小学高级教师
王永元	男	1938.07	西区三组	沙洲中学	农联小学	小学高级教师
刘　云	男	1938.08	北区五组	常熟师范学校	五联小学	小学高级教师
杭祖明	男	1939.11	南区13组	苏州建筑工程学校	张家港市政公司	工程师
缪生龙	男	1940.04	西区八组	江苏师范学院	农联小学	小学高级教师
夏春柏	男	1940.08	西区二组	扬州师范学院	东莱中学	中学高级教师
钱惠祥	男	1940.10	南区二十二组	同济大学	中国石油天然气第六建设公司	高级工程师
朱球英	女	1941.06	南区七组	江苏省洛社师范学校	农联小学	小学高级教师
吴玉娣	女	1942.02	北区九组	塘桥高级中学	五联小学	小学高级教师
夏风高	男	1942.06	西区二组	苏州建筑工程学校	江苏兴港建筑集团有限公司	高级工程师
朱荣铨	男	1943.04	南区七组	洛社师范学校	镇成教中心	小学高级教师
景宗堂	男	1943.06	南区二十二组	沙洲高级中学	农联小学	小学高级教师
吴锦丰	男	1943.12	南区三组	蒋桥中学	张家港市化工厂	经济师
钱颂高	男	1944.02	南区二十一组	上海机械学院	湖南省国防科技办公室	高级工程师

（续表）

姓　名	性别	出生年月	家庭住址	毕业院校	工作单位	职称
周杏芬	女	1946.07	西区二组	梁丰高级中学	张家港市特教学校	小学高级教师
季兴龙	男	1948.05	西区一组	梁丰高级中学	市八中	中学一级教师
李高祥	男	1949.01	南区二组	苏州教育学院	农联小学	小学高级教师
顾正祥	男	1949.03	北区十四组	沙洲县进修学校	东莱小学	小学高级教师
刘玉芹	女	1949.01	北区十四组	沙洲县进修学校	东莱小学	小学高级教师
盛利明	男	1951.02	北区五组	江苏师范学院	梁丰高级中学	中学高级教师
严山元	男	1952.05	西区五组	江苏师范学院	市第三中学	中学高级教师
夏文斌	男	1954.03	西区二组	洛社师范学校	农联小学	中学高级教师
吴美南	男	1955.11	北区十四组	苏州地区五七农业大学	张家港市棉花良种繁育推广中心	高级农技师
祁仁兴	男	1955.12	西区六组	北京成人教育中等专业学校	北京顺通房地产开发公司	工程师
唐仁明	男	1962.06	南区六组	东南大学	苏州日月成科技有限公司	工程师
陈静娟	女	1966.03	南区九组	苏州大学	农联小学	中学高级教师
张秀芬	女	1966.07	北区九组	太仓师范学校	城北小学	中学高级教师
季伯雄	男	1967.01	西区九组	华东师范大学	沙洲中学	中学高级教师
钱建英	女	1968.08	南区二十三组	苏州大学	乘航小学	中学高级教师
钱卫星	男	1970.01	南区二十四组	苏州医学院本科生	澳洋医院杨舍分院	主治医师
袁　亚	女	1972.01	北区十二组	南京师范大学	南京师范大学	教授
吴正江	男	1971.05	南区二十组	无锡轻工业大学	张家港广电局	高级工程师
钱　军	男	1972.11	南区十二组	苏州卫生职业技术学校	澳洋医院杨舍分院	主治医师
钱惠刚	男	1972.12	南区二十四组	苏州大学	江苏金厦建设集团有限公司	高级工程师
钱　峰	男	1972.12	南区二十四组	南京航空航天大学	中国南方航空股份有限公司广西分公司飞机修理厂	高级工程师
吴德丰	男	1975.05	南区二组	扬州大学	张家港税务一分局	注册会计师
季新毓	女	1976.11	南区二十组	吴江师范学校	江帆小学	小学高级教师
缪冰峰	男	1979.02	西区八组	山东医科大学	张家港市中医医院	副主任医师
杭建华	女	1980.04	南区十三组	上海师范大学	市第六中学	中学高级教师
张　吴	男	1980.12	南区二十组	中国地质大学	太原重工张家港分公司	工程师

农联籍地方名人一览表

表 13-4

姓　名	性别	出生年份	家庭住址	任职时间	工作单位	职务
钱育仁	男	1890	南区十七组	1913 年	新庄乡	乡长
钱静良	男	1896	南区十七组	1928 年	新庄乡	乡长
钱锦千	男	1921	南区十七组	1945 年	新庄乡	乡长
朱宝书	男	1921	北区十六组	1947 年	新庄乡	乡长
季官根	男	1925	北区十四组	1956 年	东莱大乡	党总支书记
李龙保	男	1928	南区十八组	1949 年	东莱小乡	民兵中队长

第二章　集体荣誉

　　本章列表记载 1989—2015 年农联村(全境)所获的集体荣誉共 105 项,其中国家级荣誉 2 项、江苏省级荣誉 6 项、苏州市级荣誉 17 项、张家港市级荣誉 54 项、经开区(杨舍镇)级荣誉 26 项。

第一节　国家级荣誉

2009—2015 年农联村获国家级及全国条线荣誉一览表

表 13-5

荣誉称号	授予时间	授予单位
国家优秀小康村	2009.11	国务院发展研究中心农村部等
国家优秀小康村	2010.11	国务院发展研究中心农村部等

第二节　江苏省级荣誉

2002—2015 年农联村获省级及省条线荣誉一览表

表 13-6

荣誉称号	授予时间	授予单位
江苏省卫生村	2002	江苏省爱国卫生运动委员会
2005—2006 年度江苏省创建文明村工作先进村	2006	江苏省精神文明建设指导委员会

（续表）

荣誉称号	授予时间	授予单位
2007—2009 江苏省创建文明村先进村	2010	江苏省精神文明建设指导委员会
江苏省和谐社区建设示范村	2011	江苏省民政厅
2010—2012 年度江苏省文明村	2013	江苏省精神文明建设指导委员会
江苏省民主法治示范村	2013	江苏省依法治省领导小组

第三节　苏州市级荣誉

1993—2015 年农联村(境内)获苏州市级及苏州市条线荣誉一览表

表 13-7

荣誉称号	授予时间	授予单位
苏州市加强村级组织建设,加快集体经济发展示范村	1993	中共苏州市委、市政府
苏州市一九九三年度综合经济百强村	1993	苏州市统计局
苏州市加强农村基层组织建设,加快农村现代化建设示范村	1998	中共苏州市委、市政府
2002—2003 年度苏州市文明村	2003	苏州市精神文明建设委员会
2004—2005 年度苏州市文明村	2005	苏州市精神文明建设委员会
苏州市计划生育先进集体	2005	苏州市计划生育委员会
苏州市新农村建设示范村	2007	中共苏州市委、市政府
2006—2008 苏州市文明村	2008	苏州市文明委
2007 年度苏州市建设健康城市示范村	2008	苏州市建设健康城市领导小组
苏州市民主法治村	2008	苏州市依法治市领导小组办公室、司法局、民政局
苏州市村级经济发展标兵村	2011	中共苏州市委、市政府
苏州市创先争优先进基层党组织	2012	中共苏州市委
苏州市《高点定位谋发展　凝心聚力促跨越》优胜案例	2012	苏州市村务公开和民主管理工作领导小组
2009—2011 年度苏州市文明村标兵	2012	中共苏州市委、市政府
苏州市规范化村(社区)人民调解委员会	2013	苏州市司法局
苏州市城乡一体化改革发展先进集体	2013	中共苏州市委、市政府
2012—2014 年度苏州市文明村标兵	2015	中共苏州市委、市政府

第四节　张家港市级荣誉

1989—2015 年农联村（境内）获张家港市级及张家港市条线荣誉一览表

表 13－8

荣誉称号	授予时间	授予单位
张家港市先进党支部（原南桥村）	1989	中共张家港市委、市政府
张家港市综合治理先进集体（原南桥村）	1989	张家港市人民政府
张家港市级先进党支部（原南桥村）	1990	中共张家港市委、市政府
张家港市双文明单位（原南桥村）	1990	中共张家港市委、市政府
张家港市双文明单位（原南桥村）	1991	中共张家港市委、市政府
张家港市村办工业企业产值超 5 千万元村	1991	中共张家港市委、市政府
张家港市民兵工作"三落实"先进单位	1991	中共张家港市委、市人武部
张家港市级先进党支部（原南桥村）	1992	中共张家港市委、市政府
张家港市双文明单位（原南桥村）	1992	中共张家港市委、市政府
张家港市村组织建设示范村（原南桥村）	1992	中共张家港市委、市政府
张家港市双文明单位	1992	中共张家港市委、市政府
张家港市加强村级组织建设,加快集体经济发展先进村	1992	中共张家港市委、市政府
张家港市先进党支部（原南桥村）	1993	中共张家港市委、市政府
张家港市出口创汇先进村	1993	中共张家港市委、市政府
张家港市外贸出口标兵村	1993	中共张家港市委、市政府
张家港市双文明单位	1993	中共张家港市委、市政府
张家港市双文明单位（原南桥村）	1994	中共张家港市委、市政府
张家港市双文明单位	1995	中共张家港市委、市政府
张家港市出口创汇先进村	1995	中共张家港市委、市政府
张家港市双文明单位	1996	中共张家港市委、市政府
张家港市民兵工作"三落实"先进集体	1998	张家港市人民政府、人民武装部
张家港市双文明单位	2000	中共张家港市委、市政府
张家港市文明村	2001	中共张家港市委、市政府
2002 年度张家港市经济强村	2002	中共张家港市委、市政府
张家港市文明村	2002	中共张家港市委、市政府
张家港市先进基层党组织	2003	中共张家港市委、市政府

（续表）

荣誉称号	授予时间	授予单位
张家港市文明村	2003	中共张家港市委、市政府
张家港市文明村	2004	中共张家港市委、市政府
张家港市文明村	2005	中共张家港市委、市政府
张家港市安全生产先进村	2005	张家港市安全生产委员会
张家港市先进基层党组织	2006	中共张家港市委
张家港市民兵工作先进集体	2006	中共张家港市委、市政府
张家港市民主法治示范村	2007	张家港市依法治市领导小组办公室、张家港市司法局、张家港市民政局
张家港市基层关工委"五有五好"创优争先先进村	2007	张家港市关心下一代工作委员会
"十一五"期间张家港市人口与计划生育工作"五优"先进村	2007	张家港市人口和计划生育委员会
张家港市民主法治示范村	2008	张家港市依法治市领导小组办公室、张家港市司法局、张家港市民政局
张家港市文明标兵村	2008	中共张家港市委、市政府
张家港市社会主义新农村基本现代化建设示范村	2008	中共张家港市委、市政府
2008年度张家港市文明标兵村	2009	中共张家港市委
张家港市社会主义新农村基本现代化建设示范村	2009	中共张家港市委、张家港市人民政府
张家港市先进基层党组织	2010	中共张家港市委、张家港市人民政府
张家港市农村基层党风廉政建设示范村	2011	中共张家港市纪委
平安张家港建设集体三等功	2011	中共张家港市委、市政府
张家港市十佳村党组织	2011	中共张家港市委
张家港市先进基层党组织	2011	中共张家港市委、市政府
2010年度文明村标兵	2011	中共张家港市委、市政府
张家港市农村基层党风廉政建设示范村	2011	中共张家港市纪委
张家港市文明村标兵	2012	中共张家港市委、市政府
张家港市先进基层党组织	2012	中共张家港市委、市政府
张家港市争创"劳动关系和谐企业"活动组织奖	2012	张家港市总工会
2012年度张家港市文明村	2013	中共张家港市委、市政府
2013年度张家港市文明村	2014	中共张家港市委、市政府
张家港市"助学济困情暖百家"第三届张家港慈善奖	2014	张家港市人民政府
2014年度张家港市文明村标兵	2015	中共张家港市委、市政府

第五节 经开区(杨舍镇)级荣誉

2007—2015年农联村获经开区(杨舍镇)荣誉一览表

表13-9

荣誉称号	授予时间	授予单位
2006—2007年度先进基层党组织	2007	中共杨舍镇委员会
新农村建设示范村	2007	中共杨舍镇委员会、杨舍镇人民政府
2007年度技改投入先进村	2007	中共杨舍镇委员会、杨舍镇人民政府
2007—2008年度基层党建示范村	2008	中共杨舍镇委员会
计划生育工作先进村(社区)	2008	中共杨舍镇委员会、杨舍镇人民政府
杨舍镇信访工作"三无"单位	2008	中共杨舍镇委员会、杨舍镇人民政府
2007年度十佳经济强村	2009	张家港经济技术开发区党工委、管理委员会
社保扩面先进集体	2009	张家港经济技术开发区党工委、管理委员会
强基创新工程标兵单位	2010	张家港经济技术开发区党工委、管理委员会
开发区3服务业先进单位	2011	张家港经济技术开发区党工委、管理委员会
决胜"三大硬仗"先进集体	2011	张家港经济技术开发区党工委、管理委员会
十佳经济强村	2011	张家港经济技术开发区党工委、管理委员会
十佳文明村	2011	张家港经济技术开发区党工委、管理委员会
深化"345"战略、推进"910"工程先进集体	2011	张家港经济技术开发区党工委、管理委员会
全国第六次人口普查先进集体	2011	杨舍镇人民政府
十大优秀志愿服务品牌农联爱心基金会	2011	张家港经济技术开发区、杨舍镇人民政府
十佳经济强村	2012	张家港经济技术开发区党工委、管理委员会
十佳和谐示范村	2012	张家港经济技术开发区党工委、管理委员会
服务业先进单位	2012	张家港经济技术开发区党工委、管理委员会
创先争优先锋党组织	2012	张家港经济技术开发区党工委
区域党建先进单位	2012	张家港经济技术开发区党工委
十佳文明和谐村	2013	张家港经济技术开发区党工委、管理委员会
十佳服务型党组织	2013	张家港经济技术开发区党工委
2013年度先锋党组织	2013	张家港经济技术开发区党工委、管理委员会
2013年度身边好人推荐优秀单位	2014	张家港经济技术开发区(杨舍镇)精神文明建设委员会
先锋党组织	2015	张家港经济技术开发区党工委、管理委员会

志　余

一、文件辑录

关于调整张家港市部分镇行政区划的批复

苏府复〔2003〕18 号

张家港市人民政府：

你市《关于我市调整部分行政区划的请示》（张政发〔2003〕15）悉。经报省政府批准，批复如下：

一、同意撤销三兴镇、东莱镇……。

二、同意将原来东莱镇的东莱居委会和乌沙、南桥、农联等 14 个行政村划归杨舍镇管辖。行政区划调整后，杨舍镇区域面积 138.36 平方千米，人口 22.6 万人，辖 18 个居委会、65 个村委会。

请你们认真做好区划调整工作，妥善处理好人、财、物问题，确保当地的社会稳定。

苏州市人民政府（印）

二○○三年三月十七日

关于同意杨舍镇部分行政区划调整的批复

张政发〔2003〕160 号

杨舍镇人民政府：

你镇关于实施部分村合并的请示悉。经研究，同意行政区划相邻的……南桥村、乌沙村与农联村合并，建立新的农联村……同时，撤销……南桥村、乌沙村……的村名及村民委员会。撤并工作具体事项由你镇负责实施，并按《村民委员会组织法》建立好新的……

农联村……的村民委员会。

此复

张家港市人民政府(印)

二〇〇三年十一月四日

二、村规民约

践行核心价值观,传递道德正能量。遵纪守法好村民,爱国爱党聚合力。
中华美德传千年,忠孝礼义记心中。红白喜事勿铺张,移风易俗倡新风。
反对封建和迷信,坚决抵制黄赌毒。勤俭节约家业旺,传承弘扬好家风。
诚实守信谦礼让,文明家庭户户创。关心集体好风尚,民主议事促自治。
邻里守望来相助,和睦相处好村风。社会公德记心间,杜绝违章乱搭建。
垃圾杂物莫乱放,洁美家园你我他。人人争做文明人,携手共创文明村。

农联村村民自治章程

第1条 为进一步加强和保障村民自治,由村民依法办理自己的事情,发展农村基层民主,维护村民合法权益,促进社会主义新农村建设,根据《中华人民共和国村民委员会组织法》,结合本村实际,制定本村村民自治章程。(以下简称"章程")。

第2条 本村村民自治在农联村党委领导和支持下,由村民委员会依法有序组织实施。

第3条 本章程在广泛征求本村村民意见基础上由村民会议讨论通过,既是村民委员会事务管理工作规范,也是全体村民的行为规范,适用于本村所有村民组织、企业及村民。村民是指具有本村常住户籍的集体经济组织成员。已撤销生产队建制,但仍居住在本村的居民,除另有规定外,同等适用。

第4条 为保障村民依法行使当家作主的民主权利,本村建立村民会议和村民代表会议制度。

第5条 村民会议为本村议事裁决机构,由本村十八周岁以上的村民或者户代表组成。村民会议讨论决定以下事项:

1.选举村民委员会,罢免村民委员会成员;

2.制定村民自治章程;

3.撤销或者变更村民委员会、村民代表会议不适当的决定;

4. 讨论决定涉及全体村民切身利益的其他重大事项和村民会议认为应当由其讨论决定的重大事项。

第6条 村民会议由村民委员会召集,由本村十八周岁以上的村民过半数或三分之二以上的户代表参加方可召开,经上述到会人员的过半数通过决定有效。法律另有规定的,从其规定。有十分之一以上的村民或三分之一以上的村民代表提议,应当召集村民会议。召集村民会议,应当提前十天通知村民。

第7条 村民代表会议按村民会议授权讨论决定下列事项:

1. 村经济和社会发展规划、年度工作计划及审议年度财务预决算报告;

2. 村庄规划与改造,公益事业的兴办方案;

3. 村产业结构调整方案;

4. 村集体经济所得收益的使用;

5. 财务收支报告以及预算外 3 万元以上的重大支出;

6. 宅基地的使用方案;

7. 土地承包经营方案;

8. 征地安置方案的实施,征地补偿费的使用、分配方案;

9. 推选村民理事会成员;

10. 推选村务监督机构成员;

11. 听取并审议村民委员会、村民理事会的年度工作报告,评议其成员工作;

12. 撤销或变更村民委员会、村民理事会不适当的决定;

13. 修改本村村民自治章程及其他村民自治制度;

14. 村民会议认为应当由其讨论决定的涉及村民利益的其他事项。

第8条 村民代表会议由村委会召集,半年召开一次。有五分之一以上的村民代表提议,应当召集村民代表会议。村民代表会议有三分之二以上的组成人员参加方可召开,所作决定应当经到会人员的过半数同意。法律另有规定的,依照其规定。

第9条 村民代表由村民按每个村民小组推选 2—3 名。村民代表的任期与村民委员会的任期相同。村民代表可以连选连任。村民代表应当向其推选户或者村民小组负责,接受村民监督。

村民代表的主要职责是:

1. 参加村民代表会议,讨论决定村民会议授权的事项;

2. 联系、服务推选户,反映他们的意见和建议;

3. 向村民传达村民代表会议作出的有关决议、决定,动员组织村民认真遵守和执行;

4. 组织、带领推选户自觉遵守村民自治章程及实施细则,积极参加"文明家庭"创建活动,自觉整改违反法律法规和村民自治章程的事项。

第 10 条 村民委员会是村民自我管理、自我教育、自我服务的基层群众性组织,是村民实行自治的执行机构和工作机构,是村民会议、村民代表会议的日常工作机构,对村民会议、村民代表会议负责并报告工作。

第 11 条 本村村民委员会设委员 3—5 名,其中主任 1 名。村民委员会根据需要设立人民调解、治安保卫、公共卫生与计划生育、精神文明等委员会,并明确工作职责和工作制度。

第 12 条 村民委员会履行以下职责:

1.根据发展需要,提出本村经济和社会发展规划以及年度工作计划意见;鼓励和支持村民运用多种形式发展经济,坚持合法经营,勤劳致富;

2.依法管理本村属于农民集体所有的土地资源和其他资产,引导村民合理利用自然资源,保护和改善生态环境;

3.完善集体经济组织的发展与管理机制;

4.宣传宪法、法律、法规和国家政策,教育、引导村民自觉遵守村民自治章程和实施细则,实行自我管理、自我教育、自我服务;

5.规范私房出租,做好外来人员管理;调处矛盾纠纷,加强社会治安综合治理;做好计划生育、环境卫生、消防安全、社区建设、精神文明建设等社会管理工作,并建立长效管理机制,加强考核督促;

6.组织开展社会公益事业和各类文化体育活动,推进地区精神文明建设;

7.法律法规规定应当由村民委员会履行的其他职责。

第 13 条 村民委员会实行集体领导下的分工负责制。主任对村民委员会工作全面负责,所有成员应当明确各自的岗位职责,对村委会负责。村民委员会实行少数服从多数的民主决策机制和公开透明的工作原则,建立健全各项工作制度。

第 14 条 村民委员会及其成员应当遵纪守法,带头执行村民自治章程及实施细则等各项制度,执行村民会议、村民代表会议的决定、决议,照章办事,廉洁奉公,热心为村民服务,自觉接受村民监督。

第 15 条 本村建立岗位目标责任制和述职述廉民主评议制度,村民委员会及其成员、条线干部每年向村民代表会议述职并接受评议,薪酬与评议结果挂钩。

第 16 条 村民小组是在村民委员会的领导下组织本组村民开展自治活动的基层组织,是村民委员会联系村民的桥梁和纽带。

第 17 条 本村下设 51 个村民小组,每个村民小组设组长 1 名,由本小组村民直接选举或推选产生,任期与村民委员会任期相同,可以连选连任,不再另设联队队长。

村民小组长的主要职责是:

1.协助村民委员会做好本村民小组的公共卫生管理、市容环境整治、安全稳定、私房出

租、外来人员管理、建房管理及其他公共事务和公益事业;

2.组织协调本村民小组的村民代表开展联系、服务村民的各类活动;

3.收集并向村民委员会、村民理事会反映本组村民的意见、建议,向本组村民传达有关决定。

第18条 召开村民小组会议讨论决定本村民小组有关事项,应当有本村民小组十八周岁以上的村民三分之二以上,或者本村民小组三分之二以上的户代表参加,所作决定应当经到会人员的过半数同意,所作决定及实施情况应当向本村民小组的村民公布。

第19条 为加强本村集体资产管理,发展壮大集体经济,使集体经济组织成员共享发展成果,建立集体经济组织成员代表会议。集体经济组织成员是指:在本村、组集体经济组织中享有权益并承担义务的人员。

第20条 集体经济组织成员代表会议行使以下职权:

1.听取评议村集体经济运行、收支情况,年度盈利情况,集体资产的保值增值情况;

2.听取、评议村民委员会年度收支预决算情况;

3.讨论、决定村委会关于集体经济组织成员年度收益分配的建议方案;

4.讨论、决定村集体重大投资和集体资产的处置及以借贷、租赁或者其他方式处分村集体财产。

第21条 集体经济组织成员代表会议由集体经济组织成员代表组成,每年至少召开一次,由村民委员会召集。

第22条 集体经济组织成员代表的产生方式为:未撤制生产队按每生产队推选1—2名,已撤制生产队由当届村民代表兼任。集体经济组织成员代表的任期与村民委员会任期相同,到期进行换届选举,可以连选连任。

第23条 集体资产管理委员会是集体经济组织代表会议的日常工作机构,对集体经济组织成员代表会议负责。

第24条 集体资产管理委员会由主任1人和委员6人组成。

第25条 集体资产管理委员会主要行使以下职权:

1.商议村集体重大投资方案,或其他集体资产处置方案;

2.商议年度村收益分配方案;

3.管理村及村民小组的集体资产、资金、资源。

第26条 为扩宽村民议事协商渠道,更好实现村民参与村务管理,本村设立村民理事会。村民理事会是落实村民自治的民主协商议事机构。

第27条 村民理事会行使以下职权:

1.参与村务管理,宣传政策法规,解决村民反映强烈的实际困难和矛盾纠纷;

2.民主议事协商,参与审议涉及村民切身利益的公共事务、公共事业;

3.收集民情民意,向村党委、村委会提出意见和建议,并完成村党委、村委会交办的其他事项。

第28条 村民理事会成员由村民代表会议在村民中推选7至15人组成,设理事长1人。规模较大的村可以分设小组,任期与村委会相同,可连选连任。理事长对村民理事会工作全面负责,所有成员应当明确各自的岗位职责。村民理事会实行少数服从多数的民主决策机制和公开透明的工作原则,建立健全各项工作制度。村民委员会成员不得兼任村民理事会成员。

第29条 本村建立村务监督委员会,听取和处理群众意见,负责监督村民委员会、村民理事会对村民自治章程和实施细则的执行情况,民主理财、监督村务公开等。村务监督委员会对村民会议和村民代表会议负责,定期报告工作情况,可列席村民委员会会议,对村民委员会、村民理事会的履职情况,对村民委员会、村民理事会所做各项民主决策落实情况进行民主监督。

第30条 村务监督委员会一般由5至7人组成,由村民代表会议在村民中推选产生,任期与村委会相同。村民委员会成员及其近亲属不得担任村务监督机构成员。

第31条 村民具有以下权利:

1.对本村重大事项,通过村民会议或村民代表会议进行讨论并表决的权利;

2.对村级事务的监督权及对村民委员会和村干部工作提出批评和建议的权利;

3.参加各种文化体育活动、慈善公益活动及"文明家庭"创建、文明创建等创评活动的权利;

4.享受本村规定的各项福利待遇的权利;

5.国家法律法规和政策赋予的其他权利。

第32条 村民履行以下义务:

1.自觉遵守村民自治章程和实施细则,自觉执行村党组织、村民会议和村民代表会议、村民委员会的有关决定、决议和规定;

2.自觉遵守土地管理及农民建房的有关规定,合理利用集体资源;自觉维护本村环境卫生、美化村容村貌,爱护本村集体财产,不侵占、破坏集体土地、房屋、河道、仓库、厂房等资产;已入住拆迁安置小区的要自觉遵守住宅小区物业管理规定,履行作为业主对物业的使用和维护的相关义务;

3.自觉宣传维护本村荣誉,支持村民委员会开展各项工作,配合村民小组长及村民代表的各项工作;

4.合理表达诉求,对村委、村干部或其他村民有意见或矛盾纠纷,应当通过与村民理事会、村委会、村党组织沟通、协商,理智处理,珍惜并保持本村民风淳朴、和谐安定的局面;

5.宪法和法律规定公民应该履行的其他义务。

第 33 条 本村集体所有土地,包括集体用地和村民的承包地、自留地、宅基地、园林地等,用地单位和农民只有使用权,没有所有权,不得侵占、买卖或者以其他形式非法转让土地,不得随意改变土地性质及用途,不违法用地,不违法搭建。不擅自在农用地、村庄空闲地或拆迁储备用地上植树、挖塘及搭建任何建筑物。本村集体所有土地,由村民委员会在上级有关部门指导下依法统一进行管理。

第 34 条 本村经上级部门同意,暂缓落实第二轮土地承包关系,土地由村统一经营。根据需要,村可以将部分土地出租给自然人或法人,从事农业生产经营,本村村民同等条件下可优先承租。承租方必须具有相应的农业生产能力,并经镇农业主管部门确认。由本村集体经济组织以外的法人或自然人承租的,应事先经三分之二以上村民代表同意,再按相关规定签订合同。

第 35 条 保护耕地,各项建设用地必须符合土地利用总体规划,如涉及占用农用地的必须先办理农用地转用手续后方可申请办理建设地用地手续。

第 36 条 国家和集体因发展与建设的需要征用土地,村民应当依法服从,并依法获得补偿。

第 37 条 村集体资产包括:依法属于村集体经济所有的土地、林木、荒地、水面、建筑物(厂房、仓库等)、道路、场地、沟渠排灌、桥梁涵洞、管线等设施资产;集体全资、控股或投资的企业及其他资产;镇村庄改造等投资建设委托村管理的资产;货币及其他资产等。

第 38 条 村集体资产由村股份合作社统一经营管理。村股份合作社与承租方签订租赁合同时,租赁价格原则上不得低于同期镇域指导价,并确立相应增长机制。确需低于指导价的,必须事先经村民代表会议决议通过。

第 39 条 村集体资产的出售、收购、对外投资等处置方案须经村两委班子讨论、村民代表会议通过,并履行相关报批手续后实施。

第 40 条 村集体资产发现有不良债权和不实债务的,须经村两委班子讨论、村民主理财小组通过,依据审计部门的审计意见调整账户,并报镇农经科备案。

第 41 条 本村活动中心及其他公共会所由村委会管理,全体村民均可使用,使用时要爱护公共财物,损坏财物照价赔偿。村民借用集体场所时需支付使用费(含水电费等)。

第 42 条 本村集体经济组织实施村(组)财务镇级代理,在上级业务部门指导下开展财务工作。村民委员会和财务人员必须认真执行《杨舍镇集体经济组织财务制度》,严格遵守各项财经纪律。村财务收支情况由村民主理财小组审核后方可入账,并按季度向村民公开。本村集体资产、资金、财务收支情况作为村务公开重要内容,定期向村民公开,接受村民监督。

第 43 条 村级集体资金、资产和资源属本村全体集体经济组织成员所有,其权益受法律保护,任何单位和个人不得以平调、挪用、拆借其他任何方式侵占。

第44条 本村建立财务预决算制度,村委会年度收支预算由村股份合作社制定,报区镇农经科审核后向村民公开,预算执行情况年终向村民公开。

第45条 本村各项开支应履行审批手续,按《杨舍镇集体经济组织财务制度》执行。村(社)集体资金不得直接拆借(或委托银行放贷)给民营企业或个人,特殊情况需履行相关报批手续,并报镇农经科备案。融资行为必须符合国家有关金融政策。为保障资金安全,本村不在除国有控股银行之外的任何金融机构开设账户,禁止公款私存、出租和出借银行账户,禁止为任何单位或个人提供经济担保。

第46条 本村各类集体经济合同授权村股份合作社签订。合同签署前应了解对方资信状况,并遵守相关程序,确保集体经济组织及成员利益不受损害。签订时应遵守镇相关指导意见并应及时报镇农经科备案。

第47条 合同签订后,村股份合作社应督促对方当事人按约定履行合同条款,维护集体利益。土地、房屋等集体资产租赁合同未经出租方同意并履行相关手续,承包户或承租人不得转租,或改变土地用途,或随意新建、翻建房屋或其他构筑物,否则出租方有权解除合同,收回土地或房屋,并责令恢复原状;承租人不能在规定期限内交回土地、房屋等并恢复原状的,由出租方自行处置,给出租方造成经济损失的依法索赔。

第48条 积极搞好村域环境卫生,建立长效管理制度,明确责任,落实人员。引导村民努力做好各项环境卫生整治工作,巩固改水改厕成果,落实病媒生物防治措施、制止乱出租、乱设摊、乱摆占、乱停放、乱堆物、乱拉扯、乱张贴等行为,不向河道内倾倒垃圾杂物,保持村容村貌美化、绿化、净化,建设环境优美整洁的新农村。

第49条 加强食品安全教育和管理,积极开展健康社区建设、红十字救护培训、初保、合作医疗等工作,做好食品安全及卫生工作,保障村民的身体健康和生命安全。

第50条 积极取缔无证行医、无证食品加工、无证办学点、无证废品收购站等非法经营行为,不破坏河道,不污染环境,自觉维护健康良好的生活、生产、生态环境。

第51条 本村落户企业应增强安全生产意识,自觉遵守消防及安全生产法律法规,建立安全生产责任制度,消除安全隐患,确保安全生产。

第52条 取缔网簖、地笼网等捕捞作业及河道违章、填堵事件。村民及种植户要主动配合做好农药检测、动物防预、规范养殖工作。不私拉电线,确保安全作业。

第53条 利用各种有效方式进行普法宣传,教育村民学法、知法、懂法、守法,不断增强法律意识,自觉做到依法办事,照章办事。

第54条 村民之间要互谅互让,和睦相处。不诽谤他人,不侵占集体和他人财产、利益。发生纠纷时应协商解决;协商不成的,可由村调解委员会依法调解或者提交村民理事会调解;调解不成的,通过法律途径解决。对不听劝阻、制造纠纷的当事人,情节轻微的予以批评教育,造成人身或财产损害的,依法承担法律责任并赔偿经济损失。

第 55 条 村民有意见或建议可以到村民理事会、村委会或镇相关部门反映,涉及镇政府及相关部门的事项,可直接或由村民委员会及时与镇政府及相关部门协调解决。不得无理闹访,或越级上访,或以堵路、放火、自残、自杀等极端方式扰乱秩序或胁迫工作人员。

第 56 条 组织开展群防群治活动。加强白天和夜间的治安巡查防范工作。村民应当增强防范意识,提高自防能力,加强个人和家庭财物保管,发现有身份不明和形迹可疑人员应当及时报告,勇于同一切违法犯罪行为作斗争。对见义勇为人员,除上级政府或部门予以表彰外,村委会给予奖励。

第 57 条 流动人口是指不具有本市常住户口通过租赁房屋而居住在本村的人员。流动人口必须遵守本章程有关规定。

第 58 条（承租户的义务） 居住在本村的流动人口必须遵守以下规定:

1. 与出租人签订房屋租赁协议,并到本村警务站备案;

2. 到达本村七日内,持本人居民身份证或者其他有效身份证明到本村警务站进行登记,并办理《居住证》;

3. 接受本村属地管理,配合本村开展治安、计生、安全等各项工作,自觉做好卫生保洁,缴纳环境保洁费;

4. 自觉履行房屋租赁合同约定,不得利用承租房屋进行"无证办学""无证行医""无证食品加工""无证废品收购"等非法经营行为。

第 59 条（出租户的义务） 村民用于出租的房屋应符合出租条件,确保安全、卫生,有序管理,否则发生事故责任自负。村民出租房屋应遵守"谁出租、谁管理"的原则,不得向未成年人和无身份证明的人出租房屋;必须与承租人员签订《房屋租赁合同》及《房屋租赁治安安全责任书》,督促承租人带好身份证等有效证件到村警务站办理《居住证》。村民应加强对承租人履行合同情况的检查,并教育承租人遵纪守法,遵守村民自治章程。承租人发生违法违规事项的,出租人依法承担相应责任。

第 60 条 村民建房必须符合城乡规划。符合建房条件的村民申请建房应向村委提出书面申请,经镇人民政府批准、相关部门实地放线后方可开工。

第 61 条 村民维修房屋、修建围墙、驳岸、化粪池等,须向村委申请,村委按相关规定审批。住宅小区内,任何单位和个人不得擅自抬高屋面建阁楼和开挖建筑底层地面;不得擅自改变经规划审批确定的房屋使用功能、层数和面积;不得擅自破坏绿化和建设任何建筑物和构筑物。

第 62 条 不得违反规划规定建住宅或车库等辅助用房。未经批准,任何单位和个人不得擅自在村镇的街道、广场、市场和车站、码头、路边等公共场所修建临时建筑物、构筑物和其他设施。

第 63 条 重视村民思想道德建设,充分利用村民学校、宣传栏等阵地,积极开展各类文化教育活动,崇尚健康生活方式,坚决抵制黄赌毒等现象,反对各类邪教和封建迷信等活动,不断提升村民综合素质和地区文明程度。

第 64 条　大力开展"文明家庭""文明标兵家庭""党员文明示范家庭"创评活动,鼓励村民自觉遵守章程和实施细则,积极参与文明创建等各类活动,为建设幸福和谐乡村而努力。

第 65 条　积极发展文化体育事业,不断加强文体活动室、广场、农家书屋、健身点的建设管理,关心扶持文化体育团队发展壮大,组织开展形式多样、丰富多彩、寓教于乐的群众性文化体育活动,丰富村民文化生活。

第 67 条　村民要适应新型劳动用工制度,提倡自主择业;求职者可到各级就业管理机构或村委劳动保障专管员处进行登记,接受各级就业服务部门或村委会劳动保障专管员推荐应聘。

第 68 条　安置征地劳动力的条件和对象,按《张家港市征地补偿和被征地农民社会保障办法》确定,征地工名额及安置对象向村民公开,征地工保障待遇按有关规定落实。

第 69 条　组织村民参加居民基本医疗保险。本村农业户籍的村民,应按规定标准交费,本村视情况给予相应补助。

第 70 条　本村户籍村民在年老时享受退休养老金待遇(或村定补助待遇)。城镇养老保险人员、城乡居民基本养老保险人员、被征地农民按有关政策执行。退休养老金按市人社局政策及本村有关补助待遇规定发放。

第 71 条　本村农业户籍在册人员,对年满 65 周岁以上的老年人享受村免费理发券、年终福利待遇;对 80 岁以上高龄老人在重阳节前夕上门慰问并发放慰问金。

第 72 条　对经济收入水平低于苏州市最低生活保障线的困难村民,村民理事会可提交村委会讨论,经协商后确定名单。村委会要指导村民做好低保申请和材料送审。

第 73 条　关心好重残或双残困难家庭;关心好孤老、五保户家庭;关心好病退伤残退伍军人家庭,做好军烈属优抚工作。

第 74 条　凡中考、高考考分达到"科教强村"奖学金制度拟定标准的优秀学生,分别给予适当奖励,奖励标准按村党委奖励规定发放。

第 75 条　对突发性天灾人祸造成家庭困难的学生给予适当补助。

第 76 条　本村农民户籍性质的村民亡故时发慰问费。维护群众的合法权益,对因天灾人祸造成家庭成员重度伤残、死亡或财产损失的,视损失轻重及必要可进行安抚慰问,对非法经营及违法建筑等造成家庭财产损失的不予支持。

第 77 条　实行以奖代补的考核制度,根据年度工作情况,对在村民自治各项工作中履职尽责、表现突出、成效明显、群众认可的村民理事会成员、优秀村民小组长、村民代表进行表彰与奖励。

第 78 条　每年对文明家庭创建工作进行总结,并对在文明家庭创建活动中表现突出的家庭进行表彰和奖励。

第 79 条　凡违反本章程的,除触犯法律、《治安管理处罚条例》由相关机关追究法律责任外,应根据实际情况承担下列责任:

1. 批评教育;

2. 赔礼道歉;

3. 书面检讨;

4. 恢复原状或赔偿损失;

5. 以户为单位,凡有家庭成员违反本章程的,经村民小组上报,村民理事会商议,村民代表会议决定,该家庭不得参加本年度市、镇、村级各类先进评比,不得享受当年本村各项奖励;造成严重后果的,暂扣或取消法定权益外村给予的有关福利待遇并酌情处罚 200—1000 元不等罚金。

第 80 条　本章程由村民委员会执行。村委会应根据客观事实,按照章程有关规定酌情对违反本章程的行为人作出相应处理。处理时必须调查核实,经村委会(或村民理事会)集体讨论、村民代表会议决定。处理应公平公正、合乎情理。处理决定以书面形式作出并通知村民,处理决定、依据等有关资料存档三年。

第 81 条　本章程授权村务监督委员会对执行情况进行监督。村民认为村委会处理有关事项违反本章程规定的,可向村务监督委员会反映,由村务监督委员会调查核实,并公布结果。

第 82 条　本章程与国家法律、法规、政策相抵触的,按照国家法律、法规、政策执行,与镇有关意见、政策不一致的,按镇意见、政策执行。

第 83 条　本章程未尽事宜由村民代表会议、村委会制定具体工作制度或实施办法,作为本村自治制度的组成部分。

第 84 条　本章程由村民会议通过后施行。

第 85 条　本章程由村民会议授权村民委员会解释。

2015 年 8 月

农联村村民自治实施细则

一、农联村村务管理“四议两公开一监督”规则

农联村党组织认为是重大的事项要按照“四议两公开一监督”的程序决策实施。“四议”即村党组织认为涉及村发展和村民切身利益的重大事项,要经村民建议,村民议事会提议,村“两委”审议,村民会议或村民代表会议决议;“两公开”即村重大事项决议公开,实

施结果公开。"一监督"即村重大事项的决议和决议实施全过程要自觉接受党员、村民的监督。

（一）明确决策内容

村重大事项包括：新农村建设规划和年度工作目标、任务；村年度收支预决算；村集体资产、资源处置；公益事业、实事工程的建设；集体经济项目的立项及建设；村建设规划、土地征用及补偿分配；村民福利的标准、对象及确立调整等。

（二）规范工作程序

1.建议　村党委、村民委员会或其他村级组织、村民议事会成员、10名以上年满18周岁以上的村民联名，可以向村民议事会提出建议议题；

2.提议　村民议事会对收到的建议议题进行商议讨论后形成书面提议，报村党委审查；

3.审议　村党委经审查后认为属于重大事项的，召开村"两委"联席会议，集体审议、讨论村民议事会提议事项；

4.决议　根据村"两委"集体审议形成的意见，由村民委员会主持召开村民会议或村民代表会议，对相关事项依法作出决议；

5.决议公开　经村民代表会议或村民会议决议的事项，在村宣传栏公示，时间不少于7天；

6.实施结果公开　决议事项由村委会组织实施，实施结果及时向全体村民公布；

7.村务监督委员会全程监督　村务监督委员会要充分发挥职责作用，主动全程参与，同时决议事项和实施过程自觉接受党员、村民的监督。

二、农联村村民代表会议议事规则

根据《中华人民共和国村民委员会组织法》等法律法规的规定及村民自治章程，结合本村的实际情况，制定本规则。

（一）村民代表会议的设立

1.村民代表由各村民小组推选若干人，总数由村民选举委员会确定；

2.村民代表会议由村民代表、村民小组长和村民委员会成员组成；

3.村民代表有提出议题权、投票（举手）表决权、监督评议权、反映意见和提出建议权；

4.村民代表有联系村民的义务，按时参加会议的义务，模范遵守国家法律、法规和政策的义务，带头执行村民会议和村民代表会议所作决定的义务，协助村民委员会开展工作的义务。

（二）议事范围

按本村村民自治章程规定，村民代表会议讨论以下事项：

1.听取并审议村民委员会工作报告、村财务预决算报告;

2.讨论决定本村经济和社会发展规划以及年度工作计划;

3.推选村民议事会成员;

4.推选村务监督机构成员;

5.听取并审议村民委员会、村民议事会的年度工作报告,评议其成员工作;

6.撤销或变更村民代表会议、村民委员会不适当的决定;

7.修改本村村民自治章程及其他村民自治制度;

8.村民会议认为应当由其讨论决定的涉及村民利益的其他事项。

(三)村民代表会议的召集和议事程序

1.村民代表会议由村民委员会召集,由村民委员会主任或委托其他委员主持;

2.村民代表会议的议题一般由村党委、村民委员会组织,也可以由五分之一以上的村民代表联名提出;

3.村民代表会议有三分之二以上的组成人员参加方可召开,所作决定应当经到会人员的过半数同意;

4.村民代表会议应按以下程序进行。

第一、清点到会人数,并向村民代表报告本次会议应到人数、实到人数、缺席人数和列席会议人员,确认符合法定人数时由主持人宣布开会;

第二、由会议主持人向村民代表提出要讨论的事项或方案;

第三、在讨论和审议会议议题时,让村民代表充分表达个人意见;

第四、对需要作出决定或决议的议题进行表决,表决形式可实行举手表决或无记名投票表决,会议议题获得到会人员过半数以上的赞成票有效;

第五、宣布会议的决定或决议;

第六、会议主持人对本次会议进行小结。

(四)会议记录、存档及结果公开

1.村民代表会议要指定专人做好会议记录,内容包括:参加会议的人数及报到名册,主持人,记录人,会议的议题,会议表决情况和形成的决定、决议等。

2.村民代表会议结束后,村民委员会应对本次会议的资料进行整理,立卷存档,以便备查。

3.村民代表会议作出的决定或决议,村民委员会要及时向全体村民公布。

三、农联村村民委员会议事规则

1.根据法律、法规和《农联村村民自治章程》的规定,结合本村的实际情况,制定本规则。

2.村民委员会讨论、决定有关事项,要坚持民主集中制原则,充分发挥民主,集体行使职权。

3.凡属于村民委员会集体讨论决定的事项,均适用本议事规则。

4.村民委员会一般每月举行一次会议,会议由村民委员会主任召集并主持,有特殊情况和特殊任务时,可随时召开村民委员会会议。

5.村民委员会会议必须有村委会全体成员三分之二以上出席,方可举行。举行会议时,应邀请村党委书记出席。

6.村民委员会会议决定的村民应知事项,应当及时向全体村民公布。

7.村民委员会集体决定的事项,实行少数服从多数的原则通过。

8.对涉及村民利益重大事项的决定,村民委员会应当广泛地听取村民代表及各界人士的意见,提出方案,并提请村党委通过,报由村民代表会议讨论决定。

9.村民委员会召开的会议应当安排专人负责记录,记录人员对村民委员会会议的记录要详细清楚,内容要实事求是。

10.建立村民委员会会议档案制度,每次会议的记录、对重大事项的讨论决定等均要列入档案,安排专人保管。

四、农联村村民议事会规程

1.为进一步践行协商民主,提升村民自治水平,维护村民合法权益,根据《中华人民共和国村民委员会组织法》及《中共中央关于加强社会主义协商民主建设的意见》、中共中央办公厅和国务院办公厅《关于深入推进农村社区建设试点工作的指导意见》《关于加强城乡社区协商的意见》等文件,结合本村实际,制定本村村民议事会规程。

2.村民议事会是落实村民自治的新载体,是通过恳谈协商方式决策影响涉及村民切身利益事项的机构。

3.村民议事会协助村民委员会落实村民自治工作,各自在其职责范围内向村民会议、村民代表会议负责并报告工作。

4.村民议事会在村党委的领导下,主要负责对涉及本村村民重大利益事项的协商、沟通,引导本村不同阶层人士积极参与村务管理的讨论,是村民参与村务管理的议事平台。具体职责是:

(1)参与村务管理,宣传政策法规,对涉及村民利益的事项进行交流、协商、研究,解决村民反映强烈的实际困难和矛盾纠纷;

(2)民主议事协商,参与审议涉及村民切身利益的公共事务和公益事业;

(3)监督辖区内村民自觉遵守村民自治章程及其实施细则,营造团结有爱、邻里守望的和谐氛围;

（4）收集民情民意,向村党委、村委会提出意见和建议;

（5）制定完善议事会章程,完善议事会运作机制建设;

（6）完成村党委、村民委员会交办的其他工作。

5.村民议事会由议事长、副议事长和议事组成。村民议事会成员中不得有村民委员会成员,可以有村党组织成员,应当有妇女成员。村民议事会成员应具备以下基本条件:

（1）自觉拥护中国共产党的领导,坚持党的各项方针、政策;自觉遵守国家法律法规,无违法违纪行为;带头遵守村规民约,无违规违约行为;

（2）在群众中具有较高的威望,政治素质好,为人公道正派,清正廉洁,无犯罪等不良记录;

（3）热心村公共事务,有较强的协调、沟通能力,身体健康,能保证有与村民、群众沟通和参加村民议事会有关活动的时间;

（4）具备独立民事行为能力。

6.村民议事会议事,由村民代表推选产生,议事长由议事会成员推选产生。本村村民议事会共有11人组成,其中设议事长1名,副议事长1名;议事长负责主持议事会全面工作,副议事长根据功能界别进行合理分工。议事会成员任期一般为3年。

7.议事会成员可以向议事会书面提出辞职,由议事长受理并在5个工作日内召集议事会会议集体讨论决定。议事会成员有下列情况之一的,其成员资格自行终止。

（1）违反法律、法规和国家政策或被判处刑罚,不适合继续担任村民议事会成员的;

（2）违反村规民约,经村民委员会教育仍不改正的;

（3）连续三次以上无正当理由不参加议事会活动的;

（4）丧失行为能力的;

（5）违反计划生育法律、法规超计划生育的。

8.村民议事会按照下列程序组织会议:

（1）村民议事会提出议事主题,讨论村委委托商议的事项,通知相关工作负责人到会;

（2）各参会者对协商内容提出建议和解决方案;

（3）民主议事表决以投票的方式进行,作出的决定以少数服从多数的原则通过;

（4）形成决议后,及时报村党委备案;

（5）利用村务公开栏等形式向全体村民公布决策结果;

（6）决策事项需要实施,由村民委员会具体负责部门依法组织实施。

9.村民议事会的议事程序,由村党委、村民委员会或其他村级组织、村民议事会成员、或10名以上年满18周岁以上的村民联名,可以向村民议事会提出议题。提交村民议事会的议题应当符合法律法规和政策规定、属于村民自治范围。

10.村民议事会对收到的议题进行商议讨论后形成书面提议,报村党委审查。

11.村党委审查后认为属于一般事项的,交由村民议事会召开村民议事会会议作出决定。村党委认为属于重大事项的,按照"四议两公开"的民主决策程序实施。村党委审查后认为不属于议事事项的,应通知村民议事会,并说明理由。

12.本规程由村民代表会议通过后施行。

13.本规程由村民代表会议授权村民议事会解释。

五、农联村村民住房建设管理实施细则

1.依据《城乡规划法》《江苏省城乡规划条例》《江苏省村镇规划建设管理条例》《苏州市宅基地管理暂行办法》等相关法律法规及《农联村村民自治章程》,特制定《农联村村民住房建设管理实施细则》(以下简称《实施细则》)。

2.本《实施细则》适用于本村范围内村民新建、改建、翻建、扩建和修建住房及补建围墙、化粪池的办理和管理。

3.村民委员会是本村村民住房建设管理的实施者,全面负责本村村民住房建设管理工作,履行村民建房相关政策法规的宣传义务。

4.村民委员会按照住房建设管理工作的需要,落实一名村委会委员分管建房工作,确保村民住房建设依法、规范、有序实施。

5.村民委员会办理村民申请建房必须坚持清正廉政、依法公正、公开、公平,严把审核关,确保送审材料的真实性,不徇私枉法,不索贿受贿。

6.村民建房必须符合城乡规划。符合建房条件的村民申请建房应向村委提出书面申请,经镇人民政府批准、相关部门实地放线后方可开工。禁止未经批准擅自建造,禁止违反批文规定移位、不按图施工或者超面积、超高度、超标准建造,违者由村委协助相关执法部门查处,直至拆除,造成的一切损失和费用均由建房户承担。

7.村民经批准易地建房,原宅基地由集体收回。

8.村民维修房屋,修建围墙、驳岸、化粪池等,须向村委申请,村委按相关规定审批,申请人开工前需与村委签订按审批方案施工承诺书,对侵犯相邻关系利益引起纠纷和未按批准方案施工的,村委有权责令其整改,对拒不整改的,村委组织人员帮助其整改,产生费用由申请人承担。

9.住宅小区内,任何单位和个人不得擅自抬高屋面建阁楼和开挖建筑底层地面;不得擅自改变经规划审批确定的房屋使用功能、层数和面积;不得擅自破坏绿化和建设任何建筑物和构筑物。违者由村委协助执法部门查处。

10.村民不得未经批准或者违反规划的规定建住宅或车库等辅助用房。未经镇人民政府批准,任何单位和个人不得擅自在村镇的街道、广场、市场等公共场所修建临时建筑物、构筑物和其他设施。违者村委有权责令限期拆除,并处以罚款。

六、农联村集体资产管理制度

1. 根据《农联村村民自治章程》有关规定,制定本制度。

2. 本村集体资产的管理、经营、监管,国家法律、法规、政府文件和《自治章程》有规定的,依照规定执行,没有规定过的,适用本制度。

3. 村股份合作社受村党总支(委)的领导、协调和监督,接受镇农经管理部门的业务指导,由村集体资产管理小组具体工作。

4. 村集体资产依法进行产权登记,建立资产台账,落实集体资产运营责任制,促进集体资产保值增值。

5. 村集体在收购或经批准转让土地、房屋及其他经营性资产时,必须做到:

(1) 村班子集体讨论决定,并形成书面决议;

(2) 先委托中介机构进行资产评估,再由村班子集体讨论收购或转让价格;

(3) 签订规范的资产收购或转让合同,及时结清价款和办理产权变更手续;

(4) 产权转让应当以资产评估价为底价,转让价格低于评估价的,必须经村民代表大会同意。

6. 涉及下列重大事项的,村集体资产管理小组应制定相应方案,提交村"两委"审议后表决:

(1) 村巨额投资;

(2) 集体资产产权转让(产权转让应以资产评估价为低价);

(3) 数额较大的不实资产核销(数额较大指五万元以上);

(4) 收益分配;

(5) 数额较大的资金借贷。

7. 村集体资产的评估应当由社区股份合作社委托具有评估资质的机构进行评估,并签订委托评估协议。由镇农经科择优推荐评估机构。

8. 资产评估报告应当经社区股份合作社确认后报镇农经科备案,并按村务公开的要求及时公开。

9. 村(组)集体的固定资产、物资或对企业的投资参股必须全部纳入账内管理。固定资产应合理分类,设卡登记,专人保管,并健全入库、借用、维修、折旧、领用等制度和手续,确保集体财产的安全和完整。

10. 因人为因素造成集体财产丢失、损坏、变质的,应由当事人进行经济赔偿,并追究相关人员责任。

11. 固定资产的报废处理,须经村民主理财小组讨论通过,并报镇农经科审核批准。

12. 组级集体资产归该组全体集体经济组织成员所有,任何单位和个人不得挪用、平调和随意处置。

13.本村集体资产的经营机构为社区股份合作社。

14.村集体资产管理中的重大事项应及时通过村务公开让村民了解,接受村民监督。

15.组级集体资产的管理参照本制度执行。涉及组级资产重大事宜,由村集体资产管理小组召集本组成员会议表决。

七、农联村收支预决算制度

1.本村实行年度收支预决算制度。

2.本村预算严格按照"统筹兼顾、量入为出、收支平衡、留有余地"的原则编制,严禁编制赤字预算。

3.村编制的年度财务收支预算方案须经村两委班子讨论,报镇农经科审核,在年初提请村民大会或村民代表大会审议通过后方可实施,并在村务公开栏公布。

4.村级预算由村管理部门负责管理和执行。村民主理财小组监督村管理部门执行预算。

5.村财务收支预决算包括年度综合预决算和单项预决算。综合预决算主要包括:

(1)年度财务收支预决算;

(2)公益事业建办预决算;

(3)经营性项目建设投资预决算;

(4)固定资产购置预决算;

(5)收益分配预决算。重要工程建设项目实行单项预决算。

6.年度末,村股份合作社要及时编制年度财务收支决算草案,认真总结年度财务收支预算执行情况。决算草案经过村民理财小组审核后,提交村民代表大会审定,并表决通过。决算草案经村民代表大会表决通过后,在财务公开栏公布。

八、农联村合同管理制度

1.制定依据

根据《农联村村民自治章程》的有关规定,制定本制度。

2.适用范围

本村集体资产的管理、经营及其他重大经济事务需要签订合同的,国家法律、法规、政府文件和自治章程有规定的,依照规定执行,没有规定的,按照本制度执行。

3.合同签订

(1)村级集体资产资源的承包(租赁)等经营活动均以村为发包(租赁)主体,在经营活动过程中应与承租方签订书面合同,明确权利和义务,不得无合同或口头协议发包;

(2) 合同签订应依法履行民主程序,按规定程序"阳光"操作,坚决杜绝暗箱操作、人情合同。合同签订后,应及时在村务公开栏和网上村委会进行公示,让群众知情,接受村民监督;

(3) 对即将到期的合同,村应提前三个月书面通知承租方,并了解承租方的相关情况,如承租方有继续承租意愿的,村按规定提前和承租方签订承租合同;

(4) 对新建新增或合同到期新空出的集体资产资源,统一通过镇农村资源交易中心平台发布招租信息,进行拍租或议租;

(5) 所有出租资产的合同期限一般为 2 年,对投资较大的承租企业,可适当延长租期,但租金收缴标准统一为 2 年一调整。

4. 合同租金标准

承包(租赁)费是合同的核心内容,村应在执行镇相关租金标准规定的基础上,根据自身经济发展实际、集体资产资源所处区位优势、市场物价因素等情况,由村两委班子集体商讨决定。

5. 转租转包

(1) 村集体资产资源的发包(租赁)主体是行政村,原则上不允许承租方进行转租转包;

(2) 合同期限内,因客观原因承租方确需转租转包的,由承租方向村书面申请,村两委班子集体商讨签署意见;

(3) 转租转包的合同期限不得超过原合同的期限,合同到期后,转租转包的资产资源,村必须无条件收回,由村直接与第三方签订承包(租赁)合同;

(4) 承包(租赁)期限内,发现承租方不按规定转租转包的,村有权收回所有承包(租赁)的资产资源。

6. 合同监督

应建立健全村集体资产资源及承包(租赁)情况的台账,行使好合同签订、保管、承包(租赁)费收缴等职责;对合同履行情况进行定期和不定期检查,特别是承包(租赁)费的收缴;村集体资产租赁合同的履行情况,应通过村务公开等方式及时让村民了解,接受村民监督。

九、农联村消防及安全生产长效管理制度

为全面落实消防及安全生产管理,预防和杜绝消防及安全生产事故的发生,保障人民财产和生命安全,促进本村经济发展和社会稳定,根据《消防法》《安全生产法》等相关法律法规,特制定农联村消防及安全生产长效管理制度。

(一)组织领导

在村党委的领导下,设立由村委会分管干部、联防队负责人等相关成员组成的农联村

消防及安全生产工作小组,全面负责农联村消防及安全生产工作。

(二)具体措施

1.村民防火公约

(1)自觉遵守社会消防公德,不人为留下火灾隐患,配合村消防管理;

(2)使用煤气、天然气、液化气要防止气体泄漏,用后要随手关闭气源阀门。钢瓶、减压阀、橡皮管和灶具连接要牢固,不能用明火查漏。烧煮东西要有人看管,防止熄火而发生事故,临睡前应检查是否关闭气源;

(3)安全使用家用电器,不用劣质的电器产品。电炉、电熨斗等电加热器具用后,应及时切断电源,置于安全地方;

(4)储油器具、储油点要安全可靠;不乱扔烟蒂;不躺在床上吸烟;家长应教育孩子不玩火;

(5)关爱孤寡老人、残疾病人、精神病人、瘫痪病人、低能弱智者、小孩等弱势人员,防止发生意外火灾事故;

(6)不占用、堵塞消防通道,不在楼梯、走道等公共部位堆放杂物,保障安全出口和通道畅通;

(7)不损坏、挪用、圈占、埋压消火栓、水喷淋、水带、水枪、灭火器、自救逃生器和逃生绳等公共消防设施、设备;

(8)安全燃放烟花爆竹,不购买伪劣烟花爆竹;

(9)不焚烧秸秆,不违反规定使用明火,自觉维护良好生态环境;

(10)制止身边发生的消防违法违规行为,并向村委会或派出所举报;发现火警,立即拨打"119"报警。

2.村消防安全检查制度

(1)村委会应经常组织人员深入到辖区单位开展消防、安全生产检查,及时消除火灾等安全隐患;

(2)根据实际情况可采取白天和夜间、重点和一般、突击和日常检查相结合的形式,也可针对重大节日、重大活动和火灾多发季节,或针对辖区内存在的薄弱环节开展专项检查;

(3)辖区内的单位应认真按照要求,开展消防检查和安全生产巡查;

(4)检查要做到"三不放过",即:隐患查不清不放过、整改措施不落实不放过、不彻底整改隐患不放过;

(5)检查要做好记录,发现隐患应立即制止,并向有关村民或单位发出《火灾隐患告知书》《火灾隐患整改建议书》《安全生产隐患告知书》《责令改正通知书》等有关文书;对一时难以解决或有一定难度的隐患,应及时向上级有关部门报告。

3.消防安全隐患整改制度

（1）对检查中发现的隐患应及时发出消防检查意见书或建议书,督促有关单位、部门和村民落实整改措施。

（2）有关单位、村民接到村发出的整改意见书或建议书后,及时制订整改计划,在规定的时间内落实整改。

（3）发现影响消防安全的行为,应及时予以制止,并对当事人进行警示教育。

（三）其他要求

对消防及安全生产中隐患发现、整改过程中形成的各种资料应予保存,规范做好消防及安全生产长效管理台账。

十、农联村环境卫生长效管理制度

为优化村域生态环境,改善村民生活质量,预防疾病发生,提高健康水平,特制定农联村环境卫生长效管理制度。

（一）组织领导和工作队伍

1.村民委员会落实一名工作人员负责全村环境卫生长效管理工作。

2.建立村民小组保洁清扫、河道清洁维护、绿化带保洁、除害消杀等工作队伍,实行划块包干、责任到人。

（二）具体要求及标准

1.村容村貌

（1）村容环境整齐整洁,村民家前屋后无暴露垃圾,无乱堆秸秆,无乱搭建、乱堆放、乱涂贴、乱摆占等情况,房屋夹弄内无暴露垃圾、家禽家畜圈养;不向垃圾收集房倾倒生产垃圾(秸秆)和建筑垃圾,家庭作坊产生的生产垃圾不乱扔、不焚烧,由作坊主负责装袋,请垃圾清运员有偿清运。

（2）村内主要道路硬化、平整,无漂浮物,无暴露垃圾,无坑洼积水,排水畅通,污水无乱排放;道路两侧绿化带内无杂草,无纸屑、塑料纸袋等杂物;明沟畅通,无垃圾堆积、堵塞;指示牌、电线杆、围墙外侧等保持清洁,无乱涂、乱贴、非法广告。

（3）公共设施完好,村内小游园、停车场、污水处理、室外健身、路灯等公共设施及休闲场所专人负责,正常开放利用,定期维护保养,卫生整洁。

（4）农村"四户"(农村房屋出租户、家禽家畜养殖户、废品废物收集户和专业种植户)管理到位,取缔无证经营的废品收购点,整改或关闭管理不规范、影响周边环境卫生的场所;配套完善卫生基础设施,规范户厕管理,不乱丢乱倒生活垃圾。

（5）道路两侧、转弯处、路口不得堆放杂物影响视线;道路两侧种树要离道路2米远;邻里之间隔界种树也要让2米。

2.卫生基础设施管理

（1）垃圾收集房（桶）设置合理，外观整洁，周边地面硬化，房（桶）外无堆放垃圾、飘散垃圾、污水外溢、焚烧、设施损坏、缺少门窗、标识不清等现象。

（2）小区垃圾日产日清，无小型生活垃圾填埋场。

（3）公共厕所为水冲式，保洁到位，有冲洗设施，节水符合要求，粪便无外溢，化粪池密封，男女标识规范，挡板设置合理。

（4）保洁、清运车辆车容整洁，专车专用，定人定则；户厕管理规范，无露天粪坑、化粪池盖板不密封和打开现象。

（5）每年开展1—2次除"四害"活动，抓好孳生地管理，按要求开展消杀活动。

3. 农村河道管理

河道水系畅通，无污水塘、臭水沟，驳岸维护良好，河面整洁，无白色垃圾和漂浮物，岸坡无杂物堆放、无杂草重生、无暴露垃圾和建筑垃圾。

（三）工作措施

1. 包干责任制。对聘用的工作人员实行包干责任制，定岗、定点、定任务、定标准，每年签订岗位责任书，对工作不负责任、达不到标准且整改不到位的解聘。

2. 检查考核制。定期进行检查考核，按照标准要求，每月进行一次环境卫生大检查，对每个责任人进行考核评分，考核分同报酬直接挂钩。发现问题，追究责任人的责任，并责令立即采取措施整改。

3. 奖励激励制。与精神文明建设活动相结合，把村民在环境卫生长效管理中的实际表现纳入"星级家庭"等先进评比标准，对自觉维护环卫整洁的先进事例予以表彰奖励。对不履行环境长效管理职责、义务，不配合村管理工作，产生问题的村民和村民户，发出"整改通知书"，责令限期整改。如拒不改正或整改不力，则取消相关的先进评比资格和取消有关村民福利待遇，至彻底整改后再予以恢复。

4. 领导管理责任追究制。制定环境卫生长效管理工作计划，明确工作目标、任务，制定落实责任；严格进行检查考核，发现问题，立即采取措施切实整改。对在工作中不负责任、管理不力、措施不实，在上级政府和有关部门的检查考核中出现问题的，追究相关责任人的管理责任，重者调离岗位。

5. 配合协调制。本村各企事业单位、各群众组织、家庭作坊都要积极配合支持环境卫生长效管理工作，服从统一管理，相互协调、相互配合，保质保量按时完成各项工作任务，并按规定向村委缴纳垃圾清运费。

6. 宣传教育制。要坚持开展持久的宣传教育，进行科学知识、技能的学习培训，促进村民文明素质的提高，摒弃陈旧的生活习惯，培育科学、文明、健康的生活方式。

（四）其他要求

规范做好环境卫生长效管理工作台账，建立完整的工作资料，及时整理归档。

十一、农联村农田水利长效管理制度

本村所有土地,包括宅基地和耕地,所有权归集体所有,由村民委员会统一管理。土地一经承包,除国家需要和村发展经济以及公共事业用地外,没有新的政策,长期不变。为加强农田、河道的保护、建设和监督管理,杜绝非法侵占农田、河道现象的发生,根据农田、河道保护相关的法律法规,特制定农联村农田、河道长效管理制度。

（一）组织领导和工作队伍

在村党委、村委会的领导下,建立农联村农田、河道管理领导小组,由一名村委会分管委员任组长,农业副社长任副组长,相关人员组成的农田、河道管理员队伍。农田、河道管理员应履行管护责任,做好农田、河道的日常清理工作,确保农田使用保护到位、河道水环境面貌整洁。

（二）工作目标

严格管理本村集体所有的土地,珍惜爱护每一寸土地,不擅自改变承包地、自留地的用途和地貌,村域内的农田无乱搭乱建、种植树木、挖河养鱼,无任意毁坏耕地现象,杜绝层层转包行为。农民不得种植未经农业部门推广的农作物品种,确保农产品质量安全,粮食和蔬菜不得喷洒剧毒农药。加强和改善村域水环境建设,河道无任意填埋乱建,无漂浮废弃物。河堤绿化无暴露垃圾,无占绿毁绿现象。巩固河道综合整治成果,达到保护基本农田和改善村域水环境的总目标。

（三）管理内容

1.加强农联村现有农田管理,落实本村集体经济组织成员承租,种植粮食和蔬菜等作物,无移作他用、乱搭乱建、毁地取土、污染基本农田现象。

2.加强农田承包户的监管力度,引导种植户安全使用国家推荐的良种、化肥、农药等农业生产资料。

3.加强村域河道管理,保护河堤绿化,保持河面清洁,水质清澈;为减少水土流失,禁止在市、镇、村级河坡上及道路两侧垦种庄稼,禁止在市、镇、村级河道内种养水生动植物,同时禁止在以上河道内设网簖,禁止在已拆坝建桥的河道内再次垫坝,拆除全村所有土坝,禁止在河面上垫土及乱搭乱建。

4.加强宣传,普及环保知识,促进村民自觉地保护农田、河道环境。

（四）工作措施

1.严格土地管理,凡发包、租赁、出租农田,必须与村民委员会签订好书面协议。

2.严禁农田内乱搭乱建和毁坏农田现象,河道不发生任意填埋现象。

3.组织农业安全生产检查,落实安全责任,防止农田安全事故发生。

4.加强河道保洁管理力度,确保水面感观良好、水流通畅、无漂浮物和垃圾。

5.确保河道河堤立面清洁,硬化的护坡无垃圾,未硬化的护坡无杂草、垃圾、垮塌。

6.维护河岸整洁,两侧及周边区域无生活垃圾、建筑垃圾及其他杂物堆放。

7.河道内打捞的垃圾必须做到即捞即清,不发生堆放现象。

8.河道管理巡查人员一旦发现乱倒垃圾、排放污水、擅自挖掘、侵占河道等违法违章行为,必须及时制止并向村委会报告。

9.河道管理员安全文明作业,做到工作时间无脱岗现象,下水作业必须穿救生衣,杜绝安全事故发生。

(五)考核奖惩

1.农田承租人任意乱搭乱建或有转租现象发生的、违背承租合同和相关协议有关约定的,村委会有权终止合同,并依法依规处理。

2.对农田承包户非法乱搭乱建行为,经劝阻不听者,及时报告镇相关职能部门依法拆除外,并终止租赁合同。

3.落实农田管理工作人员奖惩机制。如发生农田转包、非法乱搭乱建,未及时发现而造成后果的,对农业管理员给予调离岗位,并扣罚一定的年度奖金。

4.对违反以上管理内容相关条款的农户,经村委多次做工作不改正的,取消其当年各项先进评比和相关福利待遇。

5.落实河道管理工作人员奖惩机制。村委会对河道保洁工作加强检查、监督和指导,并组织村民对河道保洁状况进行测评,根据工作业绩和测评情况,给予奖惩。

三、杂　记

(一)地名溯源

1."农联"的由来

1950年1月,东莱各小乡都成立了农民协会(简称"农会")。东莱小乡四村农民匡全林等人发起组建篮球队。由匡家堂的匡全林、匡林、匡仁林、毛竟秋,青草巷的钱育俊、顾炳龙、钱琴芳,庞家堂的庞凤明,蒋家桥的钱兴和高房里的蔡玉明等10人组成篮球队。队员都是种田的农民,来自不同村,故取名为"农联篮球队"。球队成立后,先后参加了在鹿苑、塘桥、杨舍、北漍等地的篮球比赛,并多次夺得冠军。而且,农联篮球队还在无锡北门外周边地区打出了名气。1957年冬,初级社合并为高级社,便借农联篮球队之名,取名为农联高级农业生产合作社,"农联"由此而得名。以后的大队名、村名均沿用"农联"之名。

2.“乌沙里”的由来

传说清康熙年间,今乌沙里地区有"三王十八将"。他们嫉恶如仇,而且力大无穷,无敌于天下,但从不祸害老百姓。他们常常与官府对抗,官府对他们毫无办法。古时,今乌沙里地处海边,常有海盗出没。每当海盗上岸抢掠当地居民钱粮时,三王十八将就团结一致,把海盗打得弃船而逃,并将海盗的船拖上岸窝在沙里,把船上的钱物分给当地贫困老百姓。为此,海盗怕极了他们,告诫同伙那个地方不能去,当心把你们的船窝(乌)在沙里。"乌沙里"由此而得名。以后的大队名、村名均沿用"乌沙"之名。

3.“五联”的由来

解放后,东莱地区废除保甲制,设乡建村。当时以乌沙港为界,西边是东莱(小乡)七村,东边是东莱八村。1954年,该两个村先后成立5个初级农业生产合作社。1956年,5个初级农业生产合作社联合起来成立高级农业生产合作社,取名"五联"。"五联"之名由此而来。人民公社化前期,曾用"五联"作为大队名。

(二)钱同盛木行

1920年,青草巷钱氏老大钱文华在栏杆桥开办蚕茧行。赚钱后,钱文华与三个兄弟在蒋桥开了一爿棺材店,经营范围扩大后取名蒋桥钱同盛木行。钱育仁等钱氏10兄弟参股经营。1932年,钱同盛木行兼并了新庄里孙仲舒独资的油厂,改称协盛油厂,资金与木行统一使用。1945年,协盛油厂停业,钱同盛木行分迁至东莱套南(勃刀河)套北、周家桥善港、福前镇等地。钱同盛木行经营范围进一步扩大。解放后,因经营不善,钱同盛木行先后分别并入常熟练塘建业窑厂、大生窑厂和江阴大同化工厂,钱同盛木行从此停业。

(三)地产草药功用

益母草:煮汤喝可用于产妇止血。

刺棘头草:用其浆涂于刀伤、碰伤之处可止血;煮汤喝可排清产妇体内脏物。

淡竹叶:煮汤喝可治疗妇女尿道痛。

酱瓣头:煮汤喝可治疗肠炎腹泻。

大蒜:治肠胃炎,生食效果更佳。

蒲公英:晒干、泡煮后食用可治胃病。

地丁草:将其和黄糖、冰片、壁虎等混合打成浆,可敷治疮疖病。治疗疮有一定疗效。

白扁豆花:煎蛋食用可治肠炎。

半枝莲草:煮汤喝或炒食可治肝病。

癞蛤蟆草:生食可预防各种癌症,打浆食用可治喉风病。

野菊花:其花泡茶喝可使人淡凉,煮水放在澡盆中洗澡可减轻皮肤瘙痒。

芊芊活：将其斩断，放入水中煮沸，待水温在 40℃ 左右时浸泡双脚可舒筋活血。

枸杞子：其子熟后泡茶喝或将其嫩头炒蛋食用可使眼睛明亮。

四、刊载报道选辑

（一）

他领着农民兄弟玩"资本魔方"

《新华日报》记者　高坡　李仲勋

采访到中午 12 点半，赵建军的手机第 16 次响起。放下电话，这位刚刚荣膺省劳模的朴实汉子一脸歉意："实在没法陪你们吃午饭了。有家企业正在股改准备上市，村里要参股合作，今天的碰头会律师团都到了，在等我哩！"

作为张家港的一个行政村，赵建军主政的农联村现在的水平其实已相当不简单。去年，全村 138 家企业实现 25 亿元工业销售，村级集体可用财力突破 1500 万元，人均年收入超过 2 万元，放在苏南任何一个地方都是呱呱叫。

在赵建军看来，近在张家港城郊的农联村眼下要考虑的第一大事，不是别的，而是农民进城后如何保障收入。

在农联村的大小会议上，赵建军给村里党员干部反复讲一个核心理念：转型发展。"一是社会管理转型，一是发展方式转型。农联现在的可用财力几乎全部来自厂房租金收入，虽然稳定，但上升空间不大，今天看来，必须发展资本性收入和投资性收入。"在他的主导下，农联村正在筹建创投公司，资金规模 1 亿元。老赵特地请来南京的律师团负责参股谈判，目前已考察了 3 家企业。这天电话那头催人的，正是其中进展最快的一个投资项目。

一群"泥腿子"玩起了资本魔方，这的确让人兴奋。

1996 年，赵建军受命担任农联村党总支书记时，面对的是个大困局：6 家村办企业负债近千万元，奄奄一息，村级可用财力几近于零。"接到党委任命时我就下定决心，一定要干好！"

赵建军一到任，就把亏损企业破产的破产，转制的转制，村里一些不明就里的人骂他是"败家子"。"我只卖设备和资产，厂房和土地全给村里留着。他们怎么骂我不管，我就认定一条，真心为老百姓做事，就别怕难！"

转制拿来的一点钱，干的第一件事是修路。那些日子里，赵建军说自己就像个老"监军"，天天起早摸黑盯在路上抓质量。第一条 5 米宽的水泥路接通了市区主干道，也理顺了农联村发展的"财气"。三年后,农联村的水泥路通到了家家户户。

此时,苏南乡镇企业改制全面推开,农联村由于领先一步甩掉包袱、轻装上阵,工业销售率先转好。那些转制时留下来的厂房和土地都成了生"金蛋"的"老母鸡",支撑起农联村在张家港率先实现自来水、电视和电话户户通。

2000年村党总支换届选举,赵建军全票当选。

农联村大学生村官朱华这样评价赵建军:"我们领导特别有气场,跟着他,什么事都难不倒。"村里的老党员由衷赞叹,说他是把村里的事当作自己的事来干。

还真是,眼前就有个活例子。农联村三组的吴金龙曾经游手好闲、无所事事。赵建军了解到他会电焊手艺,就主动找他谈心,还借钱帮他创业。没几年,在老赵的点拨下,吴金龙成了小老板。重获"新生"的他主动承担起帮扶贫困家庭和学生的责任,是农联爱心基金会的活跃分子。两年前,村党委吸收他加入了党组织。

走进村委会隔壁的农联村居家养老中心,几个村民正在做理疗。82岁的匡金林老人见记者打招呼,一骨碌从理疗床上爬起来,那个灵活劲让人吃惊。"以前我长了5个骨刺,走路都要人扶,后来听说做理疗可以治好。我去找赵书记,问村里能不能建个理疗室。没想到书记这么上心,很快就派人筹建理疗室,一下子就添了20多台设备,村民全免费。我做了4年理疗,现在走路赶得上年轻人。"赵建军笑了:"你们开心,是我最大的快乐!"

载于2011年4月27日《新华日报》

(二)

由于处处为村民办实事、做好事,张家港经济技术开发区(杨舍镇)农联村党委书记赵建军被大家亲切地称为"贴心书记"——

群众的事就是"家务事"
苏报驻张家港首席记者 王乐飞

"国家优秀小康村""江苏省社会主义新农村建设先进村""江苏省文明村"……这一项项闪亮的荣誉勾勒出张家港经济技术开发区(杨舍镇)农联村的幸福模样。20年来,村党委书记、全国劳模赵建军始终以"群众满意是我最大的满足"为工作标尺,带领全村干部群众抢抓机遇、共同致富,将昔日的穷困小乡村变成了如今的城镇化建设样板区,农民过上了好生活。

1996年,赵建军担任当家人时,农联村经济薄弱、人心涣散。赵建军带领村民艰苦创业,通过盘活集体资产,实施转型升级,使村级经济迅速发展。2014年,农联村可用财力达4110万元,农民人均收入超过31500元,成为名副其实的富裕村、幸福村。

"发展就是让老百姓得实惠！"赵建军这样说，更是这样做。依托强大的村级经济，农联村建立了一系列惠民制度：给老年人发放福利费（2014 年，65 岁以上的老人每人 5000 元）、给贫困户支付帮扶金（每年发放资金超 50 万元，300 余人受益）、给优秀学生颁发奖学金（累计奖励资助 186 名学生）。同时，村里建起了农博馆、党史馆、理疗馆，并举办丰富的评弹专场演出、文艺演出。"城里人有的，农联村都有。"村民张老伯说。

2012 年 8 月，为加快城乡一体化建设，改善村民生活环境，张家港市首个村级投资建设的动迁安置小区——农联家园开工建设。仅仅两年多时间，总建筑面积 24 万平方米的农联家园就顺利安置分房。小区优美的环境、齐全的设施，让村民们竖起大拇指。"我们要把安置小区建设得比高档商品房还要好，让城里人也到农联家园来买房！"赵建军说。

由于处处为群众办实事、做好事，说农民话、办农民事，赵建军被村民们亲切地称为"贴心书记"。

"带着感情和群众交朋友，把群众当亲人看，他们自然就会与你说真话、掏真心！"赵建军一直把来访的群众当"家人"，把群众来信当"家书"，把群众反映的事当"家务事"。

因为真心造福百姓，农联的干群拧成了一股绳。城乡一体化建设涉及拆迁民宅 326 户、承租户 1220 户，村里只用 100 天就签订了全部搬迁协议，且没有产生一起矛盾。

赵建军深有感触地说："只要把道理讲在前、把关心放在前，把党的方针政策跟老百姓讲实讲透，老百姓肯定会理解和支持。"

2012 年，村里建了 300 多间过渡房，安排动迁的老年人集中居住，其中两间成了"村便民工作室"，一间用来接待群众，另一间是村干部宿舍。每天两名村干部从下午 3 点到次日早上 7 点，轮流在老人们身边"上班"。老年人有啥诉求、有啥期待，村干部能够及时掌握和解决，真正做到了诉求在一线掌握、矛盾在一线化解。"老人的子女不在身边，村委又离得远，我实在是放心不下，就怕把谁家的事情耽搁了。"赵建军说。

（载于 2015 年 4 月 30 日《苏州日报》第 2 版）

（三）

打造村强民富的"幸福农联"新样本

——记张家港市杨舍镇农联村党委

《张家港日报》记者 许昌武

国家优秀小康村、江苏省文明村、江苏省社会主义新农村建设先进村、苏州市村级经济发展标兵村、苏州市先锋村、苏州市文明标兵村……

作为新农村建设的"老典型"，张家港市杨舍镇农联村名副其实。如今，在率先全面建成高水平小康社会的新征程中，"老典型"活力四射。在农联村党委书记赵建军的带领下，以建设"实力农联、美丽农联、和谐农联"为目标,打造村强民富、村美风正的幸福农联新样本。

依规按约治家园

随着现代化进程的不断加快,社会治理面临诸多挑战。比如,现有的自治体制和机制已滞后于村民日益增强的法治意识;"法律法规之外,道德情理之中"的新情况越来越多;"非村民"融入和管理等问题日益凸显……与时俱进构建新型农村治理体制和机制势在必行。

在党组织领导下,农联村建立健全《村民自治章程》《村规民约》,更细致地从道德层面对村民个体行为进行规范,生动体现社会主义核心价值观,既解决了"法律照顾不到的问题",又保证了一切在法律的框架内进行,为依法治理、依约善治提供了充分的规范依据,生动地诠释了法治和德治的统一。

村里凡涉及村民利益的事情,都要经过村民代表大会讨论通过,重大事项要经过村民大会表决后方可实施,并成立了村民议事会,选举产生了在群众中有一定威信和影响力的11名议事会成员,让村民议事会共同参与村务管理,确保村民自治工作制度化、规范化和程序化,保障村民的知情权、参与权、表达权和监督权。

基层民主,彰显出农联村的善治善为。目前,农联村村民自我管理、自我服务、自我教育、自我监督的意识和水平快速提升。

在创新社会治理中,农联村坚持党建引领村民自治,在动迁安置小区农联家园推出"楼组党建",构建了"农联村党委—农联家园党支部—10个楼道党小组"三级组织网络,将党员身份在楼道"亮牌",包干到户、职责到人、量化评定,将肩头沉甸甸的责任,转化为服务群众、服务民生的热情,实现党的组织、教育管理与社区治理的紧密结合。

村强民富显实力

"农村要富强,农村要稳定,必须把经济拉上来,无工不富,无商不活。"1996年,赵建军一上任,就认准了这个理,把发展经济作为第一要务,以"工业强村"的理念实现农联经济的跨越式发展,把农联建设成为一个经济强村。

刚上任,赵建军就下狠心给村里的企业动"手术",村办企业,能拍卖的拍卖,能转制的转制,甩掉包袱,轻装上阵。村办企业活力明显增强,村级经济稳步增长。农联村依托交通优势,确立了"南园北区"的工业格局,建立江帆工业园和江帆民营经济开发区,仅物业和土地出租,每年就有500万—600万元收益。

如今,随着城市化进程的加快,全村已拆迁3.5平方千米。赵建军认为,抓住城北新区开发的契机,看好城北房地产市场开发潜力,成立张家港市新农联置业有限公司,开发建设

4.3万平方米商住楼,为村级经济发展提供了新的增长点。2015年,全村工业开票销售收入23亿元,村可用财力4535万元,农民人均收入超35700元。

竭诚为民树形象

农联村地处张家港市城北城郊结合部,2003年11月,由原农联、南桥、乌沙三村合并而成。全村区域面积约7.3平方公里,现有51个村民小组,常住人口约1.8万人。2004年3月,农联村升格为党委村,下设8个党支部,有308名共产党员。

农联村破茧成蝶、实现美丽蜕变的关键是什么?在村民们看来,就是有一个坚强有力、团结进取的村党委班子。无论是推进征地拆迁还是提升服务质量,村党委始终发挥战斗堡垒作用,引领村民走上一条和谐文明、跨越发展的新路。

抓班子强责任。1996年,赵建军上任伊始就开始抓领导班子建设,要求全体村干部保持高点定位、率先领先的目标追求;保持负重奋进、破难而进的昂扬斗志;保持艰苦创业、一心为民的应有本色;保持立说立行、锲而不舍的工作作风,在整个农联村形成团结一致干事业、群策群力谋发展的良好氛围。同时,重视抓好村民小组长、党小组长队伍建设。

抓党建促发展。坚持把党性教育作为永恒的主题,每逢"七一",农联村党委都要给全村党员上一堂生动的党课,激励党员干部坚定信念、对党忠诚、履职尽责、奋发有为。自2000年至今,村党委先后带领全村党员赴延安革命纪念馆等红色教育基地重温党的历史,接受党史教育。

党建严而满盘活,骨架立而格局起。近年来,在城市化建设的进程中农联村先后动迁近千户,面对矛盾多、压力大的情况,每个党员争当宣传员、服务员,确保各项工作健康有序进行。为扎实推进"两学一做"学习教育,提升党员身份意识、责任意识和先锋模范意识,农联村党委开展了"亮身份、亮承诺、亮形象、讲奉献"活动,要求全体党员不仅在"学"上下真功、下苦功、下细功,更在"做"上出实招、动实功、见实效,切实把合格标尺立起来,让党员的先锋形象树起来。

村美风正更文明

美丽的村容村貌折射出农联村的巨变,最可喜变化是村民的精神面貌明显改观,洋溢在他们脸上的微笑发自内心。

为丰富村民文化生活,倡导文明生活理念。农联村大力实施文化惠民工程,以先进文化涵育乡风文明,以"我们的节日"系列主题文化活动,丰富群众业余生活。

抓好思想教育,是推进农村精神文明建设的关键。农联村以"道德讲堂""道德评谈"为载体开展道德主题教育活动,破除陈规陋习、不文明言行,弘扬真善美,传递正能量。通过善行义举榜,选树身边好人,倡导好人文化,发挥先进典型示范引领作用。设立乡风文明志愿岗、"学雷锋"志愿服务站,重点实施"阳光助老、奉献爱心""红色驿站、助力未来""缤纷假日,低碳我行""睦邻里、暖暖爱"四大志愿服务项目,营造了守望相助、邻里相亲的文明乡风。此外,还设立了张家港市首家"红色家庭辅导站",以退休教师为主的党员志愿者们,在寒暑假为外来务工人员子女免费辅导,自成立5年来,辅导人次已达百余次,深受百姓欢迎。

农联村把家庭文明建设作为培育和践行社会主义核心价值观的重要载体,认真组织开展好"传承好家训、建设好家风"系列活动,举办"诵家风,传家训,扬美德"道德讲堂、"说家风,秀家训"等主题活动,征集优秀家风家训两百余条。积极开展"文明家庭"系列创评活动。2015年,全村评选"文明家庭"1246户、"文明标兵家庭"49户、"党员文明示范家庭"25户,使农联村呈现党风正、民风纯、村风新的可喜面貌。

安居乐业人幸福

发展成果要让全体村民共享。2004年,农联村成立了张家港市首家村级爱心帮扶会——江帆民营企业爱心帮扶联合会来帮扶弱势群体。村党委一班人带头捐款,各企业老板积极参与,通过几年"公开、公正、公平"的规范运作,2008年8月,经省民政厅批准,升格为"张家港农联爱心基金会"。现在,越来越多的普通村民也自发加入到爱心捐助的行列,每年发放的资金在50万元以上,有300多人次受益。2016年,农联村又创新实施了"民生两险"补充救助和大病救助双制度,让村民真真切切地感受到党委的关怀和温暖。

跟爱心帮扶基金一样,农联村的奖学金制度也给村民带来了希望。自2002年设立奖学金以来,共奖励优秀学子236人,发放奖学金300多万元。2016年,又实施了高中学费全额补贴制度,助力全村学子成才。

为了提升老年人晚年幸福指数,农联村建设了综合文化服务中心,老年活动室、图书阅览室、文体广场、社区卫生室,为民服务设施一应俱全。还建立了农联健康理疗馆、居家养老中心,从而更好地为村民提供服务。每年针对65岁以上的老人发放老年费,费用由原来的每人500多元逐渐递增至现在的5000元。

城乡一体很宜居

"生活在这里不仅经济富足,而且环境舒适。"村民老李朴实的话语,道出了农联村村民共同的心声。

近年来,为了加快城乡一体化建设,改善村民生活环境,2012年3月,农联村启动农联新镇项目。占地1.2平方公里的"农联新镇"全部建成后,张家港市北郊将崛起一个既有农村特色又有欧洲风情的,具备旅游、购物、休闲整个功能配套的现代化农村小镇,将大大改善农联村百姓的居住条件。

2012年8月,总投资7.5亿元的农联家园安置小区开工,这是"农联新镇"的首期启动项目。农联家园占地110亩,总建筑面积24万平方米,是一座设施齐备、功能完善,景观宜人、环境优美的高档次、高品位安置小区。2014年12月23日,由村级投资开发建设的安置房农联家园顺利分房。农联村利用小区内现有硬件设施,提升小区的文化内涵,以"党建文化引领社区治理"为主题,高标准完成了"党建长廊""精神文明长廊""成果共享长廊""村民自治长廊",营造浓厚的文化氛围,逐步将农联家园打造成居家乐园,村民的精神家园。

汗水铸就辉煌,党旗闪耀光辉。如今的农联村,在村党党委的带领下改革创新、敢闯敢试,呈现出一派富裕文明的新景象。"我们还将继续做好服务工作,抓好经济发展,让群众得到更多的实惠。"赵建军说。

(载于2016年8月17日《江苏法制报》第4版)

(四)

村级经济取得新突破　幸福指数攀上新高度
文明创建树起新标杆　幸福农联展现美好新画卷

苏报驻张家港首席记者　王乐飞

新年刚过,张家港市杨舍镇农联村村委会门口,正式亮出了"全国文明村"的金色牌匾。这块沉甸甸的奖牌,成为农联村展现美好新画卷的着墨点。

迈入新时代,站上新起点,农联村党委书记赵建军说,农联村将继续把精神文明建设作为一项提升村民文明素质和现代文明程度的民生工程摆在更加突出的位置,锲而不舍,与时俱进抓好文明创建工作,努力让生活在农联的人更有自豪感、获得感、幸福感,使农联新家园更美丽、更文明。

紧扣创新深度转型,"两加一减"初显成效
——村级经济取得新突破

2017年以来,农联村积极探索村级经济改革试点,引入集体资本与民营资本的多元化投资主体,以张家港高新区组建为契机,深化与华东锂电研究院合作,成功参与江苏合志新能源材料技术有限公司。携手华东锂电研究院,参股新能源材料公司,这是农联村村级经济跃上新平台的精彩缩影。紧扣"科技创新"的主题,农联村以资本为纽带进行全新布局,为村级经济发展打开了广阔空间。

主动适应形势,积极谋求转型。这是农联村持续壮大村级经济的"绝招"。上世纪90年代以来,农联村牢牢抓住经济发展的"牛鼻子",先后抢抓乡镇企业发展、民营经济腾飞、

城乡一体化建设三个阶段的机遇,不仅实现了"穷变富",还实现了"大而强"。2016年,村级可用财力达到5222万元,农民人均收入超4万元。全村区域面积约6.5平方千米,有51个村民小组、两个动迁社区(江帆花苑、青草巷),全村常住人口约18000人。

"我们正是抓住了前面3次机遇,为村级经济积攒下了厚实的'家底'。"赵建军说,如今在创新驱动、转型升级、绿色发展、科学发展的大背景下,农联村将深入贯彻落实党的十九大精神,大力实施乡村振兴战略,实施"两加一减"(加快转型升级,加快开发建设,减少村级低效能物业性收入)新模式,推动村级经济取得新突破。

加快转型升级,农联村巧借资本之手谋求深度转型。在大众创业、万众创新的大背景下,农联村积极探索人才、信息、技术、资本、资源相融合的创新发展模式,在张家港市沙洲湖科创园成立创业投资母基金公司,参股国家鼓励的高新技术投资项目,进行中长期投资。目前已成功投资苏州昆仑绿建木结构、徐州斯尔克股份、翰川科技等高新技术企业。与此同时,农联村借助外力加快开发建设,通过现有土地开发建设,开发项目跟投,进行中短期投资。充分利用社会优质资源,为经济发展注入新鲜血液。

此外,农联村铁腕实施"两减六治三提升"专项行动,减少落后产能和低效能企业,并对集体经济厂房进行了优化整合,大幅减少村级低效能物业性收入,向创新、绿色、生态方向发展,实现新型城镇化发展。

完善福利保障覆盖老幼病弱,建设"美丽村庄",打造"智慧农联"
——幸福指数攀上新高度

有了厚实的"家底",农联村村民的"福利"令人艳羡不已。尤其是村里出资专项设立的"科教强村"奖学金,让村民津津乐道。

受益于这项奖学金,农联学子考取重点初中、高中、本科一类、研究生、博士生可获得相应奖励。2017年,首个考取清华大学的"农联娃",获得了5万元奖学金。截至2017年,该村共奖励优秀学子253人,发放奖学金300多万元。特别是,从2016年起,村里开始实施高中学费全额补贴制度,两年来,共补贴高中学子144名,补助学费246500元。2017年底,村党委又提出了从2018年开始对全村幼儿园学生全额补贴保育费的计划,一年补贴3600元/人。赵建军说:"农联的孩子已提前享受到了从幼儿园、小学、初中到高中的15年义务教育。"

精心培育孩子,更要尊敬老人。2014年,农联村给65岁以上老人每人发放福利费5000元,比2010年提高了10倍。2017年,老年费又提高到6000元。根据规划,到2019年,老年福利将提高到8000元。同时,村里设有居家养老服务中心,免费为老人理疗、理发服务,弘扬爱亲孝老的传统美德,营造关爱老人的浓厚氛围。

村里每年还为村民全额缴纳合作医疗费用以及购买意外、重疾综合险,并实施村民大病救助制度和"民生两险"补充救助制度。其中，"民生两险"补充救助是对张家港市户籍居民"民生保险"的补充，凡是得到"民生保险"理赔的农联户籍村民将获得村里的补充救助，救助金额为村民获得"民生保险"理赔金额的一半；大病救助制度的救助对象为自付医疗费用2万元以上（含2万元）的农联户籍村民，补助标准按照张家港市核准的自付费用金额的30%进行救助。

另外，农联村1800多户实现集中居住的村民，物业费由村里埋单。依托"农联爱心基金会"，每年帮扶相对贫困家庭超300人次，每年发放帮扶资金50余万元。赵建军说，农联村已经构建了覆盖老幼病弱等各类群众的福利保障，真正实现了学有所教、病有所医、老有所养、弱有所扶。

"美丽村庄"建设，也是农联村提升村民幸福指数的着力点。通过开展"洁美家园"村庄整治行动，实施村干部网格员分片包干制的长效管理，切实提升了人居环境，村庄建设达到三星级康居乡村标准。

2018年，农联村提升村民幸福指数将聚焦社会治理现代化，切入点是打造"智慧农联"。通过设立村级网格化管理指挥中心，实现全村范围监控全覆盖，增强农联区域综合治理能力和服务居民能力，尤其是精确化管理、综合安全监控以及村民服务领域的信息化支撑能力，进而有效整合公安、交通、民政、卫生、医疗、计生等公共服务资源，为村民提供更加多元、精细、便捷化的服务，积极打造安全、宜居、现代化的特色新农村。

厚植"好人文化"，荣膺"全国文明村"
——文明创建树起新标杆

2017年5月，张家港市首个好人公园——农联好人公园开园迎客。从南入口进入好人公园，一个小木屋志愿者服务驿站格外显眼。在这里，周边居民、路人、游客可以享受雨伞借用、饮水、休息等便民服务。穿过小木屋，沿着长廊往里走，广场两侧的10根好人柱传递着勤奋、奉献、信赖、诚实、执着、向上的"好人文化"。

近年来，农联村在文明创建中，通过"榜样引领·文明绽放"等活动载体，广泛开展好人评选活动，涌现出了一大批身边好人。3年来，累计推荐上报好人21名，8人入选张家港市"身边好人"，村每年评选10名优秀"身边好人"。赵建军说，在好人主题公园内，通过"中国好人"雕塑、好人立牌、"善行义举榜"、宣传栏等途径，对"身边好人"事迹、农联爱心基金会爱心捐助榜名单定期宣传公布，让良好风尚渗透到每个家庭。同时，农联村每季度开展一次道德讲堂活动，弘扬真善美，传递正能量。以"党建文化引领社区治理"为主题，高标准完成了"党建长廊""精神文明长廊""成果共享长廊"和"村民自治长廊"。2017年，农联村建设殡仪中心"敬孝堂"，积极倡导文明、环保办理白事。农联村大力倡导移风易俗，修订完善村规民约，普及科学知识，引导村民摒弃陋习，倡导文明节俭、生态环保的新风尚。

农联村还在培育新型农民方面大动脑筋、下足功夫,取得了良好效果。特别是大力倡导诚信经营理念,在农联金街119家商户中率先开展"文明诚信商户"创评活动,创建"文明诚信经营示范街"。组织村民参加"民生大讲堂""烹饪厨艺""育婴师"等培训,依托农家书屋、市民学校等阵地,加强科学文化知识及创业技能培训。

2017年11月,中央文明办传来喜讯:农联村正式荣膺"全国文明村"称号。赵建军说:"接下来要按照更高标准来推动文明创建,建设一个农村有气质、村民有素质的新农联,满足人民群众对美好生活的向往。"

(载于 2018 年 1 月 29 日《苏州日报》)

编纂始末

在农联村党委的直接领导、关心和全力支持下，历经十个春秋、数易其稿的《农联村志》终于付梓面世了，我们感到欣慰，亦有不安。

修史不易，最难为志。2003年11月，原农联村与乌沙村、南桥村三村合一，组成新的农联村，并升格为党委村。随后，在村党委的领导下，经全村干群团结拼搏，经济建设和各项社会事业迅猛发展，村容村貌日新月异。为不忘历史，总结经验，以利持续高效发展，2006年4月，农联村党委、村委决定聘请退休教师朱荣铨、原村经济合作社干部陈正东负责编修村史。朱、陈两同志受命后起早摸黑，走村串巷，先后采访了数十位了解农联历史的老干部、老村民，到市镇档案部门查阅并摘录了大量资料。翌年12月，朱、陈两同志将收集到的资料稍作整理，但未能形成规范文稿，修志工作因故暂停。2008年10月，村两委召开专题会议，研究决定：改原来编修村史为编纂村志，由村党委副书记唐永德具体负责此项工作；由农联村委原主任杭祖林及退休教师朱荣铨、缪生龙3人组成村志编纂小组；村志记述下限为2008年末。是月起，村志编纂小组在杨舍镇史志办的指导下，拟订纲目，然后按纲目对原有村史资料整理、补充。2009年1月，形成16万字的文稿。但由于种种原因，村志编纂工作仍未圆满完成。2015年，市委党史地方志办公室号召有条件的党委村编纂村志。农联村两委获悉后高度重视，决定重启《农联村志》编纂工程，并将记述下限定为2015年末。2016年5月上旬，村两委邀请有修志经历的何子龙到村与季利本、杭祖林、季立英组成《农联村志》新的编纂班子，并让何子龙担任村志初稿主笔。同时组建由农联籍老干部、老党员、老教师等组成的资料员队伍。村两委及时给编纂班子安排办公场所，配备电脑、打印机等办公设备。编纂人员到岗后，首先认真学习上级主管部门提供的业务参考资料，然后按新定纲目，选录原村志稿中的可用部分。同时，分头细心查阅《东莱公社志》《杨舍镇志》《张家港市志》《张家港年鉴》《张家港统计年鉴》等文献资料；实地走访社区、企业、学校等单位及有关知情人员；多次到市、镇档案馆查阅相关资料。在此基础上及时汇总书面及口碑资料，最后由何子龙通过电脑手写板形成文稿。2017年5月，《农联村志》雏形诞生，总字数约26万字。一年中，村两委领导高度重视村志编纂工作，特别是村党委书记赵建军曾多次过问村志编纂的进度和质量,及时协调解决存在的问题和困难。广大村干部和村民也十分关注、支持村志编纂工作。村委主办会计周超提供了大量有价值的报表、数据;村党委副书记吴国建亲自驾车带编纂组人员前往港华燃气公司、公交城北站等单位收集资料;南区二组吴燕兰提供了全套《吴氏家谱》;南区九组钱国华详细口述了钱育仁任新庄乡第一任乡长等史实;西区八组缪生龙以书面形式提供了乌沙村名来历和汤家桥自然村的演变过程;北区四组耿云娣提供了全国"三八红旗手"胸章、证书等原件。7月中旬,杨舍镇史志办四位同志应邀到村调研村志编纂工作,发现《农联村志》的雏形整体比较粗糙,与初审稿要求尚有较大距离。我们当机立断,恳请镇史志办鼎力协助完成《农联村志》的编纂任务。镇史志办戴玉兴、蔡惠兴、苏仁兴、伍兴良等老师接受任务后,加班加点,全力以赴。从凡例到纲目,从调整内容到规范行文,逐字逐句,全方位精心整理修改,并到现场指导如何搜集选编各类图照。志稿最后由镇史志办戴玉兴统稿。其间,为保证村志所述事实及各类数据准确无误,年逾古稀的杭祖林等以对工作极端负责的态度,牺牲很多休息时间,不辞辛劳、不厌其烦、反复核查,使志稿得以顺利修改。10月中旬,我们将志稿按篇章内容分送(寄)给村两委主要领导、农联籍老干部、老党员、老教师及村民小组长审阅纠错,查漏补缺。其间,村党委书记赵建军在百忙中通览志稿,并提出许多极具价值的修改意见。2018年4月,我们在广泛征求意见的基础上会同镇史志办再次对志稿进行修改完善,形成终审稿。终审稿志首为卷首图照、序、凡例、概述、大事记,主体专志设13编43章161节,志尾为志余、编纂始末。全志约50万字。2018年7月,经市委党史地方志办公室验收合格,准予出版。志稿送达扬州广陵书社进入出版程序。

编纂《农联村志》是农联村的一项重大文化工程,也是广大农联人的夙愿。《农联村志》能顺利出版,主要得益于各级有关领导及全体村民的关心支持,得益于全体编纂人员的共同努力和辛勤付出。值此《农联村志》付梓之际,谨向为编纂《农联村志》给予关心、支持和帮助的各有关单位和部门、社会各界人士一并表示衷心的感谢!

由于编者的文化功底和学识水平有限,遗珠之憾及谬误之处在所难免,敬请广大读者批评指教!

《农联村志》是大家的,尤其是农联人的,希望大家喜欢,好好珍藏!

编　者

2018 年 8 月